KLOCKE

Arbeitsrecht
Individualarbeitsrecht

Arbeitsrecht

Individualarbeitsrecht

von

Prof. Dr. Daniel Klocke, LL.M.oec.
Lehrstuhl für Bürgerliches Recht, Wirtschaftsrecht, Arbeitsrecht und Rechtstheorie an der EBS Law School in Wiesbaden

Daniel Klocke, Prof. Dr., LL.M.oec, geb. 1982 in Berlin, ist Inhaber des Lehrstuhls für Bürgerliches Recht, Wirtschaftsrecht, Arbeitsrecht und Rechtstheorie und Verantwortlicher für den Schwerpunkt V „Arbeitsrecht“ an der EBS Law School in Wiesbaden.

Bibliografische Information der Deutschen Nationalbibliothek |
Die Deutsche Nationalbibliothek verzeichnet diese Publikation in der Deutschen Nationalbibliografie; detaillierte bibliografische Daten sind im Internet über www.dnb.de abrufbar.

1. Auflage, 2022
ISBN 978-3-415-07138-4

Satz: abavo GmbH, Nebelhornstraße 8, 86807 Buchloe |
Druck und Bindung: Laupp & Göbel GmbH, Robert-Bosch-Straße 42, 72810 Gomaringen

Richard Boorberg Verlag GmbH & Co KG | Scharrstraße 2 | 70563 Stuttgart
Stuttgart | München | Hannover | Berlin | Weimar | Dresden
www.boorberg.de

Vorwort zur 1. Auflage

Das Arbeitsrecht ist ein sehr dynamisches Rechtsgebiet mit einem hohen Streitpotenzial. Wie in kaum einem anderen Rechtsgebiet kulminieren dogmatische und praktische Fragen in einer Vielzahl von Fällen.

Das Anliegen dieses Buches besteht darin, sowohl praktisch als auch dogmatisch orientierten Studierenden einen Überblick über die aktuellen und zentralen Rechtsfragen rund um den Arbeitsvertrag zu vermitteln und anhand der Rechtsprechung des Bundesarbeitsgerichts zugleich eine klare Richtung vorzugeben, wie die Praxis Fälle löst.

Insbesondere Studierenden, die sich zum ersten Mal im Arbeitsrecht bewegen, soll über eine klare Struktur Sicherheit gegeben werden. Jedem prüfungsrelevanten Abschnitt wird ein Aufbauschema vorangestellt, welches in der Folge im Detail diskutiert wird. Diese Darstellung erlaubt eine rasche Wissensaufnahme oder Wiederholung des Stoffs. Das Abbildungsverzeichnis auf S. 13 f. kann daher auch als gute Struktur für die eigenen Lernerfolge dienen.

Für die Hilfe bei der Fertigstellung des Manuskripts möchte ich an dieser Stelle ganz herzlich Claudia Müller, Bianca Langer, Laura Zimmer und Leonard Gleumes danken.

Hinweise und Kritik nehme ich jederzeit gerne unter daniel.klocke@ebs.edu an.

Sommer, 2021 — Daniel Klocke

Inhaltsverzeichnis

Abbildungsverzeichnis 13

1 Einführung in das Arbeitsrecht 19
1.1 Die Geschichte des Arbeitsrechts 19
1.1.1 Die Geschichte des Begriffs „Arbeitsrecht" 19
1.1.2 Die historischen Grundlagen des Arbeitsrechts 20
1.2 Der Begriff des Arbeitsrechts und seine Rechtsquellen 22
1.2.1 Die Begriffsbildung 22
1.2.2 Das Arbeitsrecht in der Rechtsordnung 23
1.2.3 Die Rechtsquellen des Arbeitsrechts 24
1.3 Die Arbeitsgerichte 33

2 Arbeitnehmer und Arbeitgeber 35
2.1 Der Arbeitnehmer 35
2.1.1 Die Entwicklung des Arbeitnehmerbegriffs 35
2.1.2 Die Definition des Arbeitnehmers 36
2.1.3 Die Ermittlung der Arbeitnehmereigenschaft 37
2.1.4 Der privatrechtliche Vertrag 37
2.1.5 Die entgeltliche Dienstleistung 39
2.1.6 Die persönliche Abhängigkeit 41
2.1.7 Persönliche Abhängigkeit und neue Formen der Arbeit 42
2.1.8 Die sog. sekundären Merkmale 43
2.1.9 Die Bedeutung des unternehmerischen Risikos 44
2.1.10 Gesellschaftsrechtliche Besonderheiten 44
2.1.11 Der Arbeitnehmer als Verbraucher 46
2.2 Der Arbeitgeber 47
2.2.1 Grundlagen 48
2.2.2 Der Betriebsübergang nach § 613a BGB 48
2.2.3 Die Arbeitnehmerüberlassung (Überblick) 54
2.3 Das Arbeitsverhältnis 54
2.3.1 Vertragstheorie und faktisches Arbeitsverhältnis 55
2.3.2 Der Arbeitsvertrag als schuldrechtlicher Vertrag 55
2.3.3 Das Berufsausbildungsverhältnis 56
2.3.4 Zwischenbetrachtung 56
2.4 Die arbeitnehmerähnliche Person 56
2.4.1 Die Definition der arbeitnehmerähnlichen Person 57
2.4.2 Das Schutzkonzept 57
2.5 Die Zuständigkeit der Arbeitsgerichte für Arbeitnehmer (§ 5 ArbGG) 58
2.5.1 Die Ausdehnung und Einschränkungen des Arbeitnehmerbegriffs 58

2.5.2 Der Prüfungsmaßstab in der Zulässigkeit arbeitsgerichtlicher Klagen 59

3 Die Begründung des Arbeitsverhältnisses 61
3.1 Die Personalplanung und das Stellenprofil 61
3.2 Die Vertragsanbahnung 62
3.2.1 Die Veröffentlichung der Stellenausschreibung 62
3.2.2 Die Stellenausschreibung als Aufforderung zur Bewerbung 62
3.2.3 Die Bewerbung 63
3.2.4 Die Bewerbungsphase 63
3.2.5 Das Fragerecht des Arbeitgebers 64
3.2.6 Die Einstellungsuntersuchungen 68
3.3 Der Abschluss des Arbeitsvertrags 69
3.3.1 Die essentialia negotii 69
3.3.2 Vorformulierte Arbeitsbedingungen 69
3.3.3 Formerfordernisse und der Nachweis der Arbeitsbedingungen 78
3.3.4 Die Grenzen der Abschlussfreiheit 81

4 Der Schutz vor Diskriminierungen 83
4.1 Der Anwendungsbereich des AGG 83
4.1.1 Der sachliche Anwendungsbereich 84
4.1.2 Der persönliche Anwendungsbereich 84
4.2 Das Benachteiligungsverbot 85
4.2.1 Die Merkmale des § 1 AGG 85
4.2.2 Die Benachteiligungsformen 87
4.3 Die Rechtfertigung einer Benachteiligung 92
4.3.1 Berufliche Anforderungen (§ 8 AGG) 92
4.3.2 Benachteiligung wegen der Religion und Weltanschauung (§ 9 AGG) 94
4.3.3 Rechtfertigung bei Alter (§ 10 AGG) 95
4.3.4 Positive Maßnahmen nach § 5 AGG 97
4.4 Die Rechtsfolgen einer Benachteiligung 97
4.4.1 Das Beschwerderecht nach § 13 AGG 97
4.4.2 Das Leistungsverweigerungsrecht nach § 14 AGG 98
4.4.3 Der Anspruch auf Schadensersatz und Entschädigung 98
4.4.4 Der Kontrahierungszwang (§ 15 Abs. 6 AGG) 102

5 Die Pflichten des Arbeitnehmers 103
5.1 Die Arbeitsleistung 103
5.1.1 Die Höchstpersönlichkeit 103
5.1.2 Die Durchsetzbarkeit der Arbeitspflicht 103
5.1.3 Der Fixschuldcharakter der Arbeitspflicht 104

5.2 Das Weisungsrecht des Arbeitgebers 105
5.2.1 Die Kontrolle der Weisung 105
5.2.2 Die Art der Arbeitsleistung 106
5.2.3 Der Ort der Arbeitsleistung 107
5.2.4 Die Zeit der Arbeitsleistung 108
5.2.5 Das Arbeitszeitrecht 113
5.2.6 Kurzarbeit 116
5.2.7 Überstunden 117
5.3 Die Ablieferungspflicht 120
5.4 Die Verschwiegenheitspflicht 121
5.4.1 Die Regelungen des GeschGehG 121
5.4.2 Insbesondere: das sog. Whistleblowing 122
5.5 Wettbewerbsverbote 122
5.5.1 Das Wettbewerbsverbot während eines Arbeitsverhältnisses 123
5.5.2 Das nachvertragliche Wettbewerbsverbot 124
5.5.3 Exkurs: Nebentätigkeiten 126

6 Die Pflichten des Arbeitgebers 129
6.1 Die Pflicht zur Entgeltzahlung 129
6.1.1 Grundlagen der Entgeltzahlung 129
6.1.2 Praktische Probleme und Streitpunkte 132
6.1.3 Die Kontrolle von Vergütungsabreden 135
6.2 Der Mindestlohn 136
6.2.1 Die dogmatische Einordnung des Mindestlohnanspruchs 136
6.2.2 Der Anwendungsbereich des MiLoG 137
6.3 Die Beschäftigungspflicht 141
6.3.1 Der Anspruch auf Beschäftigung 141
6.3.2 Der Beschäftigungsanspruch im Anspruchssystem 141
6.3.3 Die Suspendierung 142
6.4 Der Grundsatz der Gleichbehandlung 142
6.4.1 Die Grundlagen des Gleichbehandlungsgrundsatzes 142
6.4.2 Die Voraussetzungen des Gleichbehandlungsgrundsatzes 143
6.4.3 Der Bezugspunkt der Gleichbehandlung 145
6.4.4 Die Rechtsfolgen des Gleichbehandlungsgrundsatzes 145
6.4.5 Gleichbehandlung beim Arbeitsentgelt 146
6.5 Der Arbeitsschutz 147
6.5.1 Grundkonzepte des deutschen Arbeitsschutzrechts 147
6.5.2 Das Arbeitsschutzgesetz 148
6.5.3 Weitergehende Rechtsquellen 149
6.5.4 Der zivilrechtliche Arbeitsschutz 150
6.6 Das Maßregelverbot nach § 612a BGB 151
6.7 Der Datenschutz 151

7 Kein Lohn ohne Arbeit . . . 153
7.1 Das Nichtleisten der Arbeit und die Preisgefahr . . . 153
7.2 Der Annahmeverzug . . . 154
7.2.1 Das Verhältnis zur Unmöglichkeit . . . 155
7.2.2 Voraussetzungen des Annahmeverzugs . . . 156
7.2.3 Die Berechnung des Entgelts . . . 161
7.3 § 615 S. 3 BGB i. V. m. der Betriebsrisikolehre . . . 162
7.3.1 Grundlagen . . . 162
7.3.2 Das Betriebsrisiko . . . 163
7.3.3 Betriebsrisiko und wirtschaftliche Schwierigkeiten . . . 164
7.3.4 Das Betriebsrisiko und andere Ausfallgründe . . . 164
7.3.5 Abdingbarkeit von § 615 S. 3 BGB . . . 165
7.4 Die Arbeitsverhinderung aus persönlichen Gründen . . . 166
7.4.1 Das Zusammenspiel von § 275 Abs. 3 und § 616 BGB . . 166
7.4.2 Sinn und Zweck des § 616 BGB . . . 166
7.4.3 Voraussetzungen der Entgeltfortzahlung . . . 167
7.5 Die Entgeltfortzahlung im Krankheitsfall . . . 170
7.5.1 Die Rechtsnatur von § 3 EFZG . . . 171
7.5.2 Die Voraussetzungen . . . 171
7.5.3 Die Dauer der Entgeltfortzahlung . . . 176
7.5.4 Die Höhe des Entgeltfortzahlungsanspruchs nach § 4 EFZG . . . 178
7.6 Die Entgeltfortzahlung bei Feiertagen . . . 178
7.7 Der Urlaubsanspruch nach dem BUrlG . . . 179
7.7.1 Die Rechtsnatur des Urlaubsanspruchs . . . 179
7.7.2 Die Voraussetzungen des Urlaubsanspruchs . . . 180
7.7.3 Der Umfang des Urlaubsanspruchs . . . 181
7.7.4 Die Gewährung des Urlaubs . . . 182
7.7.5 Das Urlaubsentgelt . . . 184
7.7.6 Arbeit während des Urlaubs . . . 185
7.7.7 Der Untergang des Urlaubsanspruchs . . . 185
7.7.8 Der Abgeltungsanspruch . . . 186
7.7.9 Besonderheiten bei tariflichen Regelungen . . . 187

8 Die Vereinbarkeit von Familie und Beruf . . . 189
8.1 Der Mutterschutz . . . 189
8.1.1 Der Anwendungsbereich des MuSchG . . . 189
8.1.2 Der Gesundheitsschutz . . . 190
8.2 Die Elternzeit . . . 193
8.2.1 Der Anspruch auf Elternzeit . . . 193
8.2.2 Die Realisierung der Elternzeit . . . 193
8.2.3 Das Elterngeld . . . 194
8.2.4 Insbesondere: Jahresurlaub . . . 194
8.3 Das Home-Office . . . 194

8.4 Die Teilzeit . . . 195
8.4.1 Das betriebliche Management von Teilzeitarbeit . . . 195
8.4.2 Der Anspruch auf Verringerung der Arbeitszeit . . . 196
8.4.3 Die Verlängerung der Arbeitszeit . . . 196
8.4.4 Die Brückenteilzeit . . . 197
8.5 Die Pflegezeit und die Familienpflegezeit . . . 197
8.5.1 Die Pflegezeit nach dem PflegeZG . . . 197
8.5.2 Die Familienpflegezeit nach dem FPfZG . . . 197

9 Der innerbetriebliche Schadensausgleich . . . 199
9.1 Die Schlechtleistung des Arbeitnehmers . . . 199
9.1.1 Die Nichtleistung . . . 199
9.1.2 Die Schlechtleistung . . . 199
9.2 Die Grundsätze der Arbeitnehmerhaftung . . . 202
9.2.1 Die Beweislastumkehr-Umkehr nach § 619a BGB und § 254 BGB . . . 202
9.2.2 Die Haftung von Arbeitgeber und Arbeitnehmer nach § 254 BGB analog . . . 203
9.2.3 Der Schadensersatzanspruch des Arbeitnehmers nach § 670 BGB doppelt analog . . . 210
9.2.4 Die Haftung gegenüber Arbeitskollegen . . . 211
9.2.5 Die Haftung gegenüber Dritten . . . 211
9.2.6 Fälle der gestörten Gesamtschuld . . . 213
9.2.7 Die Pflicht zur vorrangigen Inanspruchnahme Dritter . . 214
9.2.8 Die Mankohaftung . . . 214

10 Die Beendigung des Arbeitsverhältnisses . . . 217
10.1 Die Kündigung . . . 217
10.1.1 Grundlagen . . . 217
10.1.2 Die allgemeinen Wirksamkeitsvoraussetzungen einer Kündigung . . . 218
10.1.3 Der Kündigungsschutz nach dem KSchG . . . 227
10.1.4 Die Kündigungsschutzklage . . . 263
10.1.5 Die fristlose Kündigung/die außerordentliche Kündigung . . . 265
10.1.6 Die Beteiligung des Betriebsrats an der Kündigung . . . 274
10.1.7 Der allgemeine Weiterbeschäftigungsanspruch . . . 277
10.1.8 Besonderer Kündigungsschutz . . . 279
10.1.9 Kündigungsschutz bei Massenentlassungen . . . 284
10.1.10 Die Änderungskündigung . . . 286
10.2 Der Aufhebungsvertrag . . . 291
10.2.1 Die Schriftform nach § 623 BGB . . . 291
10.2.2 Die Wirksamkeit des Aufhebungsvertrags i.Ü. . . . 292
10.2.3 Prozessuale Durchsetzung der Unwirksamkeit . . . 294

10.2.4 Die sozialrechtliche Konsequenz eines Aufhebungsvertrags 294
10.3 Die Befristung (und die Bedingung). 294
10.3.1 Das befristete Arbeitsverhältnis 295
10.3.2 Bedingungen 310
10.4 Pflichten bei bzw. nach Beendigung des Arbeitsverhältnisses 311
10.4.1 Zeit für die Stellensuche 311
10.4.2 Arbeitspapiere und Ausgleichsquittung 311
10.4.3 Insbesondere: Das Zeugnis 313

Abbildungsverzeichnis

	Inhalt	Seite
Abb. 1	Die Rechtsquellen des Arbeitsrechts	24
Abb. 2	Die betriebliche Übung	27
Abb. 3	Der Arbeitnehmer	36
Abb. 4	Der Betriebsübergang	49
Abb. 5	Das Fragerecht und Datenschutz	65
Abb. 6	Die AGB-Kontrolle im Arbeitsrecht	69
Abb. 7	Vertragliche Ausschlussfristen	75
Abb. 8	Struktur und Rechtsfolgen des AGG	83
Abb. 9	Der Anspruch nach § 15 Abs. 1 AGG	98
Abb. 10	Der Anspruch nach § 15 Abs. 2 AGG	100
Abb. 11	Das Weisungsrecht des Arbeitgebers	105
Abb. 12	Die Entgelterwartung nach § 612 BGB	118
Abb. 13	Das Wettbewerbsverbot während des Arbeitsverhältnisses	123
Abb. 14	Der vertragliche Lohnanspruch nach § 611a Abs. 2 BGB	129
Abb. 15	Der Anspruch auf Mindestlohn	136
Abb. 16	Der allgemeine Gleichbehandlungsanspruch	142
Abb. 17	Kein Lohn ohne Arbeit	154
Abb. 18	Der Annahmeverzug	155
Abb. 19	Die Arbeitsverhinderung aus persönlichen Gründen	166
Abb. 20	Die Entgeltfortzahlung im Krankheitsfall	171
Abb. 21	Der Urlaubsanspruch	180
Abb. 22	Die Grundsätze der Arbeitnehmerhaftung	207
Abb. 23	Der Anspruch aus § 670 BGB doppelt analog	210
Abb. 24	Beendigungsgründe des Arbeitsverhältnisses	217
Abb. 25	Die Wirksamkeit einer ordentlichen Kündigungserklärung	218
Abb. 26	Die ordnungsgemäße Kündigungserklärung	218
Abb. 27	Der Kündigungsschutz nach dem KSchG	227
Abb. 28	Die verhaltensbedingte Kündigung	235
Abb. 29	Die personenbedingte Kündigung	241
Abb. 30	Die betriebsbedingte Kündigung	246
Abb. 31	Die Kündigungsschutzklage	263
Abb. 32	Die außerordentliche Kündigung	265
Abb. 33	Die Anhörung des Betriebsrats nach § 102 BetrVG	275
Abb. 34	Der Aufhebungsvertrag	291
Abb. 35	Die Entfristungsklage	309

Abkürzungen

AEUV	Vertrag über die Arbeitsweise der Europäischen Union
AGB	Allgemeine Geschäftsbedingung
AGG	Allgemeines Gleichbehandlungsgesetz
AO	Abgabenordnung
ArbGG	Arbeitsgerichtsgesetz
ArbMedVV	Verordnung zur arbeitsmedizinischen Vorsorge
ArbSchG	Arbeitsschutzgesetz
ArbStättV	Arbeitsstättenverordnung
ArbZG	Arbeitszeitgesetz
Art.	Artikel
ASiG	Arbeitssicherheitsgesetz
AÜG	Arbeitnehmerüberlassungsgesetz
BA	Bundesagentur für Arbeit
BBG	Bundesbeamtengesetz
BBiG	Bundesbildungsgesetz
BDSG	Bundesdatenschutzgesetz
BetrSichV	Betriebssicherheitsverordnung
BetrVG	Betriebsverfassungsgesetz
BGB	Bürgerliches Gesetzbuch
BGG	Behindertengleichstellungsgesetz
BRD	Bundesrepublik Deutschland
BStG	Beamtenstatusgesetz
BUrlG	Bundesurlaubsgesetz
BZRG	Bundeszentralregistergesetz
bzw.	Beziehungsweise
d. h.	das heißt
DDR	Deutsche Demokratische Republik
DRiG	Deutsches Richtergesetz
EGMR	Europäischer Gerichtshof für Menschenrechte
EMRK	Europäische Menschenrechtskonvention
ESC	Europäische Sozialcharta
EStG	Einkommensteuergesetz

EU	Europäische Union
EuGH	Europäischer Gerichtshof
FamPfZG	Familienpflegezeitgesetz
ff.	folgende
GbR	Gesellschaft bürgerlichen Rechts
GeschGehG	Geschäftsgeheimnisgesetz
GewO	Gewerbeordnung
GG	Grundgesetz
GmbHG	Gesetz betreffend die Gesellschaften mit beschränkter Haftung
GVG	Gerichtsverfassungsgesetz
h. M.	herrschende Meinung
HGB	Handelsgesetzbuch
HS	Halbsatz
i. e. S.	im engeren Sinne
i. H. v.	in Höhe von
i. S. d.	im Sinne des
i. S. v.	im Sinne von
i. V. m.	in Verbindung mit
IAO (ILO)	Internationale Arbeitsorganisation (International Labour Organization)
ICF	International Classification of Functioning
insb.	insbesondere
InsO	Insolvenzordnung
JArbSchG	Jugendarbeitsschutzgesetz
KrPflG	Krankenpflegegesetz
KSchG	Kündigungsschutzgesetz
m. w. N.	mit weiteren Nachweisen
MiLoG	Mindestlohngesetz
NachwG	Nachweisgesetz
PflegeZG	Pflegezeitgesetz
SGB	Sozialgesetzbuch
sog.	sogenannte
StGB	Strafgesetzbuch
TVG	Tarifvertragsgesetz

TzBfG	Teilzeit- und Befristungsgesetz
u. a.	unter anderem
UKlaG	Unterlassungsklagengesetz
UmwG	Umwandlungsgesetz
UrhG	Urhebergesetz
VO	Verordnung
VwGO	Verwaltungsgerichtsordnung
WHO	Weltgesundheitsorganisation
WRV	Weimarer Reichsverfassung
ZPO	Zivilprozessordnung

Hinsichtlich der Abkürzungen der Fachzeitschriften wird verwiesen auf: Kirchner, Hildebert; Abkürzungsverzeichnis der Rechtssprache, 9. Aufl. 2018.

1 Einführung in das Arbeitsrecht

1.1 Die Geschichte des Arbeitsrechts

Oftmals gibt eine Regelung erst aus ihrem historischen Kontext ihren kompletten Sinngehalt preis. Das Bestehen von Regelungen und das Fehlen von Gesetzen erklären sich in aller Regel aus dem historisch-politischen, ja gesamtgesellschaftlichen Kontext. In besonderem Maße gilt dies für das Arbeitsrecht. Die Geschichte des Arbeitsrechts hätte eigentlich ein mehrbändiges Kompendium verdient.[1] Dieses Lehrbuch muss sich leider auf einzelne Schlaglichter beschränken.

1.1.1 Die Geschichte des Begriffs „Arbeitsrecht"

Um den Begriff „Arbeitsrecht" einordnen zu können, ist es unerlässlich, zumindest die historischen Eckdaten der Entwicklung des Arbeitsrechts zu kennen.

Das Arbeitsrecht ist ein junges Rechtsgebiet. Nicht, dass es nicht schon früher fremdbestimmte Arbeit gegeben hätte, aber das Arbeitsrecht als Rechtsdisziplin ist ein Kind des ausgehenden 19. Jahrhunderts. Wann sich der Begriff genau durchgesetzt hat, lässt sich schwer bestimmen.[2] Anfang des 20. Jahrhunderts wurde noch zwischen dem Gesinde und den gewerblichen Arbeitern streng unterschieden. 1914 gab es noch 44 Gesindeordnungen.[3] Der Angestellte kam gerade erst als Phänomen auf. Die große Zahl der Landarbeiter interessierte niemanden und wurde bis heute nur vereinzelt in ihren arbeitsrechtlichen Traditionslinien erforscht.[4] Durch den Gesetzgeber wurde der Begriff nach dem 1. Weltkrieg verwendet. In Art. 157 Abs. 2 der Weimarer Reichsverfassung hieß es beispielsweise: *„das Reich schafft ein einheitliches Arbeitsrecht."*

Dabei waren zwei wichtige Autoren federführend an der Herausbildung dieses Rechtsgebiets beteiligt.[5] Das zweibändige Buch „der Arbeitsvertrag" von *Philipp Lotmar* (1850–1922) etablierte das Arbeitsrecht (Bd1: 1902;

1 Vgl. auch die Literaturnachweise bei *Richardi*, in: MünchArbR, § 2; sehr lesenswert: *Kittner*, Arbeitskampf – Geschichte Recht Gegenwart (i.F.: Kittner), ebenso: *Preis/Temming* Rn. 63ff.

2 Ausführlich zur Begriffsentstehung: *Hattenhauer*, FS Reuter, 511.

3 *Hattenhauer*, FS Reuter, 511 (513). Der Begriff „Gesinde" (alt für Gefolgsmann) ist nicht umfassend festgelegt. Er zentriert sich auf die Hausangestellten bzw. Dienstboten in Anwesen. Dass für diese Arbeitnehmer andere Regeln gelten können (vgl. § 1 Abs. 2 S. 1 ArbSchG), hat nicht zur Ausklammerung geführt.

4 Eine Ausnahme bildet freilich: *Keiser*, AuR 2021, 97 (G5); *Georg Friedrich Knapp* (1842–1926) hat mehrere Arbeiten im frühen Kaiserreich verfasst.

5 *Picker*, FS Richardi, 141 (148 ff.).

Bd2: 1908). Wichtiger noch war aber das Wirken von *Hugo Sinzheimer* (1875–1945).[6] Dieser legte zentrale Grundlagen, insbesondere für das kollektive Arbeitsrecht.

1.1.2 Die historischen Grundlagen des Arbeitsrechts

Bereits diese kurzen Ausführungen machen deutlich, dass das Arbeitsrecht historisch nicht einfach zu fassen ist.[7] Arbeitskämpfe sind bis in das alte Ägypten überliefert. 4000 vor Christus legten Nekropolenarbeiter die Arbeit nieder, weil die staatliche Getreidelieferung ausblieb.[8] Der Spartakusaufstand im alten Rom wird zum Teil als Arbeitskampf der Sklaven bzw. Gladiatoren gegen ihre Lebensverhältnisse bzw. Arbeitsbedingungen verstanden und wurde (deutlich) später mit der Klassenkampfidee verbunden.[9]

Am besten beginnt man mit der Geschichte des Rechtsgebiets, das später Arbeitsrecht genannt werden wird, im Mittelalter, etwa zu der Zeit, in der sich das Heilige Römische Reich Deutscher Nation aus dem Ostfränkischen Reich herausgebildet hatte.

Im Mittelalter dominierten Zunftordnungen und die Auseinandersetzung von Gesellen und Meistern. Wichtiger als der Streik war zu dieser Zeit der sog. Verruf durch die Gesellen, eine frühe Form des Boykottaufrufs, nicht bei einem Meister oder in einer Stadt zu arbeiten.[10] Die Auseinandersetzung um die Rechte der Gesellen gipfelte im Verbot der Vereinigungen. Denn die Bekämpfung der sog. Gesellenbünde war wegen der starken Zergliederung der Gebiete in unterschiedliche Herrschaftsbereiche nahezu unmöglich. Erst gegen Ende des Heiligen Römischen Reiches wurde eine reichseinheitliche Regelung gegen die Gesellenbünde geschaffen.[11]

Diese Struktur änderte sich erst grundlegend im Zusammenhang mit den Napoleonischen Kriegen und der aufkommenden Industrialisierung im Übergang vom 17. Jahrhundert zum 18. Jahrhundert.[12] Gemeinhin wird das Regulativ über die Beschäftigung jugendlicher Arbeiter in Fabriken vom 9.3.1839[13] als Ausgangspunkt staatlicher Regelungstätigkeit zum Schutz der

6 Zu der Person Sinzheimers: *Zachert*, RdA 2001, 104.

7 Vgl. auch *Preis*, RdA 2019, 75 (75): „These 1: Abhängige Arbeit und die Ausbeutung und Verelendung breiter Schichten sind Teil der Menschheitsgeschichte."

8 *Kittner*, Arbeitskampf, 9.

9 *Däubler*, Arbeitskampfrecht, § 1 Rn. 1.

10 *Däubler*, Arbeitskampfrecht, § 1 Rn. 7.

11 Zur „Reichszunftordnung" von 1731: *Kittner*, Arbeitskampf, 102 ff.

12 Die Wirkkräfte dieser Zeit lassen sich grob als Revolution, Restauration und Reaktion zusammenfassen. Diese komplexe Gemengelage sollte bis in das 20. Jahrhundert bestimmend bleiben, vgl. *Ramm*, FG Söllner, 423.

13 Der Text ist heute abrufbar unter: http://www.zeitspurensuche.de/02/kinder2.htm#1839 (Abruf: 31.05.2021).

Beschäftigten gewertet. Dem Preußischen Staat ging es aber wohl eher darum, die Wehrfähigkeit zu sichern.

Es sind dann die Arbeiterkolonnen im Bergbau, die als Gewerkschaften zusammenfinden, wobei die sichtbaren Anfänge der modernen Gewerkschaftsbewegung eher bei den Buchdruckern und Zigarrenarbeitern liegen.[14] Der Begriff „Gewerkschaft" als Überbegriff für Arbeitnehmervertretungen war zu dieser Zeit allerdings noch nicht geprägt. Bis hinein in den Vormärz überwog der Begriff „Arbeiterverein" oder „Berufsverband". Von der heutigen Struktur moderner Gewerkschaften waren diese Zusammenschlüsse oftmals weit entfernt.

Im Windschatten des Liberalismus und der Implementation der Gewerbe- und Vertragsfreiheit erwuchs im Zuge der Reichseinigung die sog. soziale Frage, die Bismarck zunächst über die Sozialistengesetze mit Repression zu lösen versuchte [15] und schließlich – grob betrachtet – in die Sozialversicherungsgesetzgebung überführte.

Für das kollektive Arbeitsrecht ist das Jahr 1873 bedeutsam, weil in diesem Jahr der Tarifvertrag für das Buchdruckereigewerbe in Leipzig geschlossen wurde. Gleichwohl waren die Tarifverträge unter der Geltung der Gewerbeordnung für den Norddeutschen Bund nicht einklagbare Naturalobligationen. Erst das Reichsgericht emanzipierte den Tarifvertrag.[16]

Nach dem Ende der Ära Bismarck wurde unter *Hans Hermann Freiherr von Berlepsch* (1843–1926) wieder stärker der Schutz der Arbeit(nehm)er in den Vordergrund gerückt.[17] Dennoch fand sich jenseits von § 618 im BGB von 1900 nahezu kein Schutz der Arbeitnehmer. Lediglich Kündigungsfristen milderten den Verlust des Arbeitsplatzes ab.

Bis 1918 gewann das kollektive Arbeitsrecht dann rasant an Bedeutung. Der Tarifvertrag wurde als zentrales Mittel zur Steuerung der Arbeitsrechtsbeziehungen verstanden und eingesetzt. Nach dem Zusammenbruch des Kaiserreichs trat in der Weimarer Republik die Räteidee auf. Generell war die Weimarer Republik vom Ausbau arbeits- und sozialrechtlicher Regelungen geprägt. Bereits im Jahr 1918, im Zuge der Novemberrevolution am 18.11., schlossen Vertreter der Arbeitgeber- und Arbeitnehmerseite das Stinnes-Legien-Abkommen, in dem die Arbeitgeberseite die Gewerkschaften als legitime Vertreter der Arbeitnehmerschaft anerkannte.

Gleichwohl zeigte sich auch eine gewisse Zurückhaltung der Legislative, so dass es in der Folge zu einer Stärkung der Richtermacht und zu einer Zu-

14 *Gamillscheg* I S. 91.

15 Ausführlicher: *Gamillscheg* I S. 96 f.

16 RGZ 73. 92.

17 Zur Gesetzgebung im Arbeitsschutz und zur sog. lex Berlepsch: *Richardi*, in: MünchArbR § 2 Rn. 9.ff.

nahme von Richterrecht kam, das auch noch heute als prägend für das Arbeitsrecht bezeichnet werden kann.[18]

Ursprünglich war die Rechtsprechung im Arbeitsrecht durch Laienrichter geprägt. Mit der Einführung des ArbGG mussten allerdings auch die Arbeitsrichter die Befähigung zum Richteramt nachweisen. Auch das Reichsarbeitsgericht wurde eingeführt.

Die Zeit des Nationalsozialismus war schließlich durch einen weitreichenden Rückbau des Arbeitsrechts zugunsten des Führerprinzips gekennzeichnet. Sehr schnell waren soziale Schutzmechanismen abgebaut und gesellschaftliche Gruppen wie Juden oder Roma und Sinti der totalitären Willkür ausgesetzt.[19] Mit dem Streich vom 2. Mai wurde die Gewerkschaftsbewegung „gleichgeschaltet". Weiterhin wurde Recht sehr stark zur gesellschaftlichen Steuerung eingesetzt. Ein Großteil der Verbrechen der Nationalsozialisten erfolgte über Papier – wobei sich angesichts Ausschwitz eine Quantifizierung eigentlich verbietet.

In der Nachkriegszeit erfolgte die Gesetzgebung zunächst über die sog. Kontrollratsgesetze. Nach Gründung der BRD wurde ein Arbeitsrecht auf der Grundlage des Grundgesetzes herausgebildet. Es spricht für diese Entwicklung, dass die zentrale Frage heute die Verwirklichung von Kollektivmacht und Individuum ist. Die Geschichte mahnt jedoch zugleich zur Vorsicht.

1.2 Der Begriff des Arbeitsrechts und seine Rechtsquellen

Mit diesen geschichtlichen Kenntnissen hat man eine etwaige Vorstellung von den Begebenheiten, in deren Zusammenhang das Arbeitsrecht herausgebildet wurde. Es geht um das Recht, das im Grundsatz die Rechtsbeziehungen zwischen Arbeitnehmern und Arbeitgebern regelt.[20]

1.2.1 Die Begriffsbildung

Bei genauer Betrachtung ist dieser Begriff nicht sehr präzise. Gemeinhin wird das Arbeitsrecht in drei bzw. vier Teile untergliedert: Das Individualarbeitsrecht regelt die Rechtsbeziehung zwischen Arbeitgeber und Arbeitnehmer. Das kollektive Arbeitsrecht regelt die Rechtsbeziehungen zwischen den kollektiven Akteuren mit Wirkung für das Arbeitsverhältnis. Dazu gehört etwa das Betriebsverfassungsrecht, welches die Rechtsbeziehung von Arbeitgeber

---

18 Zur Rechtsfortbildung durch das BAG: *Linsenmaier*, RdA 2019, 157.

19 Vgl. u. a.: *Hansmann*, NJW 2005, 2648 zu den Nürnberger Rassegesetzen; zum Mietrecht speziell: *Herrlein*, NZM 2015, 641.

20 *Richardi*, in: MünchArbR, § 1 Rn. 1.

und Betriebsrat regelt. Erfasst werden aber auch das Tarifvertragsrecht und das Arbeitskampfrecht. Beide Materien konzentrieren sich auf die Rechtsbeziehungen von Gewerkschaften und Arbeitgebern bzw. Arbeitgeberverbänden. Schließlich gewährleistet das Arbeitsverfahrensrecht die effektive Durchsetzung der Rechte aus dem Individual- und Kollektivarbeitsrecht.

Einen Sonderstatus hatte immer schon das europäische und internationale Arbeitsrecht, das in Teilen zu einer Harmonisierung des Arbeitsrechts in Europa geführt hat. So geht etwa der Diskriminierungsschutz des AGG auf europäische Richtlinien zurück.

Redaktionell ist bemerkenswert, dass das Arbeitsrecht nicht zusammenhängend in einem Arbeitsgesetz kodifiziert ist. Vielmehr prägen eine Vielzahl von Gesetzen und Richterrecht die tägliche Praxis. Man spricht daher auch von der Lose-Blatt-Existenz des Arbeitsrechts.[21]

1.2.2 Das Arbeitsrecht in der Rechtsordnung

Im Kontext des Bürgerlichen Rechts bildet das Arbeitsrecht das Sonderprivatrecht des in Abhängigkeit Beschäftigten.[22] Doch ist das Arbeitsrecht nicht nur Privatrecht. Insbesondere das Arbeitsschutzrecht, das die Pflichten des Arbeitgebers für eine gesunde Arbeitsatmosphäre statuiert, ist auch öffentlich-rechtlich ausgestaltet. Gemäß § 21 Abs. 1 S. 1 ArbSchG ist die Überwachung des Arbeitsschutzes nämlich zuvorderst eine staatliche Aufgabe.

Neben diese Einordnung tritt eine weitere: Das Arbeitsrecht ist zwar deutsches Recht. Das allein wird dem Arbeitsrecht heute aber nicht mehr gerecht. Das Recht der Europäischen Union, die europäische Menschenrechtscharta sowie die zahlreichen Rechtsakte der IAO (ILO) wirken auf das Arbeitsrecht ein. Insofern ist Arbeitsrecht zu einem großen Teil auch Europa- und Völkerrecht.

Verfassungsrechtlich fällt das Arbeitsrecht in den Bereich der konkurrierenden Gesetzgebung nach Art. 74 Abs. 1 Nr. 12 GG. Macht der Bund nicht von seiner Gesetzgebungskompetenz Gebrauch, können die Länder Arbeitsgesetze erlassen.

---

21 *Rüthers*, NJW 2003, 546 (546).

22 *Fischinger*, Rn. 2; *Franzen*, ZeuP 1995, 796 (796); kritisch zum Begriff „Sonderrecht": *Richardi*, in: MünchArbR, § 1 Rn. 1: „allgemeines Recht für einen bestimmten Regelungskomplex".

1.2.3 Die Rechtsquellen des Arbeitsrechts

Kennzeichnend für das Arbeitsrecht ist die Vielzahl an relevanten Rechtsquellen:

Abbildung 1: Die Rechtsquellen des Arbeitsrechts

1. Das Unionsrecht
2. Das Grundgesetz
3. Das Völkerrecht
4. Das zwingende Arbeitsrecht
5. Die Tarifverträge
6. Die Betriebsvereinbarungen
7. Der Arbeitsvertrag
8. Das dispositive Arbeitsrecht

Diese Rechtsquellen müssen nicht nur vertikal (1.–8.), sondern auch horizontal geordnet werden. Es kann etwa sein, dass auf Ebene 4 zwei Normen des zwingenden Arbeitsrechts Anwendung finden und in einem Konkurrenzverhältnis stehen.

1.2.3.1 Die horizontale Linie

Eine Ordnung auf der gleichen Rangebene bieten die klassischen Kollisionsregeln: Eine spezielle Regelung geht einer allgemeineren Regelung vor (*lex specialis*).[23] Das jüngere Gesetz löst das ältere ab (*lex posterior*). Ob Spezialität vorliegt, kann allerdings auch kontrovers sein: Ist beispielsweise der Anwendungsbereich von § 15 Abs. 1 AGG eröffnet, ist nach der Lösung des Bundesarbeitsgerichts § 280 BGB nicht mehr zu prüfen.[24] Die Norm tritt im Wege der Gesetzeskonkurrenz hinter § 15 AGG zurück. Das Gericht erblickt in § 15 Abs. 5 AGG keine umfassende Regelung der Anspruchskonkurrenzen. Gerade mit Blick auf § 15 Abs. 5 AGG ist diese Lösung jedoch nicht überzeugend. Die Normen sind nebeneinander zu prüfen.[25]

1.2.3.2 Die vertikale Linie

Auf der vertikalen Ebene herrscht das sog. **Rangprinzip**. Das höherrangige Recht geht dem niederrangigen Recht vor.[26] Die Rangfolge folgt der oben skizzierten Grafik von 1 nach 8.

---

23 *Schäfers*, JuS 2015, 875 (878).

24 BAG, NZA 2012, 1211 (1214) Rn. 42 ff.

25 Kritisch daher: *Klocke/Hautkappe*, JurisPR 12/2019 Anm. 6.

26 *Preis/Temming* Rn. 735; *Koch*, in: Schaub/Koch, Stichwort: Günstigkeitsprinzip.

Da die einzelnen Rechtsquellen zum Schutz des Arbeitnehmers bestehen, kann das Rangprinzip dann durchbrochen werden, wenn die niederrangige Rechtsquelle für den Arbeitnehmer günstiger ist: sog. **Günstigkeitsprinzip**. Das Prinzip kommt unmittelbar nur in § 4 Abs. 3 TVG zum Ausdruck, durchzieht aber nach Ansicht des Bundesarbeitsgerichts das gesamte Arbeitsrecht.[27]

Wann genau eine Regelung günstiger ist, kann im Einzelfall sehr schwierig sein. Nach nunmehr herrschender Meinung ist ein so genannter Sachgruppenvergleich vorzunehmen, d. h. zu vergleichen sind die in einem inneren Zusammenhang stehenden Teilkomplexe der unterschiedlichen Regelungen.[28] Das Bundesarbeitsgericht lässt daher einen Vergleich von Arbeitszeit oder Arbeitsentgelt einerseits und Beschäftigungsgarantie andererseits nicht zu. Nach Ansicht des Gerichts handelt es sich hierbei um unterschiedlich geartete Regelungsgegenstände.[29] Relevant wurde diese Frage bei den sog. betrieblichen Bündnissen für Arbeit. Die Betriebe wollten zum Erhalt ihrer Arbeit weniger arbeiten und auf Lohn verzichten. Bestand zugleich eine tarifvertragliche Regelung, war der Weg über Regelungen niederen Rangs somit versperrt.

Die Günstigkeit einer einzelvertraglichen Regelung gegenüber einer normativ geltenden Bestimmung einer Betriebsvereinbarung muss bereits im Voraus – also unabhängig von den konkreten Bedingungen des jeweiligen Anwendungsfalls – feststehen.[30] Hängt es von den Umständen des Einzelfalls ab, ob die betreffende Regelung günstiger ist oder nicht (sog. ambivalente Regelung), ist keine Günstigkeit gegeben.[31] Maßstab für die Beurteilung der Günstigkeit ist daher auch nicht der jeweilige Arbeitnehmer, sondern der Durchschnittsarbeitnehmer.

Eine Besonderheit gilt bei vorformulierten Arbeitsverträgen. Hier erlaubt das Bundesarbeitsgericht durch die Auslegung des Vertrags die „Ablösung“ durch verschlechternde Betriebsvereinbarungen, weil jedem Arbeitnehmer klar sein müsse, dass der Arbeitsvertrag wegen der AGB einen kollektiven Bezug habe und daher durch andere kollektive Vereinbarungen verdrängt werden könne (sog. Betriebsvereinbarungsoffenheit).[32]

---

27 BAG, NZA 2004, 1110 (1113).

28 BAG, NZA 1999, 887 (893).

29 BAG, NZA 1999, 887 (893).

30 BAG, NZA 2019, 543 (547).

31 BAG, NZA 2019, 543 (547).

32 BAG, NZA 2019, 1065; kritisch: *Klocke*, AuR 2019, 443.

1.2.3.3 Insbesondere: Arbeitsrecht und Verfassung

Obgleich das Arbeitsrecht schwerpunktmäßig dem Bürgerlichen Recht zugeordnet wird, hatten die verfassungsrechtlichen Einflüsse immer eine herausragende Stellung. Aus der starken Stellung des Arbeitgebers gegenüber dem Arbeitnehmer hat das Bundesarbeitsgericht anfänglich sogar gefolgert, dass die Grundrechte unmittelbar im Arbeitsverhältnis Anwendung finden können.[33]

Diese Rechtsprechung, die der These des Bundesverfassungsgerichts von der mittelbaren Drittwirkung zuwiderlief[34], wurde durch das Bundesarbeitsgericht später aufgegeben.[35] Das zentrale Argument war und ist, dass Art. 1 Abs. 3 GG diejenigen aufzählt, die unmittelbar an die Grundrechte gebunden sind und insbesondere die privaten Arbeitgeber und Arbeitnehmer sowie die Tarifvertragsparteien nicht nennt.

Dennoch haben die Grundrechte weiterhin eine starke Stellung im Arbeitsrecht inne. Die Grundrechte haben im Privatrecht die Funktion, bei der Interpretation von Generalklauseln als Auslegungshilfen zu fungieren.[36] Daher wird insbesondere Art. 12 GG immer dann bedeutsam, wenn die Tatbestände des Gesetzes unbestimmt sind oder eine Interessenabwägung erfordern.

In diesem Kontext hat das Bundesverfassungsgericht eine verfassungsrechtliche Schutzpflicht des Staates zugunsten des Arbeitnehmers als strukturell unterlegene Partei des Arbeitsvertrags herausgebildet. Privatautonomie ist nämlich auf gleichstarke Vertragspartner angewiesen. Dort, wo die Vertragsparität gestört ist, sei es Aufgabe des Zivilrechts, diese Störung aufzulösen bzw. auszugleichen.[37]

Ferner darf nicht übersehen werden, dass Art. 9 Abs. 3 GG ein Grundrecht ist, das zwischen Privaten unmittelbar Anwendung findet.[38] Diese unmittelbare Drittwirkung der Koalitionsfreiheit war für die Herausbildung des Richterrechts im Zusammenhang mit dem Arbeitskampfrecht ganz entscheidend.

1.2.3.4 Die betriebliche Übung

Ein besonderes Institut des Arbeitsrechts stellt die sog. betriebliche Übung dar. In älteren Darstellungen wurde die betriebliche Übung noch als eigen-

---

33 Überblick bei: BAG, NJW 1962, 1981 (1982); zu Tarifverträgen: *Ulber/Klocke*, RdA 2021, 825.

34 BVerfG, NJW 1987, 827.

35 Vgl. bereits: BAG, AP BGB § 611 Direktionsrecht Nr. 27.

36 BVerfG, NJW 1987, 827; *Löwisch/Caspar/Klumpp* Rn. 152.

37 BAG, AP BGB § 307 Nr. 22.

38 Umfassend: *Klocke*, SR 2020, 17.

ständige Rechtsquelle eingeordnet. Diese Bedeutung hat die betriebliche Übung heute allerdings nicht mehr.[39] Die betriebliche Übung tritt daher nicht neben Betriebsvereinbarungen, sondern wird vielmehr über das allgemeine Zivilrecht gelöst.

1.2.3.4.1 Die Definition der betrieblichen Übung

Unter einer betrieblichen Übung ist die regelmäßige Wiederholung bestimmter Verhaltensweisen des Arbeitgebers zu verstehen, aus denen die Arbeitnehmer schließen können, ihnen solle eine Leistung oder eine Vergünstigung auf Dauer eingeräumt werden.[40] Aus einer betrieblichen Übung resultiert ein Leistungsanspruch der Arbeitnehmer für die Zukunft.

Abbildung 2: Die Prüfung einer betrieblichen Übung

1. Einordnung der betrieblichen Übung
2. Gleichförmiges wiederholtes Verhalten des Arbeitgebers
3. Schützenswertes Interesse am Erhalt der Leistung
   a) Auslegung des Verhaltens
   b) Kein wirksamer Freiwilligkeitsvorbehalt
4. Kein wirksamer Widerruf

1.2.3.4.2 Voraussetzungen einer betrieblichen Übung

Über die Herleitung dieses Anspruchs herrscht jedoch Streit. Zunächst bietet es sich an, diesen Anspruch als Konsequenz aus einem gesetzten Vertrauenstatbestand nach § 242 BGB für verbindlich zu erklären (sog. Vertrauenslösung).[41] Vorzugswürdig ist jedoch eine Lösung auf der Grundlage der §§ 145 ff. BGB (sog. Vertragslösung). Danach kann der Erklärung des Arbeitgebers nach §§ 133, 157, 242 BGB der Inhalt beigemessen werden, er wolle sich auch für die Zukunft binden. Eine Annahmeerklärung des Arbeitnehmers muss dem Arbeitgeber nach § 151 BGB nicht zugehen.[42]

Nach beiden Lösungen kommt es entscheidend darauf an, ob der Arbeitnehmer berechtigterweise davon ausgehen durfte, die Leistung werde auch in Zukunft gewährt. In der älteren Rechtsprechung war die Faustformel etabliert, dass dafür das dreimalige Gewähren ausreichen kann. Von diesem statischen Ansatz hat sich das Bundesarbeitsgericht etwas distanziert und verlangt nunmehr eine Prüfung des Rechtsbindungswillens hinsichtlich der Erklärung des Arbeitgebers im Einzelfall. Es bleibt hier, wie auch ansonsten, bei dem Grundsatz, dass der objektive Empfängerhorizont maßgeblich ist.[43]

39 *Bepler*, RdA 2005, 323.
40 BAG, NZA 2019, 106 (107).
41 *Gamillscheg*, in: FS Hilger/Stumpf, 226.
42 BAG, NZA 2019, 106 (107).
43 BAG, NZA 2019, 106 (107).

Besteht eine betriebliche Übung, stellt sich die Frage, ob neu eingestellte Arbeitnehmer sofort an ihr teilnehmen können. Man könnte dagegen einwenden, dass weder das Vertrauen noch die Voraussetzungen für einen konkludenten Vertragsschluss vorliegen werden.[44] Das Bundesarbeitsgericht geht hingegen davon aus, dass sich das Angebot auch grundsätzlich an neu eintretende Arbeitnehmer richtet.[45] Die wohl herrschende Meinung in der Literatur löst das Problem gleichwohl anders. Sie wendet den arbeitsrechtlichen Gleichbehandlungsgrundsatz auf die Konstellation an und begründet daher die Anwendung der betrieblichen Übung auf den Arbeitnehmer.[46]

1.2.3.4.3 Freiwilligkeitsvorbehalt und Widerrufsvorbehalt

Eine betriebliche Übung kann in der Theorie schnell begründet werden. In der betrieblichen Praxis herrscht daher die Frage vor, wie ein Arbeitgeber einerseits Bonuszahlungen vornehmen kann, etwa um seine Belegschaft zu motivieren, und andererseits das Entstehen einer betrieblichen Übung verhindern kann.

Will ein Arbeitgeber das Entstehen einer betrieblichen Übung verhindern, muss er mit der Gewährung einer Leistung den Beschäftigten klar und verständlich deutlich machen, er wolle sich für die Zukunft nicht binden.[47] Die zentralen Mechanismen sind vorrangig der sog. Freiwilligkeitsvorbehalt und nachrangig der sog. Widerrufsvorbehalt.

Dabei ist an erster Stelle darauf hinzuweisen, dass Freiwilligkeitsvorbehalt und Widerrufsvorbehalt nicht nur bei der betrieblichen Übung relevant werden. Generell kann ein Arbeitgeber ein Interesse daran haben, dass alle Sonderleistungen keine Verbindlichkeit für die Zukunft begründen. Der Arbeitgeber kann sich außer beim laufenden Entgelt eine Entscheidung darüber vorbehalten, ob und unter welchen Voraussetzungen er eine zulässige Leistung erbringen will. Diese Freiheit findet jedoch ihre Grenze im geltenden Recht.

Auf der Grundlage der Vertragstheorie bestehen keine Probleme, im Angebot der Zusatzzahlung eine vorformulierte Vertragsbedingung zu erblicken, so dass die §§ 305 ff. BGB auf beide Formen Anwendung finden. Freiwilligkeitsvorbehalt und Widerrufsvorbehalt unterliegen somit der AGB-Kontrolle.[48]

1.2.3.4.3.1 Der Freiwilligkeitsvorbehalt

Ist der Freiwilligkeitsvorbehalt wirksam, fehlt es an einem Angebot des Arbeitgebers für die Zukunft, das der Arbeitnehmer annehmen könnte. Mit Formulierungen, dass aus der Leistung einer Sonderzahlung keinerlei

44 *Backhaus*, AuR 1983, 70.
45 BAG, NJW 1971, 1422 (1424).
46 *Preis*, in: ErfK, § 611 Rn. 228; vgl. auch *Waltermann*, RdA 2006, 257 (265).
47 BAG, NZA 2019, 106 (107); BAG, NZA 2009, 535.
48 Zum Schema: 3.3.2.

Rechte hergeleitet werden können oder wiederholte Zahlungen keinen Rechtsanspruch für die Zukunft begründen, macht der Arbeitgeber hinreichend deutlich, dass gerade keine Erfüllungspflicht bestehen soll. Ein Anspruch entsteht nur auf die jeweils zugesagte Sonderzahlung. Mit der Zahlung erlischt dieser Anspruch durch Erfüllung gemäß § 362 BGB.

Trotz des Ziels, keine Rechtsbindung herbeizuführen, handelt es sich bei einem Freiwilligkeitsvorbehalt um eine Vertragsbedingung i. S. v. § 305 Abs. 1 S. 1 BGB.[49] Mit einer solchen Klausel soll die vertragliche Beziehung der Parteien gestaltet und dem Verwender ein einseitiges Recht zur Entscheidung über die Gewährung bestimmter Leistungen vorbehalten oder dessen späteres Erklärungsverhalten zur Vermeidung der Entstehung einer betrieblichen Übung festgelegt werden.

Nach § 307 Abs. 1 S. 2 BGB müssen die Voraussetzungen und der Umfang der Leistung so konkret formuliert sein, dass der Arbeitnehmer erkennen kann, was auf ihn zukommt. In der Gefahr, dass der Arbeitnehmer wegen unklar abgefasster AGB seine Rechte nicht wahrnimmt, liegt dann eine unangemessene Benachteiligung i. S. v. § 307 Abs. 1 BGB.[50] Eine besondere Eindeutigkeit und Klarheit muss der Vorbehalt nicht haben. Schließlich geht es um die Bedeutung späterer Erklärungen, deren Verbindlichkeit vorab festgeschrieben werden soll.

Besonders wichtig ist die Rechtsprechung des Bundesarbeitsgerichts zu Klauselwerken, die einerseits im Text einen „Anspruch auf [Sonderleistung]“ gewähren, dann aber weiter unten im Vertrag einen Anspruch ausschließen. Für sich genommen sind die Klauseln eindeutig. Aufeinander bezogen jedoch widersprechen sie sich. Daher nimmt das Gericht hier einen Verstoß gegen das Transparenzgebot an.[51]

Ein vertraglicher Freiwilligkeitsvorbehalt, der alle zukünftigen Leistungen unabhängig von ihrer Art und ihrem Entstehungsgrund erfasst, benachteiligt den Arbeitnehmer regelmäßig nach § 307 Abs. 1 u. Abs. 2 BGB unangemessen und ist deshalb unwirksam. Der Ausschluss jeden Rechtsanspruchs bei laufendem Arbeitsentgelt widerspricht dem Zweck des Arbeitsvertrags. Dem Arbeitgeber wird damit ermöglicht, vom Arbeitnehmer die vollständige Erbringung der geschuldeten Leistung zu verlangen und seinerseits über die von ihm geschuldete Gegenleistung zu entscheiden. Damit verhindert die Klausel den Grundgedanken der Vertragsbindung und löst die synallagmatische Verknüpfung der Leistungen beider Vertragsparteien auf. Die Klausel verstößt auch gegen den Vorrang der Individualabrede, weil diese gerade im Hinblick auf die Verbindlichkeit ausgeschlossen wird.[52]

---

49 BAG, NZA 2010, 445 (446).

50 BAG, NJW 2013, 2844 (2846).

51 BAG, NJW 2013, 2844.

52 Vgl. zu dieser Argumentation: BAG, NZA 2012, 81 (84).

1.2.3.4.3.2 Der Widerrufsvorbehalt

Ein Widerrufsvorbehalt ermöglicht es dem Arbeitgeber, eine verbindlich zugesagte Leistung wieder zu entziehen. Diesbezüglich ist die Rechtsprechung sehr streng. Die Inhaltskontrolle ist nach § 307 Abs. 3 S. 1 BGB eröffnet,[53] weil das einseitige Leistungsbestimmungsrecht, die Hauptleistungspflichten einzuschränken, zu verändern, auszugestalten und zu modifizieren, vom gesetzlichen Leitbild abweicht.

Beim Widerrufsvorbehalt wird eine Leistung grundsätzlich zugesagt, jedoch behält sich der Arbeitgeber den Widerruf vor. Wird dadurch die versprochene Leistung widerrufen, ist § 308 Nr. 4 BGB anzuwenden. Entscheidend ist demnach, dass die Statuierung des Widerrufsrechts dem Arbeitnehmer zumutbar ist.

Die Rechtsprechung hat formelle und materielle Gründe für bzw. gegen den Widerrufsvorbehalt herausgebildet. In formeller Hinsicht muss der Vorbehalt zumindest die Richtung angeben, aus der der Widerruf möglich sein soll,[54] etwa wirtschaftliche Gründe, Leistung oder Verhalten des Arbeitnehmers. Der Verwender muss angeben, welche Umstände ihn zum Widerruf berechtigen sollen. In materieller Hinsicht ist zu beachten, dass § 308 Nr. 4 BGB eine Spezialregelung zu § 307 darstellt und somit die Angemessenheit der Regelung gewahrt sein muss. Ein Widerrufsvorbehalt ist etwa dann zumutbar, wenn es für die Anpassung an eine unsichere Entwicklung notwendig ist.[55]

Ein Widerrufsvorbehalt ist ferner dann zumutbar, wenn er sich nach Art und Höhe der Leistung, die widerrufen werden soll, nach der Höhe des verbleibenden Verdienststs und der Stellung des Arbeitnehmers im Unternehmen als angemessen darstellt. Auch beim berechtigten Interesse des Arbeitgebers darf das Wirtschaftsrisiko des Unternehmers nicht auf den Arbeitnehmer verlagert werden. Hierzu greift das Bundesarbeitsgericht auf folgende Formel zurück: Die Vereinbarung eines Widerrufsvorbehalts ist zulässig, soweit der im Gegenseitigkeitsverhältnis stehende widerrufliche Teil des Gesamtverdienstes unter 25 % liegt und der Tariflohn nicht unterschritten wird.[56] Sind darüber hinaus Zahlungen des Arbeitgebers widerruflich, die nicht eine unmittelbare Gegenleistung für die Arbeitsleistung darstellen, sondern Ersatz für Aufwendungen, die an sich der Arbeitnehmer selbst tragen muss, erhöht sich der widerrufliche Teil der Arbeitsvergütung auf bis zu 30 % des Gesamtverdienstes.

53 BAG, NZA 2012, 616 (616).
54 BAG, NZA 2012, 616 (617).
55 Vgl. auch BAG, NZA 2012, 616 (617).
56 BAG, NZA 2007, 87.

Teilweise wurde verlangt, dass ein Widerrufsvorbehalt eine Ankündigung oder Auslauffristen enthalten muss. Dem ist das Bundesarbeitsgericht entgegengetreten. Für eine solche Forderung gibt es im Gesetz keine Stütze.[57] Eine Auslauffrist kann aber bei der sogenannten Ausübungskontrolle relevant werden. Als einseitiges Gestaltungsrecht unterliegt die Ausübung des Widerrufsvorbehaltes der Kontrolle nach § 315 BGB und muss daher ebenfalls wirksam sein. Trotz wirksamen Widerrufsvorbehalts kann somit der Widerruf im Einzelfall unwirksam sein.

Die Ausübungskontrolle setzt zweierlei voraus. Erstens müssen die Voraussetzungen des Widerrufsvorbehalts vorliegen und zweitens müssen die Schranken des § 315 BGB gewahrt werden. Der Arbeitgeber muss die wesentlichen Umstände des Falls abwägen und die beiderseitigen Interessen angemessen berücksichtigen.

§ 308 Nr. 4 BGB findet hingegen keine Anwendung auf den Freiwilligkeitsvorbehalt, weil es gerade an einer versprochenen Leistung fehlt. Kombiniert der Arbeitgeber einen Freiwilligkeitsvorbehalt mit einem Widerrufsvorbehalt, liegt ein Verstoß gegen § 307 Abs. 1 S. 2 BGB nahe.[58] Für die Vertragspartner würde sich regelmäßig nicht hinreichend deutlich erschließen, ob jegliche zukünftige Bindung ausgeschlossen ist oder lediglich die Möglichkeit eröffnet werden soll, eine solche Bindung später zu beenden. Die Möglichkeit, mit einem Widerrufsvorbehalt einen Freiwilligkeitsvorbehalt zu verstärken, besteht somit nicht.

1.2.3.4.4 Die sog. negative betriebliche Übung

Um eine betriebliche Übung zu beseitigen, wurde das Institut der sogenannten negativen betrieblichen Übung, auch gegenläufige Übung genannt, herausgebildet. Hiernach konnte der Arbeitgeber aus einer bestehenden betrieblichen Übung aussteigen, wenn er die Zulage wiederholt nur unter Vorbehalt erklärte. Diese Möglichkeit hat das Bundesarbeitsgericht zunächst restriktiv gehandhabt und 2009 dann komplett aufgegeben.[59]

Das Gericht stellte maßgeblich auf § 308 Nr. 5 BGB ab. Auf der Grundlage der Vertragstheorie wird durch die betriebliche Übung ein vertraglicher Anspruch begründet. Nach § 308 Nr. 5 BGB ist eine vertragliche Bestimmung grundsätzlich unwirksam, wonach eine Erklärung des Vertragspartners des Verwenders bei Vornahme oder Unterlassung einer bestimmten Handlung als von ihm abgegeben oder nicht abgegeben gilt. Die Norm soll sicherstellen, dass das zentrale Prinzip des Privatrechts, wonach aus Schweigen kei-

57 BAG, NZA 2012, 616.

58 BAG, NZA 2012, 81 (82).

59 BAG, NZA 2009, 601.

ne Willenserklärung folgen darf, nicht durch allgemeine Geschäftsbedingungen unterlaufen wird.[60]

Bietet der Arbeitgeber unter dem Vorbehalt der Freiwilligkeit eine Gratifikation an und schweigt der Arbeitnehmer daraufhin, genügt dieses Verhalten daher nicht, um den Anforderungen des § 308 Nr. 5 BGB Genüge zu tun.

1.2.3.5 Das europäische und internationale Arbeitsrecht

Zu den Rechtsquellen des Arbeitsrechts gehören auch das europäische und das internationale Arbeitsrecht sowie das Arbeitsvölkerrecht. Der internationale Bezug war im Arbeitsrecht immer schon stark. Die bedeutendsten Arbeitsrechtslehrer waren auch Rechtsvergleicher (insb. Otto Kahn-Freund [1900–1979]). Insgesamt kommt man nicht umhin festzustellen, dass die Bedeutung der internationalen Rechtsquellen auch in der Praxis erheblich zugenommen hat.

1.2.3.5.1 Das Arbeitsrecht der Europäischen Union

Den wichtigsten Stellenwert nimmt dabei das Arbeitsrecht der Europäischen Union ein.[61] Das EU-Arbeitsrecht mit seinen zahlreichen Richtlinien und Verordnungen wirkt stark auf das deutsche Arbeitsrecht ein. Setzt die EU eine Richtlinie, muss die BRD diese umsetzen. Aus Art. 288 AEUV folgt, dass die Ziele der Richtlinienbestimmungen verbindlich sind. Solange aber die praktische Wirksamkeit der Richtlinie gewährleistet ist und die Bestimmungen nicht hinter vergleichbaren Regelungen des nationalen Rechts zurückbleiben, sind die Mitgliedstaaten darin frei, wie sie die Richtlinie umsetzen.[62]

Da Richtlinien in aller Regel unbestimmte Vorgaben enthalten, kommt der Rechtsprechung des EuGHs bzw. der Auslegung des Europarechts durch den EuGH im Rahmen des Vorlageverfahrens nach Art. 267 AEUV die größte Bedeutung zu. Die Auslegung des Unionsrechts durch den EuGH ist nach Art. 19 Abs. 1 S. 2 AEUV verbindlich und die nationalen Gerichte sind an diese Rechtsprechung gebunden. Sie trifft die Pflicht zur richtlinienkonformen Auslegung des deutschen Rechts.[63]

1.2.3.5.2 Das Arbeitsvölkerrecht

In der aktuellen Entwicklung hat das Recht des Europarats, die EMRK und die ESC, ebenfalls Bedeutung erlangt. Der Europäische Gerichtshof für

---

60 BAG, NZA 2009, 601 (603).

61 Interessierten ist die Darstellung von *Kocher*, Europäisches Arbeitsrecht, 2. Auf. 2020, zu empfehlen.

62 Vgl. auch: *Seifert*, EuZA 2018, 51 (52 ff.).

63 Zu Grundlagen und Grenze: EuGH, NJW 2006, 2465.

Menschenrechte hat in Art. 8 EMRK auch den Arbeitsplatz menschenrechtlichem Schutz unterstellt.[64]

Neben dieses regionale Völkerrecht tritt das Arbeitsrecht der International Labour Organisation (ILO). Die ILO wurde 1919 durch den Versailler Vertrag gegründet. Anders als im Unionsrecht besteht nur eine Pflicht, das deutsche Recht völkerrechtsfreundlich auszulegen.[65] Deswegen nimmt die Praxis von den völkerrechtlichen Vorgaben – zu Unrecht – wenig Notiz.

1.2.3.5.3 Das Internationale Arbeitsrecht

Während Europarecht und Völkerrecht auf allgemeine Vorgaben für das Verständnis des Arbeitsrechts zielen, regelt das Internationale Arbeitsrecht die Frage, welches Recht überhaupt Anwendung findet, wenn ein Arbeitsvertrag Bezugspunkte zu mehr als einer Rechtsordnung hat.[66]

Bestehen völkerrechtliche Bindungen zu Nichtmitgliedstaaten der EU, ist grundsätzlich das Unionsrecht und hier Art. 8 der sog. Rom-I-VO über das auf vertragliche Schuldverhältnisse anwendbare Recht maßgeblich. Danach kommt der Rechtswahl der Arbeitsvertragsparteien der Vorrang zu. Fehlt eine solche Rechtswahl, findet das Recht des Staats Anwendung, in dem der Arbeitnehmer für gewöhnlich seine Arbeit verrichtet, es sei denn alle Umstände des Einzelfalls legen die Rechtsordnung eines anderen Staats nahe.

Das Internationale Arbeitsrecht geht Hand in Hand mit dem Internationalen Verfahrensrecht. Hier enthält die Brüssel-Ia-VO mit Art. 19 einen Gerichtsstand, der es dem Arbeitnehmer ermöglicht, am Ort der Arbeitsleistung Klage zu erheben.

1.3 Die Arbeitsgerichte

Zur Durchsetzung ihrer Rechte stellt das ArbGG Arbeitnehmer und Arbeitgeber sowie den Koalitionen eine eigene Fachgerichtsbarkeit zur Seite, die Arbeitsgerichtsbarkeit. Das ArbGG kennt in den §§ 2 und 2a ArbGG zwei unterschiedliche Verfahrensarten: das Urteilsverfahren und das Beschlussverfahren. Die §§ 2 und 2a ArbGG enthalten zugleich die Zuständigkeitskataloge, nach denen die Arbeitsgerichte gegenüber den ordentlichen Gerichten nach § 13 GVG zuständig sind. Ohne diese Verweisung müsste der Arbeitnehmer nach § 611a Abs. 2 BGB auf seinen Lohn vor dem Amtsgericht klagen.

---

64 EGMR, NZA 2017, 1443; Interessierten ist die Darstellung von *Schlachter/Heuschmid/Ulber*, Arbeitsvölkerrecht, 2019, zu empfehlen; vgl. auch *Seifert*, EuZA 203, 205.

65 *Hofmann*, Jura 2013, 326.

66 Interessierten ist die Darstellung von *Deinert*, Internationales Arbeitsrecht, 2013, zu empfehlen.

Der Instanzenzug ist immer gleich: Die erste Instanz sind die Arbeitsgerichte, die zweite Instanz sind die Landesarbeitsgerichte und die letzte Instanz ist dann das Bundesarbeitsgericht (§ 8 ArbGG).

2 Arbeitnehmer und Arbeitgeber

Im Individualarbeitsrecht geht es um Streitigkeiten zwischen Arbeitnehmer und Arbeitgeber. Diese beiden Begriffe sind daher zentral für den Anwendungsbereich des Arbeitsrechts.

2.1 Der Arbeitnehmer

Arbeitsrecht als Sonderrecht der abhängig Beschäftigten konstituiert sich über den Begriff des Arbeitnehmers.[67] Die meisten Arbeitsgesetze setzen in personeller Hinsicht voraus, dass die betreffende Person ein Arbeitnehmer ist; so erfasst beispielsweise das Kündigungsschutzgesetz (KSchG) in § 1 Abs. 1 KSchG nur „*die Kündigung des Arbeitsverhältnisses gegenüber einem Arbeitnehmer*". Im Individualarbeitsrecht gilt ein einheitlicher Arbeitnehmerbegriff. Die nachfolgend erörterte Definition des Arbeitnehmers wird grundsätzlich gleichermaßen in allen Regelungen des Individualarbeitsrechts angewendet.[68]

2.1.1 Die Entwicklung des Arbeitnehmerbegriffs

Während es seit dem Inkrafttreten des BGB zum 1.1.1900 bis zum 1.4.2017 keine allgemeine Regelung für den Arbeitsvertrag bzw. für die Voraussetzungen für die Arbeitnehmereigenschaft gab, hat der Gesetzgeber mit § 611a BGB eine Typisierung des Arbeitsvertrages vorgenommen. Zwar definiert § 611a den Arbeitnehmer nicht explizit, gleichwohl lässt die Norm erkennen, welche Voraussetzungen an die Annahme eines Arbeitnehmerstatus zu stellen sind.

Nach der Auffassung des Gesetzgebers soll die Norm die bisherigen Grundsätze der Ermittlung der *Arbeitnehmer*-Eigenschaft wiedergeben.[69] Der Gesetzgeber bezweckt mit der ausdrücklichen Regelung die Erwartung, missbräuchliche Gestaltungen des Fremdpersonaleinsatzes durch Scheinselbstständigkeiten verhindern zu können und durch die gesetzliche Regelung die Rechtssicherheit zu erhöhen.[70] Allerdings ist der Begriff des Arbeitneh-

---

67 Das Individualarbeitsrecht ist daher ein sog. subjektives System, *Fischinger*, Rn. 17.

68 Daher verwendet das Sozialrecht auch den Begriff des Beschäftigten (vgl. *Nebe*, SGb 2015, 125). Ebenso kennt das kollektive Arbeitsrecht Besonderheiten. Insbesondere § 5 BetrVG regelt den Begriff des Arbeitnehmers für das Betriebsverfassungsrecht. Im kollektiven Arbeitsrecht gilt daher der sog. Relative Arbeitnehmerbegriff.

69 So explizit: BT-Drs. 18/9232 S. 31.

70 BT-Drs. 18/9232 S. 31.

mers keineswegs selbstverständlich, denn er vereinigt als Begriff Rechtsverhältnisse von über 40 Millionen Menschen.[71]

Für ein Lehrbuch bietet es sich an, mit der gerichtlichen Erfassung dieses Typus zu beginnen und einerseits die Rechtsprechung des Reichsarbeitsgerichtes sowie andererseits die klassische Definition von *Alfred Hueck* (1889–1985) in den Fokus zu nehmen.[72] Das Reichsarbeitsgericht ging anfänglich davon aus, dass Arbeitnehmer persönlich und wirtschaftlich abhängig sein müssen.[73] *Hueck* kritisierte diese Rechtsprechung und betonte: Arbeitnehmer sind die aufgrund privatrechtlichen Vertrags im Dienste eines anderen zu Arbeit verpflichteten Personen; zentral sei die persönliche Abhängigkeit.

Das Problem, dass wirtschaftlich abhängige Beschäftigte Schutz bedürfen, hat sich bis heute gehalten und zeigt sich in letzter Zeit wieder stärker bei den sog. Solo-Selbstständigen. Gleichwohl werden Personen, die einer anderen Person in wirtschaftlicher Abhängigkeit gegenüberstehen, etwa weil sie auf Folgeaufträge angewiesen sind, nicht als Arbeitnehmer, sondern als sog. arbeitnehmerähnliche Personen bezeichnet. Sie werden nur dann vom Arbeitsrecht geschützt, wenn die jeweiligen Gesetze sie ausdrücklich in den Anwendungsbereich aufnehmen (Bsp. § 12a TVG).

2.1.2 Die Definition des Arbeitnehmers

Die Arbeitnehmerdefinition, die in der Folge vom Bundesarbeitsgericht herausgebildet wurde und nunmehr § 611a BGB zugrunde liegt, lautet: *„Arbeitnehmer ist jeder, der auf der Grundlage eines privatrechtlichen Vertrages verpflichtet ist, Dienste in persönlicher Abhängigkeit gegen Entgelt zu leisten.“*[74] Somit ist der Arbeitnehmerbegriff von drei Elementen geprägt:

Abbildung 3: Der Arbeitnehmer

1. Privatrechtlicher Vertrag
2. Leistung von Diensten gegen Entgelt
3. Persönliche Abhängigkeit

Die Bewertung, ob es sich um einen Arbeitnehmer handelt, darf dabei nicht schematisch erfolgen. § 611a Abs. 1 S. 5 BGB bestimmt, dass für die Feststellung, ob ein Arbeitsvertrag vorliegt, eine Gesamtbetrachtung aller Umstände des Einzelfalles vorzunehmen ist. Das kann sogar dazu führen, dass

71 Vgl. den Abschnitt zu *Sinzheimer* in 1.

72 *Hueck/Nipperdey*, § 7.

73 Vgl. hierzu: RAGE 8, 451 mit Anm. v. *Merkel* und RAGE 302 mit Anm. v. *Hueck*.

74 BAG, NZA, 1293; zum Arbeitnehmerbegriff des EuGH: *Wank*, EuZW 2018, 21.

ein als Dienst- oder Werkvertrag bezeichnetes Vertragswerk sich wegen seiner tatsächlichen Durchführung als Arbeitsvertrag darstellt (§ 611a Abs. 1 S. 6 BGB). Diese letzte Aussage ist insbesondere dann wichtig, wenn Unternehmer versuchen, den Arbeitnehmerstatus hinter Vertragswerken zu verstecken, um nicht den gesetzlichen Pflichten des Arbeits- und Sozialrechts ausgesetzt zu sein.

2.1.3 Die Ermittlung der Arbeitnehmereigenschaft

Das Bundesarbeitsgericht ermittelt die Arbeitnehmereigenschaft regelmäßig auf der Grundlage eines Sachverhalts mithilfe einer Vielzahl von Kriterien, die jeweils im Einzelfall unterschiedliches Gewicht haben können. Gänzlich abstrakte, für alle Arbeitsverhältnisse geltende Merkmale jenseits der drei Elemente der Arbeitnehmerdefinition lassen sich nicht aufstellen.[75] Diese sog. typologische Methode[76] bleibt nach h. M. auch weiterhin aktuell.[77]

Daran ließe sich indes gut zweifeln. Durch die Einordnung in die Vertragstypen des BGB muss der Vertrag grundsätzlich bereits bei Vertragsschluss eine Antwort auf die Frage haben, ob ein Arbeitsvertrag vorliegt. Darin liegt aber gerade das Problem. Die persönliche Abhängigkeit ist grundsätzlich erst die Folge des Vertragsschlusses.[78] Insofern bleibt allein eine prospektive, d. h. in Aussicht stehende persönliche Abhängigkeit. Diese zu ermitteln ist aber alles andere als einfach. Denn erst einmal ist das Weisungsrecht Inhalt des Arbeitsvertrags, selbst wenn es nicht ausdrücklich aufgenommen wurde. Zweitens ist die vage Beschreibung der Tätigkeit des Schuldners ein Kennzeichen des Arbeitsvertrags.

Die ersten Entscheidungen des Bundesarbeitsgerichts zu § 611a BGB legen auch nicht nahe, dass das Gericht eine solche Bestimmung vornehmen wird.[79] Insofern kommt für die Bestimmung der vertragstypischen Pflichten der nachfolgenden Durchführung weiterhin die entscheidende Bedeutung zu (§ 611a Abs. 1 S. 6 BGB).

2.1.4 Der privatrechtliche Vertrag

Die erste Voraussetzung des Arbeitnehmerbegriffs ist, dass ein privatrechtlicher Vertrag vorliegt. In der Praxis dient dieses Merkmal dazu, öffentlich-

75 BAG, BeckRS 2000, 30787205.

76 So etwa: BAG, AP BGB § 611 Abhängigkeit Nr. 34; der Begriff ist in mehrfacher Hinsicht nicht glücklich. Das gilt umso mehr mit der Einführung des § 611a BGB in die Typen des BGB.

77 Hierzu und kritisch: *Preis*, NZA 2018, 817 (821).

78 *Richardi*, NZA 2018, 974 (974).

79 Kritisch: *Preis*, NZA 2018, 817.

rechtliche Rechtsverhältnisse aus dem Arbeitsrecht herauszunehmen.[80] Für diese Fälle ist in aller Regel die Verwaltungsgerichtsbarkeit nach § 40 VwGO zuständig.

Beispielsweise sind Beamte, Richter, Soldaten und Strafgefangene keine Arbeitnehmer. Beamte stehen im sog. Beamtenverhältnis nach § 3 BStG, Richter stehen im sog. Richterverhältnis nach § 9 DRiG; es handelt sich in all diesen Fällen um öffentlich-rechtliche Beschäftigungsverhältnisse.

Oftmals werden Familienangehörige ebenfalls nicht auf der Grundlage eines privaten Arbeitsvertrags beschäftigt. Das schließt es nicht aus, dass zwischen Familienangehörigen ein Arbeitsvertrag geschlossen wird. Im Grundsatz sollte jedoch immer zunächst davon ausgegangen werden, dass die Arbeit auf der Grundlage entweder von §§ 1353 Abs. 1 S. 2, 1360 BGB oder von § 1619 BGB erfolgt. Erst in einem zweiten Schritt sollte geprüft werden, ob hinsichtlich eines privatrechtlichen Vertrags ein gegenüber der gesetzlichen Verpflichtung weitergehender Rechtsbindungswille besteht.[81]

Große Probleme kann in diesem Zusammenhang die Vereinsmitgliedschaft bereiten. Hier ist zu differenzieren: Ist die Vereinsmitgliedschaft auf der Grundlage einer vertraglichen Vereinbarung erfolgt und wird für die Tätigkeit ein Entgelt gezahlt,[82] stellt sich das Problem erst bei der persönlichen Abhängigkeit. Ist der Beitritt jedoch nicht in der Form eines Vertrages erfolgt, ist zu prüfen, ob über die Vereinsmitgliedschaft nicht entscheidende Schutzmechanismen des Arbeitsrechts ausgehebelt werden.

Für diese Frage bestehen zwei große Leitentscheidungen des Bundesarbeitsgerichts: Zu der DRK-Schwesternschaft hat das Bundesarbeitsgericht in ständiger Rechtsprechung herausgebildet, dass der vereinsrechtliche Aufbau der Schwesternschaft selbst keine Umgehung des Arbeitsrechts darstellt.[83] Denn die DRK-Schwesternschaften sind so konzipiert, dass bei Mitgliederversammlungen die Geschicke des Vereins und damit auch die Arbeitsorganisation durch Wahlen und Abstimmungen gesteuert werden können; insbesondere kann die Schwesternschaft ihren Vorstand und ihren Schwesternbeirat selbst bestimmen. Darüber hinaus ist ein Anspruch auf eine angemessene Vergütung durch die Satzung sichergestellt.

In der aktuellen Entwicklung hat auch eine neue Entscheidung des Europäischen Gerichtshofs diese Rechtsprechung ins Wanken gebracht.[84] Gleich-

80 *Fuchs*, in: BeckOK, § 611a Rn. 14.

81 *Löwisch/Caspers/Klumpp* Rn. 14. Damit ist noch nicht gesagt, dass ein Arbeitsvertrag vorliegt. Die Angehörigen können ebenso gut eine Gesellschaft bürgerlichen Rechts gründen.

82 Hierzu: *Schöpflin*, in BeckOK, § 38 Rn. 12.

83 BAG, AP ArbGG 1979 § 5 Nr. 22.

84 EuGH, EuZW 2017, 68 mit Anm. v. *Ulrici*.

wohl beharrt das Bundesarbeitsgericht auf seiner Rechtsprechung und lockert sie nur im Bereich der Leiharbeit.[85]

Der Ausgangspunkt dieser Rechtsprechung trifft noch vollkommen zu. Es liegt in der Regel kein privatrechtlicher Vertrag vor. Einen Vertrag über die §§ 133, 157, 242 BGB zu erzwingen ist auch nicht überzeugend, wenn die äußeren Umstände gerade auf eine vereinsrechtliche Mitgliedschaft hindeuten. Enthält die Rechtsbeziehung Verein und Mitglied daher alle übrigen Elemente eines Arbeitsverhältnisses, ist wegen der tatsächlichen Durchführung nach § 611a Abs. 1 S. 6 BGB ein Arbeitsverhältnis anzunehmen.

In diesem Sinne hat das Bundesarbeitsgericht zur Scientology-Mitgliedschaft entschieden, dass das Vereinsrecht das Arbeitsrecht nicht aushebeln kann.[86] Konsequenterweise hat das Gericht die Arbeitnehmereigenschaft bejaht. Im Laufe der Verhandlung wurde klar, dass ein Vereinsmitglied keine Mitgliedsrechte hatte und keinen Einfluss auf die Wirkung und Handlungen des Vereins nehmen konnte. Außerdem stand das Mitglied offensichtlich in persönlicher Abhängigkeit und erhielt nahezu keinen Lohn.

2.1.5 Die entgeltliche Dienstleistung

Liegt ein privatrechtlicher Vertrag vor, muss dieser noch auf den Austausch von Dienstleistungen gegen Entgelt gerichtet sein (§ 611a Abs. 1 u. 2 BGB). Sowohl das Vorliegen einer Dienstleistung als auch die Entgeltlichkeit der Tätigkeit kann hierbei Probleme bereiten.

2.1.5.1 Die Dienstleistung

Die Einordnung der Arbeitsleistung als Dienstleistung grenzt die Verträge gegenüber solchen Vereinbarungen ab, die auf die Erzielung von ganz konkreten Erfolgen bzw. Werken ausgerichtet sind.[87]

Eine rein formale Betrachtung hat sich in der Praxis als unzureichend erwiesen, so dass die Rechtsprechung die Abgrenzung von Arbeits- und Werkverträgen nicht zwangsläufig an einer formalen Trennung von Tätigkeit (§ 611a BGB) und Erfolg (§ 631 BGB) festmacht. Das hat auch damit zu tun, dass Arbeitsverträge oftmals zumindest zu Teilen oder in bestimmten Punkten mit Erreichen eines ganz bestimmten Produktionsergebnisses Erfolge voraussetzen.[88] Im Ergebnis können daher werkvertragliche Aspekte für die Annahme einer Dienstleistung unschädlich sein.

---

85 BAG, NZA 2017, 662 (664 f.).

86 BAG, NZA 2002, 1412.

87 *Fischinger*, Rn. 24.

88 BAG, NJW 2013, 3672 (3674).

Welches Rechtsverhältnis vorliegt, ist anhand einer Gesamtwürdigung aller maßgebenden Umstände des Einzelfalls zu ermitteln, der objektive Geschäftsinhalt ist den ausdrücklich getroffenen Vereinbarungen und der praktischen Durchführung des Vertrags zu entnehmen.[89] Widersprechen sich Vereinbarung und tatsächliche Durchführung, ist Letztere maßgebend (§ 611a Abs. 1 S. 6 BGB). Die Rechtsprechung greift dann in schwierigen Fällen auf das Merkmal der persönlichen Abhängigkeit vor (dazu sogleich 2.1.6).

2.1.5.2 Die Entgeltlichkeit

Mit dem Arbeitsverhältnis ist typischerweise die Vereinbarung oder jedenfalls die berechtigte Erwartung einer angemessenen Gegenleistung für die versprochenen Dienste verbunden, wie aus §§ 611a, 612 BGB hervorgeht.[90]

Es gibt aber weiterhin Fälle, in denen Personen nur über wenige Stunden im Monat, etwa in der Telefonseelsorge[91], gegen eine geringe Aufwandsentschädigung tätig sind oder etwa eine Arbeit unentgeltlich rein als Ehrenamt ausführen.

Fehlt eine Vereinbarung über Entgelt, kann dies grundsätzlich ein Indiz gegen die Annahme eines Arbeitsverhältnisses darstellen. Aus § 612 BGB folgt jedoch, dass das Fehlen einer Entgeltabrede nicht zwingend gegen einen Arbeitsvertrag sprechen muss. Vielmehr kommt es nach § 612 Abs. 1 BGB darauf an, ob für die Tätigkeit ein Entgelt erwartet werden kann.

Im Hinblick auf Ehrenämter hat das Bundesarbeitsgericht früher die Ansicht vertreten, dass Ehrenämter keine Entgeltzwecke verfolgen. Diese Rechtsprechung hat das Gericht aber nunmehr aufgegeben und betont, dass immaterielle Zwecke eine Entgelterwartung nicht zwingend ausschließen müssen.[92] Gefolgert hat das Gericht dies daraus, dass mit einem Arbeitsvertrag typischerweise eine Entgelterwartung verbunden ist (§ 612 BGB). Schließlich vermittelt die Entgeltlichkeit die Sicherung der wirtschaftlichen Existenz. Diese Argumentation ist durchaus angreifbar, sind Dienstverhältnisse mit einem kleinen Volumen oftmals gar nicht geeignet, den Lebensunterhalt zu sichern. Maßgeblich bleibt insofern § 612 BGB: Ob eine berechtigte Vergütungserwartung besteht, richtet sich nach der Art der Arbeit und nach den Umständen, unter denen sie geleistet wird.[93]

89 BAG, NJW 2013, 3672 (3674).
90 BAG, NZA 2012, 1433 (1435).
91 BAG, NZA 2012, 1433.
92 BAG, npoR 2013, 183 (185).
93 BAG, NZA 2012, 1433 (1434).

2.1.6 Die persönliche Abhängigkeit

Bereits im vorangegangenen Text hat es sich angedeutet: Das Merkmal der persönlichen Abhängigkeit hat überragende Bedeutung bei der Feststellung des Arbeitnehmerstatus. Es entspricht der rechtlichen Unselbstständigkeit im Umkehrschluss des § 84 Abs. 1 S. 2 i. V. m. Abs. 2 HGB.[94] Diese Norm hatte vor Schaffung des § 611a BGB größere Bedeutung für das Arbeitsrecht.

Fremdbestimmung durch eine andere Person allein ist nicht ausreichend. Auch in anderen Rechtsverhältnissen gibt es Weisungsrechte und Abhängigkeiten.[95] Vielmehr entscheidet der *Grad* der persönlichen Abhängigkeit.[96] Entscheidend bleibt die Durchführung des Arbeitsvertrags im Hinblick auf die Ausübung des Weisungsrechts. Arbeitnehmer ist derjenige Mitarbeiter, der nicht *im Wesentlichen* frei seine Tätigkeit gestalten und seine Arbeitszeit bestimmen kann.[97] Der Grad der persönlichen Abhängigkeit hängt dabei auch von der Eigenart der jeweiligen Tätigkeit ab.[98]

Nach der Lösung des Bundesarbeitsgerichts ist demnach der Tätigkeitsbereich des Dienstleisters in den Blick zu nehmen. Als Beispiel bietet sich die Beschäftigung eines Lehrers auf der Grundlage eines privatrechtlichen Vertrags an. Für den schulischen Bereich hat das Gericht die Kriterien in mehreren Entscheidungen konkretisiert.[99] Maßgeblich sei danach, wie intensiv die Lehrkraft in den Unterrichtsbetrieb eingebunden ist, in welchem Umfang sie den Unterrichtsinhalt, die Art und Weise der Unterrichtserteilung, ihre Arbeitszeit und die sonstigen Umstände der Dienstleistung mitgestalten und inwieweit sie zu Nebenarbeiten herangezogen werden könne.[100]

Für Lehrkräfte außerhalb von Universitäten und Hochschulen geht das Bundesarbeitsgericht davon aus, dass diejenigen, die an allgemeinbildenden Schulen unterrichten, in aller Regel Arbeitnehmer sind, auch wenn es sich bei ihrem Unterricht um eine nebenberufliche Tätigkeit handelt.[101]

Aktuell konzentrieren sich § 611a Abs. 1 S. 3 und 4 BGB auf die Weisungsgebundenheit und die Eigenart der jeweiligen Tätigkeit. Diese Beschreibung wird der Rechtsprechung allerdings nicht vollends gerecht. Das Bundesarbeitsgericht greift auch auf die Eingliederung in die Arbeitsorganisation

94 BAG, NZA 2019, 490 (493).
95 *Reinecke*, FS Dieterich, 463 (466).
96 BAG, NZA-RR 2016, 344 (347).
97 BAG, NZA 2017, 1463.
98 BAG, BB 2018, 826.
99 BAG, ZTR 2010, 424.
100 BAG, BB 2018, 826.
101 BAG, AP BGB § 611 Abhängigkeit Nr. 61.

zurück.[102] Die Eingliederung in die Betriebsorganisation ist insbesondere wegen der Bedeutung der tatsächlichen Durchführung des Arbeitsverhältnisses bedeutsam, weil die Arbeitsorganisation ungeachtet der Reichweite des Weisungsrechts persönliche Unfreiheit in der Leistung der Dienste begründen kann und somit für einen hohen Grad an persönlicher Abhängigkeit sorgt.

2.1.7 Persönliche Abhängigkeit und neue Formen der Arbeit

Aktuell erlebt das Arbeitsrecht eine Reduktion der persönlichen Abhängigkeit. Neue Formen der Arbeit gehen von Grundprinzipien der Arbeitszeitsouveränität und Arbeitsortsouveränität, teilweise sogar von einer Arbeitsinhaltsouveränität aus, wobei letzteres (sog. empowerment) immer noch selten vorkommt.

Bemerkenswert ist insbesondere die Crowdworker-Entscheidung des Bundesarbeitsgerichts aus dem Jahr 2020.[103] Über eine Plattform bot ein Unternehmer wiederkehrend Einzelaufträge für Kontrollgänge bei Tankstellen an. Ein sog. Crowdworker nutzte die Plattform und erledigte über tausend dieser Aufträge. Das allein ist eigentlich ein klassischer Fall eines Solo-Selbstständigen mit geringem Einkommen. Die Arbeitnehmereigenschaft begründete das Bundesarbeitsgericht daher mit einem von der Plattform eingerichteten Bonussystem und dem damit verbundenen Aufstieg. Nur wenn die Bewertungen ausreichend waren, durfte ein Nutzer der Plattform weitere Aufträge annehmen. Dies begründete nach Ansicht des Gerichts die persönliche Abhängigkeit.

Bei genauerer Betrachtung war das Arbeitsrecht schon immer gewissen Fliehkräften unterworfen. Insbesondere mit Hinblick auf die zeitliche und örtliche Komponente der persönlichen Abhängigkeit war und ist Augenmaß angezeigt: Teilzeitkräfte sind regelmäßig Arbeitnehmer, Außendienstmitarbeiter in aller Regel ebenfalls.

Es ist zwar denkbar, dass über die Reduktion der persönlichen Abhängigkeit aus Arbeitnehmern sog. freie Mitarbeiter werden. An diesen Vorgang sind aber hohe Anforderungen zu stellen, weil die Folgen gravierend sind. Der vormals bestehende Schutz durch das Arbeitsrecht darf nicht „stillschweigend" aufgehoben werden.[104]

---

102 Zur Einordnung dieses Kriteriums bei § 611a Abs. 1 S. 1: *Fischinger*, Rn. 29.

103 BAG, NZA 2021, 552.

104 *Preis*, in: ErfK, § 611a Rn. 21.

2.1.8 Die sog. sekundären Merkmale

Aus den vorstehenden Ausführungen sollte zum einen eine gewisse Vorstellung für die Arbeitnehmereigenschaft erwachsen sein. Zum anderen sollte jedoch auch deutlich geworden sein, dass die Annahme der Arbeitnehmereigenschaft nicht einfach zu bestimmen ist. In Zweifelsfragen greift die Praxis daher auf die sog. sekundären Merkmale zurück. Auch wenn dieser Vorgang in § 611a BGB keinen Ausdruck gefunden hat, bleibt der Rückgriff auf die sekundären Merkmale weiterhin möglich.[105]

Zunächst stellt die Wortwahl der Parteien ein sekundäres Merkmal dar. Wegen § 611a Abs. 1 S. 6 BGB kann die Bezeichnung als Arbeitsvertrag kein zwingendes Argument für oder gegen einen Arbeitsvertrag darstellen. Allerdings kann im Zweifel auch die Bezeichnung als Werkvertrag bzw. Arbeitsvertrag ausreichen. Gelangt man zu dem Ergebnis, dass möglicherweise ein Werkvertrag vorliegt, sollten hohe Anforderungen an die Prüfung gestellt werden. Denn in diesem Fall besteht die Gefahr, dass das zwingende Arbeitsrecht umgangen wird.

Weiterhin kann der Umfang der Tätigkeit entscheidend sein. Kurze bzw. kurzzeitige Arbeiten können im Zweifel gegen einen Arbeitsvertrag sprechen. Hingegen können länger andauernde Arbeiten für einen Arbeitsvertrag im Sinne von § 611a BGB sprechen.

Ist die Einordnung nicht klar erkennbar, kann im Einzelfall auch das weitere Vertragswerk hinzugezogen werden. Besteht eine Vielzahl von Regelungen im Vertrag, die typischerweise nur in Arbeitsverträgen vorkommen, kann dies hinsichtlich des Vertragstypus für einen Arbeitsvertrag sprechen.

Für ein Arbeitsverhältnis kann schließlich die Erfüllung etwaiger sozialrechtlicher Pflichten sprechen. Werden diese wie bei einem Arbeitnehmer abgeführt, liegt ein Arbeitsvertrag im Zweifel nahe. Denn dann sind die Parteien offensichtlich von einem Arbeitsverhältnis ausgegangen.

Schwieriger zu beurteilen ist hingegen die Erfüllung der Pflichten des Arbeitsrechts selbst.[106] Diesen ist allenfalls bei positiver Entsprechung ein Indizwert zuzusprechen. Der Arbeitgeber darf sich anderenfalls nicht durch Nichterfüllung dieser aus seiner arbeitsrechtlichen Verantwortung herausbegeben.

Schließlich kann die Durchführung einer Tätigkeit schon nach der Verkehrsanschauung nur auf der Grundlage eines Arbeitsvertrags in Betracht kommen. Ordnet die Verkehrsanschauung das Durchführen bestimmter Dienste typischerweise Arbeitnehmern zu, kann dies somit im Zweifel die Annahme eines Arbeitsvertrags ermöglichen.

105 *Schneider*, in: MüArbR, § 18 Rn. 45.

106 *Fischinger*, Rn. 33.

2.1.9 Die Bedeutung des unternehmerischen Risikos

Mit der Übernahme der Rechtsprechung in Form von § 611a BGB hat der Gesetzgeber schließlich eine langjährige Diskussion beendet.[107] Nach einer Mindermeinung soll für die Ermittlung des Arbeitnehmerstatus die Bedeutung des unternehmerischen Risikos entscheidend sein.[108] Im Kern geht es dieser Lösung darum zu ermitteln, wer bei einem fremdbestimmten Personaleinsatz das unternehmerische Risiko des Fehlschlags trägt. Umgekehrt kann diese These dazu führen, dass ein Arbeitnehmerstatus zu versagen ist, weil die betreffende Person am unternehmerischen Risiko partizipiert.

Diese These wurde überwiegend abgelehnt. Sie ist auch bereits vor Schaffung von § 611a BGB nicht mit dem geltenden Recht im Einklang gewesen. Sie führt in aller Regel dazu, dass arbeitnehmerähnliche Personen Arbeitnehmer sind und sprengt daher das bestehende System.[109]

Allein auf das unternehmerische Risiko abzustellen, ist nicht geeignet, um das Arbeitsrecht interessengerecht personell zu ordnen. Damit ist nicht gesagt, dass im Einzelfall das unternehmerische Risiko nicht doch für die Gesamtbewertung nach § 611a Abs. 1 S. 5 BGB relevant sein kann.[110] Das Kriterium darf nur nicht zum zentralen Aspekt für den Arbeitnehmerbegriff werden.

2.1.10 Gesellschaftsrechtliche Besonderheiten

Fragen nach der arbeitsrechtlichen Erfassung werfen insbesondere die gesellschaftsrechtlichen Akteure auf. Im folgenden Abschnitt sollen der Gesellschafter und der Geschäftsführer als besonders wichtige praktische Beispiele erörtert werden.

2.1.10.1 Vorab: Der leitende Angestellte

In einzelnen Gesetzen ist von einem „leitenden Angestellten" die Rede. Diese Personen sind grundsätzlich Arbeitnehmer[111], weisen aber die Besonderheit auf, besondere Leitungsbefugnisse innezuhaben. Gelten für sie keine Sonderbestimmungen, wie etwa in § 14 KSchG, sind sie wie Arbeitnehmer zu behandeln, wenn nicht nach den folgenden Ausführungen etwas anderes gelten muss.

---

107 So auch: *Preis*, NZA 2018, 974; *Edenfeld*, in: HWK, § 611 Rn. 58.

108 Grundlegend: *Wank*, S. 122 ff.

109 *Edenfeld*, in: HWK, § 611 Rn. 58.

110 *Preis*, in ErfK, § 611a Rn. 54.

111 *Fischinger*, Rn. 48.

2.1.10.2 Der Gesellschafter

Gesellschafter sind unmittelbar an einer Gesellschaft beteiligt. Ist die Gesellschaft Arbeitgeberin eines Arbeitnehmers, stehen die Gesellschafter auf Arbeitgeberseite. Der Gesellschafter einer Gesellschaft kann zwar im Einzelfall im Rahmen einer Pflicht zur Erbringung einer Einlage Dienste schulden. Damit erfüllt er aber seine Pflicht zur Förderung der Gesellschaft (Bsp.: § 706 Abs. 3 BGB).[112]

Es erscheint im Einzelfall allerdings nicht prinzipiell ausgeschlossen, dass ein Arbeitsverhältnis zwischen Gesellschaft und Gesellschafter begründet wird. Insbesondere zur GmbH bzw. zum Gesellschafter der GmbH besteht mittlerweile eine gefestigte Rechtsprechung.[113] Die persönliche Abhängigkeit scheidet aber schon aus, sobald der Gesellschafter über die Geschicke der Gesellschaft mitbestimmen kann. Das ist etwa dann der Fall, wenn ein Gesellschafter als Kapitaleigner einen so großen Einfluss auf die Führung der Gesellschaft hat, dass er über seine Gesellschafterstellung letztlich auch die Leitungsmacht hat. Dementsprechend kann regelmäßig ein Gesellschafter, dem mehr als 50 % der Stimmrechte zustehen, nicht zugleich Arbeitnehmer dieser Gesellschaft sein.[114]

2.1.10.3 Der Geschäftsführer

Besonders schwierig ist die Einordnung eines Geschäftsführers (etwa einer GmbH).[115] Nach § 35 GmbHG vertritt der Geschäftsführer die GmbH gerichtlich und außergerichtlich. Zunächst kann unter Zugrundelegung der Erkenntnis von soeben festgestellt werden, dass ein Gesellschafter-Geschäftsführer bei prägendem Einfluss auf die Gesellschaft kein Arbeitnehmer sein kann. Mit Blick auf den Geschäftsführer, der nicht an der Gesellschaft beteiligt ist (sog. Fremdgeschäftsführer), stellt sich die Frage jedoch anders dar.

Grundsätzlich kann man annehmen, dass die Geschäftsführertätigkeit auf Grundlage eines freien Dienstvertrags i. S. v. § 611 BGB erfolgt.[116] Auch gegenüber einem Geschäftsführer steht der Gesellschaft jedoch ein unternehmerisches Weisungsrecht zu. In Extremfällen kann eine Weisungsgebundenheit des Geschäftsführers, die sehr stark ausgeprägt ist, auf einen Arbeitnehmer schließen lassen.[117] Entscheidend ist auch die Anwendung von § 611a Abs. 1 BGB. Lässt die tatsächliche Durchführung den Schluss auf eine persönliche Abhängigkeit zu, besteht ein Arbeitsverhältnis.

---

112 *Preis*, in: ErfK, § 611a Rn. 91.

113 BAG, NJW 2015, 572; *Reinfelder*, RdA 2016, 87.

114 BAG, NZA 2017, 572 (574).

115 Vgl. *Boemke*, RdA 2018, 1.

116 BAG, NZA 2019, 490 (493).

117 BAG, NZA 2019, 490 (493).

Gleichwohl ist der Druck auf die Rechtsprechung noch stärker geworden. Namentlich der EuGH hat in den letzten Jahren wiederholt (Fremd-)Gesellschafter als Arbeitnehmer im Sinne des Europarechts eingeordnet.[118] Das Bundesarbeitsgericht leistet diesem Ansatz nur Folge, wenn eine Pflicht dazu besteht.[119]

Probleme können auch Fälle bereiten, in denen ein Arbeitnehmer zum Geschäftsführer befördert wird. Hier kann es sein, dass trotz der Bestellung zum (freien) Geschäftsführer das alte Arbeitsverhältnis nicht konkludent aufgehoben wird, sondern fortbesteht. Das Bundesarbeitsgericht vermutet zwar, dass die Parteien in aller Regel den Arbeitsvertrag aufheben wollen, jedoch muss dieser Vertrag nach § 623 BGB in schriftlicher Form abgeschlossen werden.[120] Wurde das Arbeitsverhältnis hingegen wirksam beendet und kehrt der Geschäftsführer wieder auf seine alte Stelle zurück, kann konkludent ein neuer Arbeitsvertrag geschlossen worden sein. Für die Begründung besteht kein Formerfordernis.

2.1.11 Der Arbeitnehmer als Verbraucher

Ein Sonderproblem mit erheblicher Relevanz stellt die Frage dar, ob ein Arbeitnehmer ein Verbraucher ist bzw. ob der Abschluss arbeitsrechtlicher Verträge einen Verbrauchervertrag begründet. Denn von der Frage hängt im Ausgangspunkt ab, ob das Verbraucherrecht auch dem Arbeitnehmer in seiner Eigenschaft als Arbeitnehmer zugutekommen soll.

2.1.11.1 Verträge mit Arbeitnehmern als Verbraucherverträge

§ 310 Abs. 3 Nr. 3 BGB enthält die Definition des Verbrauchervertrags. Nach der Schuldrechtsmodernisierung wurde strittig, ob der Arbeitnehmer ein Verbraucher im Sinne von § 13 BGB ist. Hierzu wurden im Wesentlichen zwei Ansichten vertreten.

Nach dem *relativen Verbraucherbegriff* ist der Arbeitnehmer nur dann Verbraucher, wenn er selbst Waren oder Dienstleistungen vom Arbeitgeber nachfragt.[121] Grundlage dieser Ansicht ist ein klassisches Verständnis des Verbrauchers als „Konsument“ von Waren und Dienstleistungen.

Nach dem sog. *absoluten Verbraucherbegriff* ist der Arbeitnehmer bei Abschluss seines Arbeitsvertrags immer ein Verbraucher. Die herrschende Meinung folgt dieser Lösung.[122] Sie wird mit dem weiten Wortlaut von § 13

118 Vgl. den Überblick bei *Stöhr*, RdA 2021, 104.

119 BAG, NZA 2021, 857.

120 BAG, NZA 2014, 540 (542)

121 *Annuß*, NJW 2002, 2844.

122 St. Rspr seit: BAG, NZA 2005, 1111; *Löwisch/Caspers/Klumpp*, § 1 Rn. 10.

BGB und dem Umkehrschluss aus § 15 UKlaG begründet. Ein gewachsenes Verständnis eines Verbraucherbegriffs als Nachfrager lässt sich dem geltenden Recht hingegen nicht entnehmen.

2.1.11.2 Die Anwendung von Verbraucherschutznormen

Mit der Entscheidung für den absoluten Verbraucherbegriff endet das Problem noch nicht. Das Bundesarbeitsgericht prüft für jede verbraucherschützende Norm gesondert, ob die Anwendung dieser Norm mit dem System des Arbeitsrechts und dem Schutzzweck der jeweiligen Norm vereinbar ist. Insofern sollte ein juristisches Gutachten stets eine telelogische Reduktion der möglicherweise einschlägigen Norm prüfen.

Virulent wurde die Frage bei Aufhebungsverträgen, die am Arbeitsplatz und/oder beim Arbeitnehmer zuhause geschlossen werden.[123] Durch die Neufassung der §§ 312 ff. BGB im Jahr 2014 ist die Frage wieder erneut kurz aufgekommen. Im Hinblick auf den Wortlaut von § 312g BGB n. F. wird nunmehr teilweise ein Widerrufsrecht bejaht, wenn der Aufhebungsvertrag außerhalb der Arbeitsräume geschlossen wird.[124]

Das Bundesarbeitsgericht hat diese Lösung hingegen 2018 abgelehnt, und zwar unabhängig von dem Ort, an dem er geschlossen wurde.[125] Das Gericht hat hierfür maßgeblich auf den systematischen Zusammenhang der §§ 355, 312 ff. BGB abgestellt, die sich auf besondere Vertriebsformen beziehen.

2.2 Der Arbeitgeber

Neben dem Arbeitnehmer ist der Arbeitgeber die zentrale Vertragspartei. Im Individualarbeitsrecht legt der Arbeitsvertrag denn auch den Arbeitgeber fest.[126]

---

123 Zum alten Recht: BAG, NZA 2004, 597 (600).

124 *Fischinger*, in: MüArbR, § 9 Rn. 12; vgl. aber *Brinkmann/Ludwigkeit*, NJW 2014, 3270 (3272) zu Erwägungsgrund 22 der Richtlinie 2011/83/EU. Tatsächlich lebt hier nur die alte Problematik auf europäischer Ebene fort. Dem Erwägungsgrund liegt (wohl) die Vorstellung zugrunde, dass der Arbeitnehmer von einem Dritten an seinem Arbeitsplatz angesprochen wird, anderenfalls wäre die Aussage, der Arbeitsplatz sei kein Geschäftsraum, widersprüchlich. Ob es daher zu einer Vorlage i. S. v. Art. 267 AEUV kommen wird, bleibt abzuwarten.

125 BAG, NZA 2019, 688

126 Zum differenzierten Arbeitgeberbegriff im BetrVG: *Richardi*, in: Richardi, Einleitung Rn. 121.

2.2.1 Grundlagen

Verglichen mit dem Arbeitnehmerbegriff ist der Arbeitgeberbegriff denkbar unscheinbar. Nach klassischer Definition ist Arbeitgeber, wer mindestens einen Arbeitnehmer beschäftigt.[127] Das Bundesarbeitsgericht definiert den Arbeitgeber als denjenigen, der die Dienstleistungen vom Arbeitnehmer kraft des Arbeitsvertrags fordern kann und damit die wirtschaftliche und organisatorische Dispositionsbefugnis über die Arbeitsleistung des Arbeitnehmers und den Nutzen aus ihr hat.[128]

Bei einer Gesellschaft bürgerlichen Rechts ist auf der Grundlage der Rechtsprechung zur Teilrechtsfähigkeit der Außen-GbR nunmehr anerkannt, dass diese GbR Arbeitgeberin sein kann.[129] Bei der Frage, ob die Gesellschafter der GbR ihrerseits auch Arbeitgeber sind, hat sich ein Rechtsprechungswechsel vollzogen. Während anfänglich § 128 HGB analog betont wurde, lehnt die neuere Rechtsprechung die Arbeitgeberstellung ab.[130] Mittelbar wird diese Rechtsprechung dadurch bestätigt, dass der Gesetzgeber die Verantwortung der handelnden Akteure ausweitet (vgl. § 13 ArbSchG). Nach § 13 Abs. 1 Nr. 3 ArbSchG ist auch ein vertretungsberechtigter Gesellschafter einer Personenhandelsgesellschaft für den Arbeitsschutz zuständig. Dieser Regelung bedürfte es nicht, würde man die Gesellschafter als Arbeitgeber ansehen.

Von der Eigenschaft als Arbeitgeber ist die Ausübung von Arbeitgeberfunktionen zu trennen. Anders als die Arbeitsleistung nach § 613 BGB ist die Arbeitgeberfunktion nicht höchstpersönlich. Die Befugnisse des Arbeitgebers können daher delegiert und aufgespaltet werden.[131]

Neben der unmittelbaren vertraglichen Begründung der Arbeitgebereigenschaft kommt auch die Arbeitgebereigenschaft kraft Gesetzes in Betracht. Die beiden zentralen Regelungen sind § 613a BGB, der Übergang des Arbeitsverhältnisses auf einen Betriebserwerber, und § 10 AÜG, der als Folge des unzulässigen Einsatzes von Leiharbeitnehmern die Begründung eines Arbeitsverhältnisses fingiert.

2.2.2 Der Betriebsübergang nach § 613a BGB

Geht ein Betrieb oder Betriebsteil durch Rechtsgeschäft auf einen anderen Inhaber über, so tritt dieser in die Rechte und Pflichten aus den im Zeit-

---

127 *Preis*, in: ErfK, § 611a Rn. 183.

128 BAG, NJW 2013, 1692.

129 BAG, NZA 2009, 485; beachte: nach dem MoPeG wird die Rechts- und Vermögensfähigkeit der GbR ab dem 1.1.2024 gesetzlich geregelt sein.

130 BAG, NZA 2007, 1013 (1014).

131 *Preis*, in: ErfK, § 611a Rn. 192.

punkt des Übergangs bestehenden Arbeitsverhältnissen ein (§ 613a Abs. 1 S. 1 BGB). Es handelt sich um einen der seltenen Fälle der gesetzlichen Vertragsübernahme.[132]

Abbildung 4: Der Betriebsübergang nach § 613a BGB

1. Betrieb oder Betriebsteil
2. Übergang
3. Fortführung
4. Erwerb durch Rechtsgeschäft
5. Rechtsfolgen:
   a) Informationsrecht
   b) Widerspruchsrecht
   c) Übergang des Arbeitsverhältnisses
   d) Gesamtschuldnerische Haftung
   e) Transformation der kollektiven Regelungen

2.2.2.1 Die Bedeutung des Unionsrechts

§ 613a BGB setzt die Betriebsübergangsrichtlinie 2001/23/EG um und wird daher in besonderem Maße durch die Rechtsprechung des EuGH geformt. Für § 613a BGB hat dies zur Folge, dass die deutschen Gerichte verpflichtet sind, die Norm in Übereinstimmung mit den Richtlinienvorgaben zu interpretieren. Sie sind zur richtlinienkonformen Interpretation verpflichtet.[133]

2.2.2.2 Sinn und Zweck des § 613a BGB

§ 613a BGB ist eine schwer zu überblickende Norm. Umso wichtiger ist es, den Normzweck der Regelung zu kennen. § 613a BGB bezweckt den Schutz der Arbeitnehmer für den Fall, dass ein Betrieb den Inhaber wechselt. Der Arbeitnehmer soll davor geschützt werden, dass der alte Betriebsinhaber eine betriebsbedingte Kündigung wegen des Wegfalls der Beschäftigungsmöglichkeit ausspricht.[134] Daher soll das Arbeitsverhältnis dort fortbestehen, wo der Arbeitsplatz vorhanden sein sollte. Weitergehend bezweckt § 613a BGB, die Kontinuität des Inhalts des Arbeitsverhältnisses sicherzustellen. Alle arbeitsvertraglichen „Besitzstände“ sollen dem Arbeitnehmer erhalten bleiben, wenn dieser dem Übergang nicht widerspricht.[135] Über den Arbeitsvertrag (i. e. S.) hinaus stellt § 613a Abs. 1 S. 2 BGB schließlich die Kontinuität des kollektiven Arbeitsrechts sicher.

132 *Preis*, in: ErfK, § 611a Rn. 192.
133 BAG, NZA 2016, 373 (375).
134 *Preis*, in: ErfK, § 611a Rn. 2.
135 BAG, NZA 2018, 255 (259).

2.2.2.3 Der Betrieb i. S. v. § 613a BGB

Die unionsrechtliche Überlagerung hat insbesondere dazu geführt, dass der traditionelle Betriebsbegriff nicht mehr für § 613a BGB maßgeblich ist.[136] Vielmehr prüft man heute nur noch den Übergang einer sog. wirtschaftlichen Einheit. Dieser Begriff stammt unmittelbar aus Art. 1 der Richtlinie 2001/23/EG und bezeichnet jede hinreichend strukturierte und selbstständige Gesamtheit von Personen und Sachen zur Ausübung einer wirtschaftlichen Tätigkeit mit eigenem Zweck.[137] Der Begriff ist daher denkbar weit. Erforderlich ist aber, dass die Tätigkeit nicht auf die Ausführung eines einzelnen, bestimmten Vorhabens beschränkt ist.[138]

2.2.2.4 Der Übergang

Allein die bloße Fortführung einer Tätigkeit durch einen anderen (sog. Funktionsnachfolge) oder die Auftragsnachfolge begründet noch keinen Betriebsübergang.[139] Ob ein Betriebsübergang vorliegt, wird anhand einer Gesamtbetrachtung aller Umstände des Einzelfalls bewertet, wobei die folgenden Kriterien besondere Bedeutung haben[140]:

- die Art des betreffenden Unternehmens oder Betriebs,
- der etwaige Übergang der materiellen Betriebsmittel, wie Gebäude und bewegliche Güter,
- der Wert der immateriellen Aktiva im Zeitpunkt des Übergangs,
- die etwaige Übernahme der Hauptbelegschaft durch den neuen Inhaber,
- der etwaige Übergang der Kundschaft,
- der Grad der Ähnlichkeit zwischen den vor und nach dem Übergang verrichteten Tätigkeiten und
- die Dauer einer eventuellen Unterbrechung dieser Tätigkeiten.

Keines dieser Kriterien darf ohne die anderen Kriterien betrachtet werden. Entscheidend ist eine Gesamtbetrachtung.[141] Gleichwohl finden sich einige Akzente. Denn für das Vorliegen eines Übergangs kommt den maßgebenden Kriterien je nach der Art des betroffenen Unternehmens oder Betriebs, je

---

136 Nach Erwin Jacobi (1884–1965): die Vereinigung von persönlichen, sächlichen und immateriellen Mitteln zur fortgesetzten Verfolgung eines von einem oder mehreren Rechtssubjekten gemeinsam gesetzten technischen Zwecks. Liegt ein solcher Betrieb vor, wird die Annahme einer wirtschaftlichen Einheit keine Probleme bereiten; zur alten Definition: BAG, NZA 1988, 838.

137 EuGH, NZA 2017, 1379; BAG, NZA 2018, 933 (939).

138 EuGH, EuZW 1995, 738.

139 EuGH, NZA 2011, 148 (150).

140 Vgl. etwa: EuGH, NZA 2002, 265 (266); BAG, NZA-RR 2013, 179 (182).

141 EuGH, NZA 2006, 29.

nach der ausgeübten Tätigkeit und je nach den Produktions- oder Betriebsmethoden unterschiedliches Gewicht zu.[142] Kommt es entscheidend auf die menschliche Arbeitskraft an, kann eine strukturierte Gesamtheit von Arbeitnehmern trotz des Fehlens nennenswerter materieller oder immaterieller Vermögenswerte eine wirtschaftliche Einheit darstellen.[143] Die Wahrung der Identität der wirtschaftlichen Einheit ist in einem solchen Fall anzunehmen, wenn der neue Betriebsinhaber nicht nur die betreffende Tätigkeit weiterführt, sondern auch einen nach Zahl und Sachkunde wesentlichen Teil des Personals übernimmt.[144] Kommt es nicht im Wesentlichen auf die menschliche Arbeitskraft an, da die Tätigkeit beispielsweise in erheblichem Umfang materielle Betriebsmittel erfordert, ist bei der Würdigung zu berücksichtigen, ob diese vom alten auf den neuen Inhaber übergegangen sind.

2.2.2.5 Fortführung

Nach früherer Rechtsprechung ging ein Betrieb dann über, wenn der Unternehmer in der Lage war, mit Hilfe der Arbeitnehmer den Betrieb oder Betriebsteil so fortzuführen wie der bisherige Inhaber.[145] Diese Rechtsprechung hat das Bundesarbeitsgericht nunmehr aufgegeben und verneint einen Übergang, wenn der neue Unternehmer den Betrieb überhaupt nicht führt.[146] Keine unveränderte Fortführung liegt allerdings schon dann vor, wenn der neue Betreiber eine andere Leistung erbringt, den Betriebszweck ändert oder ein anderes Konzept verfolgt.[147]

2.2.2.6 Durch Rechtsgeschäft

Das Merkmal „durch Rechtsgeschäft“ hat an Bedeutung verloren. In der Regel soll es nur negativ wirken und den Übergang kraft Gesetzes vom Anwendungsbereich des § 613a BGB ausnehmen.[148] Positiv gewendet: der Begriff wird sehr weit ausgelegt. Es ist nicht erforderlich, dass zwischen Veräußerer und Erwerber unmittelbar vertragliche Beziehungen bestehen. Die Übertragung kann auch unter Einschaltung eines Dritten, wie z. B. des Eigentümers oder des Verpächters, erfolgen. Gerade der letzte Fall ist besonders wichtig. Die Auftragsneuvergabe an ein anderes Unternehmen kann einen Betriebsübergang auf einer rechtsgeschäftlichen Basis darstellen.[149] In diesem Fall muss allerdings immer noch die wirtschaftliche Einheit ihre Identität bewahren.

---

142 Hierzu: *Preis*, in: ErfK, § 613a Rn. 41.
143 BAG, NZA-RR 2013, 179 (182).
144 BAG, NJOZ 2015, 1665 (1666).
145 BAG, NZA 1985, 775 (777).
146 BAG, NZA 1999, 704; BAG, NZA 2006, 1357.
147 BAG, NZA 2010, 499 (501).
148 BAG, NZA 2012, 267.
149 *Preis*, in: ErfK, § 613a Rn. 58.

2.2.2.7 Rechtsfolgen

Liegt ein Betriebsübergang vor, besteht eine ganze Reihe an Rechtsfolgen.

2.2.2.7.1 Informationsrecht

Nach § 613a Abs. 5 BGB müssen der neue und der alte Betriebsinhaber den Arbeitnehmer von dem Betriebsübergang unterrichten und ihn in Textform die in Abs. 5 Nr. 1-4 aufgezählten Informationen übermitteln. Unterbleibt die Information, kommt ein Anspruch aus § 280 BGB in Betracht. Zweck des Informationsrechts ist es, dem Arbeitnehmer eine freie Wahl über den Verbleib beim alten Arbeitgeber zu treffen.[150]

2.2.2.7.2 Widerspruchsrecht

Auf der Grundlage dieser Information kann der Arbeitnehmer dem Übergang nach § 613a Abs. 6 BGB widersprechen. Der Widerspruch sichert die freie Entscheidung des Arbeitnehmers über seinen Arbeitsplatz[151] und muss innerhalb eines Monats nach Zugang der Unterrichtung nach Abs. 5 schriftlich erfolgen. Der Widerspruch kann sowohl gegenüber dem bisherigen Arbeitgeber als auch gegenüber dem neuen Inhaber erklärt werden.

Auf das Widerspruchsrecht kann durch einseitige Erklärung verzichtet werden.[152] Dass kein Verzichtsvertrag erforderlich ist, lässt sich aus der Eigenschaft des Widerspruchsrechts als Gestaltungsrecht folgern. Der Verzicht ist daher vergleichbar aufgebaut. Weiterhin unterliegt das Widerspruchsrecht Treu und Glauben und kann verwirkt werden.[153]

2.2.2.7.3 Kündigungsverbot

Widerspricht der Arbeitnehmer und kann der alte Betriebsinhaber den Arbeitnehmer nicht beschäftigten, liegt kein Fall des besonderen Kündigungsverbots nach § 613a Abs. 4 BGB vor. Denn nach S. 2 kann der alte Arbeitgeber weiterhin betriebsbedingt kündigen. Erfasst werden nur solche Kündigungen, deren Motivation im Kern der Betriebsübergang als solcher war.[154] Die Norm soll nämlich als spezialgesetzliche Regelung des allgemeinen Umgehungsverbots verhindern, dass der in § 613a Abs. 1 BGB angeordnete Bestandsschutz durch eine Kündigung unterlaufen wird. Damit ist der Anwendungsbereich in der Praxis denkbar gering.

---

150 BAG, NZA 2006, 1268 (1273).

151 BAG, NZA 2019, 1279 (1283: „Das Widerspruchsrecht trägt den grundrechtlichen Wertungen des Art. 12 GG Rechnung“.

152 BAG, NZA 2007, 793 (798).

153 BAG, NZA 2019, 1279 (1286).

154 BAG, NZA 2007, 387 (388).

2.2.2.7.4 Eintritt des neuen Betriebsinhabers nach § 613a Abs. 1 BGB

Widerspricht der Arbeitnehmer nicht, tritt der neue Inhaber des Betriebs in die Rechte und Pflichten aus den im Zeitpunkt des Übergangs bestehenden Arbeitsverhältnissen ein (S. 1).

Für die kollektiv-rechtlichen Regelungen gelten jedoch Besonderheiten. Insbesondere geht eine originäre kollektiv-rechtliche Fortgeltung wie etwa nach §§ 2, 3, 4 TVG vor.

In allen anderen Fällen werden die kollektiv-rechtlichen Regelungen zum Gegenstand des Arbeitsvertrags nach S. 2, wobei die dogmatische Begründung sehr umstritten ist. Nach überkommener Rechtsprechung haben die Regelungen, die von S. 2 erfasst wurden, ihre kollektiv-rechtliche Wirkung verloren und waren wie arbeitsvertragliche Regelungen zu behandeln.[155] Diese Lösung konnte jedoch zu erheblichen Konkurrenzproblemen führen, wenn der Arbeitsvertrag selbst eine Regelung über den betroffenen Bereich enthielt. Weiter noch mussten diese Regelungen dann insbesondere den §§ 305 ff. BGB genügen. Zuvor war aber eine Inhaltskontrolle nach § 310 Abs. 4 S. 3 BGB ausgeschlossen.[156] Diese Rechtsprechung hat das Bundesarbeitsgericht aufgegeben. Nunmehr behalten die Regelungen ihren kollektiv-rechtlichen Charakter. Der Erwerber ist daher an die transformierten Regelungen in einer § 3 Abs. 3 TVG vergleichbaren Weise gebunden, allerdings zeitlich begrenzt auf eine Höchstdauer von einem Jahr.[157]

2.2.2.7.5 Gesamtschuldnerische Haftung nach § 613a Abs. 2 BGB

Widerspricht der Arbeitnehmer nicht, haftet der bisherige Arbeitgeber neben dem neuen Inhaber für Verpflichtungen nach Abs. 1 aus dem Arbeitsverhältnis, soweit sie vor dem Zeitpunkt des Übergangs entstanden sind und vor Ablauf von einem Jahr nach diesem Zeitpunkt fällig werden (Abs. 2 S. 1). Beide haften als Gesamtschuldner. Werden solche Verpflichtungen nach dem Zeitpunkt des Übergangs fällig, so haftet der bisherige Arbeitgeber für sie jedoch nur in dem Umfang, der dem im Zeitpunkt des Übergangs abgelaufenen Teil ihres Bemessungszeitraums entspricht.

§ 613a Abs. 3 BGB macht hiervon eine Ausnahme für Umwandlungen nach dem UmwG. Die Regelung entspricht einem Gebot der Logik, wenn der alte Arbeitgeber nicht mehr besteht.[158] Im Übrigen stellt sich die Frage, ob auf Abs. 2 zurückgegriffen werden kann. Es bietet sich insofern eine teleologische Reduktion an.

155 BAG, NZA 2004, 803.

156 Vgl. *Preis*, in: ErfK, § 611a Rn. 112.

157 BAG, NZA 2010, 41 (46).

158 *Fuchs*, in: BeckOK, § 613a Rn. 55.

2.2.3 Die Arbeitnehmerüberlassung (Überblick)

Das Recht der Leiharbeit bzw. der Arbeitnehmerüberlassung ist im AÜG geregelt und wurde 2017 gesetzlich neu gefasst. Das Wesensmerkmal der sog. echten Arbeitnehmerüberlassung besteht darin, dass das Arbeitsverhältnis zu einem Unternehmen besteht, das einem zweiten Unternehmen die Ausübung des Weisungsrechts vertraglich gestattet. Auf diese Weise wird ein „Leistungsdreieck" erzeugt.

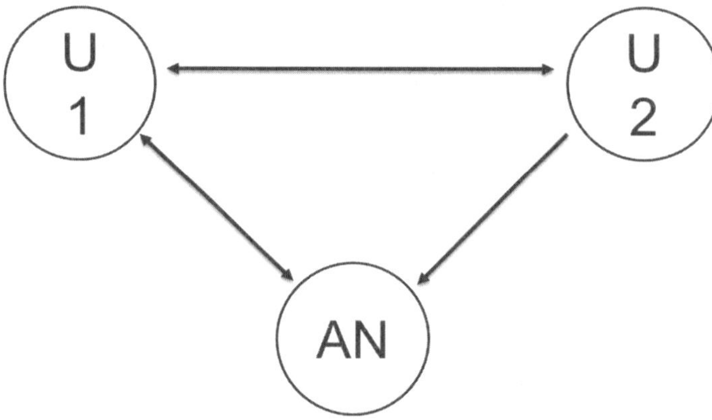

Anders als beim Betriebsübergang kommt es nicht zur Begründung des Status als Arbeitgeber, vielmehr werden in dieser Konstellation zentrale Arbeitgeberfunktionen übertragen. Die Arbeitgeberstellung ist in den Worten des Bundesarbeitsgerichts „gespalten".[159]

Besondere praktische Bedeutung haben das Gebot der Gleichstellung in § 8 AÜG (equal pay) und die Fälle des § 10 AÜG. Diese Norm bestimmt für die Fälle, in denen der Vertrag nach § 9 AÜG zwischen Entleiher und Verleiher unwirksam ist, dass der Entleiher zum Arbeitgeber des Leiharbeitnehmers wird. Das ist insbesondere der Fall, wenn die Arbeitnehmerüberlassung nicht vorübergehend i. S. v. § 1 Abs. 1 S. 4 AÜG erfolgt.

2.3 Das Arbeitsverhältnis

Das zentrale Rechtsverhältnis im Individualarbeitsrecht ist das Arbeitsverhältnis. Es kennzeichnet das Rechtsverhältnis der beiden Parteien in ihrer Eigenschaft als Arbeitnehmer und Arbeitgeber und somit die Summe der Rechte und Pflichten.

159 BAG, BeckRS 2018, 9248.

2.3.1 Vertragstheorie und faktisches Arbeitsverhältnis

Auf der Grundlage der vorangegangenen Begriffserläuterungen und § 611a BGB liegt es auf der Hand: Das Arbeitsverhältnis wird durch den Abschluss des Arbeitsvertrags begründet (sog. *Vertragstheorie*). Gleichwohl war diese These nicht immer unumstritten. Nach der sog. *Eingliederungsthese* entstand das Arbeitsverhältnis allein durch die tatsächliche Eingliederung des Arbeitnehmers in den Betrieb oder den Haushalt des Arbeitgebers.[160] Ein Vertrag musste nach dieser Lösung nicht geschlossen werden.

Hinter diesem Ansatz stand das Problem, was gelten sollte, wenn der Arbeitsvertrag an einem Mangel litt. In diesem Fall war der Arbeitsvertrag unwirksam und der Vertrag sowie die ausgetauschten Leistungen waren nach § 812 Abs. 1 S. 1 Alt. 1 BGB wieder herauszugeben. Das war schon im Hinblick auf die Bestimmung des Wertes der Arbeitsleistung schwierig. Auch wurde teilweise die Gefahr der Entreicherung zulasten des Arbeitnehmers gesehen – wenn auch auf der Grundlage der Saldotheorie hierfür kein Grund besteht. Insgesamt wurde die Rückabwicklung wegen der zahlreichen Empfänger der Sozialversicherungsbeiträge als praktisch problematisch angesehen.

Die Rechtsprechung behalf sich in dieser Konstellation nicht mit der Eingliederungstheorie, sondern kreierte die Figur des sog. fehlerhaften Arbeitsverhältnisses.[161] Hiernach wird ein unwirksames, aber in Gang gesetztes Arbeitsverhältnis für die Vergangenheit so behandelt, als wäre es wirksam bzw. fehlerfrei begründet worden. Für die Zukunft können alle Parteien den Arbeitsvertrag durch eine sog. Lossagung beenden.

2.3.2 Der Arbeitsvertrag als schuldrechtlicher Vertrag

Mit der Einführung von § 611a BGB ist zudem ein Schlussstrich unter die Frage nach der Einordnung des Arbeitsvertrags als solchen gezogen worden. 1955 hatte das Bundesarbeitsgericht den Arbeitsvertrag noch als personenrechtliches Gemeinschaftsverhältnis eingeordnet und in die Nähe eines Gesellschaftsvertrags gerückt.[162]

Insbesondere in der aktuellen Rechtssetzung hat sich der schuldrechtliche Charakter des Arbeitsvertrags, und damit zusammenhängend des Arbeitsverhältnisses, herausgebildet. Neben § 611a BGB legen die §§ 310 Abs. 4, 615 S. 3, 619a BGB diesen Schluss mehr als nahe. Somit ist der Arbeitsvertrag ein gegenseitiger schuldrechtlicher Vertrag und zudem ein Dauerschuldverhältnis.

---

160 *Nikisch*, S. 79.

161 Insb. Auch zur Terminologie: BAG, BB 2005, 782 (783 f.).

162 Instruktiv: *Fischinger*, in: MünchArbR, § 3 Rn. 14 ff.

2.3.3 Das Berufsausbildungsverhältnis

Deutschland hat das berufsvorbereitende Konzept der Berufsausbildung. Die Berufsausbildung soll den sog. Lehrling in die Lage versetzen, später den Beruf fachmännisch ausüben zu können (§ 1 Abs. 3 BBiG). Regelmäßig erledigen die Lehrlinge im Rahmen ihrer Ausbildung auch Arbeiten des Lehrenden. Für das Arbeitsrecht stellt sich daher die Frage, ob ein Arbeitsverhältnis vorliegt.

Das Bundesarbeitsgericht vertritt in ständiger Rechtsprechung, dass das Arbeits- und das Berufsausbildungsverhältnis nicht gleichgesetzt werden dürfen.[163] Das gilt in erster Linie im Hinblick auf die bestehenden Pflichten und zudem auf die verfolgten Zwecke. Inhalt eines Arbeitsverhältnisses ist nach § 611a BGB die Erbringung der vertraglich geschuldeten Leistung gegen Zahlung eines Entgelts. Demgegenüber schuldet der Auszubildende, sich ausbilden zu lassen, während die Hauptpflicht des Ausbildenden nach § 14 BBiG darin besteht, dem Auszubildenden die zum Erreichen des Ausbildungsziels erforderlichen Kenntnisse und Fähigkeiten zu vermitteln.

Der Auszubildende schuldet im Gegensatz zu einem Arbeitnehmer keine Arbeitsleistung gegen Zahlung eines Entgelts, sondern hat sich nach § 13 Satz 1 BBiG zu bemühen, die berufliche Handlungsfähigkeit zu erwerben, die zum Erreichen des Ausbildungsziels erforderlich ist. Der Auszubildende erhält hierfür eine angemessene Vergütung nach § 17 Abs. 1 S. 1 BBiG. Der Mindestlohn gilt für ihn nach § 22 MiLoG nicht. Etwas anderes kann nur für Praktikanten i. S. v. § 26 BBiG gelten.

2.3.4 Zwischenbetrachtung

Kombiniert man die persönliche Abhängigkeit und den Dauerschuldcharakter, wird deutlich, wie stark der Eingriff in die Sphäre des Arbeitnehmers sein kann. Der personale Charakter des Arbeitsverhältnisses artikuliert sich heute insbesondere in einer starken Forderung nach Persönlichkeits- und Datenschutz.

2.4 Die arbeitnehmerähnliche Person

Anders als Arbeitnehmer sind arbeitnehmerähnliche Personen selbstständig.[164] Sie unterfallen § 611 BGB oder § 631 BGB, nicht aber § 611a BGB.

163 BAG, NZA 2016, 228 (229).

164 BAG, NJOZ 2006, 3821 (3821).

2.4.1 Die Definition der arbeitnehmerähnlichen Person

§ 12a TVG enthält zwar eine Definition für das Tarifvertragsrecht. Diese wird aber nicht verallgemeinernd angewandt.[165] Das Bundesarbeitsgericht hat vielmehr eine allgemeine Definition entwickelt. Unter einer arbeitnehmerähnlichen Person versteht man danach diejenigen Dienste-Erbringer, die zwar nicht persönlich abhängig sind, jedoch einem Arbeitnehmer vergleichbar schutzbedürftig sind.[166]

Für diesen Typus ist die wirtschaftliche Abhängigkeit prägend. Wirtschaftliche Abhängigkeit liegt in der Regel vor, wenn der Beschäftigte auf die Verwertung seiner Arbeitskraft und die Einkünfte aus der Tätigkeit für den Vertragspartner zur Sicherung seiner Existenzgrundlage angewiesen ist.[167] Das Bundesarbeitsgericht verlangt eine gewisse Dauerbeziehung zwischen dem Selbstständigen und dem Werkunternehmer bzw. Dienstnehmer.[168]

Für die Abhängigkeit ist wiederum der Grad dieser entscheidend. Abhängigkeiten sind im Wirtschaftsleben oft anzutreffen. Die vergleichbare Schutzbedürftigkeit ist gegeben, wenn das Maß der Abhängigkeit nach der Verkehrsanschauung einen solchen Grad erreicht, wie er im Allgemeinen nur in einem Arbeitsverhältnis vorkommt und die geleisteten Dienste nach ihrer soziologischen Typik mit denen eines Arbeitnehmers vergleichbar sind.[169] Maßgebend soll wiederum die Gesamtwürdigung aller Umstände des Einzelfalls sein.[170]

2.4.2 Das Schutzkonzept

Nach dem aktuellen Schutzkonzept werden Arbeitnehmerschutzgesetze selektiv auf arbeitnehmerähnliche Personen erstreckt. Von besonderer Bedeutung ist, dass die Arbeitsgerichte umfassend für die Ansprüche der arbeitnehmerähnlichen Person zuständig sind (§ 5 Abs. 1 S. 2 ArbGG i. V. m. § 2 Abs. 1 Nr. 3 lit. a) ArbGG).

Ein solcher Anspruch ist etwa der Urlaubsanspruch nach dem BUrlG. § 2 S. 2 HS 1 BUrlG gewährt die Rechte aus dem Gesetz auch arbeitnehmerähnlichen Personen. Die Gewährung des Urlaubsanspruchs (Freistellung und Fortzahlung des Entgelts) wird insofern am Sinn und Zweck des Gesetzes durchzuführen sein. Die Komplexität der Freistellung gegenüber Selbstständigen darf daher nicht dazu führen, dass der Erholungszweck dieses Anspruchs leerläuft.

165 BAG, AP BGB § 611 Abhängigkeit Nr. 26.

166 BAG, NJOZ 2007, 5250 (5222).

167 BAG, NJOZ 2006, 3821 (3822) = NZA-RR 2006, 616.

168 BAG, NJOZ 2006, 3821 (3822).

169 BAG, NZA 1991, 239; BAG, AP BGB § 611 Arbeitnehmerähnlichkeit Nr. 12.

170 BAG, NZA 1993, 789 (791).

2.5 Die Zuständigkeit der Arbeitsgerichte für Arbeitnehmer (§ 5 ArbGG)

Prozessual bestehen für Arbeitnehmer einige Besonderheiten, auf die im Folgenden kurz eingegangen werden soll. Die Besonderheiten beginnen mit der Festlegung der Zuständigkeit des Arbeitsgerichts.[171]

2.5.1 Die Ausdehnung und Einschränkungen des Arbeitnehmerbegriffs

Die Arbeitnehmereigenschaft ist nicht nur für das materielle Recht wichtig. Nach § 17 GVG i. V. m. § 2 ArbGG ist die Eigenschaft auch für die Eröffnung des Rechtswegs zu den Arbeitsgerichten entscheidend. Dabei kommt § 5 ArbGG insbesondere im Hinblick auf zahlreiche Abgrenzungsfragen mit Klarstellungen bzw. sogar Erstreckungen einher.

§ 5 Abs. 1 S. 1 ArbGG ist missverständlich formuliert. Die Norm geht von der überkommenen Trennung von Angestellten und Arbeitern aus. Man muss die Norm heute als Hendiadyoin verstehen. S. 1 besagt also nichts anderes, als dass auf § 611a BGB und somit auf den allgemeinen Arbeitnehmerbegriff abzustellen ist.[172]

Bedeutsam ist dann die Fiktion nach S. 2. Als Arbeitnehmer gelten nämlich auch die in Heimarbeit Beschäftigten und die ihnen Gleichgestellten sowie sonstige Personen, die wegen ihrer wirtschaftlichen Unselbständigkeit als arbeitnehmerähnliche Personen anzusehen sind. Insofern geht § 5 ArbGG weiter als der individuell-rechtliche Arbeitnehmerbegriff.[173]

Umgekehrt nimmt § 5 Abs. 1 S. 3 ArbGG in Betrieben einer juristischen Person oder einer Personengesamtheit umfassend Personen aus, die kraft Gesetzes, Satzung oder Gesellschaftsvertrag allein oder als Mitglieder des Vertretungsorgans zur Vertretung der juristischen Person oder der Personengesamtheit berufen sind. Damit sind die gesellschaftsrechtlichen Fragestellungen grundsätzlich der ordentlichen Gerichtsbarkeit zugewiesen.

Die Zuweisung nach S. 3 gilt nach der Rechtsprechung des Bundesarbeitsgerichts sogar dann, wenn ein zusätzliches Arbeitsverhältnis besteht. Das Gericht begründet seine Rechtsprechung damit, dass die Mitglieder der Vertretungsorgane mit der juristischen Person keinen Rechtsstreit im „Arbeit-

---

171 Für Unsicherheiten sorgt oftmals die gutachterliche Prüfung dieses Punkts. Teilweise wird vorgeschlagen, es handle sich um einen separaten Prüfungspunkt, andere prüfen die Zuständigkeit umfassend in der Zulässigkeit. Das Problem kann durch eine gut gestellte Fallfrage umgangen werden. Die Frage nach den Erfolgsaussichten der Klage macht eine Prüfung der Zuständigkeit nicht erforderlich, weil das Gericht schlechtesten Falls verweisen wird. Fragt man hingegen nach den Erfolgsaussichten vor dem Arbeitsgericht *XY*, muss die Zuständigkeit in jedem Fall geklärt werden.

172 BAG, NZA 2019, 490 (492).

173 *Reinecke*, FS Dieterich, 463 (463).

geberlager" vor dem Arbeitsgericht führen.[174] Die Fiktion endet aber nach Rechtsprechung in dem Moment, in dem die Abberufung des Geschäftsführers wirksam wird und wirkt nicht etwa fort.[175]

2.5.2 Der Prüfungsmaßstab in der Zulässigkeit arbeitsgerichtlicher Klagen

Im Einzelfall kann es sehr schwierig sein, die Arbeitnehmereigenschaft anzunehmen. Daher kann schon bei der Frage der Eröffnung des Rechtswegs eine Beweisaufnahme anstehen. Aus Gründen der Prozessökonomie hat die Rechtsprechung daher drei unterschiedliche Fallgruppen herausgebildet, die unterschiedliche Anforderungen an das Vorbringen zur bzw. die Prüfung der Arbeitnehmereigenschaft stellen.[176]

Im Ausgangspunkt ist auf die streitentscheidende Norm abzustellen. Hiervon ausgehend kommen drei Fallgestaltungen in Betracht:[177]

1. Die Anwendbarkeit der Norm und der Erfolg der Klage sind von der Arbeitnehmereigenschaft abhängig (sic-non).
2. Die Norm ist sowohl auf Arbeitnehmer als auch auf andere Personen anwendbar (et-et).[178]
3. Neben einer arbeitsrechtlichen Norm kann das Klageziel auch über eine allgemeine Norm des Bürgerlichen Rechts hergeleitet werden (aut-aut).[179]

Das wichtigste Beispiel für einen sic-non-Fall ist die sog. Status-Feststellungsklage, mit der der Kläger seinen Status als Arbeitnehmer gerichtlich feststellen lassen will.[180] In diesem Fall ist die Arbeitnehmereigenschaft eine sog. doppeltrelevante Tatsache. Hier genügt es bei streitiger Tatsachengrundlage, wenn der Kläger vorträgt, er sei Arbeitnehmer.[181] Inwieweit dem auch ein Sachvortrag zugrunde liegen muss, der diese Behauptung trägt, ist immer noch Gegenstand anhaltender Diskussion. Kommt es nur darauf an, eine Beweisaufnahme zu verhindern, spricht nichts gegen eine Schlüssigkeitsprüfung.[182] Die übrigen beiden Fallgruppen erfordern mehr als die bloße Rechtsbehauptung. Gegebenenfalls muss schon bei der Prüfung der Eröffnung des Rechtswegs Beweis erhoben werden.

Gegenüber diesen Fallgruppen vorrangig zu prüfen ist der bereits oben skizzierte § 5 Abs. 1 S. 3 ArbGG. Die Norm enthält eine abdrängende Verweisung.[183]

---

174 BAG, NZA 2003, 1108.
175 BAG, NJW 2015, 3469 (3470).
176 BAG, NZA 2019, 490 (492); BAG, NJW 2015, 3469 (3470).
177 BAG, NZA 1996, 1005.
178 NZA 1996, 1005 (1008).
179 NZA 1996, 1005 (1007).
180 Vgl. BAG, AP BGB § 611 Abhängigkeit Nr. 119.
181 Damit ist die Rechtsansicht gemeint: BAG, NZA 2019, 490 (492).
182 Hierzu: *Greiner*, JurA 2014, 273 (275).
183 BAG, NZA 2015, 1342 (1344).

3 Die Begründung des Arbeitsverhältnisses

Der Begründung des Arbeitsverhältnisses durch Vertragsschluss nach den §§ 145 ff. BGB gehen eine Personalplanung und die Vertragsanbahnung (§ 311 Abs. 2 BGB) voraus. Beide Phasen können rechtlich relevant werden.

3.1 Die Personalplanung und das Stellenprofil

Nach Art. 12 GG ist der Unternehmer grundsätzlich frei darin, anhand seiner unternehmerischen Planung sein Unternehmen aufzubauen, zu strukturieren und auszurichten.[184] Sind zur Wertschöpfung mehrere Personen erforderlich und sollen diese nicht an der unternehmerischen Planung teilhaben, muss der Unternehmer Arbeitnehmer oder freie Dienstleister oder Werkunternehmer beschäftigen. Für welches Modell sich der Unternehmer entscheidet, unterfällt wiederum seiner Berufsfreiheit.[185] Entscheidet er sich für eine weisungs- und betriebsorganisierte Dauerlösung, entstehen sog. Arbeitsplätze. Über den auf diese Weise begründeten Bedarf kann er das Anforderungsprofil für die möglichen Bewerber festlegen.

Will man den Vorgang vereinfacht schematisieren, lässt er sich wie folgt beschreiben: Die Ermittlung des Bedarfs an Arbeitsplätzen ist abhängig von den Produktionserfordernissen.[186] Auf der Grundlage der Stellenplanung sind die Stellenbeschreibungen zu erstellen. Unter Zugrundelegung der Stellenbeschreibung können dann in freier unternehmerischer Entscheidung die Anforderungsprofile entwickelt werden, mit denen für einen bestimmten Arbeitsplatz die fachlichen, persönlichen und sonstigen Anforderungen abstrakt festgelegt werden, die ein Stelleninhaber zu erfüllen hat. Auf der Grundlage der Anforderungsprofile ist dann schließlich die Stellenausschreibung vorzunehmen.

Im größeren Kontext wird die Personalplanung eingeschränkt. Die §§ 164, 165 SGB IX enthalten besondere Vorschriften zugunsten von Menschen mit Schwerbehinderung. Insbesondere besteht eine Prüfpflicht zur Besetzung freier Arbeitsplätze unter Beteiligung der Schwerbehindertenvertretung und Anhörung von Betriebs- oder Personalrat. Ferner muss der Arbeitgeber frühzeitig die Bundesagentur für Arbeit (BA) kontaktieren und die Arbeitnehmervertreter über Vermittlungsvorschläge der BA sowie über Bewerbungen schwerbehinderter Menschen informieren. Gemäß der §§ 92 ff.

184 Grundlegend: BVerfG, NJW 1979, 669 (708).

185 BVerfG, NJW 2009, 2033 (2042): „Art. 12 I GG schützt als Teil der Berufsfreiheit die Vertrags- und Dispositionsfreiheit des Unternehmers".

186 Eine vertiefte Darstellung findet sich bei: *Wißmann*, in: MünchArbR, § 28 Rn. 11 ff.

BetrVG können verschiedene Beteiligungsrechte des Betriebsrats in Betracht kommen.

3.2 Die Vertragsanbahnung

Soll die Planung umgesetzt werden, muss der Arbeitgeber die Arbeitsplätze publik machen. Dies geschieht für gewöhnlich über Stellenausschreibungen.

3.2.1 Die Veröffentlichung der Stellenausschreibung

Die Stellenausschreibung kann in jeder denkbaren Form geschehen. In aller Regel nehmen Arbeitgeber die Vermittlungsdienste der Bundesagentur für Arbeit in Anspruch (§§ 35-37 SGB III).

Es besteht jedoch grundsätzlich kein Anspruch darauf, dass eine Stelle in einem Betrieb oder öffentlich ausgeschrieben wird. Anders ist dies beim öffentlichen Arbeitgeber. Im öffentlichen Dienst ist eine solche Ausschreibung vorgeschrieben (vgl. § 8 BBG). Im privaten Sektor wird oftmals um die betriebsinterne Ausschreibung gestritten. Diese kann ein Betriebsrat verlangen (§ 93 BetrVG). Ohne Betriebsrat besteht dieses Recht grundsätzlich nicht.

3.2.2 Die Stellenausschreibung als Aufforderung zur Bewerbung

Die Stellenausschreibung begründet den ersten Kontakt zur Außenwelt bzw. zum Arbeitsmarkt.

Regelmäßig wird sich der potenzielle Arbeitgeber den Vertragsschluss vorbehalten und noch kein Angebot auf Abschluss eines Arbeitsvertrags abgeben. Insofern fehlt ihm hier der nötige Rechtsbindungswille. In aller Regel will er sich zunächst ein Bild vom Bewerber machen und insbesondere die fachliche und persönliche Eignung überprüfen. Daher ist die Stellenausschreibung grundsätzlich nur eine sog. invitatio ad offerendum.[187]

Rechtliche Relevanz kann die Stellenausschreibung aber insoweit haben, als sie möglicherweise gegen das Diskriminierungsverbot nach §§ 11, 7 AGG verstößt.[188] In einem solchen Fall muss der Arbeitgeber Schadensersatz und eine Entschädigung nach § 15 Abs. 1 und § 15 Abs. 2 AGG an die diskriminierten Gruppen bzw. Gruppenangehörigen zahlen. Für die Bestimmungen des AGG ist ein eigenes Kapitel vorgesehen. Sie werden daher hier nicht weiter vertieft.

---

187 *Stück*, ArbRAktuell, 2012, 363 (363).

188 Vgl. auch *Pieper*, RdA 2018, 337 zur Altersdiskriminierung in Stellenausschreibungen.

3.2.3 Die Bewerbung

Auf die Stellenausschreibung hin verfasst ein Interessent seine Bewerbung. Einen Anspruch, zu einem Bewerbungsgespräch eingeladen zu werden, gibt es nicht.[189] Regelmäßig kann ein Arbeitssuchender für die Kosten Leistungen der Agentur für Arbeit in Anspruch nehmen (§ 44 SGB III). Das gilt sowohl für die Materialkosten (Portrait-Foto etc.) oder Reisekosten.

Im Einzelfall kann sich die Frage stellen, ob nicht auch der potenzielle Arbeitgeber diese Kosten tragen muss, schließlich hat er die Bewerbung veranlasst. Die herrschende Meinung differenziert: Die §§ 662, 670 BGB finden Anwendung, wenn der Bewerber vom Arbeitgeber aufgefordert wurde, sich zu bewerben.[190] Dann kann der Bewerber Aufwendungsersatz verlangen.

Im Übrigen kommt ein Anspruch wegen einer Geschäftsführung ohne Auftrag aus §§ 677, 683, 670 BGB in Betracht. Der sog. Fremdgeschäftsführungswille liegt in diesen Fällen nicht unbedingt nahe, weil der Arbeitnehmer in aller Regel den Arbeitsplatz im eigenen Interesse will. Doch wird dieser Wille auch beim sog. auch-fremden Geschäft vermutet und es besteht ein Interesse des Arbeitgebers an einem Arbeitnehmer, der den ausgeschriebenen Platz einnehmen kann. Um einen Anspruch zu verhindern, schließen die meisten Arbeitgeber daher die Kostenübernahme in der Stellenausschreibung aus.[191]

Die Rücksendung der Bewerbungsunterlagen erfolgt auf Kosten des Arbeitgebers. Dies hat seinen Grund darin, dass der Bewerber gegen den Unternehmer einen Herausgabeanspruch aus § 985 BGB hat. Auch deshalb schließen die meisten Unternehmer eine Rücksendung aus.

3.2.4 Die Bewerbungsphase

Der Zeitraum vor Abschluss des Arbeitsvertrags hat besondere Bedeutung. Durch den Zugang der Bewerbung beim Unternehmer wird ein vorvertragliches Rechtsverhältnis nach § 311 Abs. 2 Nr. 3 BGB begründet.[192] Insofern treffen beide Parteien Rücksichtnahmepflichten nach § 241 Abs. 2 BGB. Wann genau die Rechtswirkungen der §§ 311 Abs. 2, 241 Abs. 2 BGB eintreten ist noch nicht geklärt. Teilweise wird auf das Vorstellungsgespräch

189 *Stück*, ArbRAktuell 2012, 363 (363).

190 BAG, NZA 1989, 468; in dieser Konstellation sollte jedoch stets geprüft werden, ob ein Auftragsverhältnis zustande gekommen ist. Scheitert ein Vertrag am fehlenden Rechtsbindungswillen, kann ein Anspruch aus §§ 677, 683, 670 BGB in Betracht kommen; *Junker* Rn. 148.

191 *Moll*, MAH Arbeitsrecht, § 9 Rn. 36.

192 *Linck*, in: Schaub § 26 Rn. 1.

abgestellt.[193] Liegt die Konstellation vor, dass die Bewerbung auf Bitte des Arbeitgebers erfolgt, spricht vieles dafür, § 241 Abs. 2 BGB in Verbindung mit dem Auftragsverhältnis zu prüfen.

Wechselt der Arbeitnehmer in Folge einer Kündigung seinen Arbeitgeber, so muss der alte Arbeitgeber dem Arbeitnehmer nach § 629 BGB Zeit gewähren, um Bewerbungsgespräche zu führen. Das kann nach § 616 BGB auch dazu führen, dass der Arbeitnehmer für diese Zeit seinen Vergütungsanspruch behält.

3.2.5 Das Fragerecht des Arbeitgebers

Regelmäßig besteht ein großes Interesse des Arbeitgebers, möglichst viel über seinen potenziellen Arbeitnehmer zu erfahren. Dieses Interesse ist grundsätzlich legitim, weil der Arbeitgeber wegen der Dauer des Schuldverhältnisses und des starken Kündigungsschutzes gegebenenfalls langfristig mit dem Arbeitnehmer zusammenarbeiten muss.[194]

3.2.5.1 Grundlagen

Der Problemkomplex „Fragerecht" vereint mehrere Fragestellungen in sich:

- Darf der Arbeitgeber nach einer bestimmten Eigenschaft fragen?
- Muss der Arbeitnehmer hierauf antworten oder darf er gegebenenfalls sogar die Unwahrheit sagen?
- Gibt es Informationen, die der Arbeitnehmer auch ungefragt offenbaren muss?

Fragen durch den Arbeitgeber stellen eine sog. Datenerhebung i. S. d. Datenschutzrechts dar und fallen daher in den Anwendungsbereich des Datenschutzrechts, welches mit Art. 88 DSGVO und § 26 BSDG Regelungen für den sog. Beschäftigtendatenschutz bereithält.

Über § 26 BDSG hat der deutsche Gesetzgeber von der Befugnis Gebrauch gemacht, spezifischere Regelungen gegenüber Art. 88 DSGVO zu treffen.[195] Nach § 26 Abs. 1 BDSG dürfen personenbezogene Daten von Beschäftigten für Zwecke des Beschäftigungsverhältnisses verarbeitet – und damit auch erhoben – werden, wenn dies für die Entscheidung über die Begründung eines Beschäftigungsverhältnisses erforderlich ist.

193 *Roepert*, NJW 2017, 2076 (2076).

194 *Joussen*, NJW 2003, 2857 (2857); *Wisskirchen/Bissels*, NZA 2007, 169 (169).

195 Hierzu: BAG, NZA 2019, 1218 (1223).

3.2.5.2 Das Fragerecht

Angesichts dieser weiten Formulierungen bleiben die seit langem anerkannten Grundsätze des Bundesarbeitsgerichts maßgeblich.[196] Das bedeutet, dass grundsätzlich eine Abwägung der betroffenen Interessen im Einzelfall erforderlich ist: Ein Fragerecht kommt in Betracht, wenn der Arbeitgeber ein berechtigtes, schützenswertes und schutzwürdiges Interesse an der Beantwortung der Frage hat, welches das Interesse des Arbeitnehmers, seine Lebensumstände für sich zu behalten, überwiegt.[197]

3.2.5.2.1 Rechtsgrundlage der Interessenabwägung

Normative Grundlage für die Befugnis zur Frage sind nach h. M. §§ 311, 241 Abs. 2 i. V. m. § 26 Abs. 1 BDSG. Das Fragen nach bestimmten Informationen stellt eine Datenverarbeitung i. S. v § 26 Abs. 1 S. 1 BDSG dar. Als Grundregel hat sich herausgebildet, dass je weniger die Frage mit dem angestrebten Arbeitsplatz zusammenhängt, desto eher wird sie als nicht erforderlich eingestuft werden können. Generell zulässig sind Fragen nach der fachlichen Qualifikation für die Stelle bzw. im Hinblick auf die Stellenausschreibung.[198] Das gleiche gilt für den beruflichen Werdegang, inklusive der Dauer und Zahl der bisherigen Arbeitsverhältnisse.

In der Falllösung wird das Fragerecht in aller Regel im Rahmen einer Anfechtung nach §§ 142, 123 Abs. 1 Alt. 1 BGB relevant: Es bietet sich folgender Aufbau an:

Abbildung 5: Das Fragerecht des Arbeitgebers

I. Anspruch entstanden (§ 611a Abs. 2 BGB)
II. Anspruch untergegangen
  1. Voraussetzungen der Anfechtung
    a) Anfechtungsgrund gemäß § 123 Alt. 1 BGB
      aa) Täuschung
      bb) Widerrechtlichkeit gemäß § 26 Abs. 1 S. 1 BDSG
        (1) Bewerber gemäß § 26 Abs. 8 S. 2 BDSG
        (2) Begründung des Arbeitsverhältnisses
        (3) Verarbeitung
        (4) Erforderlichkeit der Information
      cc) Kausalität
    b) Wirksame Anfechtungserklärung
      aa) Gegner nach §§ 143 Abs. 1, 2 BGB
      bb) Frist nach § 124 BGB
  2. Ergebnis

196 BT-Drs. 17/4230 S. 15 zu § 32 BDSG a. F.

197 BAG, NZA 1996, 371 (372).

198 *Armbrüster*, in: MüKoBGB, § 123 Rn. 46.

3.2.5.2.2 Beispiel 1: Die Vorstrafe

Das Problem des Fragerechts kann anhand einer Vorstrafe des Bewerbers illustriert werden. Wenn der Arbeitgeber konkret nach Vorstrafen fragt, kommt es wiederum auf die Bewertung der Interessen an.

Dabei ist zunächst zu beachten, dass nach der Rechtsordnung ein neuer Arbeitsplatz für die Resozialisierung entscheidend ist. Andererseits kann es unter Umständen dem Arbeitgeber nicht zugemutet werden, einen verurteilten Straftäter zu beschäftigen.

Dieses Spannungsverhältnis löst das Bundesarbeitsgericht in zwei Schritten auf. Ist die Vorstrafe in Entsprechung mit dem BZRG getilgt worden, darf sich der Bewerber als „nicht vorbestraft" bezeichnen. Das folgt unmittelbar aus § 53 BZRG. Nach § 53 Abs. 1 BZRG dürfen sich Verurteilte als unbestraft bezeichnen und brauchen den der Verurteilung zugrunde liegenden Sachverhalt nicht zu offenbaren, wenn die Verurteilung nicht in das Führungszeugnis oder nur in ein Führungszeugnis nach § 32 Abs. 3, 4 BZRG aufzunehmen oder nach den §§ 45 ff. BZRG zu tilgen ist. Das Bundesarbeitsgericht erblickt hierin eine vorrangige Wertentscheidung, die den Interessengegensatz auflöst.[199]

Besteht die Eintragung noch, hängt die Pflicht zur korrekten Antwort in einem zweiten Schritt davon ab, ob die Vorstrafe einen Bezug zur anvisierten Tätigkeit hat.[200] Hier ist dann eine umfassende Interessenabwägung durchzuführen, wobei hier vorrangig den Anforderungen des Arbeitsplatzes Rechnung zu tragen ist.[201]

Für den Fall eines laufenden Verfahrens könnte man zunächst wegen der Unschuldsvermutung nach Art. 6 Abs. 2 EMRK annehmen, dass der Bewerber eine solche Information nicht preisgeben muss. Tatsächlich fragen Arbeitgeber aber nicht nach einer Vorstrafe bzw. begangenen Straftat, sondern nach anhängigen Ermittlungsverfahren. Das Bundesarbeitsgericht vertritt dazu die Ansicht, dass die Frage zulässig sein kann, wenn das Interesse des Arbeitgebers an der Information überwiegt.[202] Entscheidend ist daher, in welcher Hinsicht das Ermittlungsverfahren eröffnet wurde. Besteht kein Zusammenhang, darf der Bewerber wahrheitswidrig antworten. Bei der Abwägung sollten die Gerichte die Unschuldsvermutung beachten und daher hohe Hürden setzen.

3.2.5.2.3 Beispiel 2: Die Schwerbehinderung

Umstritten ist ferner die Frage bei der Behinderung bzw. bei der Schwerbehinderung. Nach einer Ansicht muss der Arbeitgeber danach fragen dür-

199 BAG, NJW 2013, 1115 (1116).

200 BAG, AP BGB § 123 Nr. 73; AP BGB § 123 Nr. 72.

201 BAG, NJW 2013, 1115.

202 BAG, AP BGB § 123 Nr. 73; AP BGB § 123 Nr. 72.

fen, weil ihn besondere Pflichten nach dem SGB IX treffen.[203] Die Gegenansicht erachtet die Entscheidungshoheit des Schwerbehinderten für höherwertig.[204] Die letztgenannte Ansicht deckt sich teilweise mit der Position des Bundesarbeitsgerichts für den Fall, dass ein Bewerber seine Eigenschaft als schwerbehinderter Mensch bei der Behandlung seiner Bewerbung berücksichtigt wissen will. Denn der Bewerber habe den angestrebten Arbeitgeber über seine Anerkennung als Schwerbehinderter regelmäßig im Bewerbungsschreiben selbst zu unterrichten.[205]

Für den Zeitraum von sechs Monaten nach Begründung des Arbeitsverhältnisses hat das Bundesarbeitsgericht das Fragerecht allerdings bejaht, weil ab diesem Zeitraum ein besonderer Schutz nach §§ 168 SGB IX greift.[206] Diese Annahme ist sehr bedenklich, weil diese Rechtsprechung die Hoheit über ein persönliches Datum auf den Fragenden überträgt und dies aus Normen ableitet, die dem Schutz der Person dienen sollen. Zu einem selbstbestimmten Leben gehört zuallererst die freie Entscheidung über die Preisgabe dieses besonders sensiblen Datums.

3.2.5.3 Die Offenbarungspflicht

Ungefragt braucht der Arbeitnehmer grundsätzlich nichts von sich preiszugeben.[207] Er behält die Hoheit über seine Informationen. Eine Ausnahme kann nach §§ 311 Abs. 2, 241 Abs. 2, 242 BGB gelten, wenn der Arbeitgeber eine Mitteilung erwarten darf. Das ist insbesondere anerkannt, wenn die Arbeitsleistung für den Arbeitnehmer unmöglich ist oder der Arbeitnehmer für sie völlig ungeeignet ist. Das Gleiche gilt, wenn die Information für die Erfüllung der Arbeitspflicht von ausschlaggebender Bedeutung ist.[208]

3.2.5.4 Die Rechtsfolgen

Bei den Rechtsfolgen ist zu unterscheiden, ob die Frage zulässig oder unzulässig war.

Eine zulässige Frage muss nach §§ 241, 242 BGB beantwortet werden. Hat der Bewerber die Unwahrheit gesagt, so kann der Arbeitgeber nach § 123 BGB den Vertragsschluss wegen arglistiger Täuschung anfechten, wenn die Einstellung des Arbeitnehmers auf der Antwort basiert.[209] Arglistig ist die Täuschung schon, wenn der Täuschende weiß oder billigend in Kauf

203 *Giesen*, RdA 2013, 47 (50).

204 *Joussen*, NJW 2003, 2857; *Husemann*, RdA 2014, 16; vgl. auch BAG, AP AGG § 15 Nr. 20.

205 BAG, AP AGG § 15 Nr. 20.

206 BAG, NZA 2012, 555.

207 BAG, NZA 2014, 1131 (1133).

208 BAG, NJW 2013, 1115 (1116).

209 In Betracht kommen auch Schadensersatzansprüche nach §§ 280, 311 Abs. 2, 241 Abs. 2 BGB, ggf. sogar § 823 Abs. 2 i. V. m. § 263 StGB.

nimmt, dass seine Behauptungen nicht der Wahrheit entsprechen und deshalb oder mangels Offenbarung bestimmter Tatsachen irrige Vorstellungen beim Arbeitgeber entstehen oder aufrechterhalten werden.[210]

Bei der Prüfung von § 123 BGB muss stets darauf Acht gegeben werden, ob die falsche Beantwortung auch für den Vertragsschluss kausal war. Erfolgte die Frage im vermeintlichen Interesse des Bewerbers war sie nicht kausal für den Vertragsschluss.[211]

Ficht der Arbeitgeber den Arbeitsvertrag wirksam an, gelten wiederum Besonderheiten. Grund hierfür ist die bereits bekannte Schwierigkeit, ein Arbeitsverhältnis rückabzuwickeln. Wurde das Arbeitsverhältnis in Funktion gesetzt, wirkt die Anfechtung nur ex nunc und wirkt allenfalls auf den Zeitpunkt zurück, zu dem das Arbeitsverhältnis außer Funktion gesetzt wurde.[212]

War die Frage unzulässig, darf der Arbeitnehmer eine falsche Auskunft geben. Hieran dürfen sich keine nachteiligen Folgen anschließen. Schweigen ist für den Bewerber in der Regel keine Alternative, weil er dann die Stelle voraussichtlich nicht bekommt. Jedenfalls „spricht das Schweigen für sich".[213]

3.2.6 Die Einstellungsuntersuchungen

Eng mit dem Fragerecht hängen Untersuchungen im Hinblick auf die körperliche Verfassung (sog. Medizincheck) zusammen. Grob unterteilt man in Einstellungsuntersuchungen, Eignungsuntersuchungen und arbeitsmedizinische Vorsorgeuntersuchungen.

Bei der Einstellungsuntersuchung kommt es nach § 26 BDSG-neu und § 8 AGG auf die beruflichen Anforderungen an. Gesundheitsdaten sind eine besondere Art von persönlichen Daten i. S. v. Art. 9 DSGVO und daher anhand von § 26 Abs. 3 BDSG zu bewerten. Spiegelbildlich kann nach §§ 241 Abs. 2, 242 BGB eine Pflicht des Arbeitnehmers bestehen, an der Untersuchung mitzuwirken.[214]

Die Prüfung verläuft oftmals analog zum Fragerecht. Bei der Eignungsuntersuchung, auch Tauglichkeitsuntersuchung, kommt es auf der Grundlage eines Spezialgesetzes auf eine ganz bestimmte Eignung für die Ausübung eines Berufs an. Der Nachweis ist regelmäßig öffentlich nachzuweisen. (Bsp.: § 5 Nr. 1 KrPflG). Die arbeitsmedizinische Vorsorge nach ArbMedVV ist Teil des Arbeitsschutzes und dient nicht dem Nachweis der beruflichen Eignung, sondern dem Gesundheitsschutz.

---

210 BAG, AP BGB § 123 Nr. 73.
211 *Arnold*, JuS 2013, 865 (868).
212 BAG, BB 1999, 796 (797).
213 *Joussen*, NJW 2003, 2857 (2858).
214 *Aligbe*, ArbRAktuell 2015, 115 (115 f.).

3.3 Der Abschluss des Arbeitsvertrags

Auf der Grundlage der sog. Vertragstheorie ist heute unumstritten, dass der Arbeitsvertrag wie jeder Vertrag durch zwei übereinstimmende Willenserklärungen zustande kommt.

3.3.1 Die essentialia negotii

Die essentialia negotii des Arbeitsvertrags nach § 611a BGB sind die Vertragsparteien Arbeitgeber und Arbeitnehmer, die Festlegung der Arbeitsleistung – regelmäßig allgemein gehalten und flankiert durch ein weites Weisungsrecht gemäß §§ 315 BGB, 106 GewO – sowie das zu zahlende Entgelt. Aus § 612 Abs. 1 BGB folgt jedoch, dass das Fehlen einer Regelung über das Entgelt einem Vertragsschluss nicht entgegensteht, wenn eine Vergütung zu erwarten war.

3.3.2 Vorformulierte Arbeitsbedingungen

Regelmäßig legen Arbeitgeber ihren zukünftigen Arbeitnehmern ein Vertragswerk vor, welches diese nur noch unterzeichnen müssen. Es ist daher kein Wunder, dass die Kontrolle von vorformulierten Arbeitsbedingungen einen herausragenden Stellenwert in der Praxis eingenommen hat. Als Prüfungsgang bietet sich folgendes Schema an:

Abbildung 6: Die AGB-Kontrolle im Arbeitsrecht

1. Anwendungsbereich
   a) Keine Bereichsausnahme nach § 310 Abs. 4 S. 1 BGB
   b) Vorliegen von AGB (§ 305 Abs. 1 S. 1 BGB)
2. Einbeziehungskontrolle nur: § 305c Abs. 1 BGB
3. Auslegung
4. Inhaltskontrolle
   a) Eröffnung der Inhaltskontrolle (§ 307 Abs. 3 BGB)
   b) Unangemessenheit nach §§ 307 ff. BGB
5. Rechtsfolgen nach §§ 306, 307 BGB

3.3.2.1 Die Eröffnung des Anwendungsbereichs der §§ 305 ff. BGB

Nach § 310 Abs. 4 S. 2 BGB finden die §§ 305 ff. BGB auch auf das Arbeitsrecht Anwendung. Die §§ 305 ff. BGB finden daher Anwendung, wenn AGB i. S. v. § 305 Abs. 1 S. 1 BGB vorliegen.

Was den Begriff der Allgemeinen Geschäftsbedingungen angeht, so bestehen keine Besonderheiten im Hinblick auf die Legaldefinition des § 305 Abs. 1 BGB. AGB sind nach § 305 Abs. 1 S. 1 BGB für eine Vielzahl von

Verträgen vorformulierte Vertragsbedingungen, die von einer Vertragspartei bei Vertragsschluss der anderen Partei gestellt werden.

Allerdings ist zu berücksichtigen, dass der Arbeitsvertrag nach der Rechtsprechung des Bundesarbeitsgerichts einen Verbrauchervertrag im Sinne von § 310 Abs. 3 Nr. 2 BGB darstellt und daher das *einmalige* Verwenden einer Vertragsbedingung an den §§ 305c Abs. 2, 306 und 307 bis 309 BGB zu messen ist.[215] Das *erstmalige* Verwenden genügt für § 305 Abs. 1 S. 1 BGB, wenn die mehrfache Verwendung beabsichtigt ist.[216]

Stellen bedeutet, dass der Arbeitgeber den Inhalt nicht ernsthaft zur Disposition des anderen Teils gestellt hat.[217] Aus § 305 Abs. 1 S. 3 BGB folgt, dass der Arbeitnehmer darlegen und beweisen muss, dass ausnahmsweise ein Individualvertrag geschlossen wurde.[218] Ein Erörtern oder Erläutern der Vertragsbedingungen genügt allein nicht, um von einer Individualabrede auszugehen, es muss die reale Möglichkeit der Einflussnahme bestanden haben.[219]

3.3.2.2 Die Einbeziehungskontrolle

Bemerkenswert ist, dass keine Einbeziehungskontrolle i. e. S. stattfindet (§ 310 Abs. 4 S. 2 HS 2 BGB). Nach der Vorstellung des Gesetzgebers soll der Arbeitnehmer durch das NachwG auf andere Weise geschützt werden.[220] Gemäß § 1 Abs. 1 S. 1 NachwG hat der Arbeitgeber spätestens einen Monat nach dem vereinbarten Beginn des Arbeitsverhältnisses die wesentlichen Vertragsbedingungen schriftlich niederzulegen, die Niederschrift zu unterzeichnen und dem Arbeitnehmer auszuhändigen. Gleichwohl entbindet diese Erleichterung den Arbeitgeber nicht nachzuweisen, dass die Vertragsbedingungen über die §§ 145 ff. BGB zum Bestandteil des Vertrags geworden sind.[221]

Darüber hinaus bleiben die §§ 305b BGB und § 305c Abs. 1 BGB anwendbar. Nach § 305c Abs. 1 BGB werden überraschende Klauseln nicht Vertragsbestandteil. Vertragsbedingungen sind überraschend, wenn sie objektiv so ungewöhnlich sind, dass der Vertragspartner subjektiv mit ihnen nicht zu rechnen braucht.[222] Das gilt insbesondere für den äußeren Zuschnitt der Klausel oder ihre Unterbringung an unerwarteter Stelle.[223]

---

215 speziell zur AGB-Prüfung: BAG, NZA 2016, 814 (816).
216 BAG, NZA 2005, 1111 (1116).
217 BAG, NZA 2010, 342 (344).
218 *Preis*, in: ErfK, § 310 Rn. 24.
219 BAG, NZA 2014, 905 (907).
220 BT-Drs. 14/6857 S. 54.
221 BAG, AP BGB § 315 Nr. 104.
222 BAG, NZA 2016, 695 (696).
223 BAG, NZA 2006, 324 (326).

Die Prüfung ist mitunter für Studierende nicht einfach, weil sie im Arbeitsrecht zum ersten Mal mit „neuen" Klauseln konfrontiert sind, die im Arbeitsrecht aber gang und gäbe sind. Das gilt beispielsweise bei Ausschlussfristen für Rechte aus dem Vertrag. Die Vereinbarung von Ausschlussfristen entspricht einer weit verbreiteten Übung im Arbeitsleben.[224] Mit derartigen Klauseln muss der Arbeitnehmer grundsätzlich rechnen, weil sie im Arbeitsrecht „dazugehören", um dem Arbeitgeber rasch einen Überblick über seine Verpflichtungen zu ermöglichen. Überraschend sind sie allerdings, wenn sie im Vertragswerk an Stellen stehen, wo der Arbeitnehmer sie nicht erwartet.[225]

3.3.2.3 Die Interpretation von AGB

Sind die AGB Vertragsbestandteil geworden, stellt sich die Frage, welchen Inhalt sie haben. Im Grundsatz gelten die §§ 133, 157, 242 BGB. Jedoch wird der objektive Empfängerhorizont modifiziert. Allgemeine Geschäftsbedingungen sind nach ihrem objektiven Inhalt und typischen Sinn einheitlich so auszulegen, wie sie von verständigen und redlichen Vertragspartnern unter Abwägung der Interessen der normalerweise beteiligten Verkehrskreise verstanden werden.[226] Maßgebend sind insoweit die Verständnismöglichkeiten des typischerweise bei Verträgen der geregelten Art zu erwartenden nicht rechtskundigen Vertragspartners.[227]

Bestehen Zweifel, gehen Unklarheiten in der Auslegung nach § 305 c Abs. 2 BGB zu Lasten des Verwenders, d. h. es gilt die für Arbeitnehmer günstige Auslegung. Die Rechtsprechung verlangt einiges an Interpretationsbemühungen, bevor man Zweifel am Inhalt einer Klausel haben darf. Die Anwendung der Unklarheitenregelung setzt demnach voraus, dass die Auslegung mindestens zwei Ergebnisse als vertretbar erscheinen lässt und von diesen keines den klaren Vorzug verdient. Es müssen „erhebliche Zweifel" an der richtigen Auslegung bestehen. Die entfernte Möglichkeit, zu einem anderen Ergebnis zu kommen, genügt für die Anwendung der Bestimmung nicht.[228] In Gutachten sollte der Bearbeiter daher nicht vorschnell Zweifel anmelden.

Der Grundsatz der günstigsten Auslegung gilt dann, wenn es um Rechte oder Pflichten aus den AGB geht. Im Rahmen der Inhaltskontrolle gilt wegen der für den Arbeitnehmer in aller Regel günstigen Rechtsfolge der Unwirksamkeit, dass die Klausel in der für den Arbeitnehmer nachteilhaftesten Weise ausgelegt werden muss.[229]

224 BAG, NJW 2019, 250 (251).

225 Hierzu: BAG, NZA 2006, 324 (326).

226 BAG, NZA 2016, 945 (947).

227 BAG, NZA 2016, 945 (947).

228 BAG, NZA 2015, 871 (874).

229 BGH, NJW 2015, 1594 (1596), sog. kundenfeindlichste Auslegung.

3.3.2.4 Die Inhaltskontrolle

Die Durchführung der Inhaltskontrolle ist sehr schematisch. Es empfiehlt sich folgende Prüfungsreihenfolge:

3.3.2.4.1 Die Eröffnung der Inhaltskontrolle nach § 307 Abs. 3 BGB

Die Inhaltskontrolle setzt zunächst voraus, dass die Klausel nach § 307 Abs. 3 BGB überhaupt kontrollfähig ist. Dazu muss sie von gesetzlichen Vorschriften abweichen.

Problematisch kann die Kontrolle der Entgeltabrede sein, da mit dem MiLoG nunmehr ein gesetzlicher Mindestlohn besteht.[230] Jedenfalls sind sog. Preisnebenabreden kontrollfähig.[231] Diese liegen vor, wenn sie sich auf die Hauptleistungspflicht beziehen, an ihre Stelle aber eine gesetzliche Regelung treten könnte.

Ebenfalls ausgeschlossen ist die Inhaltskontrolle von AGB, die als solche auf einen Tarifvertrag, eine Betriebsvereinbarung oder eine Dienstvereinbarung verweisen. Nach § 310 Abs. 4 S. 3 BGB stehen diese Rechtsvorschriften gleich. Ohne Einschränkung gilt das freilich nicht. Denn die Annahme setzt einerseits voraus, dass u. a. der Tarifvertrag in den AGB als ganzer in Bezug genommen wird. Zudem muss der Tarifvertrag der Branche entsprechen. Anderenfalls könnte der Arbeitgeber sich die Rosinen herauspicken.[232]

3.3.2.4.2 Das Transparenzgebot nach § 307 Abs. 1 S. 2 BGB

Bevor die Klausel inhaltlich untersucht wird, hat es sich eingebürgert, die Transparenz nach § 307 Abs. 1 S. 2 BGB zu prüfen. Aus der Norm folgt zuvorderst ein Transparenzgebot. Hierzu muss die Klausel aus sich heraus klar und verständlich sein.[233]

Dieses Transparenzgebot schließt ein Bestimmtheitsgebot ein. Eine unklare Fassung der Klausel kann zugunsten des Stellers Interpretationsspielraum ermöglichen, die ihm aufgrund seiner Stellung eine faktisch stärkere Position einräumen würde, weil er auf dem Wortlaut beharren könnte. Der Vertragspartner des Klauselverwenders soll indes ohne fremde Hilfe Gewissheit über den Inhalt der vertraglichen Rechte und Pflichten erlangen können und nicht von der Durchsetzung bestehender Rechte abgehalten werden.[234]

---

230 Gegen die Kontrollfähigkeit wegen einer Abweichung vom Mindestlohn sprechen in erster Linie systematische Gründe. Mit § 3 MiLoG besteht ein spezieller Kontrolltatbestand für das MiLoG. Zudem stellt der Mindestlohnanspruch ein gesetzliches Schuldverhältnis dar, das neben den vertraglichen Anspruch tritt, ausführlich: *Klocke/Hautkappe*, NZA 2020, 1288.

231 Hierzu: *Jerger*, NJW 2019, 3752.

232 Vgl. *Treber*, in: Schaub § 206 Rn. 14 f.

233 BAG, NZA 2018, 1619 (1622); *Dütz/Thüsing*, Rn. 278.

234 BAG, NZA 2012, 861 (862).

Weiter enthält § 307 Abs. 1 S. 2 BGB ein Irreführungsverbot: Eine Klausel, die die Rechtslage unzutreffend oder missverständlich darstellt und auf diese Weise dem Verwender ermöglicht, begründete Ansprüche unter Hinweis auf die in der Klausel getroffene Regelung abzuwehren, und die geeignet ist, dessen Vertragspartner von der Durchsetzung bestehender Rechte abzuhalten, verstößt offensichtlich gegen § 307 Abs. 1 S. 2 BGB.[235]

3.3.2.4.3 Die Prüfung nach den §§ 308, 309 BGB

Im Rahmen der Inhaltskontrolle kommt dann den Besonderheiten des Arbeitsrechts Bedeutung zu. Das gilt weniger für die Interessenabwägung als solche, als vielmehr im Rahmen des § 309 BGB. So sind wegen der fehlenden Klagbarkeit der Arbeitsleistung Vertragsstrafen entgegen der Grundwertung des § 309 Nr. 6 BGB möglich.[236] Vertragsstrafen sind für das Arbeitsrecht ein wichtiges vertragliches Gestaltungsmittel und daher eine im Arbeitsrecht geltende Besonderheit i. S. v. § 310 Abs. 4 S. 2 HS 1 BGB.

3.3.2.4.4 Die Prüfung nach § 307 Abs. 1 und 2 BGB

Sodann schließt sich die Prüfung des § 307 BGB an. Zunächst sollten die Nr. 1 und Nr. 2 des Abs. 2 geprüft werden, bevor auf die Generalklausel des Abs. 1 zurückzugreifen ist.

Eine Regelung ist nach § 307 Abs. 1 S. 1 BGB unangemessen, wenn eigene Interessen auf Kosten der anderen Vertragspartei durchgesetzt werden sollen, ohne von vornherein auch deren Interessen zu berücksichtigen. Auf den vorformulierten Arbeitsvertrag formuliert bedeutet dies: unangemessen ist jede Beeinträchtigung eines rechtlich anerkannten Interesses des Arbeitnehmers, die nicht durch begründete und billigenswerte Interessen des Arbeitgebers gerechtfertigt ist oder durch gleichwertige Vorteile ausgeglichen wird.[237] Die wichtigsten Kriterien für die Angemessenheit bzw. Unangemessenheit sind:

- Art des Arbeitsverhältnisses,
- Stellung des Arbeitnehmers nach dem Arbeitsvertrag,
- Stellung des Arbeitnehmers im Betrieb,
- Erscheinungsbild des Arbeitsvertrags,
- kompensierende Regelungen,
- der Vergleich zu tariflichen Regelungen,
- vertragliche Risiken und
- die betroffenen Grundrechte.

---

235 BAG, NZA 2015, 871.
236 BAG, NZA 2016, 945 (947).
237 BAG, NZA 2016, 814 (817).

Nach der Konzeption ist § 307 Abs. 1 BGB eine abstrakt-generelle Kontrollnorm. Es ist somit ein genereller, typisierender, vom Einzelfall losgelöster Maßstab anzulegen.[238]

Nach § 310 Abs. 3 Nr. 3 BGB sind jedoch auch alle Umstände des Einzelfalls zu berücksichtigen. Dann gilt insbesondere ein konkret-individualisierender Maßstab. Zu berücksichtigen sind demnach[239]

- persönliche Eigenschaften des individuellen Vertragspartners, die sich auf die Verhandlungsstärke auswirken,
- Besonderheiten der konkreten Vertragsabschlusssituation und
- untypische Sonderinteressen des Vertragspartners.

Auch wenn § 310 Abs. 3 Nr. 3 BGB eigentlich eine verbraucherschützende Wirkung hat, wird sie auf das Arbeitsrecht angewandt; allerdings auch zulasten des Arbeitnehmers.[240]

Die Rechtsfolgen

Die Rechtsfolgen einer unzulässigen AGB ergeben sich aus §§ 306, 307 BGB.

3.3.2.5.1 Die Unwirksamkeit

§ 306 BGB regelt die Rechtsfolgen allerdings nur unvollständig. Insbesondere bestimmt § 307 BGB die Unwirksamkeit für die Inhaltskontrolle selbst, so dass § 306 BGB nur die übrigen Fragen lösen muss.

Nach § 306 Abs. 1 BGB ist die unwirksame Klausel nicht Bestandteil des Vertrags. Da § 307 Abs. 3 BGB die essentialia negotii vor einer Inhaltskontrolle schützt, bestehen keine Probleme für die Rechtsgeschäftslehre.

Abweichend von § 139 BGB bestimmt § 306 Abs. 1 BGB zudem, dass der Vertrag im Übrigen bestehen bleibt. Nur in den Fällen des § 306 Abs. 3 BGB kann ausnahmsweise der gesamte Vertrag unwirksam sein, wenn das Festhalten am Vertrag eine unzumutbare Härte darstellt.

3.3.2.5.2 Die Geltung des dispositiven Rechts

Die durch die Unwirksamkeit begründete Lücke ist durch das dispositive Recht zu schließen (§ 306 Abs. 2 BGB). Inhaltlich gilt das Verbot der geltungserhaltenden Reduktion.[241] Das heißt, die Klausel darf nicht in dem letztmöglichen zulässigen Inhalt aufrechterhalten bleiben. Dies würde das Verwendungsrisiko komplett beseitigen und einen Anreiz für unzulässige Klauseln setzen.

---

238 BAG, NZA 2016, 814 (817).
239 Vgl. BAG, NZA 2006, 324 (328).
240 *Roloff*, in: Erman, § 310 Rn. 25.
241 BAG, NZA 2019, 781 (784).

Etwas anderes kann jedoch in zwei Fällen gelten. Zum einen kann die Klausel so konzipiert sein, dass der unzulässige Teil gestrichen werden kann und im Übrigen ein zulässiger Teil bestehen bleibt. Ergibt dieser Teil für sich genommen Sinn, so ist der weiterhin sinnhafte Teil aufrechtzuerhalten (sog. Blue-Pencil-Test). Das ist in aller Regel der Fall, wenn Klauseln nur formal zusammengefügt wurden und teilbar sind.[242] Die Regelungen müssen allerdings nicht nur sprachlich, sondern auch inhaltlich zu trennen sein.[243]

Eine weitere Ausnahme leitet das Bundesarbeitsgericht aus dem Rechtsgedanken des § 306 Abs. 3 BGB ab. Im Einzelfall kann eine ergänzende Vertragsauslegung in Betracht kommen, wenn anderenfalls ein Ergebnis kreiert werden würde, was zur Unwirksamkeit des gesamten Vertrags führen würde.[244] Dann ist die Lücke nicht über das dispositive Recht, sondern nach den §§ 133, 157, 242 BGB zu schließen.

Praktisch relevant wird diese Ausnahme bei vorformulierten Vereinbarungen über die Übernahme von Fortbildungskosten und wird dort vertieft diskutiert. Ein Teil der Literatur lehnt diese Rechtsprechung unter Hinweis auf das Verbot der geltungserhaltenden Reduktion ab.[245] Das überzeugt aber nur bedingt. Trägt die Anwendung der §§ 133, 157, 242 BGB dem Regelungsgedanken des § 306 Abs. 3 BGB Rechnung, gibt es damit eine vorrangige Wertung, die das Verbot der geltungserhaltenden Reduktion aussticht.

3.3.2.6 Insbesondere: Ausschlussfristen

Im Arbeitsrecht haben Ausschlussfristen eine besonders große Bedeutung. Das BGB enthält nur gesetzliche Ausschlussfristen. Im Arbeitsrecht sind die Ausschlussfristen oftmals bereits im Vertrag und in Tarifverträgen zu finden. Sehr verbreitet sind zweistufige Ausschlussfristen. Danach muss der Arbeitnehmer nicht nur nach einer gewissen Zeit seinen Anspruch beim Arbeitgeber geltend machen, er muss ihn danach auch noch innerhalb einer bestimmten Zeit vor Gericht geltend machen.

Abbildung 7: Vertragliche Ausschlussfristen

I. Anspruch entstanden
II. Anspruch untergegangen
   1. Inhalt der Ausschlussfrist
   2. Beginn der Ausschlussfrist
   3. Ablauf der Ausschlussfrist
   4. Wirksamkeit der Ausschlussfrist

242 BAG, NZA 2018, 1619 (1622)

243 BAG, NZA 2018, 1619 (1622).

244 BAG, NZA 2010, 342 (345).

245 Zu dem Problem: *Bieder*, NZA-Beil. 2011, 142 (145).

3.3.2.6.1 Die Voraussetzungen von Ausschlussfristen

Der genaue Gehalt von Ausschlussfristen ist zuvorderst über die Auslegung zu gewinnen. Da sie oftmals als AGB gestellt werden, gelten grundsätzlich die oben genannten Grundsätze zur Auslegung von AGB.

Erste Voraussetzung ist, dass die fragliche Forderung überhaupt von der Ausschlussfrist erfasst wird. Dieser Punkt wird selten Probleme bereiten, da die Klauseln in aller Regel weit gefasst werden und etwa „Ansprüche aus dem Arbeitsverhältnis“ erfassen.[246]

Die Wahrung einer Ausschlussfrist setzt weiterhin voraus, dass der Arbeitnehmer den Anspruch in der vorgesehenen Form gegenüber der vorgesehenen Stelle rechtzeitig geltend macht.

In aller Regel beginnt die Ausschlussfrist nach dem Vertrag mit der „Fälligkeit“ des Anspruchs. Allerdings gilt nach der Rechtsprechung in Anlehnung an § 199 Abs. 1 Nr. 2 BGB ein subjektiver Fälligkeitsbegriff. Ein Schadensersatzanspruch ist daher beispielsweise erst dann im Sinne einer Ausschlussfrist fällig, wenn der Schaden für den Gläubiger feststellbar ist und geltend gemacht werden kann.[247] Feststellbar ist der Schaden, sobald der Gläubiger vom Schadensereignis Kenntnis erlangt oder bei Beachtung der gebotenen Sorgfalt Kenntnis erlangt hätte.

3.3.2.6.2 Die Inhaltskontrolle von Ausschlussfristen

Diese Voraussetzungen müssen allerdings erst eingehalten werden, wenn die Ausschlussfrist wirksam vereinbart wurde. Oben wurde bereits darauf hingewiesen, dass ein- und zweistufige Ausschlussklauseln im Arbeitsleben üblich sind und daher nicht per se gegen § 305c Abs. 1 BGB verstoßen.[248]

3.3.2.6.2.1 Die Eröffnung der Inhaltskontrolle

Angesichts des Fehlens allgemeiner Regelungen zu Ausschlussfristen stellt sich die Frage, ob überhaupt von Rechtsvorschriften abgewichen wird, wenn eine Ausschlussfrist gestellt wird. Die Einschränkung gem. § 307 Abs. 3 S. 1 BGB greift indes nicht ein. Eine einzelvertragliche Ausschlussfrist stellt eine von Rechtsvorschriften abweichende oder diese ergänzende Regelung dar. Maßgeblich wäre nämlich anderenfalls das Verjährungsrecht.[249] Dieses wird durch die Ausschlussfrist regelrecht „überholt“.

3.3.2.6.2.2 Die Zulässigkeit von zweistufigen Ausschlussfristen

In seiner Grundsatzentscheidung vom 16.6.2005 hat das Bundesarbeitsgericht zweistufige Ausschlussfristen grundsätzlich für mit den §§ 305 ff.

---

246 Hierzu: *Krause*, in: MünchArbR, § 71 Rn. 21.

247 BAG, NZA 2019, 34 (38).

248 BAG, NZA 2005, 1111 (1113).

249 BAG, NZA 2005, 1111 (1113).

BGB vereinbar erklärt.[250] Das Gericht hat sogar § 309 Nr. 13 BGB a. F. wegen der im Arbeitsrecht geltenden Besonderheiten nicht weiter geprüft und zweistufige Ausschlussfristen als Besonderheiten des Arbeitsrechts i. S. v. § 310 Abs. 4 S. 2 HS 1 BGB eingeordnet. Sie dienten seit langem der im Arbeitsleben anerkanntermaßen besonders gebotenen raschen Klärung von Ansprüchen und der Bereinigung offener Streitpunkte.

Weiterhin stellt sich die Frage, wann die zweite Stufe nicht von einem gesetzlichen Leitbild der §§ 194 ff. BGB oder des Arbeitsrechts abweicht. Grundsätzlich lässt § 202 BGB eine Abkürzung der Verjährungsfrist zu. In der Gesamtschau offenbaren jedoch die meisten arbeitsrechtlichen Normen einen Typus, nachdem eine Ausschlussfrist drei Monate betragen soll (vgl. § 61b ArbGG, § 4 KSchG, § 17 TzBfG). Daher erachtet das Bundesarbeitsgericht eine Ausschlussfrist für die gerichtliche Geltendmachung von unter drei Monaten für unangemessen.[251]

3.3.2.6.2.3 Ausschlussfristen und Mindestlohn

Eine vom Arbeitgeber gestellte arbeitsvertragliche Ausschlussfristenregelung, die auch den gesetzlichen Mindestlohn erfasst, verstößt gegen § 307 Abs. 1 S. 2 BGB, wenn der Arbeitsvertrag nach dem 31.12.2014 geschlossen wurde. Sie stellt die Rechtslage von Anfang an irreführend dar, weil sie entgegen § 3 S. 1 MiLoG den Anspruch auf den gesetzlichen Mindestlohn aus ihrem Anwendungsbereich nicht ausnimmt.[252]

3.3.2.6.2.4 Die Bedeutung von § 309 Nr. 13 BGB

Für Ausschlussfristen ist die Regelung des § 309 Nr. 13 BGB von besonderer Bedeutung. Mit Wirkung zum 1.10.2016 wurde die Norm verschärft. Nach § 309 Nr. 13 lit. b) BGB ist die Vorgabe einer strengeren Form als der Textform unangemessen benachteiligend für Anzeigen und Erklärungen. Die Neuregelung folgt dem Gedanken des Verbraucherschutzes. Hieraus wird daher der Schluss gezogen, dass die Vorgabe schriftlicher Geltendmachung gegen § 309 Nr. 13 lit. b) BGB verstößt.[253]

3.3.2.6.2.5 Nochmals: Auslegung vor Inhaltskontrolle

Die inhaltliche Kontrolle der Ausschlussklauseln ist nur dann eröffnet, wenn die Klausel eine Aussage zu einer aufgeworfenen Frage enthält. Diese Annahme hat in der Rechtsprechung zu einer bemerkenswerten Entscheidung geführt.[254] In sachlicher Hinsicht ging es um Ansprüche wegen vorsätzlichen Mobbings (lies: § 309 Nr. 7 BGB und § 202 BGB). Mit Blick auf §§ 202

250 BAG, NZA 2005, 1111 (1113).

251 BAG, NZA 2005, 1111 (1114).

252 BAG, NZA 2018, 1619.

253 *Lunk/Seidler*, NJW 2016, 2153 (2154).

254 BAG, NZA 2013, 1265; vgl. aber LAG Niedersachsen, NZA-RR 2018, 351.

Abs. 1 und § 276 Abs. 3 BGB betonte das Bundesarbeitsgericht, dass angesichts der klaren Gesetzeslage regelmäßig davon auszugehen sei, dass die Vertragspartner keine Fälle anders als das Gesetz und unter Verstoß gegen die gesetzliche Verbotsnorm regeln wollten. Vertragsklauseln, die nur in außergewöhnlichen, von den Vertragspartnern bei Vertragsabschluss nicht für regelungsbedürftig gehaltenen Fällen gegen das Gesetz verstoßen, seien wirksam. Ohne besondere Hinweise im Einzelfall sei eine Anwendung auch auf die Fälle, die durch zwingende gesetzliche Verbote oder Gebote geregelt sind, regelmäßig gerade nicht gewollt. Damit war der Anspruch nach Ansicht des Gerichts schon nicht in sachlicher Hinsicht von der Ausschlussfrist erfasst. Der Weg zur Lösung war die Auslegung der Klausel.

3.3.3 Formerfordernisse und der Nachweis der Arbeitsbedingungen

Das Arbeitsrecht kennt keine zwingende Form für den Arbeitsvertrag.

3.3.3.1 Gewillkürte Formvorgaben

Oftmals sind in Arbeitsverträgen Klauseln anzutreffen, die Änderungen oder gar die Aufhebung des Vertrags dem Erfordernis der Schriftform unterstellen.

Hierbei handelt es sich um eine rechtsgeschäftlich bestimmte Formvorgabe (§ 127 BGB). Nach § 125 S. 2 BGB ist eine solche Klausel im Zweifel konstitutiv. Vor der Anwendung der Zweifelsregel ist die Klausel jedoch nach §§ 133,157, 242 BGB auszulegen.[255] Soll die Abrede nur der Beweisführung oder -sicherung dienen, spricht vieles für eine deklaratorische Klausel.[256]

Man unterscheidet ferner die einfache von der doppelten Schriftformklausel.[257] Bei einfachen Schriftformklauseln kann bereits eine mündliche Vereinbarung des Arbeitsvertrags eine Abänderung der Schriftformklausel bedingen. Diese Vertragsgestaltung ist jedoch formfrei abänderbar, so dass eine einfache Schriftformklausel oft durch konkludente Abreden unterlaufen werden kann. Bei doppelten Schriftformklauseln ist daher auch die Aufhebung bzw. Änderung des Schriftformerfordernisses durch ein Schriftformerfordernis geschützt.

Die Wirksamkeit von Schriftformklauseln hängt von der Ausgestaltung und dem Anwendungsbereich der konkreten Klausel ab. In aller Regel handelt es sich um vorformulierte Vertragsbedingungen oder um eine einmalige Verwendung (§ 310 Abs. 3 Nr. 2 BGB), so dass die §§ 305 ff. BGB zur Anwendung kommen.

---

255 BAG, NZA 2008, 1233 (1235).

256 BAG, NZA 2013, 900 (902); *Roloff*, NZA 2004, 1191 (1192).

257 Hierzu: BAG, NZA 2008, 1233.

Unwirksam ist eine Schriftformklausel, wenn sie dazu dient, nach Vertragsschluss getroffene Individualvereinbarungen zu unterlaufen, indem sie beim anderen Vertragsteil den Eindruck erweckt, eine mündliche Abrede sei entgegen § 305b BGB unwirksam. Solche Klauseln sind geeignet, den Arbeitnehmer von der Durchsetzung der ihm zustehenden Rechte abzuhalten.[258]

Das gilt auch für doppelte Schriftformklauseln.[259] Sieht man es im Hinblick auf § 307 BGB bereits als unzulässig an, Klauseln in Formulararbeitsverträgen aufzunehmen, durch die ein genereller Formzwang für individuelle Vertragsänderungen begründet werden soll,[260] so kann erst recht eine Verwendung von Klauseln nicht zulässig sein, durch die einem solchen Formzwang ein erhöhter Bestandsschutz verliehen werden soll.

3.3.3.2 Der Nachweis nach dem NachwG

Um trotz des Fehlens von allgemeinen gesetzlichen Formvorgaben, dem Arbeitnehmer einen Be- bzw. Nachweis seiner Arbeitsbedingungen zu gewähren, schuldet der Arbeitgeber ihm den Nachweis dieser. Das NachwG basiert auf der Richtlinie 91/533/EWG[261] und damit auf Unionsrecht. Nach § 2 NachwG hat der Arbeitnehmer, wenn er unter § 1 NachwG fällt, einen einmaligen Anspruch auf Nachweis. Folgende Punkte sind grundsätzlich nachzuweisen:

- Der Name und die Anschrift der Vertragsparteien,
- der Zeitpunkt des Beginns des Arbeitsverhältnisses,
- bei befristeten Arbeitsverhältnissen: die vorhersehbare Dauer des Arbeitsverhältnisses,
- der Arbeitsort,
- eine Beschreibung der Tätigkeit,
- die Zusammensetzung und die Höhe des Arbeitsentgelts,
- die vereinbarte Arbeitszeit,
- die Dauer des jährlichen Erholungsurlaubs,
- Fristen für die Kündigung des Arbeitsverhältnisses und
- ein Hinweis auf die anzuwendenden Tarifverträge, Betriebs- oder Dienstvereinbarungen.

Insbesondere die Nachweispflicht auf den einschlägigen Tarifvertrag sorgt oftmals für Streit; insbesondere, wenn dieser Ausschlussfristen enthält, die

258 BAG, NZA 2008, 1233.

259 BAG, NZA 2008, 1233.

260 Hierzu: *Lingemann/Gotham*, NJW 2009, 268 (269 f.).

261 Diese Richtlinie wird durch die Richtlinie über transparente und vorhersehbare Arbeitsbedingungen 2019/1152/EU vom 20. Juni 2019 zum 1. August 2022 abgelöst.

der Arbeitnehmer nicht kennt. Der Arbeitgeber ist nach § 2 Abs. 1 Nr. 10 NachwG nur verpflichtet, den Arbeitnehmer auf den Tarifvertrag hinzuweisen, in dem die Ausschlussfrist enthalten ist.[262] Eines gesonderten Hinweises auf die Ausschlussfrist bedarf es nicht.

Allerdings kommt ein Anspruch auf Schadensersatz nach §§ 280, 286 BGB in Betracht, wenn der Nachweis auf den Tarifvertrag komplett unterblieben ist. In diesen Fällen liegt der Schaden i. S. v. § 249 BGB in der verlorenen Leistung und es wird vermutet, dass der Arbeitnehmer, hätte er um den Tarifvertrag gewusst, auch seine Ansprüche rechtzeitig geltend gemacht hätte.[263]

Verändern sich die nachzuweisenden Punkte, so trifft den Arbeitgeber nach der Rechtsprechung des Bundesarbeitsgerichts keine allgemeine Pflicht, auf die Änderung hinzuweisen. Abgeleitet wird dies aus § 3 Abs. 1 S. 2 NachwG.

Im Einzelfall können aber Ausnahmen gelten. Je größer das für den Arbeitgeber erkennbare Informationsbedürfnis des Arbeitnehmers und je leichter dem Arbeitgeber die entsprechende Information möglich ist, desto eher ergeben sich dann Auskunfts- und Informationspflichten für den Arbeitgeber nach §§ 241 Abs. 2, 242 BGB.

Sehr umstritten ist, ob § 2 NachwG ein Schutzgesetz i. S. v. § 823 Abs. 2 BGB darstellt. Die herrschende Meinung lehnt dies ab.[264] Weder in § 2 NachwG noch in anderen Vorschriften des NachwG seien Sanktionen bei einem Verstoß gegen das NachwG vorgesehen. Die Nichtbeachtung des § 2 NachwG berühre nicht die Wirksamkeit des Arbeitsvertrags. Das Gesetz enthalte auch keine Regelungen über die Verteilung der Beweislast bei nicht erbrachtem Nachweis nach § 2 NachwG.

Überzeugender ist die Gegenansicht.[265] Der Nachweis dient dem Schutz der Interessen des Arbeitnehmers und soll ihn auch in die Lage versetzen, entsprechend diesen Informationen seine Entscheidungen zu treffen. Auf bestehende Sanktionen kommt es für die Annahme eines Schutzgesetzes nicht an. Diese haben allenfalls die Bedeutung eines Indizes für einen gesetzgeberischen Willen im Rahmen der systematischen Interpretation.

262 BAG, NZA 2002, 1096.

263 BAG, NZA 2002, 1096 (1098 f.).

264 BAG, NZA 2002, 1096 (1099).

265 *Birk*, NZA 1996, 281 (289).

3.3.4 Die Grenzen der Abschlussfreiheit

Aus § 311 Abs. 1 BGB und § 105 GewO folgt grundsätzlich, dass Arbeitnehmer und Arbeitgeber frei darin sind, dem Arbeitsvertrag zuzustimmen und den Vertragsschluss abzulehnen.[266]

Die Abschlussfreiheit der Parteien wird sowohl durch Abschlussgebote als auch durch Abschlussverbote eingeschränkt. In der Praxis richten sich diese Pflichten regelmäßig gegen den Arbeitgeber.

3.3.4.1 Abschlussgebote

Die Frage des sog. Kontrahierungszwangs ist dabei von größerer Relevanz. Immer wieder kommt jedoch die Frage auf, ob aus einzelnen Rechtsverstößen nicht ausnahmsweise ein Anspruch auf Abschluss des Arbeitsvertrags resultieren kann.[267]

Gemeinhin wird ein solcher Anspruch bejaht, wenn verbotenerweise nach der Gewerkschaftszugehörigkeit gefragt wurde. Abgeleitet wird dieser Anspruch dann aus § 823 Abs. 2 i. V. m. Art. 9 Abs. 3 GG.[268] Dann liegt es am Arbeitnehmer, darzulegen und zu beweisen, dass er auch eingestellt worden wäre.

Eine diskriminierende Fragestellung genügt hingegen nicht, wie § 15 Abs. 6 AGG belegt. Im Betriebsverfassungsrecht stellt § 78a Abs. 2 BetrVG hingegen einen solchen Anspruch für befristete Arbeitnehmer bereit.

Sehr problematisch kann das Vertrauen auf eine Jobzusage sein. Je nach Inhalt der gewechselten Erklärungen, kann schon ein Anspruch auf Abschluss eines Arbeitsvertrags aus dem Vorvertrag bestehen. In der Regel dürfte es aber an einem Rechtsbindungswillen fehlen. Vertragsverhandlungen, die zu einem endgültigen Abschluss führen sollen, sehen grundsätzlich erst dann eine rechtsgeschäftliche Bindung vor, wenn der in Aussicht genommene Vertrag nach Einigung über alle Einzelheiten abschlussreif ist. Im Übrigen handelt es sich grundsätzlich um einen Fall der Verletzung des negativen Interesses. Aus §§ 311 Abs. 2, 280, 241 BGB kann daher nicht auf Eingehung eines Arbeitsverhältnisses geklagt werden.

3.3.4.2 Abschlussverbote

Ein Abschlussverbot führt nach § 134 BGB zur Unwirksamkeit des Arbeitsvertrags. Das bekannteste enthält § 5 Abs. 1 JArbSchG. Danach dürfen Kinder unter 15 Jahren nicht arbeiten. Nicht zur Unwirksamkeit führen sog. Beschäf-

266 Vgl. *Boemke*, NJW 1993, 2083.

267 *Horcher*, RdA 2014, 93; zu den Grundrechten: *Boemke*, NJW 1993, 2083.

268 *Wisskirchen*, in: Tschöpe, 1. Teil VI. 2 c); *Deinert/Heuschmid/Zwanziger*, § 20 Rz. 45.

tigungsverbote. Sie stehen nur dem tatsächlichen Einsatz des Arbeitnehmers entgegen. Praktische Bedeutung haben Beschäftigungsverbote vor allem während des Mutterschutzes.

4 Der Schutz vor Diskriminierungen

Mit der Einführung des Allgemeinen Gleichbehandlungsgesetzes (AGG) im Jahr 2006 wurde erstmals eine breit angelegte rechtliche Grundlage für die Bekämpfung von Diskriminierungen geschaffen. Zuvor war der Diskriminierungsschutz allenfalls punktuell geregelt.

Nach § 1 AGG zielt das Gesetz darauf, Benachteiligungen wegen

- der Rasse oder ethnischen Herkunft,
- des Geschlechts,
- der Religion oder Weltanschauung,
- einer Behinderung,
- des Alters und
- der sexuellen Identität

zu verhindern oder zu beseitigen.

Das AGG ist in zwei Abschnitte geteilt. Hier soll der Diskriminierungsschutz im allgemeinen Zivilrechtsverkehr nicht weiter interessieren.[269] Vielmehr stehen die arbeitsrechtlichen Regelungen in den §§ 1-18 AGG im Vordergrund. Grundsätzlich stellt der Schutz vor Benachteiligungen eine Pflicht des Arbeitgebers dar. Da das AGG bereits für erfolglose Bewerber gilt, soll das AGG daher hier vorgezogen und wegen seiner Bedeutung in einem gesonderten Teil erörtert werden.

Abbildung 8: Der Aufbau des AGG

1. Sachlicher Anwendungsbereich nach § 2 AGG
2. Personeller Geltungsbereich nach § 6 AGG
3. Benachteiligungsverbot nach § 7 AGG
4. Rechtfertigungsgründe nach §§ 5, 8-10 AGG
5. Rechtsfolgen
   a) Beschwerderecht
   b) Leistungsverweigerungsrecht
   c) Schadensersatz und Entschädigung

4.1 Der Anwendungsbereich des AGG

Vorrangig ist stets zu prüfen, ob der Anwendungsbereich des AGG überhaupt eröffnet ist.

269 Hierzu: *Maier-Reimer*, NJW 2006, 2577; *Wenckebach/Welti*, VuR 2015, 209.

4.1.1 Der sachliche Anwendungsbereich

Ob der Anwendungsbereich des AGG sachlich eröffnet ist, bestimmt sich nach § 2 AGG. Für das Arbeitsrecht sind insbesondere § 2 Abs. 1 Nr. 1 und Nr. 2 AGG entscheidend: Einstellungs- und Aufstiegsbedingungen sowie Beschäftigungs- und Arbeitsbedingungen müssen vorliegen. Die Nummern überschneiden sich teilweise.

In § 2 Abs. 2 bis Abs. 4 AGG werden einzelne Regelungsbereiche des Arbeitsrechts herausgenommen bzw. einem spezialgesetzlichen Schutz unterstellt. Besonders kontrovers ist die Ausnahme für Kündigungen nach § 2 Abs. 4 AGG. Mittlerweile hat sich durchgesetzt, die diskriminierende Kündigung, die in den Anwendungsbereich des KSchG fällt, nach dem KSchG zu prüfen und im Übrigen im Wege einer teleologischen Reduktion auf das AGG zurückzugreifen.[270] Insbesondere in den ersten sechs Monaten und in Kleinstbetrieben besteht daher ein Kündigungsschutz nach § 7 AGG. Eine diskriminierende Kündigung ist dann nach dieser Norm unwirksam. Im KSchG soll der Diskriminierungsschutz über die Verhältnismäßigkeitsprüfung der Kündigung und gegebenenfalls durch die Sozialauswahl, flankiert von §§ 138, 242 BGB gewährleistet werden.[271]

4.1.2 Der persönliche Anwendungsbereich

Die besonderen Regelungen der §§ 6 ff. AGG gelten für Beschäftigte. § 6 Abs. 1 S. 1 AGG fasst unter den Begriff Arbeitnehmerinnen und Arbeitnehmer, die zu ihrer Berufsbildung Beschäftigten sowie arbeitnehmerähnliche Personen, die wegen ihrer wirtschaftlichen Unselbstständigkeit als arbeitnehmerähnliche Personen anzusehen sind; zu diesen gehören auch die in Heimarbeit Beschäftigten und die ihnen Gleichgestellten.

Nach S. 2 gelten auch Bewerberinnen und Bewerber für ein Beschäftigungsverhältnis sowie Personen, deren Beschäftigungsverhältnis beendet ist, als Beschäftigte. Wann ein Bewerber genau vorliegt, ist nicht immer einfach zu bestimmen. Ohne Probleme ist eine Person ein Bewerber, wenn diese bzw. dieser fachlich für die Stelle geeignet (objektives Element) ist und die Stelle auch antreten will (subjektives Element). Ob das subjektive Element zwingend ist, war lange unklar. Das Bundesarbeitsgericht hat seine Rechtsprechung 2016 aufgegeben und prüft Scheinbewerbungen einheitlich nur noch unter § 242 BGB.[272]

---

270 Einen guten Überblick zum alten Streitstand gibt: BAG, NZA 2009, 361 (363).

271 BAG, NZA 2014, 372 (274).

272 BAG, BeckRS 2016, 110546; dazu auch unten 4.4.3.5.

4.2 Das Benachteiligungsverbot

Nach § 7 Abs. 1 AGG sind Benachteiligungen wegen der in § 1 AGG genannten Merkmale untersagt. Dies gilt sogar auch dann, wenn die benachteiligende Person das Vorliegen eines in § 1 genannten Grundes bei der Benachteiligung nur annimmt.

4.2.1 Die Merkmale des § 1 AGG

§ 1 AGG zählt die Merkmale auf, derentwegen eine Benachteiligung unzulässig ist. Das Unionsrecht und das Völkerrecht kennen weitaus mehr schützenswerte Merkmale, so z. B. auch das Vermögen. Aktuell fehlt es jedoch an zwingenden Vorgaben.

Das Merkmal der *Rasse* nutzt einen sehr problematischen Begriff. Die EU und die BRD betonen, dass der Begriff keine Rassentheorie bestätigen soll, sondern auf die Abwehr von Rassismus gerichtet ist. Es wird nicht eine Rasse, sondern Rassismus als Faktum vorausgesetzt.[273] Der Begriff erfasst „imaginierte Rasse", Hautfarbe, Abstammung, nationaler Ursprung oder „Volkstum". Dabei fällt schnell auf, dass eine Abgrenzung schwierig wird, ohne sich der abzulehnenden Begrifflichkeit zu bedienen, so dass die Einordnung unter den Begriff der Rasse oftmals dahingestellt werden sollte oder zumindest kann, wenn der weitere Begriff der Ethnie bzw. ethnischen Herkunft erfüllt ist.[274]

Die *ethnische Herkunft* bezeichnet die Zugehörigkeit zu einer geschichtlich und kulturell verbundenen, räumlich begrenzten Gruppe, die ein Gefühl gemeinsamer Solidarität eint. Der Begriff „ethnische Herkunft" beruht auf dem Gedanken, dass gesellschaftliche Gruppen insbesondere durch eine Gemeinsamkeit der Staatsangehörigkeit, Religion, Sprache, kulturellen und traditionellen Herkunft und Lebensumgebung gekennzeichnet sind. Bei der Staatsangehörigkeit ist darauf zu achten, dass dieses Merkmal allein keine Diskriminierung wegen der ethnischen Herkunft trägt. Denn das liefe auf einen Diskriminierungsschutz wegen der Staatsangehörigkeit hinaus, der so nicht im AGG und den Antidiskriminierungsrichtlinien verankert ist.[275]

Die ethnische Herkunft kann allerdings nicht auf der Grundlage eines einzigen Kriteriums festgestellt werden, sondern muss vielmehr auf einem Bündel von Indizien beruhen, von denen einige objektiv und andere subjektiv sind. Der Begriff der ethnischen Herkunft hat dabei – wie auch der Begriff der Rasse – auch für Personen zu gelten, die zwar nicht selbst der

273 Hierzu: *Schlachter*, in: ErfK, § 1 AGG Rn. 4.

274 BT-Drs. 16/1780 S. 31; *Schlachter*, in: ErfK, § 1 AGG Rn. 4.

275 BAG, NZA-RR 2018, 287 (290).

betreffenden Ethnie angehören, aber gleichwohl aus einem dieser Gründe – Rasse oder ethnischer Herkunft – weniger günstig behandelt oder in besonderer Weise benachteiligt werden.[276]

In der Bewerbungspraxis haben oftmals Bewerber aus Ostdeutschland Probleme; am häufigsten sind Personen aus Sachsen betroffen. Die DDR war aber nur ein Territorium und ist nicht mehr existent. Die Aufteilung durch die Siegermächte erfolgte politisch und nicht aus kulturellen Gründen. Auch war der Zeitraum der DDR zu klein, um eine Abgrenzung nahezulegen. Die unterschiedlichen Dialekte sind nicht erheblich. Daher handelt es sich objektiv nicht um eine eigene Volksgruppe.[277] Etwas anderes kommt dann in Betracht, wenn die Unterscheidung bzw. die Zuordnung zu einer Schein-Ethnie gerade auf den Vorstellungen des Entscheiders beruht.[278]

Das Merkmal *Geschlecht* bezeichnet traditionell die Zugehörigkeit zum weiblichen oder männlichen Geschlecht.[279] Seit der Rechtsprechung des Bundesverfassungsgerichts zur Anerkennung des sog. dritten Geschlechts muss dieses Konzept erweitert werden.[280]

Die *sexuelle Identität* bezeichnet diejenige sexuelle Ausrichtung, die als identitätsprägend wahrgenommen wird, nicht aber die biologische Beschaffenheit, die dem Merkmal „Geschlecht" zuzuordnen ist.[281] Damit werden hetero-, homo- und bisexuelle Ausrichtungen erfasst. Diskriminierungen wegen Transsexualität sollen hingegen nach der nunmehr h. M. der sexuellen Identität und dem Merkmal *Geschlecht* zugeordnet werden.[282]

Religion meint in erster Linie die Zugehörigkeit einer Person zu einer Religionsgemeinschaft.[283] Geschützt sind aber auch religiöse Überzeugungen. Der Begriff der *Weltanschauung*[284] soll den Begriff der Religion auf die säkulare Ebene holen und meint dabei mehr als nur eine politische Meinung.[285]. Es geht um die Mitgliedschaft in Gesellschaften, die eine bestimmte Weltanschauung vertreten und um das Habendürfen einer bestimmten Weltanschauung.

Der Begriff der *Behinderung* orientiert sich an §§ 2 Abs. 1 S. 1 SGB IX und § 3 BGG. Danach sind Menschen behindert, wenn ihre körperliche Funktion, geistige Fähigkeit oder seelische Gesundheit mit hoher Wahrschein-

276 BAG, NZA-RR 2018, 287 (290).
277 ArbG Stuttgart, NZA-RR 2010, 344.
278 *Schlachter*, in: ErfK, § 1 Rn. 3.
279 BAG, NZA 2010, 872.
280 BVerfG, NJW 2017, 2643; hierzu: *Körlings*, NZA 2018, 282.
281 *Schlachter*, in: ErfK, § 1 Rn. 14.
282 Grundlegend: BAG, NZA 2016, 888; *Schlachter*, in: ErfK, § 1 Rn. 14.
283 Vgl. zum Schutzbereich: *Schlachter*, in: ErfK, § 1 Rn. 7.
284 Kritisch: *Däubler*, NJW 2006, 2608.
285 BAG, NZA 2014, 21.

lichkeit länger als sechs Monate von dem für das Lebensalter typischen Zustand abweicht und daher ihre Teilhabe am Leben in der Gesellschaft beeinträchtigt ist. Der Gesetzgeber hat sich damit für einen modernen Behindertenbegriff entschieden, der an die internationale Klassifikation der Funktionsfähigkeit, Behinderung und Gesundheit (ICF) der Weltgesundheitsorganisation (WHO) anknüpft.[286] Maßgeblich ist also die Teilhabe an der Gesellschaft. Eine Behinderung liegt vor, wenn sich die Beeinträchtigung auf die Partizipation in einem oder mehreren Lebensbereichen auswirkt.[287] Früher schlossen sich Krankheit und Behinderung als Kategorien aus.[288] Nunmehr ist anerkannt, dass eine Krankheit eine Behinderung darstellen oder zumindest begründen kann.[289]

Das letzte Merkmal ist das *Alter*. Gemeint ist jedes Lebensalter.[290] Geschützt werden ältere Menschen, aber auch jüngere Menschen. Der Diskriminierungsschutz wegen Alters kommt unmittelbar aus dem Unionsrecht und hatte früher keine Entsprechung im deutschen Recht – das erklärt gewisse Umsetzungsprobleme in der Praxis.

4.2.2 Die Benachteiligungsformen

Eine Benachteiligung bezeichnet jede ungünstige Behandlung. § 3 AGG zählt vier Typen auf: die unmittelbare und die mittelbare Benachteiligung, die Belästigung und die sexuelle Belästigung.

Die ersten beiden Begriffe gehen von einer unterschiedlichen Behandlung gegenüber anderen ggf. fiktiven Personen aus. Von daher erklärt sich, dass die §§ 8 ff. AGG Regeln aufstellen, die eine Ungleichbehandlung rechtfertigen können. Belästigungen im Sinne von § 3 Abs. 3 und Abs. 4 sind nach dem AGG nicht zu rechtfertigen.

Ob eine Benachteiligung vorliegt, bemisst sich grundsätzlich aus der Sicht eines objektiven Dritten.[291] Insbesondere die Frage, ob die Behandlung ungünstig ist, bemisst sich nach objektiven Gesichtspunkten. Das Vorenthalten von Chancen genügt. Eine Benachteiligungsabsicht ist nicht erforderlich.[292]

---

286 Vgl. auch BAG, NZA 2014, 371 (379).

287 BT-Drs. 14/5074 S. 98.

288 BAG, NZA 2014, 372 (379).

289 EuGH, NZA 2018, 159; in diese Richtung: BAG, NZA 2015, 931 (937).

290 BAG, 2010, 1412 (1415).

291 BAG, NZA 2010, 561 (563).

292 BAG, NZA 2021, 189 (198).

4.2.2.1 Der Anspruch auf ein diskriminierungsfreies Verfahren

Bewerber/innen haben Anspruch auf ein diskriminierungsfreies Bewerbungs-/Stellenbesetzungsverfahren.[293] Nach ständiger Rechtsprechung des Bundesarbeitsgerichts liegt eine Benachteiligung im Rahmen einer Auswahlentscheidung, insbesondere bei einer Einstellung oder Beförderung, bereits dann vor, wenn der Beschäftigte nicht in die Auswahl einbezogen, sondern vorab aussortiert wird. Die Benachteiligung liegt hier in der Versagung der Chance.[294]

Was die Zulässigkeit einer Frage bei einem Einstellungsgespräch angeht, wird teilweise vertreten, dass die Frage als solche keine Benachteiligung darstellen kann, weil sie allen gestellt wird und der Nachteil erst mit der Versagung der Stelle eintritt. Die herrschende Meinung berücksichtigt gleichwohl die Wertungen des AGG bei der Bewertung der Frage, weil die Frage eine andere Wirkung für Merkmalsträger nach § 1 AGG hat als für Nichtmerkmalsträger.[295]

Bei einer Bewerbung liegt aber nur dann eine vergleichbare Situation vor, wenn die Person überhaupt für die Stelle geeignet ist.[296] Eine geeignete Vergleichsperson im bestehenden Arbeitsverhältnis muss identische oder im Wesentlichen gleichartige Tätigkeiten wie der Anspruchsteller ausüben; dies ist anhand eines Gesamtvergleichs aller vertraglich geschuldeter Tätigkeiten festzustellen.[297]

4.2.2.2 Die unmittelbare Diskriminierung

Die unmittelbare Diskriminierung stellt die schärfste Form der allgemeinen Benachteiligung dar. Sie liegt vor, wenn an einem Merkmal i. S. v. § 1 AGG angeknüpft wird und eine Person eine weniger günstige Behandlung als eine andere Person erfährt. Die Formulierung „erfahren würde“ legt nahe, dass auch eine fiktive Vergleichsperson anstelle der benachteiligten Person genügt. Die Benachteiligung kann daher auch in einem Zwei-Personen-Verhältnis angenommen werden. Bei der historischen Vergleichsperson können sich die Umstände und insbesondere die Arbeitsmarktbedingungen geändert haben.

Das Tatbestandsmerkmal „wegen“ verlangt vom vermeintlich Benachteiligten den Nachweis, dass andere Gründe für die Benachteiligung ausgeschlossen sind. Dass weitere Motive bestehen, ist hingegen unschädlich. Erforderlich ist grundsätzlich, dass das Merkmal überhaupt Motiv ist. Das

293 BAG, NZA 2009, 1087 (1090).

294 BAG, AP AGG § 15 Nr. 9.

295 *Thüsing*, in: MüKoBGB, § 11 AGG Rn. 19.

296 BAG, NZA 2010, 1129 (1131).

297 BAG, NZA 2006, 1217 (1219)

Merkmal muss nicht Hauptmotiv oder „Triebfeder" des Verhaltens – handlungsleitend oder bewusstseinsdominant – gewesen sein. Bloße Mitursächlichkeit genügt.[298]

Da dieser Beweis gleichwohl schwer zu führen ist, erleichtert § 22 AGG die Beweisführung. Die Norm sieht im Hinblick auf den Kausalzusammenhang eine Erleichterung der Darlegungslast, eine Absenkung des Beweismaßes und eine Umkehr der Beweislast vor.[299] Hinter der Erleichterung steht der Gedanke, dass einzig der Arbeitgeber weiß, aus welchen Motiven er handelt.[300] Daher muss der Arbeitnehmer nur Indizien aufzeigen, die seine Benachteiligung wegen des verpönten Merkmals vermuten lassen. Das ist schon dann anzunehmen, wenn dies aus objektiver Sicht überwiegend wahrscheinlich ist.[301] Dabei sind alle Umstände des Rechtsstreits in einer Gesamtwürdigung des Sachverhalts zu berücksichtigen.[302]

Greift § 22 AGG ein, muss der Arbeitgeber den Vollbeweis dafür antreten, dass er nicht wegen eines verpönten Merkmals benachteiligt hat. Der Arbeitgeber muss demnach Tatsachen vortragen und ggf. beweisen, aus denen sich ergibt, dass ausschließlich andere als die in § 1 AGG genannten Gründe zu einer ungünstigeren Behandlung geführt haben. Trägt er vor, dass daneben weitere Motive bestanden, trägt er lediglich ein Motivbündel vor, was ihm wie geschildert nicht hilft.

Was die überwiegende Wahrscheinlichkeit angeht, wird oftmals auf Statistiken zurückgegriffen. Das ist auch ohne weiteres möglich. Entscheidend bleibt jedoch der Aussagewert der Statistik für die Diskriminierung. Die bloße Unterrepräsentation einer Gruppe ist nach der Rechtsprechung des Bundesarbeitsgerichts nicht zwingend ein Indiz für eine diskriminierende Personalpolitik.[303] Dies gilt insbesondere für Beschäftigungsquoten von Arbeitnehmern unterschiedlicher ethnischer Herkunft. Die Unter- oder Überrepräsentation von Arbeitnehmern einer Ethnie kann statt auf einem diskriminierenden Verhalten des Arbeitgebers etwa auch auf einer individuellen Präferenz der Gruppenmitglieder für eine bestimmte Branche beruhen.

4.2.2.3 Die mittelbare Diskriminierung

Eine mittelbare Benachteiligung liegt nach § 3 Abs. 2 AGG vor, wenn dem Anschein nach neutrale Vorschriften, Kriterien oder Verfahren Personen wegen eines in § 1 AGG genannten Grundes gegenüber anderen Personen in

---

298 BAG, NJW 2019, 3801 (3802).

299 BAG, NJW 2019, 3801 (3802).

300 *Schlachter*, in: ErfK, § 22 AGG Rn. 1.

301 BAG, NJW 2019, 3801 (3802).

302 BAG, NZA 2019, 455 (462).

303 BAG, NZA 2012, 1345 (1348 f.).

besonderer Weise benachteiligen können, es sei denn, die betreffenden Vorschriften, Kriterien oder Verfahren sind durch ein rechtmäßiges Ziel sachlich gerechtfertigt und die Mittel sind zur Erreichung des Ziels angemessen und erforderlich. Es wird an einem dem Anschein nach neutralen, d. h. nicht von § 1 genannten, Merkmal angeknüpft, das hat aber für eine bestimmte Gruppe von Merkmalsträgern i. S. v. § 1 AGG erhebliche nachteilige Auswirkungen.

Der Nachweis einer konkreten Benachteiligung ist nicht erforderlich. Es genügt eine Eignung zur Benachteiligung. „In besonderer Weise" setzt keine Statistik voraus, lässt sie jedoch als Mittel zur Feststellung zu. Weiter muss die Statistik eine Aussagekraft für das diskriminierende Verhalten haben; dies gilt in Quantität: Vielzahl der Betroffenen, dies gilt in Qualität: Schwere des Eingriffs. Erforderlich ist ein Gruppenvergleich. Verglichen wird die Gruppe, die durch die Anwendung des Kriteriums benachteiligt wird, mit der Gesamtgruppe derjenigen, auf die das Kriterium angewendet werden kann.[304] Mit der unmittelbaren Diskriminierung gemeinsam verlangt die mittelbare Diskriminierung, dass die Gruppen oder Personen in einer vergleichbaren Situation sein müssen.[305]

Anders als bei der unmittelbaren Diskriminierung kann eine mittelbare Benachteiligung schon tatbestandsmäßig ausscheiden, wenn sie durch ein rechtmäßiges Ziel sachlich gerechtfertigt ist und die Mittel angemessen sind. Die mittelbare Diskriminierung steht daher unter der Einschränkung der Verhältnismäßigkeit.

Sachliche Gründe genügen als Rechtfertigung. Der angeführte Grund muss einem wirklichen Bedürfnis des Unternehmens entsprechen.[306] Wird ein wirtschaftlicher Grund als objektives Ziel angeführt, kommt nur ein objektiv gerechtfertigter wirtschaftlicher Grund in Frage.[307]

Die Gründe zur Erreichung des Zieles sind nur dann angemessen und erforderlich, wenn sie es erlauben, das mit der unterschiedlichen Behandlung verfolgte Ziel zu erreichen. Ferner müssen sie im Hinblick auf die Erreichung dieses Ziels erforderlich sein, was nur angenommen werden kann, wenn dieses Ziel durch andere geeignete und weniger einschneidende Mittel nicht erreicht werden kann. Schließlich müssen die Mittel im Hinblick auf das angestrebte Ziel angemessen sein, was bedeutet, dass die Mittel nicht zu einer übermäßigen Beeinträchtigung der legitimen Interessen der Personen führen, die wegen eines in § 1 AGG genannten Grundes benachteiligt werden.[308]

304 BAG, NZA 2003, 861 (863).
305 BAG, NZA 2016, 1394 (1397).
306 BAG, NZA 2017, 715 (719).
307 BAG, NZA 2017, 715 (719).
308 BAG, NZA 2007, 715 (719) m. w. N.

4.2.2.4 Belästigungen und sexuelle Belästigungen

Die Benachteiligungsformen Belästigung und sexuelle Belästigung haben oftmals über das AGG hinausgehende Konsequenzen. Die Konsequenz für einen sexuell aggressiven Kollegen wird die fristlose Kündigung sein.[309]

Eine Belästigung i. S. v. § 3 Abs. 3 AGG ist eine Benachteiligung, wenn unerwünschte Verhaltensweisen, die mit einem in § 1 AGG genannten Grund in Zusammenhang stehen, bezwecken oder bewirken, dass die Würde der betreffenden Person verletzt und ein von Einschüchterungen, Anfeindungen, Erniedrigungen, Entwürdigungen oder Beleidigungen gekennzeichnetes Umfeld geschaffen wird. Schwierig zu bewerten ist, ab welcher Schwelle ein Verhalten eine Belästigung wird. Geklärt ist, den Unwertgehalt in der Handlung selbst zu suchen. „Korrektive" stellen die Erheblichkeitsschwelle dar und das Erfordernis eines „hostile environment".[310]

In der gleichnamigen Entscheidung hat das Bundesarbeitsgericht die Bemerkung „schöner Busen" als sexuelle Belästigung eingeordnet. Es handelt sich gerade nicht mehr um ein sozialadäquates Verhalten, sondern um eine unangemessene Bemerkung sexuellen Inhalts.[311] Ob eine Handlung sexuell ist, hängt damit nicht allein vom erstrebten Ziel des Handelnden ab. Eine rein sexuelle Motivation des Täters ist nicht erforderlich. Eine sexuelle Belästigung am Arbeitsplatz ist häufig Ausdruck von Hierarchien und Machtausübung und weniger von rein sexuell bestimmter Lust.[312]

4.2.2.5 Weisungen

Die Anweisung zu einer Benachteiligung ist von § 3 Abs. 5 AGG erfasst. Es handelt sich nicht um einen Ungleichbehandlungstatbestand oder um eine Zurechnungsnorm. Es geht allein um die Anweisung als solche. Eine Anweisung liegt vor, wenn jemand zu einer konkreten Handlung oder Verhaltensweise vorsätzlich bestimmt wird.[313] Ein späterer Erfolg muss deshalb nicht eingetreten sein. Der Vorsatz muss sich nur auf die Weisung beziehen. Die Haftung eines angewiesenen Arbeitnehmers, der ihr entspricht, bemisst sich nach den allgemeinen Gesetzen: § 823 Abs. 1 BGB und § 823 Abs. 2 i. V. m. §§ 185 StGB ff.[314]

---

309 BAG, NZA 2017, 1121 (1122).

310 BAG, NZA 2010, 387 (390).

311 BAG, NZA 2015, 294 (295).

312 BAG, NZA 2017, 1121 (1122).

313 *Schlachter*, in: ErfK, § 3 AGG Rn. 23.

314 *Schlachter*, in: ErfK, § 3 AGG Rn. 23.

4.2.2.6 Die diskriminierende Ausschreibung

In den letzten Jahren sind vermehrt Stellenausschreibungen in den Fokus der Diskussion gerückt. Diese Fälle spielen im Vorfeld der eigentlichen Bewerbung. Gleichwohl dürfen nach § 11 AGG auch Stellenausschreibungen nicht diskriminieren.

Unter einer Ausschreibung i. S. v. § 11 AGG ist die an eine unbekannte Vielzahl von Personen gerichtete Aufforderung eines Arbeitgebers zu verstehen, sich auf die ausgeschriebene Stelle zu bewerben.[315]

Ob eine Ausschreibung einen diskriminierenden Inhalt halt, setzt zuallererst eine Inhaltsbestimmung der Ausschreibung voraus. Nach Ansicht des Bundesarbeitsgerichts sind Stellenanzeigen wie typische Willenserklärungen bzw. Allgemeine Geschäftsbedingungen nach ihrem objektiven Inhalt und typischen Sinn einheitlich so auszulegen, wie sie von verständigen und redlichen potenziellen Bewerbern unter Abwägung der Interessen der normalerweise beteiligten Verkehrskreise verstanden werden, wobei die Verständnismöglichkeiten des durchschnittlichen Bewerbers zugrunde zu legen sind.[316]

4.3 Die Rechtfertigung einer Benachteiligung

Die §§ 8 ff. AGG enthalten eine Reihe von Rechtfertigungsgründen für eine Benachteiligung. Bei einer mittelbaren Benachteiligung können die Gründe schon bei der Prüfung der Verhältnismäßigkeit auf Tatbestandsebene herangezogen werden. Für das Vorliegen der Rechtfertigungsgründe hat der Arbeitgeber die Darlegungs- und Beweislast.[317]

4.3.1 Berufliche Anforderungen (§ 8 AGG)

Nach § 8 AGG können berufliche Anforderungen eine Ungleichbehandlung rechtfertigen. Der Grund muss wegen der Art der auszuübenden Tätigkeit oder der Bedingungen ihrer Ausübung eine wesentliche und entscheidende Anforderung darstellen, sofern der Zweck rechtmäßig und die Anforderung angemessen ist.

Welche Anforderungen an den Beruf zu stellen sind, leitet sich zunächst von der freien unternehmerischen Entscheidung (Art. 12 GG) ab, was für ein Unternehmen betrieben werden soll.[318] Sein unternehmerisches Konzept wird dabei rechtlich nur auf missbräuchliche Gestaltungen kontrolliert.

---

315 BAG, NZA-RR 2017, 342.

316 BAG, NZA-RR 2018, 287 (289).

317 BAG, NZA 2016, 1394 (1403).

318 BAG, NZA 2009, 1016 (1019).

Von dieser Entscheidung leitet sich dann – wie im Kapitel zur Personalplanung dargestellt – ab, welche Arbeitnehmer der Unternehmer braucht. An die Arbeitnehmer kann der Arbeitgeber daher berufliche Anforderungen stellen, allerdings wird geprüft, ob die gestellten Anforderungen § 8 AGG entsprechen. Zweckmäßigkeit und vernünftige Gründe für eine bestimmte Anforderung genügen nicht.[319] Es ist erforderlich, dass die an die Beschäftigten gestellten Anforderungen erforderlich sind. Rechtliche Verbote rechtfertigen die Ungleichbehandlung. Entscheidend ist die Anforderung, wenn sie für die vertragsgemäße bzw. ordnungsgemäße Erfüllung Voraussetzung ist, weil sie ohne diese Voraussetzung unmöglich wäre.[320] Mit anderen Worten muss das Merkmal unverzichtbar für die Ausübung der Tätigkeit sein.[321]

Die benachteiligende Anforderung muss somit von zentraler Bedeutung für die auszuübende Tätigkeit sein.[322] Entscheidend ist eine objektive Sicht. Das Differenzierungsmerkmal darf nicht nur für unbedeutende, den Arbeitsplatz nicht charakterisierende Tätigkeiten erforderlich sein. Kundenwünsche allein können nach nunmehr ganz h. M. keine Rechtfertigung darstellen, weil diese eben auch diskriminierend sein können und das AGG einen deutlichen gesellschaftlichen Impuls setzen soll.

Die Linie des Bundesarbeitsgerichts lässt sich am besten anhand der Entscheidung aus dem Jahr 2009 zur Rechtfertigung gegenüber einem männlichen Bewerber auf eine Stelle in einem Mädcheninternat illustrieren.[323] In dem Fall war das weibliche Geschlecht eine unverzichtbare Voraussetzung. Ohne dieses Merkmal war es nicht möglich, die auf dem Arbeitsplatz anfallenden Tätigkeiten ordnungsgemäß wahrzunehmen. Es kam dem Gericht nicht darauf an, ob er rein tatsächlich die anfallenden Aufgaben erbringen könnte. Entscheidend war, dass die Tätigkeiten im Nachtdienst nämlich einen direkten Bezug auf die Schülerinnen aufwiesen. Die Rechte dieser Schülerinnen, die sich aus Art. 1 GG und Art. 2 I GG ergeben, nämlich auf Achtung der Würde des Menschen und auf freie Entfaltung der Persönlichkeit, wozu auch der Schutz der Intimsphäre gehöre, würden durch den Einsatz einer männlichen Person für die im Nachtdienst anfallenden Aufgaben gefährdet und gegebenenfalls beeinträchtigt. Im Übrigen sei zu beachten, dass das Land als Rechtsträger des Internats auch eine Aufsichts- und Fürsorgepflicht insbesondere gegenüber den minderjährigen Mädchen habe. Bei einer männlichen Aufsichtsperson, die im Nachtdienst eingesetzt wird, sei aufgrund möglicherweise entstehender sexueller Interessen wesentlich eher mit Komplikationen zu rechnen als dies bei einer weiblichen Aufsichtsperson der Fall sei. Dabei komme es auch nicht darauf an, ob tatsächlich bei

319 *Roloff*, in: BeckOK ArbR, § 8 AGG Rn. 4.

320 BAG, NZA 2016, 1394 (1404).

321 *Roloff*, BeckOK ArbR § 8 Rn. 2.

322 BAG, NZA 2009, 1016 (1019).

323 BAG, NZA 2009, 1016.

allen Schülerinnen konkrete Beeinträchtigungen eintreten oder ob die Sorgeberechtigten der Minderjährigen sich mit einem Einsatz eines männlichen Erziehers im Wohnbereich einverstanden erklären. Da es um die Besetzung eines Arbeitsplatzes geht, müsse der Arbeitgeber eine Prognoseentscheidung treffen, wobei eine pauschalierte Betrachtung zulässig sei.

4.3.2 Benachteiligung wegen der Religion und Weltanschauung (§ 9 AGG)

§ 9 AGG enthält die sog. Kirchenklausel. § 9 Abs. 1 AGG erlaubt eine Ungleichbehandlung im Hinblick auf das Selbstverwaltungsrecht der Religionsgemeinschaften. De facto handelt es sich um eine Erweiterung von § 8 AGG über das Selbstverständnis der Religionsgemeinschaften bzw. eine Privilegierung: § 9 AGG gibt die Merkmale „wesentlich und entscheidend" auf. Der EGMR ist deutlich strenger mit der Behandlung des kirchlichen Selbstverwaltungsrechts als das Bundesarbeitsgericht.

§ 9 AGG regelt zwei Rechtfertigungsmöglichkeiten, wobei die erste Alternative keine Anknüpfung an die Tätigkeit, weder an deren Art noch an die Umstände ihrer Ausübung, enthält, sondern ausschließlich an das kirchliche Selbstbestimmungsrecht anknüpft, während die zweite Alternative die Rechtfertigung von der Art der Tätigkeit abhängig macht.[324]

Daraus folgt aber für § 9 Alt. 1 AGG, dass die reine Anknüpfung an die Selbstbestimmung der Religion/Weltanschauung nicht mit dem Unionsrecht vereinbar ist und daher von den nationalen Gerichten nicht mehr angewendet werden darf.[325] Art. 4 Abs. 2 der Richtlinie 2000/78/EG sieht einen solchen Rechtfertigungsgrund ohne Bezug zur Tätigkeit nicht vor, sondern verlangt eine Abwägung der betroffenen Interessen. Im Lichte von Art. 21 und Art. 47 der Charta der Grundrechte der Europäischen Union muss dieser Rechtfertigungsgrund daher ausfallen. Eine unionsrechtskonforme Auslegung als milderes Mittel zur Auflösung des Problems scheidet nach Ansicht des Bundesarbeitsgerichts aus.[326]

Schon deshalb kommt aktuell § 9 Abs. 1 Alt. 2 AGG eine Schlüsselrolle im kirchlichen Antidiskriminierungsrecht zu. Danach ist eine unterschiedliche Behandlung wegen der Religion oder der Weltanschauung bei der Beschäftigung auch zulässig, wenn eine bestimmte Religion oder Weltanschauung unter Beachtung des Selbstverständnisses der jeweiligen Religionsgemeinschaft oder Vereinigung nach der Art der Tätigkeit oder den Umständen ihrer Ausübung eine wesentliche, rechtmäßige und gerechtfertigte berufliche Anforderung darstellt.[327]

---

324 Hierzu: BAG, NZA 2019, 455 (459).

325 EuGH, NZA 2018, 569; BAG, NZA 2019, 455 (459).

326 BAG, NZA 2019, 455 (460 f.).

327 So die Formel des BAG im Lichte des Unionsrechts: BAG, NZA 2019, 455 (463).

4.3.3 Rechtfertigung bei Alter (§ 10 AGG)

§ 10 AGG lässt eine Diskriminierung wegen des Alters zu, wenn sie objektiv und angemessen und durch ein legitimes Ziel gerechtfertigt ist. Die Mittel zur Erreichung des Ziels müssen ebenfalls angemessen und erforderlich sein.

4.3.3.1 Grundlagen

Legitime Ziele müssen als „sozialpolitische Ziele" im Allgemeininteresse stehen. Dadurch unterscheiden sie sich von Zielen, die im Eigeninteresse des Arbeitgebers liegen, wie Kostenreduzierung und Verbesserung der Wettbewerbsfähigkeit. Dabei ist es zwar nicht ausgeschlossen, dass eine nationale Vorschrift den Arbeitgebern bei der Verfolgung der sozialpolitischen Ziele einen gewissen Grad an Flexibilität einräumt. Ein unabhängig von Allgemeininteressen verfolgtes Ziel eines Arbeitgebers kann eine Ungleichbehandlung nach § 10 AGG jedoch nicht rechtfertigen.[328]

4.3.3.2 Die Regelbeispiele des § 10 S. 3 AGG

§ 10 S. 3 AGG zählt dann Beispielsfälle („insbesondere") auf. Die Nummern bilden keinen abschließenden Katalog.[329]

§ 10 S. 3 Nr. 1 AGG gewährt einen Rechtfertigungsgrund für die Altersdiskriminierung im Rahmen der Festlegung besonderer Bedingungen für den Zugang zur Beschäftigung und zur beruflichen Bildung sowie besonderer Beschäftigungs- und Arbeitsbedingungen, einschließlich der Bedingungen für Entlohnung und Beendigung des Beschäftigungsverhältnisses, um die berufliche Eingliederung von Jugendlichen, älteren Beschäftigten und Personen mit Fürsorgepflichten zu fördern oder ihren Schutz sicherzustellen. Gewährt ein Arbeitgeber älteren Arbeitnehmern jährlich mehr Urlaubstage als den jüngeren, kann dies nach § 10 S. 3 Nr. 1 AGG zulässig sein.[330] Dabei gewährt das Bundesarbeitsgericht dem Arbeitgeber einen auf die konkrete Situation im Unternehmen bezogenen Einschätzungsspielraum.[331]

§ 10 S. 3 Nr. 2 AGG ist eine lex specialis gegenüber Nr. 1. Nr. 2 bezieht sich auf Mindestanforderungen an das Alter, die Berufserfahrung oder das Dienstalter für den Zugang zur Beschäftigung oder für bestimmte mit der Beschäftigung verbundene Vorteile. Der Regelung liegt der Gedanke zugrunde, dass eine Anknüpfung an die Berufserfahrung grundsätzlich gerechtfertigt sein soll. Der EuGH geht davon aus, dass das Kriterium des

328 BAG, NZA 2015, 1380 (1383).

329 BAG, NZA 2013, 498 (502).

330 BAG, NZA 2015, 297.

331 BAG, NZA 2015, 297.

Dienstalters in der Regel zur Erreichung des legitimen Zieles geeignet ist, die Berufserfahrung zu honorieren, die den Arbeitnehmer befähigt, seine Arbeit besser zu verrichten. Daher habe der Arbeitgeber nicht besonders darzulegen, dass der Rückgriff auf dieses Kriterium zur Erreichung des genannten Zieles in Bezug auf einen bestimmten Arbeitsplatz geeignet ist, es sei denn, der Arbeitnehmer liefert Anhaltspunkte, die geeignet sind, ernstliche Zweifel in dieser Hinsicht aufkommen zu lassen.[332]

Gemäß § 10 S. 3 Nr. 3 AGG können Höchstaltersgrenzen zulässig sein. Nach der Gesetzesbegründung liegt der Regelung die Überlegung zu Grunde, dass bei älteren Beschäftigten, deren Rentenalter bereits absehbar ist, einer aufwendigen Einarbeitung am Arbeitsplatz auch eine betriebswirtschaftlich sinnvolle Mindestdauer einer produktiven Arbeitsleistung gegenüberstehen muss.[333] Diese Begründung ist im Hinblick auf das Erfordernis des Allgemeininteresses nicht unproblematisch. Die Anforderungen sind daher zu Recht hoch.[334]

§ 10 S. 3 Nr. 4 AGG rechtfertigt das System der betrieblichen Altersvorsorge und schützt das Allgemeininteresse an der Funktionsfähigkeit betrieblicher Sozialsysteme.[335]

Nach § 10 S. 3 Nr. 5 AGG kann eine zulässige unterschiedliche Behandlung wegen des Alters auch eine Vereinbarung einschließen, die die Beendigung des Beschäftigungsverhältnisses ohne Kündigung zu einem Zeitpunkt vorsieht, zu dem der oder die Beschäftigte eine Rente wegen Alters beantragen kann. Bei Altersgrenzen handelt es sich um Instrumente der nationalen Arbeitsmarktpolitik, mit denen über eine bessere Beschäftigungsverteilung zwischen den Generationen der Zugang zur Beschäftigung gefördert werden soll. Mit solchen Maßnahmen wird ein legitimes Ziel im Bereich der Sozial- oder Beschäftigungspolitik verfolgt.[336]

§ 10 S. 3 Nr. 6 AGG enthält einen Rechtfertigungsgrund für Differenzierungen in Sozialplänen i. S. v. § 112 BetrVG. Das betrifft insbesondere Altersstufen in Sozialplänen für die Bemessung von Abfindungen.[337] Damit ist der Gedanke verbunden, schlechtere Arbeitsmarktchancen Älterer oder sonstige besondere Belastungen ausgleichen zu können.

332 EuGH, NZA 2006, 1205.
333 BT-Drs. 16/1780 S. 36.
334 *Schlachter*, in: ErfK, § 10 AGG Rn. 9.
335 BAG, NZA 2010, 408.
336 BAG, NZA 2015, 1066 (1070) m. w. N.
337 EuGH, NZA 2012, 1435; BAG, NZA 2010, 774.

4.3.4 Positive Maßnahmen nach § 5 AGG

An einer unscheinbaren Stelle hat der Gesetzgeber einen ebenfalls wichtigen Rechtfertigungsgrund etabliert: die positive Maßnahme nach § 5 AGG. Eine unterschiedliche Behandlung ist danach zulässig, wenn durch geeignete und angemessene Maßnahmen bestehende Nachteile wegen eines in § 1 genannten Grundes verhindert oder ausgeglichen werden sollen. Erlaubt werden damit kompensatorische Maßnahmen.[338]

Die Norm ist gegenüber den §§ 8 ff. AGG subsidiär zu prüfen.[339] Die Anforderungen an eine positive Maßnahme sind hoch. Die bestehenden Nachteile müssen daher positiv nachgewiesen sein. Vermutungen genügen nicht.[340]

4.4 Die Rechtsfolgen einer Benachteiligung

Neben § 7 AGG enthalten die §§ 13-15 AGG weitergehende Rechtsfolgen, wenn eine Benachteiligung vorliegt.

4.4.1 Das Beschwerderecht nach § 13 AGG

Nach § 13 Abs. 1 AGG haben die Beschäftigten das Recht, sich bei den zuständigen Stellen des Betriebs, des Unternehmens oder der Dienststelle zu beschweren, wenn sie sich im Zusammenhang mit ihrem Beschäftigungsverhältnis vom Arbeitgeber, von Vorgesetzten, anderen Beschäftigten oder Dritten wegen eines in § 1 genannten Grundes benachteiligt fühlen. Die Beschwerde ist zu prüfen und das Ergebnis dem die Beschwerde führenden Beschäftigten mitzuteilen.

Die Befugnisse des Betriebsrats oder gar einer im Betrieb vertretenen Gewerkschaft bleiben von dem Beschwerderecht nach § 13 Abs. 2 AGG unberührt, insb. § 80 und § 74 BetrVG sind zu beachten.

Die Einrichtung der zuständigen Stelle fällt in die Hoheit des Arbeitgebers. Unterlässt er die Einrichtung, liegt eine Verletzung seiner Verpflichtung aus § 12 Abs. 1 AGG nahe. Nach § 12 Abs. 5 AGG muss der Arbeitgeber die zuständige Stelle im Betrieb bekannt machen.

338 BAG, BeckRS 2012, 69567.

339 *Schlachter*, in: ErfK, § 5 AGG Rn. 3.

340 So wohl auch *Horcher*, in: BeckOK ArbR, § 5 AGG Rn. 7.

4.4.2 Das Leistungsverweigerungsrecht nach § 14 AGG

Neben dem weiterhin anwendbarem § 273 BGB enthält § 14 AGG ein spezielles Leistungsverweigerungsrecht für Belästigungen und sexuelle Belästigungen. Voraussetzung ist aber, dass das Einstellen der Arbeit zum Schutz der Beschäftigten erforderlich ist und der Arbeitgeber keine oder offensichtlich unzureichende Maßnahmen ergriffen hat, um den Arbeitnehmer zu schützen.

Grundvoraussetzung des § 14 AGG ist die Kenntnis des Arbeitgebers.[341] Insofern baut der § 14 AGG auf § 13 AGG auf. Ob die Maßnahme unzureichend ist, ist objektiv zu bestimmen. Die Einschätzung des belästigten Arbeitnehmers genügt nicht. Offensichtlich ungeeignete Maßnahmen sind solche, deren Untauglichkeit von einem durchschnittlich fürsorglichen Arbeitgeber in Kenntnis der Umstände ohne Weiteres ersichtlich ist, sich also aufdrängt.[342] Die Erforderlichkeit ist durch eine Prüfung der Verhältnismäßigkeit zwischen Art und Schwere der Belästigung und der Ausübung des Verweigerungsrechts festzustellen.[343]

4.4.3 Der Anspruch auf Schadensersatz und Entschädigung

Von besonderer praktischer Relevanz sind die Ansprüche in § 15 Abs. 1 und § 15 Abs. 2 AGG.

4.4.3.1 Der Schadensersatzanspruch nach § 15 Abs. 1 AGG

§ 15 Abs. 1 AGG enthält gegenüber § 7 Abs. 3 AGG i. V. m. § 280 BGB eine spezielle Anspruchsgrundlage für Schadensersatz. Wie in § 280 Abs. 1 S. 2 BGB wird das Verschulden bei Vorliegen einer Benachteiligung vermutet.

Abbildung 9: Der Anspruch aus § 15 Abs. 1 AGG

1. Sachlicher Anwendungsbereich
2. Personeller Anwendungsbereich
3. Verstoß gegen das Benachteiligungsverbot
4. Keine Rechtfertigung
5. Verschulden
6. Schaden
7. Kein Ausschluss nach § 15 Abs. 4 AGG
8. Kein Ausschluss nach § 61b ArbGG

341 BT-Drs. 16/1780.

342 *Roloff*, in: BeckOK ArbR, § 14 AGG Rn. 1.

343 *Schlachter*, in: ErfK, § 14 AGG Rn. 1

Der Umfang des Schadensersatzanspruchs folgt aus den §§ 249 ff. BGB. Erhält der Bewerber die Stelle nicht, obgleich er der beste Bewerber ist, so kann er das Entgelt grundsätzlich einklagen.[344] Verdient er anderswo weniger, kann er die Differenz einklagen. § 15 Abs. 6 AGG stellt jedoch klar, dass der Ersatz des positiven Interesses nicht auf die Begründung eines Arbeitsverhältnisses gerichtet sein kann. Der Gesetzgeber schützt durch die Wertung des Abs. 6 die Vertragsfreiheit des Arbeitgebers.

Noch nicht vollends geklärt ist die Reichweite dieser Schadensersatzpflicht. Um den Arbeitgeber vor einer grenzenlosen Schadensersatzpflicht zu schützen, wird teilweise erwogen, die Schadensersatzpflicht auf den Ablauf einer fiktiven Kündigungsfrist zu begrenzen.[345] Der Arbeitgeber darf nicht schlechter stellen als wenn er den Arbeitnehmer eingestellt, nicht beschäftigt und dann entlassen hätte.

Das übersieht aber, dass das AGG trotz § 2 Abs. 4 AGG jedenfalls in dem Bereich Anwendung findet, in dem das KSchG keine Anwendung findet: insbesondere in den ersten sechs Monaten nach Begründung des Arbeitsverhältnisses. Interessengerecht kann dieses Problem nur über den Rechtsgedanken der Schadensminderungspflicht nach § 254 Abs. 2 BGB gelöst werden.[346] Der Arbeitnehmer muss sich um einen anderen Job oder den beruflichen Aufstieg bemühen. Er darf nicht untätig bleiben.

4.4.3.2 Der Entschädigungsanspruch nach § 15 Abs. 2 AGG

Neben dem Ersatz des positiven Interesses hat der Beschäftigte auch einen Anspruch auf Entschädigung. Der Begriff der Entschädigung wurde vom Gesetzgeber gewählt, um deutlich zu machen, dass es nicht um wirtschaftlichen Schadensersatz, sondern um den Ersatz einer immateriellen Einbuße geht.

Die Höhe der Entschädigung ergibt sich aus einer Gesamtbetrachtung aller Umstände des Einzelfalls.[347] Insbesondere die Schwere der Benachteiligung und ein etwaiges Verschulden können berücksichtigt werden. Das Bundesarbeitsgericht betont weiterhin, dass der Anspruch über seine Höhe einen tatsächlichen und wirksamen rechtlichen Schutz gewährleisten muss. Die Härte der Sanktionen muss daher der Schwere des Verstoßes entsprechen, indem sie insbesondere eine wirklich abschreckende Wirkung gegenüber dem Arbeitgeber gewährleistet, zugleich aber den allgemeinen Grundsatz

344 BAG, NZA 2010, 1412.

345 *Schlachter*, in: ErfK, § 15 AGG Rn. 4.

346 *Schlachter*, in: ErfK, § 15 AGG Rn. 4.

347 BAG, AP AGG § 15 Nr. 22.

der Verhältnismäßigkeit wahrt.[348] Eine rein symbolische Entschädigung scheidet daher aus.[349]

Der Entschädigungsanspruch kann nach § 15 Abs. 2 S. 2 AGG gedeckelt werden, wenn der Bewerber auch ohne Benachteiligung nicht eingestellt worden wäre. Wäre er eingestellt worden, besteht keine Grenze für die Entschädigung.

Abbildung 10: Der Anspruch aus § 15 Abs. 2 AGG

1. Sachlicher Anwendungsbereich
2. Personeller Anwendungsbereich
3. Verstoß gegen das Benachteiligungsverbot
4. Keine Rechtfertigung
5. Schaden
   a) Höhe
   b) Deckelung nach § 15 Abs. 2 S. 2 AGG
6. Kein Ausschluss nach § 15 Abs. 4 AGG

4.4.3.3 Die Ausschlussfristen

Die Ansprüche aus § 15 Abs. 1 und § 15 Abs. 2 AGG müssen nach § 15 Abs. 4 AGG innerhalb einer Frist von zwei Monaten geltend gemacht werden. Bei dieser Frist handelt es sich um eine materiell-rechtliche Ausschlussfrist.[350] Die Frist kann insbesondere durch Erhebung der Klage gewahrt werden. In diesem Fall wendet das Bundesarbeitsgericht § 167 ZPO analog an.[351]

Die Frist beginnt im Falle einer Bewerbung oder eines beruflichen Aufstiegs mit dem Zugang der Ablehnung und in den sonstigen Fällen einer Benachteiligung zu dem Zeitpunkt, in dem der oder die Beschäftigte von der Benachteiligung Kenntnis erlangt.

Eine Ablehnung durch den Arbeitgeber i. S. v. § 15 Abs. 4 S. 2 AGG setzt eine auf den Beschäftigten bezogene ausdrückliche oder konkludente Erklärung des Arbeitgebers voraus, aus der sich für den Beschäftigten aus der Sicht eines objektiven Erklärungsempfängers eindeutig ergibt, dass seine Bewerbung keine Aussicht (mehr) auf Erfolg hat.[352] Bloßes Schweigen lässt somit die Frist nicht beginnen. Erhält der Arbeitnehmer auf anderem Wege Kenntnis, beginnt die Frist ebenfalls noch nicht, weil es immer noch an einer Ablehnung *durch* den Arbeitgeber fehlt.[353]

348 BAG, AP § 15 AGG Nr. 25.
349 BAG, AP § 15 AGG Nr. 25.
350 BAG, NZA 2014, 924 (925).
351 BAG, NZA 2018, 33 (37).
352 BAG, AP AGG § 15 Nr. 24.
353 BAG, AP AGG § 15 Nr. 24.

Seinem Wortlaut nach verlangt § 15 Abs. 4 AGG Schriftform. Das Bundesarbeitsgericht lässt jedoch bereits die Textform nach § 126b BGB ausreichen.[354] Nach Ansicht des Gerichts findet § 126 BGB nur auf Rechtsgeschäfte Anwendung, nicht aber auf rechtsgeschäftsähnliche Handlungen. Eine analoge Anwendung der Norm scheidet nach Ansicht des Gerichts ebenfalls aus, weil kein Grund dafür besteht, das Erfordernis einer Originalunterschrift auf ein Geltendmachungsschreiben zu übertragen. Rechtsfrieden und Rechtssicherheit können auch erfüllt werden, wenn durch lediglich namentliche Bezeichnung die Identität des Erklärenden feststeht.

Diese Regelung wird für den Entschädigungsanspruch nach § 15 Abs. 2 AGG durch eine Regelung des ArbGG ergänzt. Nach § 61b ArbGG muss der Anspruch innerhalb von drei Monaten vor Gericht gebracht worden sein, nachdem er schriftlich geltend gemacht wurde. Trotz ihres Standorts im Prozessrecht handelt es sich um eine materiell-rechtliche Ausschlussfrist.[355]

Nach dem klaren Wortlaut scheidet eine analoge Anwendung des § 15 Abs. 1 AGG aus.[356] Zwar nennt die Norm den Abs. 2 des § 15 AGG nicht. Da aber die Rede vom Anspruch auf Entschädigung ist, erscheint dies auch entbehrlich. Zwar ließe sich der Gedanke der Rechtssicherheit ohne Weiteres auch auf den Anspruch aus § 15 Abs. 1 AGG übertragen, jedoch sind die Rechtsfolgen Naturalrestitution und immaterielle Entschädigung zu trennen. Die Naturalrestitution für eine Benachteiligung sollte nicht von einer weiteren Frist abhängig gemacht werden.

4.4.3.4 Die Anspruchskonkurrenz

Das Verhältnis zu anderen Ansprüchen wird in § 15 Abs. 5 AGG geregelt. Nach Ansicht des Bundesarbeitsgerichts enthält die Regelung keine umfassende Regelung des Konkurrenzverhältnisses. Daher verdrängt nach Ansicht des Gerichts der Anspruch aus § 15 Abs. 1 AGG den Anspruch aus § 280 BGB vollends.[357] Das überzeugt schon im Lichte des § 15 Abs. 4 AGG nicht. Die Ausschlussfrist des § 15 Abs. 4 AGG wird zwar nicht auf § 280 BGB angewandt. Das gleiche gilt aber auch für § 22 AGG.[358]

Versteht man § 15 Abs. 1 und Abs. 2 AGG somit als spezielle sekundäre vertragliche – bei Bewerbern: quasivertragliche – Ansprüche, können daneben auf der Grundlage von § 15 Abs. 4 AGG Ansprüche nach den §§ 823 ff. BGB und § 1004 BGB analog in Betracht kommen.[359]

---

354 BAG, AP AGG § 15 Nr. 5.

355 *Koch*, in: ErfK, § 61b Rn. 2.

356 Zum Streitstand: *Schleusner*, in: GMP, § 61b Rn. 4.

357 BAG, NZA 2012, 1211.

358 BAG, NZA 2017, 1530 (1540).

359 Vgl. die Zusammenstellung bei *Thüsing*, in: MüKoBGB, § 15 AGG Rn. 51–54.

4.4.3.5 Das sog. AGG-Hopping

Es kann vorkommen, dass Bewerber ihre Bewerbung nur in der Hoffnung abgeben, durch den Arbeitgeber diskriminiert zu werden. Man spricht von sog. AGG-Hoppern. Lange Zeit war umstritten, ob dieser Personenkreis schon einen Bewerber darstellt oder ob eine Bewerbung nach § 242 BGB rechtsmissbräuchlich anzusehen ist.

Der EuGH hat zum Unionsrecht in der Rechtssache „*Kratzer*"[360] klargestellt, dass die Lösung der Fälle gestuft vorzunehmen ist. Fehlt schon die Absicht, bei dem Arbeitgeber zu arbeiten, liegt kein Bewerber vor. Alle übrigen Fälle können über Treu und Glauben gelöst werden, wenn deutlich wird, dass es dem Bewerber einzig und allein auf die Entschädigung ankommt. Dieses Interesse ist für sich genommen nicht schutzwürdig.

Das Bundesarbeitsgericht nimmt nunmehr einen Rechtsmissbrauch i. S. v. § 242 BGB an, sofern diese Person sich nicht beworben hat, um die ausgeschriebene Stelle zu erhalten, sondern es ihr darum ging, nur den formalen Status als Bewerber/in i. S. v. § 6 Abs. 1 S. 2 AGG zu erlangen mit dem ausschließlichen Ziel, Ansprüche auf Entschädigung und/oder Schadensersatz geltend zu machen.[361]

4.4.4 Der Kontrahierungszwang (§ 15 Abs. 6 AGG)

Ein Verstoß des Arbeitgebers gegen das Benachteiligungsverbot des § 7 Abs. 1 AGG führt gemäß § 15 Abs. 6 AGG nicht zu einem Anspruch auf Begründung eines Beschäftigungsverhältnisses, Berufsausbildungsverhältnisses oder einen beruflichen Aufstieg. Das gilt nur dann nicht, wenn sich ein solcher aus einem anderen Rechtsgrund ergibt.

In einigen Branchen besteht die Üblichkeit der sog. Nichtverlängerungsanzeige. Im Theater sieht der NV Bühne vor, dass das Arbeitsverhältnis endet bzw. nicht verlängert wird, wenn eine sog. Nichtverlängerungsmitteilung erklärt wurde. Ist die Nichtverlängerung diskriminierend, resultiert die Fortsetzung des Arbeitsverhältnisses nicht aus §§ 1, 7 AGG, sondern aus dem NV Bühne, so dass ein anderer Rechtsgrund einschlägig ist.[362]

---

360 EuGH, NJW 2016, 2796.

361 BAG, AP AGG § 15 Nr. 26.

362 BAG, NZA 2019, 1492 (1497).

5 Die Pflichten des Arbeitnehmers

Die Hauptpflicht des Arbeitnehmers besteht darin, zu arbeiten (§ 611a Abs. 1 BGB). Daneben besteht eine Vielzahl von vertraglichen Neben- und Nebenleistungspflichten i. S. v. § 241 Abs. 1 und § 241 Abs. 2 BGB, die entwicklungsoffen[363] neben diese Pflicht treten. Im folgenden Abschnitt sollen diese Pflichten schwerpunktmäßig näher erläutert werden.

5.1 Die Arbeitsleistung

Nach § 611a Abs. 1 S. 1 BGB ist der Arbeitnehmer zur Leistung von fremdbestimmter Arbeit verpflichtet. Die Pflicht zur Arbeitsleistung steht im Gegenseitigkeitsverhältnis zur Zahlung des Entgeltes. Es besteht daher heute kein Zweifel mehr daran, dass der Arbeitsvertrag ein gegenseitiger Vertrag im Sinne der §§ 320 BGB ff. ist.[364] Daran ändert auch die Fälligkeitsregel des § 614 BGB nichts, der bestimmt, dass der Arbeitnehmer vorleistungspflichtig ist.

5.1.1 Die Höchstpersönlichkeit

Die Arbeitspflicht ist gemäß § 613 S. 1 BGB im Zweifel höchstpersönlich. Der Arbeitnehmer muss sie in eigener Person erfüllen. Daraus folgt zugleich, dass die Pflicht zur Arbeitsleistung nicht delegiert oder gemäß § 1922 BGB auf die Erben übergeht.[365]

Aus § 613 S. 2 BGB folgt auch, dass der Anspruch auf Erfüllung der Arbeitsleistung nicht abgetreten werden kann. Es besteht somit ein Abtretungsverbot im Sinne von § 399 Alt. 1 BGB.[366] Aus der Formulierung „im Zweifel" folgt, dass es sich bei § 613 BGB um eine Auslegungsregel handelt. Die Parteien des Arbeitsvertrages können auch eine andere Regelung festlegen.

5.1.2 Die Durchsetzbarkeit der Arbeitspflicht

Obgleich dem Arbeitgeber ein Erfüllungsanspruch im Hinblick auf die Arbeitspflicht zusteht und er diesen Anspruch auch grundsätzlich einklagen kann, versagt die Rechtsordnung die Vollstreckung der Arbeitspflicht.

---

363 Zum Befund: BAG, NZA 2017, 183 (185).

364 BAG, NZA 2017, 183 (184 f.); *Preis*, in: ErfK, § 611a Rn. 1.

365 Vgl. hierzu: BAG, NZA 2012, 326 (327).

366 *Preis*, in: ErfK, § 613 Rn. 13.

Nach § 888 Abs. 3 ZPO kann die gemäß § 613 BGB höchstpersönliche Arbeitspflicht als vertretbare Handlung im Sinne der Norm nicht vollstreckt werden. Die Praxis hat hierauf mit Vertragsstraferegelungen reagiert, die das Bundesarbeitsgericht als Besonderheit des Arbeitsrechts grundsätzlich zugelassen hat.[367]

5.1.3 Der Fixschuldcharakter der Arbeitspflicht

Sofern nichts anderes, insbesondere die Nachholbarkeit, gesondert vereinbart ist, stellt die Pflicht zur Arbeitsleistung eine absolute Fixschuld dar. Das bedeutet, dass das Nichtarbeiten nach § 275 Abs. 1 BGB zur Unmöglichkeit der Arbeitsleistung führt.[368]

Ein absolutes Fixgeschäft erfordert, dass der Leistungszeitpunkt nach Sinn und Zweck des Vertrags und nach der Interessenlage der Parteien so wesentlich ist, dass eine verspätete Leistung keine Erfüllung mehr darstellt.[369] Im Hinblick auf das Arbeitsverhältnis kann dies aus dem Gedanken hergeleitet werden, dass in der nächsten Stunde nach dem Vertrag bereits eine neue Arbeitspflicht erzeugt wird und beide Pflichten nicht zeitgleich erfüllt werden können.

Bestehen hingegen andere Regelungen im Hinblick auf die Nachholbarkeit, ist die Annahme einer absoluten Fixschuld nicht zwingend.[370] Die Konsequenzen des Fixschuldcharakters der Arbeit haben für den Grundsatz „kein Lohn ohne Arbeit" eine weitergehende Bedeutung und werden daher weiter unten gesondert erörtert.

Die Annahme einer absoluten Fixschuld wurde in letzter Zeit vermehrt angegriffen. Seit der Schuldrechtsmodernisierung 2002 ordnet ein Teil der Literatur sie nur noch als relative Fixschuld ein.[371] Daraus resultiert die prinzipielle Nachholbarkeit der Arbeitsleistung. Richtigerweise wird man Grunddogma und praktische Erscheinungsformen trennen müssen. Der Grundsatz einer absoluten Fixschuld stellt sich einer anderen Vereinbarung bzw. anderen vertraglichen Durchführung des Arbeitsverhältnisses nicht entgegen.

---

367 Vgl. BAG, JuS 2004, 1031 m. Anm. *Boemke*.

368 BAG, NZA 2016, 293 (295); *Linck*, in: Schaub, § 49 Rn. 5; *Henssler*, RdA 2002, 129 (132); vgl. auch *Stöhr*, RdA 2014, 307 (309).

369 BAG, AP § 1 TVG Tarifverträge: Telekom Nr. 14.

370 BAG, NZA 2002, 683.

371 *Preis*, in: ErfK, § 611a Rn. 677.

5.2 Das Weisungsrecht des Arbeitgebers

Dass der Inhalt der Arbeitspflicht maßgeblich von der Bestimmung durch den Arbeitgeber abhängt, deutet sich bereits in § 611a BGB an. Seine gesetzliche Grundlage findet das sogenannte Weisungsrecht des Arbeitgebers in den §§ 315 BGB und 106 GewO.[372] Dogmatisch ist es ein vertragliches Recht. Mit dem Weisungsrecht geht die Befugnis des Arbeitgebers einher, die allgemeine Ordnung im Betrieb regeln zu können (§ 106 S. 2 GewO).

In aller Regel sind die Hauptleistungspflichten im Arbeitsvertrag allenfalls rahmenmäßig umschrieben und müssen im Einzelfall festgelegt werden. Das Weisungsrecht des Arbeitgebers stellt eine weitreichende Befugnis zur Gestaltung der arbeitsvertraglichen Pflichten im konkreten Fall dar. Ohne gesetzliche Regelung würde es aus der Natur des Arbeitsvertrages folgen.[373]

Das Weisungsrecht legt die drei zentralen Aspekte der Arbeitsleistung fest. Es erstreckt sich auf die:[374]

Abbildung 11: Das Weisungsrecht nach §§ 106 GewO, 315 BGB

1. Festlegung von
   a) Art und Weise der Arbeitsleistung,
   b) Ort der Arbeitsleistung und/oder
   c) Zeit der Arbeitsleistung.
2. Kein Verstoß gegen ein Verbotsgesetz
3. Billigkeit

Hält der Arbeitsvertrag hierzu spezifische Voraussetzungen bereit, kann das Weisungsrecht vertraglich beschränkt sein (§ 106 S. 1 HS 2 GewO). Nach heute herrschender Meinung stellt das Weisungsrecht ein Gestaltungsrecht dar.[375] Es kommt nicht auf die Zustimmung des Arbeitnehmers an. Trotz der Kategorisierung als Gestaltungsrecht ist anerkannt, dass eine einmal erteilte Weisung zurückgenommen werden kann.[376]

5.2.1 Die Kontrolle der Weisung

Bevor auf die Bestimmung der Arbeitspflicht im Detail eingegangen werden soll, sollen die Kontrollmöglichkeiten der Weisung illustriert werden.

---

372 Das Verhältnis der beiden Normen ist im Einzelfall umstritten, vgl. *Preis*, in: ErfK § 106 Rn. 1. Relevant wird der Streit bei einer unbilligen Weisung, die auf den kommenden Seiten diskutiert wird.

373 *Tillmanns*, in: BeckOK, ArbR § 106 GewO Rn. 3.

374 BAG, NZA 2017, 183 (185); *Junker* Rn. 208 ff.

375 BAG; NZA 2017, 1452 (1456).

376 BAG, NZA 2017, 1452.

5.2.1.1 Verstoß gegen ein Gesetz

Verstößt eine Weisung gegen ein Schutzgesetz i. S. v. § 134 BGB, ist die Weisung nichtig und entfaltet keine Bindungswirkung für den Arbeitnehmer.

5.2.1.2 Unbilligkeit der Weisung

Jenseits gesetzlicher Verbote bestimmen die §§ 315 BGB, 106 GewO, dass die Weisung der Billigkeit entsprechen muss. Die Leistungsbestimmung nach billigem Ermessen operiert mit einem unbestimmten Rechtsbegriff und verlangt eine Abwägung der wechselseitigen Interessen nach verfassungsrechtlichen und gesetzlichen Wertentscheidungen, den allgemeinen Wertungsgrundsätzen der Verhältnismäßigkeit und Angemessenheit sowie der Verkehrssitte und Zumutbarkeit.[377] In die Abwägung sind alle Umstände des Einzelfalls einzubeziehen.

Ist eine Weisung unbillig, war umstritten, ob diese gleichwohl Bindungswirkung entfaltet. Die eine Bindungswirkung bejahende Lösung betonte, dass § 315 Abs. 3 S. 2 BGB ein spezielles Verfahren für diesen Fall bereithalte.[378] Da § 106 GewO ein derartiges Verfahren nicht kennt, kam schnell Kritik an dieser Lösung auf. Zu Recht verneint das Bundesarbeitsgericht daher nunmehr die Bindungswirkung einer unbilligen Weisung.[379] § 106 GewO geht als Spezialregelung vor. Als vertragliches Recht kann das Weisungsrecht des Arbeitgebers nicht über das hinausgehen, was der Vertrag selbst trägt; unbillige Weisungen sind gerade nicht interessengerecht.

5.2.2 Die Art der Arbeitsleistung

Der Arbeitsvertrag enthält in der Regel nur eine fachliche Beschreibung bzw. eine rahmenmäßige Umschreibung[380] der Arbeitsleistung (Beispiel: *„Der/die Arbeitnehmer/-in wird beschäftigt als Einzelhandelskaufmann bzw. Einzelhandelskauffrau“*). Dem Arbeitnehmer können dann nach § 106 GewO alle Arbeiten zugewiesen werden, die diesem Berufsbild entsprechen.[381] Bei dem Beispiel können dies Arbeiten an der Kasse, das Einräumen von Waren in die Regale, die Beratung von Kunden und sogar das Abschließen des Ladens sein.

Probleme stellen sich immer dann, wenn dem Arbeitnehmer entweder höherwertige oder niederwertige Arbeiten zugewiesen werden. Der Arbeit-

377 BAG, NZA 2017, 1452 (1456).

378 BAG, NZA 2012, 858.

379 BAG, NZA 2017, 1452.

380 So die Terminologie des BAG, vgl.: BAG, NZA 2018, 162 (165); BAG, NZA 1992, 67 (67).

381 Entscheidend bleibt freilich eine Auslegung im Einzelfall: *Preis*, in: ErfK, § 106 GewO, Rn. 8 f.

nehmer schuldet in der Regel nur gleichwertige Tätigkeiten, also die Tätigkeit, die nach der Verkehrsanschauung und dem Sozialbild der im Arbeitsvertrag beschriebenen Tätigkeit entspricht.[382] Anerkannt ist, dass auch Arbeiten, die nicht dem Berufsbild entsprechen, dann zugewiesen werden können, wenn dies im Notfall erforderlich ist oder diese Möglichkeit konkret vereinbart wurde.[383]

Im Hinblick auf technische Neuerungen kann es vorkommen, dass eine Tätigkeit dem Berufsbild entspricht, die aber der Arbeitnehmer nach seinem Ausbildungsstand nicht mehr erfüllen kann. Ob der Arbeitgeber von dem Arbeitnehmer kraft seines Weisungsrechts verlangen kann, eine entsprechende Schulung zu besuchen, ist umstritten. Nach einer Ansicht wird dies auf der Grundlage des Weisungsrechts hergeleitet.[384] Der Arbeitnehmer muss die Fertigkeiten haben, um seine Vertragspflicht zu erfüllen.

In der neueren Entwicklung hat das Thema berufliche Weiterbildung erheblich an Bedeutung gewonnen. Der Fachkräftemangel und das Interesse an einem beruflichen Aufstieg sprechen u. a. dafür, die Weiterbildung zu einer vertraglichen Frage zu machen. Außerdem sichert § 81 Abs. 4 BetrVG dem Arbeitnehmer ein Informations- und Beratungsrecht über eine mögliche Qualifikation zu. Umgekehrt ist unstreitig, dass es keine über das Weisungsrecht hinausgehende allgemeine Pflicht des Arbeitnehmers gibt, sich weiterzubilden. Solche Pflichten können allenfalls aus dem Gesetz (Bsp.: §§ 2, 4, 7 ASiG) oder im Einzelfall und unter Berücksichtigung von Treu und Glauben aus §§ 241 Abs. 2, 242 BGB abgeleitet werden.

5.2.3 Der Ort der Arbeitsleistung

Oftmals schweigen Arbeitsverträge, was den Ort der Arbeitsleistung angeht. Aus § 269 BGB folgt, dass der Ort der Arbeitsleistung grundsätzlich aus der Natur des Arbeitsverhältnisses resultiert und daher in aller Regel auch der Ort ist, an dem bislang tatsächlich die Arbeitsleistung erfolgt ist („der tatsächliche Mittelpunkt der Arbeit“).[385] Besteht eine solche Übung nicht, insbesondere am Anfang der Arbeit, folgt der Ort der Arbeitsleistung aus dem Weisungsrecht.[386] Das kann für den Arbeitnehmer weitreichende Folgen haben. Er muss aber entsprechenden Weisungen nachkommen, solange diese nicht unbillig sind.

Dieses Weisungsrecht wird ferner durch die sog. Konkretisierung beschränkt. Eine Versetzung ist danach ausgeschlossen, wenn der Arbeitneh-

382 *Preis*, in: ErfK, § 106 GewO, Rn. 20.
383 Vgl. *Bauer/Opolony*, NJW 2002, 3503 (3506).
384 *Hunold*, NZA-RR 2001, 337 (345); *Preis*, in: ErfK, § 106 GewO, Rn. 23.
385 BAG, NZA 2003, 339 (340).
386 BAG, NZA 2012, 1154 (1156).

mer ein schützenswertes Vertrauen darauf herausgebildet hat, dass sich der Ort der Arbeitsleistung nicht mehr ändern wird.[387] Konkretisierungen bilden im modernen Arbeitsleben aber eher die Ausnahme.

Insbesondere bei Versetzungen in andere Städte oder Landesteile kommt der Billigkeitskontrolle von § 315 BGB bzw. 106 GewO besondere Bedeutung zu. Der Arbeitgeber bzw. das Arbeitsgericht müssen folgende Punkte abwägen:

- die Dauer,
- die Auswirkung auf die private Lebensführung und
- die familiären Belange.

5.2.4 Die Zeit der Arbeitsleistung

Mit dem Zugriff auf die Arbeitszeit bzw. der Befugnis des Arbeitgebers, die Arbeitszeit festzulegen, sind drei Fragen verbunden:

- Wann muss der Arbeitnehmer arbeiten?
- Wie lange muss der Arbeitnehmer arbeiten?
- Wie lange und wann darf der Arbeitnehmer arbeiten?

Die erste und die zweite Frage zielen auf die vereinbarte Arbeitszeit ab. Aus dem Arbeitsvertrag oder aus einem anwendbaren Tarifvertrag oder einer Betriebsvereinbarung können Regelungen über die Lage und die Länge der Arbeitszeit des Arbeitnehmers folgen. Die dritte Frage betrifft die sogenannte erlaubte Arbeitszeit. Hier geht es um die öffentlich-rechtlichen Vorgaben im Hinblick auf die Arbeitszeit nach dem ArbZG.

Zur Erklärung: Ist in einem Arbeitsvertrag beispielsweise bestimmt, dass der Arbeitnehmer im Monat 163 Stunden arbeiten muss, entscheidet der Arbeitgeber, wie diese Stunden verteilt werden. Dann („wann?“) muss der Arbeitnehmer zu dieser Zeit arbeiten. Reiht der Arbeitgeber mehrere Stunden aneinander – wie üblich, muss der Arbeitnehmer arbeiten, bis die festgelegte Zeit endet („wie lange?“). Diesen Fragen setzt das Arbeitszeitrecht Grenzen, der Arbeitgeber darf nach § 3 S. 1 ArbZG grundsätzlich nur Arbeit über einen Zeitraum von acht Stunden hintereinander legen. Weitergehend scheidet die Weisung zu Arbeit am Sonntag oder an Feiertagen grundsätzlich aus (§ 9 Abs. 1 ArbZG).

5.2.4.1 Die geschuldete Arbeitszeit

Für die geschuldete Arbeitszeit ist zunächst der vertragliche Zeitraum zu bestimmen.

387 BAG, NJOZ 2005, 578 (580).

Haben die Vertragsparteien keine Abrede hierüber getroffen, nimmt das Bundesarbeitsgericht an, dass die Parteien die betriebsübliche Arbeitszeit vereinbaren wollten.[388] Dies entspricht dem Vertragswillen verständiger und redlicher Vertragspartner. Wer einen Arbeitsvertrag über ein Vollzeitarbeitsverhältnis abschließt, muss redlicherweise davon ausgehen, dass er in gleichem Umfang wie andere Vollzeitarbeitnehmer des Arbeitgebers zur Arbeitsleistung verpflichtet ist.

Im Übrigen entscheidet die vertragliche Bestimmung der Arbeitszeit. Das Bundesarbeitsgericht legt die Formulierung „Arbeit in Vollzeit“ als eine Festlegung der regelmäßigen Dauer der Arbeitszeit von 40 Stunden in der Woche aus.[389] Der durchschnittliche Arbeitnehmer dürfe „in Vollzeit“ in der Weise verstehen, dass die regelmäßige Dauer der Arbeitszeit bei einer Fünf-Tage-Woche und der in § 3 S. 1 ArbZG vorgesehenen acht Stunden 40 Wochenstunden nicht übersteigt. Damit ist zugleich gesagt, dass eine 48-Stunden-Woche ausdrücklich vereinbart werden muss.

Für das Weisungsrecht gilt die Regel: je weniger im Arbeitsvertrag geregelt ist, desto freier ist der Arbeitgeber bei der Bestimmung der Arbeitszeit. Gleichwohl bezieht sich das Direktionsrecht nur auf die Lage der Arbeitszeit, die totale Summe der Arbeitszeit kann nicht einseitig geändert werden.[390] Mit dem Gegenseitigkeitsverhältnis wäre es nicht vereinbar, wenn der Arbeitgeber die einseitige Befugnis hätte, die Dauer der Arbeitszeit nach Belieben festzulegen. Zum einen ist der Arbeitsvertrag die Existenzgrundlage des Arbeitnehmers, zum anderen könnte er ohne weiteres den Kündigungsschutz umgehen, wenn er die Arbeitszeit auf null reduziert.

Eine Ausnahme stellt die sog. Arbeit auf Abruf nach § 12 TzBfG dar. In diesem Fall kann der Arbeitgeber dem Arbeitnehmer Arbeit und Arbeitszeit zuweisen. § 12 Abs. 1 S. 2 TzBfG verlangt aber, dass in der Vereinbarung über die Arbeit auf Abruf eine bestimmte Dauer der wöchentlichen und täglichen Arbeitszeit festgelegt ist. Befindet sich keine Regelung im Vertrag, fingiert § 12 Abs. 1 S. 3 TzBfG eine Arbeitszeit in Höhe von 20 Stunden pro Woche. Damit entsteht ein typisches Teilzeitarbeitsverhältnis i. S. d. TzBfG. Zugleich besagt S. 4, dass der Arbeitgeber den Arbeitnehmer mindestens drei Stunden am Stück beschäftigen muss. Wurde Arbeit auf Abruf wirksam und nach Maßgabe des § 12 Abs. 1 S. 1 f. TzBfG vereinbart, enthalten § 12 Abs. 2-5 TzBfG weitere Vorgaben für deren Durchführung. Insbesondere muss nach § 12 Abs. 3 TzBfG die Arbeit mindestens vier Tage im Voraus mitgeteilt werden. Anderenfalls kann der Arbeitnehmer die Arbeit verweigern.

388 BAG, AP BGB § 611 Arbeitszeit Nr. 42.

389 BAG, NZA 2015, 1002 (1003).

390 *Preis*, in: ErfK § 106 GewO, Rn. 32.

In der Praxis sind in aller Regel sog. Arbeitszeitkonten anzutreffen. Diese können arbeitsvertraglich oder via Betriebsvereinbarung oder Tarifvertrag für den Arbeitnehmer gelten. Ein Arbeitszeitkonto hält fest, in welchem zeitlichen Umfang der Arbeitnehmer seine Hauptleistungspflicht nach § 611a BGB erbracht hat oder auf Grund eines Entgeltfortzahlungstatbestands nicht erbringen musste (und deshalb Vergütung beanspruchen kann), bzw. in welchem Umfang er noch Arbeitsleistung für die vereinbarte Vergütung erbringen muss.[391] Das Arbeitszeitkonto hat daher eine Dokumentationsfunktion.

Eine dokumentierte Zeitgutschrift auf einem Arbeitszeitkonto ist eine abstrakte Recheneinheit, die für sich gesehen keinen Aufschluss darüber gibt, wie sie erarbeitet wurde. Deshalb kommt es für den Abbau eines Arbeitszeitkontos nur noch auf die Höhe des Zeitguthabens in der maßgeblichen Recheneinheit an. Aufbau und Abbau eines Arbeitszeitkontos können dabei sogar eigenen Regeln folgen.[392] Gleiches gilt für die Bewertung der Arbeit. So kann etwa Nacht- oder Wochenendarbeit mit einem größeren Faktor verbucht werden als Arbeit an Werktagen. Entscheidend bleibt freilich die zugrundeliegende Vereinbarung.

Geht es vordergründig um die Dokumentation der Arbeitserfüllung, steht am Ende doch die Entgelterwartung des Arbeitnehmers. Daher ist es konsequent, dass Zeiten, in denen ohne Arbeit der Lohn nach dem Gesetz (hierzu noch unter 7) weitergezahlt wird, auch im Arbeitskonto vermerkt werden.[393]

Ohne Regelung und sachlichen Grund kann der Arbeitgeber nicht einfach Stunden streichen oder das Konto einseitig korrigieren.[394] Greift der Arbeitgeber einseitig in das Arbeitszeitkonto ein, bejaht das Bundesarbeitsgericht einen Anspruch des Arbeitnehmers auf korrekte Führung des Arbeitszeitkontos, wenn das Arbeitszeitkonto nach der zu Grunde liegenden Abrede der Vertragsparteien den Vergütungsanspruch verbindlich bestimmt.[395]

5.2.4.2 Die Erfüllung der geschuldeten Arbeitszeit

Oftmals synonym auch als Arbeitszeit bezeichnet, aber grundsätzlich etwas komplett anderes ist die Frage, ob der Arbeitnehmer seine Pflicht zur Arbeitsleistung während der Arbeitszeit erfüllt. Systematisch geht es daher nicht um die Frage der Zulässigkeit der Arbeit, sondern vorrangig um die Frage der Erfüllung der Arbeitspflicht i. S. v. § 611a Abs. 1 S. 1 BGB nach § 362 BGB.

---

391 BAG, NZA 2016, 295 (297).
392 BAG, NZA 2018, 1555 (1557).
393 BAG, NZA 2012, 870 (872).
394 BAG, NZA 2012, 870 (872).
395 BAG, NZA 2012, 870 (872); BAG, NZA 2008, 1135.

Die vereinbarte Arbeitszeit wird bedient, während der Arbeitnehmer arbeitet. Übt er die vertraglich vorgesehenen Arbeiten aus, besteht hieran kein Zweifel. Es gibt jedoch Fallgruppen, in denen dies kompliziert sein kann. Diese Fallgruppen erklären sich aus einem verminderten Grad der tatsächlichen Inanspruchnahme der Arbeitsleistung des Arbeitnehmers in inhaltlicher und örtlicher Hinsicht und werden durch arbeitsrechtliche Terminologien ausgedrückt.

5.2.4.2.1 Ruhezeit und Pausen

Keine Arbeitszeit ist die sog. Ruhezeit. Der Begriff stammt aus dem öffentlich-rechtlichen Arbeitszeitrecht und bezeichnet den Zeitraum zwischen dem Ende der Arbeitszeit und dem Wiederbeginn der Arbeit. Hier kann sich der Arbeitnehmer nach seinem Willen frei aufhalten und über seine Zeit frei verfügen.

Gleiches gilt für Pausen. Insbesondere Raucherpausen werden nicht in die Arbeitszeit einbezogen. Vielmehr stellt sich die Frage, ob der Arbeitgeber die Unterbrechung der Arbeitszeit dulden muss. Eine Reduzierung der vertraglich geschuldeten Arbeitszeit findet deshalb gleichwohl nicht statt.

5.2.4.2.2 Arbeitsbereitschaft

Die sog. Arbeitsbereitschaft (vgl. § 7 Abs. 1 Nr. 1 lit. a) ArbZG) bezeichnet den Fall, dass der Arbeitnehmer arbeiten will, der Arbeitgeber die Leistungsbereitschaft jedoch nicht abruft. In diesen Fällen arbeitet der Arbeitnehmer *nicht*. Er behält gleichwohl seinen Lohnanspruch gemäß § 615 BGB. Der Arbeitgeber kann die Arbeitszeit nicht später einfordern, weil die nach § 106 GewO zu bestimmende Pflicht nach § 275 BGB wegen Zeitablaufs untergegangen ist.

5.2.4.2.3 Bereitschaftsdienst

Beim sog. Bereitschaftsdienst muss sich der Arbeitnehmer neben einer regelmäßigen Arbeitszeit an einer bestimmten Stelle aufhalten und bei Bedarf seine volle Arbeitskraft dem Arbeitgeber zur Verfügung stellen. Man spricht auch von Zeit wacher Aufmerksamkeit im Zustand der Entspannung.[396] Während der Bereitschaftsdienst nach früherer Rechtsprechung Ruhezeit war, ordnet ihn nunmehr die ganz herrschende Meinung als Arbeitszeit ein.[397]

5.2.4.2.4 Rufbereitschaft

Schließlich gibt es noch die sogenannte Rufbereitschaft. Hier verpflichtet sich der Arbeitnehmer, auf Abruf seine Arbeitsleistung zu erbringen; bis dahin kann er aber im Wesentlichen frei über seine Zeit entscheiden. In dieser

396 BAG, NJW 2016, 3675 (3677).

397 BAG, NJW 2016, 3675 (3677).

Zeit arbeitet der Arbeitnehmer grundsätzlich nicht.[398] Es kommt jedoch entscheidend auf den Grad der Freiheit an. Daher kann es im Einzelfall auch sein, dass Rufbereitschaft Arbeit ist.[399]

5.2.4.2.5 Vertrauensarbeitszeit

Bei der sog. Vertrauensarbeitszeit kann der Arbeitnehmer Beginn und Ende seiner täglichen Arbeitszeit ohne Kontrolle grundsätzlich selbst bestimmen.[400] Er bleibt pro forma an die vertraglichen vorgesehenen Summen der Arbeitsstunden gebunden. In der Regel wird kein Arbeitszeitkonto geführt, weil dies dem Sinn der Vertrauensarbeitszeit widerspricht.

5.2.4.3 Die Gleitzeit

In der neueren Entwicklung wird die sog. Gleitzeit immer attraktiver. Man unterscheidet im Wesentlichen zwei Typen: zum einen die Arbeitszeit (sog. Kernzeit) mit Gleitphase und das Gleitzeitmodell ohne Kernzeit. Kennzeichnend für die Gleitzeit ist, dass die Dauer der Arbeitszeit feststeht. Der Arbeitnehmer kann aber selbst über die Lage der Arbeitszeit im zugelassenen Zeitraum entscheiden. In der Regel wird das Gleitzeitmodell durch Arbeitszeitkonten flankiert. Diese erlauben es dem Arbeitnehmer, mitunter nicht erfüllte Arbeitszeit später oder vorher auszugleichen.

5.2.4.4 Wegezeiten

Problematisch können auch die sogenannten Wegezeiten sein. Der Weg zur Arbeit wird noch nicht zu der Arbeitszeit gerechnet.[401] Das Zurücklegen dieser Strecke ist auch keine Arbeit. Damit ist zugleich gesagt, dass der Arbeitnehmer zu Beginn seiner Arbeitszeit auch am Arbeitsort sein muss. Wege während der Arbeitszeit, die einen Bezug zur Arbeit aufweisen, sind hingegen Arbeitszeit (Beispiel: der Weg zum Kopierer oder zum Meeting).

5.2.4.5 Das Arbeitstempo

Keine Frage der Zeit der Arbeitsleistung ist das sog. Arbeitstempo. Für die Lage und den Beginn der Arbeitszeit ist das Tempo nicht entscheidend. Im Hinblick auf § 611a Abs. 1 S. 1 BGB schuldet der Arbeitnehmer nur ein Arbeitstempo, das seinen individuellen Fertigkeiten entspricht.[402] Er muss mit der Geschwindigkeit arbeiten, die er individuell leisten kann.

---

398 *Wank*, in: ErfK, § 2 ArbZG Rn. 31.

399 Hierzu: *Bayreuther*, NZA 2018, 348.

400 BAG, NZA 2019, 1361 (1364).

401 *Vogelsang*, in: Schaub, § 156 Rn. 13.

402 BAG, NZA 2004, 784.

Die Frage des Arbeitstempos wird in der Regel im Zusammenhang mit Abmahnungen und verhaltensbedingten Kündigungen relevant. Der Arbeitnehmer verletzt seine Arbeitspflicht in dem durch die Arbeitszeit gesteckten Rahmen, wenn er absichtlich langsamer arbeitet, als er kann. Er darf das Verhältnis von Leistung und Gegenleistung nicht einseitig nach freiem Belieben bestimmen. Er muss vielmehr unter angemessener Ausschöpfung seiner persönlichen Leistungsfähigkeit arbeiten.[403]

5.2.5 Das Arbeitszeitrecht

Das Arbeitszeitrecht ist im Arbeitszeitgesetz vom 1.7.1994 geregelt. Trotz seiner öffentlich-rechtlichen Natur schränkt es insbesondere das Weisungsrecht des Arbeitgebers und die Vertragsfreiheit der Vertragsparteien ein. Unionsrechtlich dient das ArbZG der Umsetzung der Richtlinie 2003/88/EG. Die Ver- und Gebote des Arbeitszeitrechts sind nach der sog. Transformationslehre auch vertragliche Pflichten des Arbeitgebers i. S. v. § 618 BGB.[404] Verstößt der Arbeitgeber dagegen, macht er sich vorbehaltlich eines Verschuldens nach § 280 BGB schadensersatzpflichtig.

5.2.5.1 Der Acht-Stunden-Tag

Nach § 3 Abs. 1 S. 1 ArbZG beträgt die tägliche Arbeitszeit höchstens 8 Stunden. Es besteht der Grundsatz des Acht-Stunden-Tages. Nach § 3 Abs. 1 S. 2 ArbZG ist eine Ausweitung auf 10 Stunden zulässig, wenn innerhalb von sechs Kalendermonaten und innerhalb von 24 Wochen im Durchschnitt die 8 Stunden werktäglicher Arbeit nicht überschritten werden.

5.2.5.2 Ruhepausen

Ruhepausen sind keine Arbeitszeit, sondern sind in die Arbeitszeit zu integrieren bzw. in der Totale mit den 8 Stunden Arbeit zu addieren. § 4 Abs. 1 ArbZG verlangt, dass bei einer Arbeitszeit von 6-9 Stunden eine Pause in Höhe von 30 Minuten ermöglicht werden muss. Wird über 9 Stunden hinaus gearbeitet, muss eine Pause in Höhe von 45 Minuten gewährt werden. Hierbei ist es grundsätzlich möglich, die Pausen auf 15 Minuten aufzuteilen. Ohne Pause darf ein Arbeitnehmer maximal 6 Stunden beschäftigt werden (§ 4 S. 3 ArbZG).

---

403 BAG, NZA 2004, 784 (786).

404 *Baeck/Deutsch/Winzer*, ArbZG, Einführung Rn. 60; zur Transformation: *Kohte*, in: MünchArbR, § 175 Rn 10 ff.

5.2.5.3 Die Ruhezeit

Von den Ruhepausen ist die Ruhezeit zu unterscheiden. Nach § 5 ArbZG muss dem Arbeitnehmer nach dem Ende der Arbeitszeit eine Ruhezeit von 11 ununterbrochenen Stunden gewährt werden.

Unter dem Stichwort konstante Erreichbarkeit wird aktuell diskutiert, ob ein kurzer Kontakt des Arbeitgebers die Ruhezeit unterbricht und es erforderlich macht, die Ruhezeit von neuem beginnen zu lassen. Nach wohl herrschender Meinung ist ein kurzzeitiger Kontakt unerheblich.[405] Begründet wird dies damit, dass ein kurzer Kontakt den Arbeitnehmer nicht aus der Ruhe bringe und daher die Ruhezeit nicht „unterbreche". Die Gegenansicht verneint dies und pocht auf den Schutz der Gesundheit des Arbeitnehmers.[406] Hierfür sind die ungestörten Ruhezeiten unerlässlich.

5.2.5.4 Die wöchentliche Höchstarbeitszeit

Aus dem Grundsatz des 8-Stunden-Tags folgt bei einer 6-Tage-Woche der Grundsatz der 48-Stunden-Woche als maximale Arbeitszeit. Für Jugendliche gilt zwar auch der Grundsatz des 8-Stunden-Tags, jedoch legen die §§ 8, 17 JArbSchG fest, dass maximal 40 Stunden in der Woche gearbeitet werden darf.

5.2.5.5 Die Nachtarbeit

Nach § 6 ArbZG liegt Nachtarbeit vor, wenn die Arbeitszeit zwischen 23:00 und 6:00 Uhr liegt. Nachtarbeit wird dabei geleistet, wenn mehr als 2 Stunden in der Nachtzeit gearbeitet wird. In Bäckereien verändert sich dieser Zeitrahmen von 22:00 bis 5:00 Uhr.

Nach arbeitswissenschaftlichen Erkenntnissen ist die Nachtarbeit eine besondere Belastung für Arbeitnehmer, weil der herkömmliche Tag-Nacht-Rhythmus gestört wird.[407] Deshalb begründet das Gesetz in § 6 ArbZG diverse Pflichten. So besteht ein Anspruch auf medizinische Untersuchung (Abs. 3), ein Anspruch auf Umsetzung (Abs. 4), ein Anspruch auf einen besonderen Ausgleich (Abs. 5), der insbesondere eine Ausgleichszeit oder Entgelt beinhaltet.

Besondere Bedeutung hat insbesondere der angemessene Ausgleich nach § 6 Abs. 5 ArbZG. Die Norm stellt den Ausgleich durch Gewährung bezahlter freier Tage neben die Zahlung des Nachtarbeitszuschlags, ohne dass ein Rangverhältnis zwischen den Alternativen besteht.[408] Das Gesetz gibt nicht

405 *Wirtz*, BB 2014, 1397 (1401): 10 bis 15 Minuten sind unerheblich.

406 *Kohte*, NZA 2015, 1417 (1423).

407 So ausdrücklich: BAG, NZA 2016, 1021 (1022).

408 BAG, NZA 2016, 1021 (1023).

vor, was als angemessener Ausgleich anzusehen ist. Deshalb ist es nicht möglich, unabhängig von den Umständen der Erbringung der Arbeitsleistung im konkreten Einzelfall, einen für alle Arbeitsverhältnisse geltenden festen Wert zu bestimmen. Als Ausgangspunkt sieht das Bundesarbeitsgericht aber einen Wert i. H. v. 25 % des Bruttostundenlohns bzw. eine entsprechende Anzahl bezahlter freier Tage regelmäßig als angemessen i. S. v. § 6 Abs. 5 ArbZG an.[409]

5.2.5.6 Sonn- und Feiertage

Nach §§ 9,10 ArbZG ist die Arbeit an Sonn- und Feiertagen grundsätzlich untersagt. Die Regelung entspricht der Vorgabe des Art. 140 GG i. V. m. Art. 139 WRV und verbietet die Arbeit von 00:00 bis 24:00 Uhr an den betroffenen Tagen.

Die Regelungsstruktur der Paragrafen ist einfach: § 9 enthält das Verbot, § 10 ArbZG enthält den Ausnahmekatalog. Der Gedanke hinter den Ausnahmen geht dahin, dass es für bestimmte Produkte ein Bedürfnis der Bevölkerung auch an Sonn- und Feiertagen gibt. Man spricht daher auch von Bedürfnisgewerbe in den Nr. 1–11. Das gleiche gilt für Arbeiten, die kontinuierlich durchgeführt werden müssen (Nr. 12–16).

Ob § 9 ArbZG zur Unwirksamkeit der Weisung über § 134 BGB führt[410] oder ein Zurückbehaltungsrecht besteht[411] ist umstritten, wird aber selten ein Problem darstellen. Vorzugswürdig erscheint eine Lösung über § 106 GewO. Dort ist ausdrücklich bestimmt, dass das Weisungsrecht seine Grenze in gesetzlichen Bestimmungen findet. Sollte der Vertrag eine entsprechende Klausel enthalten, ist diese nach § 134 BGB unwirksam.[412]

5.2.5.7 Tarifliche Öffnungen

Das ArbZG ermöglicht in § 7 ArbZG die Anpassung der normativen Vorgaben des Arbeitszeitrechts an die betrieblichen Erfordernisse über kollektive Vereinbarungen. Da tarifvertragliche Regelungen als angemessen und richtig gelten,[413] sind die in den Tarifverträgen gefundenen Lösungen in der Regel passender für die Interessen der Arbeitnehmer und Arbeitgeber der jeweiligen Branche.

U.a. erlaubt § 7 Abs. 1 Nr. 1 lit. a) ArbZG es, in einem Tarifvertrag oder auf Grund eines Tarifvertrags in einer Betriebs- oder Dienstvereinbarung über die Höchstarbeitszeit nach § 3 ArbZG hinauszugehen, wenn in die Arbeits-

---

409 BAG, NZA 2016, 1021 (1024).

410 *Wank*, in: ErfK, § 9 ArbZG Rn. 1.

411 *Reim/Rozek*, in: HK-ArbSchR, § 9 Rn. 27.

412 *Wank*, in: ErfK, § 9 ArbZG Rn. 1.

413 BAG, NZA 2019, 1223 (1227); *Koch*, in: Schaub/Koch „Tarifverträge“.

zeit regelmäßig und in erheblichem Umfang Arbeitsbereitschaft oder Bereitschaftsdienst fällt. Ein regelmäßiger Anfall ist nach der Rechtsprechung des Bundesarbeitsgerichts dann anzunehmen, wenn Bereitschaftszeiten nicht nur gelegentlich, sondern in ständiger Wiederkehr und vorhersehbar, d. h. immer wieder zu leisten sind.[414]

5.2.5.8 Die Pflicht zur Arbeitszeiterfassung

Der EuGH hat in seinem Urteil vom 14.5.2019 die Pflicht aus der Arbeitszeitrichtlinie 2003/88/EG abgeleitet, die Arbeitszeit zu erfassen.[415] Wie diese Pflicht in das deutsche Recht übernommen werden kann, ist ohne Tätigwerden des Gesetzgebers schwierig. § 16 Abs. 2 ArbZG sieht zwar eine Dokumentationspflicht vor, jedoch gilt diese nur für Überstunden.[416] Bevor man entgegen dem Wortlaut die Norm verallgemeinert, sollte die Anwendung von § 241 Abs. 2 oder von § 618 BGB erwogen werden. Letztere Norm setzt zwar öffentlich-rechtliche Regelungen zum Arbeitsschutz um. Zwingend erforderlich ist das Bestehen einer solchen jedoch nicht. Auf sie kann auch unmittelbar zurückgegriffen werden.

5.2.6 Kurzarbeit

In der Finanzkrise 2008 ist ein Institut bekannt geworden, dass bis dahin selten zur Anwendung kam: die sogenannte Kurzarbeit. Während der Corona-Krise wurde ebenfalls auf die Kurzarbeit zurückgegriffen.[417] Sozialrechtlich wird die zulässige Kurzarbeit durch einen Anspruch auf das sog. Kurzarbeitergeld nach § 95 SGB III flankiert.

Diese Lösung schont einerseits die wirtschaftliche Situation des Arbeitgebers und beugt zumindest im Ansatz der Verarmung des Arbeitnehmers vor. Zudem ist die Lösung für die Sozialkassen günstiger, als das komplette Arbeitslosengeld zu zahlen.[418]

Grundsätzlich ist es nach dem Arbeitsvertrag nicht möglich, dass ohne den Ausspruch einer Änderungskündigung oder Abschluss eines Änderungsvertrags weniger Arbeitszeit geschuldet wird.[419] Ruft der Arbeitgeber die Arbeit nicht ab, befindet er sich im Annahmeverzug nach § 615 BGB.

Deshalb haben Arbeitgeber und Gewerkschaften sowie Betriebsräte oftmals eine kollektivrechtliche Regelung gefunden, um eine Kurzarbeit im Betrieb

---

414 BAG, NZA-RR 2019, 159 (164).

415 EuGH, NZA 2019, 677.

416 Vgl. auch *Ulber*, NZA 2019, 677.

417 *Klocke*, RdA 2020, 331.

418 *Bieback*, in: BeckOK, § 95 SGB III Rn. 1.

419 *Koch*, in: Schaub/Koch „Kurzarbeit".

zu ermöglichen.[420] Ohne diese ist Kurzarbeit nur möglich, wenn eine entsprechende Regelung im Vertrag enthalten ist, für die die §§ 305 ff. BGB gelten werden. Davon zu trennen ist dann auch die Ausübungskontrolle nach § 315 BGB. Die Anordnung von Kurzarbeit muss wiederum der Billigkeit entsprechen.

5.2.7 Überstunden

Überstunden sind ein Thema für sich. Unter Überstunden versteht man die Überschreitung der vertraglich vereinbarten Arbeitszeit.[421]

Die Ableistung von Überstunden kommt in der Regel mit mehreren Problemen einher: das erste Problem besteht darin, ob Überstunden eingefordert werden durften bzw. geleistet werden mussten. Das zweite Problem besteht in der Kontrolle von vertraglichen Regelungen für Überstunden und das dritte Problem besteht darin, ob die Überstunden überhaupt zu vergüten sind.

5.2.7.1 Die Pflicht zur Leistung von Überstunden

Ohne eine vertragliche oder kollektivrechtliche Regelung besteht grundsätzlich keine Pflicht zur Ableistung von Überstunden.[422] Eine Ausnahme kann sich aus Treu und Glauben ergeben, wenn es darum geht, Schäden vom Arbeitgeber in Notfällen abzuwehren.

5.2.7.2 Klauselkontrolle

Während tarifvertragliche Regelungen gemäß § 310 Abs. 3 S. 1 BGB nicht kontrolliert werden dürfen, werden vertragliche Regelungen oftmals unter die §§ 305 ff. BGB fallen.

Das Bundesarbeitsgericht vertritt, dass Regelungen zu Überstunden keine sog. Preisnebenabreden darstellen und daher nach § 307 Abs. 3 BGB nicht umfassend auf ihren Inhalt überprüft werden dürfen.[423] Einzig das Transparenzgebot nach § 307 Abs. 1 S. 2 BGB gilt gemäß § 307 Abs. 3 S. 2 BGB. Daher hat das Bundesarbeitsgericht eine Klausel für unwirksam erachtet, wenn der Arbeitnehmer „*bei betrieblichem Erfordernis*" in nicht näher konkretisiertem Umfang zu Überstunden verpflichtet ist.[424] Dieses Gebot bietet jedoch keine Handhabe für Klauseln wie „*Überstunden werden nicht bezahlt*", weil sie zwar inhaltlich problematisch sind, aber aus sich heraus

420 Hierzu: *Preis*, in: ErfK, § 611a Rn. 658.
421 *Preis*, in: ErfK, § 611a Rn. 663.
422 *Klocke*, RdA 2014, 223 (223).
423 BAG, NZA 2012, 908 (910).
424 BAG, NZA 2012, 861.

verständlich. Das Bundesarbeitsgericht muss sich daher mit §§ 138, 242 BGB behelfen.[425]

Überzeugender erscheint es, den vertraglichen Maßstab für die Entlohnung einer Arbeitsstunde heranzuziehen und eine Klauselkontrolle nach § 307 Abs. 1 BGB umfassend zu ermöglichen. Wenn eine Klausel unterschiedslos auf Überstunden abstellt, stellt sie auch auf solche Überstunden ab, die § 241 Abs. 2 BGB entsprechen. § 307 Abs. 3 BGB schützt aber grundsätzlich nur die Festlegung der Hauptleistungspflichten.

5.2.7.3 Vergütungserwartung

Ist die Klausel unwirksam, kommt ein Anspruch auf Entgelt für die Überstanden nach § 612 BGB in Betracht.

Abbildung 12: Der Entgeltanspruch nach § 612 Abs. 1 und 2 BGB

1. Fehlen einer Vereinbarung über die Vergütung
2. Vergütungserwartung
3. Höhe nach § 612 Abs. 2 BGB
   a) Taxmäßige Vergütung
   b) Übliche Vergütung

Für § 612 Abs. 1 und § 612 Abs. 2 BGB ist die Vergütungserwartung maßgebend. Einen Grundsatz, dass jede Mehrarbeitszeit oder jede dienstliche Anwesenheit über die vereinbarte Arbeitszeit hinaus zu vergüten ist, gibt es nicht.[426] Ob eine Vergütungserwartung besteht, hängt von allen Umständen des Einzelfalles bei objektiver Betrachtungsweise ab. Maßgeblich sind die Verkehrssitte, die Art, der Umfang und die Dauer der Dienstleistung sowie die Stellung der Beteiligten zueinander.[427] Auch kann berücksichtigt werden, ob Überstunden dieser Art grundsätzlich in Tarifverträgen entlohnt werden.[428]

Das Bundesarbeitsgericht geht davon aus, dass eine Vergütungserwartung in weiten Teilen des Wirtschaftslebens in aller Regel bestehen wird.[429] Problematisch ist diese Erwartung jedoch bei höherwertigen Dienstleistungen mit deutlich erhöhtem Entgelt. Insbesondere bei Anwaltskanzleien sind Überstunden die Regel. Sie werden in der Regel nicht vergütet, sondern durch Bonuszahlungen ersetzt. Denn die effektive Betreuung eines Mandates kann schnell Überstunden erforderlich machen, insbesondere wenn es

---

425 BAG, NZA 2012, 908 (910).

426 BAG, NZA 2012, 145.

427 BAG, NZA 2001, 458; BAG, NZA 2012, 145.

428 BAG, NZA 2012, 861.

429 BAG, NZA 2012, 145 (148).

um vorläufigen Rechtsschutz geht. Oftmals besteht der Gegenwert für die Mehrarbeit zum einen in der hohen Vergütung und zum anderen in der Aussicht, später Partner bzw. Partnerin der Kanzlei zu werden.[430]

Besteht grundsätzlich eine Vergütungserwartung, bedarf die Leistung der Arbeit der Veranlassung durch den Arbeitgeber. Nach der Formel des Bundesarbeitsgerichts muss der Arbeitgeber die Überstunden anordnen, belegen oder dulden oder müssem die Überstunden jedenfalls zur Erledigung der geschuldeten Arbeit notwendig sein.[431]

5.2.7.4 Die Darlegungs- und Beweislast

Überstundenprozesse stehen in dem Ruf, stets zulasten des Arbeitnehmers auszugehen. Denn grundsätzlich muss der Arbeitnehmer die Anordnung der Überstunde und das Ableisten der Arbeit in jedem Einzelfall (für jede Stunde) darlegen und beweisen.[432]

Im Ausgangspunkt genügt der Arbeitnehmer seiner Darlegungslast, indem er vorträgt, an welchen Tagen er von wann bis wann Arbeit geleistet oder sich auf Weisung des Arbeitgebers zur Arbeit bereitgehalten hat.[433] Hierauf muss der Arbeitgeber erwidern und im Einzelnen vortragen, welche Arbeiten er dem Arbeitnehmer zugewiesen hat und an welchen Tagen der Arbeitnehmer von wann bis wann diesen Weisungen – nicht – nachgekommen ist. Trägt er nichts vor oder lässt er sich nicht substanziiert ein, gelten die vom Arbeitnehmer vorgetragenen Arbeitsstunden gemäß § 138 Abs. 3 ZPO als zugestanden.

Materiell-rechtlich können dem Arbeitnehmer Auskunftsansprüche zugutekommen. So hat das Bundesarbeitsgericht jüngst entschieden, dass die Pflicht, gemäß § 21a Abs. 7 S. 1 ArbZG die Arbeitszeiten im Straßentransport aufzuzeichnen und mindestens zwei Jahre lang aufzubewahren, nicht nur im öffentlichen Kontrollinteresse, sondern auch im Interesse des Arbeitnehmers besteht.[434] Die Norm geht weiter als § 16 Abs. 2 ArbZG, die nur die Erfassung von Überstunden vorgibt. Stehen gerade Überstunden im Streit, wird § 16 Abs. 2 ArbZG oftmals ohne Wirkung bleiben.

2015 hat das Bundesarbeitsgericht die sog. Überstundenschätzung durch das Arbeitsgericht für zulässig erklärt.[435] Erforderlich bleibt weiterhin, dass die Billigung durch den Arbeitgeber feststeht. Darüber hinaus darf dann keine Dokumentierung durch den Arbeitgeber erfolgt sein und der Arbeit-

430 BAG, NJW 2012, 552.
431 BAG, NZA 2013, 1100.
432 BAG, NZA-RR 2017, 233.
433 Zu diesen Grundsätzen: BAG, AP BGB § 611 Arbeitszeit Nr. 59.
434 BAG, NZA 2019, 1645.
435 BAG, NZA 2015, 1002.

nehmer muss darlegen, dass die zugewiesene Arbeit nur durch die Leistung von Überstunden zu schaffen war. In diesem Fall genügen ausreichende Anknüpfungstatsachen, aus denen das Gericht die Überstunden heraus schätzen kann.

5.3 Die Ablieferungspflicht

Den Arbeitnehmer trifft eine sog. Ablieferungspflicht. Besonders wichtig wird diese bei Beendigung des Arbeitsverhältnisses. Es versteht sich aber von selbst, dass der Arbeitnehmer auch während eines bestehenden Arbeitsverhältnisses seine Arbeitsergebnisse dem Arbeitgeber aushändigen muss. Dementsprechend trifft den Arbeitnehmer nach § 667 BGB analog die Pflicht, alles bei der Arbeit erlangte, insbesondere die Betriebsmittel und die Arbeitsergebnisse, an den Arbeitgeber herauszugeben.[436] Wenn derjenige, der unentgeltlich im Interesse eines anderen tätig wird, alles herausgeben muss, dann gilt dies erst recht für den, der die Tätigkeit entgeltlich ausführt.

Die Ablieferungspflicht bezieht sich auf das Arbeitsergebnis und alles während der Arbeitszeit Erlangte, das in einem inneren Zusammenhang mit der Arbeit steht.[437] Die Herausgabepflicht bezieht sich sogar auf ein sog. Schmiergeld von dritter Seite.

Im modernen Wirtschaftsverkehr ist die Pflicht insbesondere im Hinblick auf etwaige Urheberrechte der Arbeitnehmer nach § 43 UrhG von Bedeutung. Erwirbt der Arbeitnehmer das Urheberrecht an einem Werk, dann kann der Arbeitgeber nach § 667 BGB die Abtretung der Nutzungsrechte verlangen. Um Unsicherheiten zu verhindern, treffen Arbeitgeber und Arbeitnehmer oftmals im Vorfeld eine vertragliche Regelung.

Was die Herstellung von Gütern angeht, so würde grundsätzlich der Arbeitnehmer nach § 950 BGB das Eigentum erwerben und müsste dies nach § 667 BGB an den Arbeitgeber herausgeben. Über sogenannte Herstellerklauseln[438] im Vertrag ist es jedoch möglich, dass der Arbeitgeber als Hersteller gilt und somit unmittelbar das Eigentum erlangt. Beim Arbeitnehmer entsteht dann nichts, was nach § 667 BGB herauszugeben ist.

436 BAG, NZA 2012, 501 (502).

437 BAG, NZA 2012, 501 (502).

438 Vgl. *Kindl*, in: BeckOK, § 950 Rn. 13.

5.4 Die Verschwiegenheitspflicht

Eine weitere wichtige, aber nicht selbstverständliche Pflicht des Arbeitnehmers besteht darin, über bestimmte Tatsachen gegenüber Dritten zu schweigen, die im Zusammenhang mit der Arbeit stehen. Die Pflicht zur Geheimhaltung kann allgemein aus § 241 Abs. 2 BGB folgen. Für Geschäftsgeheimnisse gilt seit dem 26.4.2019 das Geschäftsgeheimnisgesetz (GeschGehG).[439]

5.4.1 Die Regelungen des GeschGehG

Ein Geschäftsgeheimnis ist nach § 1 Nr. 1 GeschGehG eine Information, die weder insgesamt noch in der genauen Anordnung und Zusammensetzung ihrer Bestandteile den Personen in den Kreisen, die üblicherweise mit dieser Art von Informationen umgehen, allgemein bekannt oder ohne Weiteres zugänglich ist und daher von wirtschaftlichem Wert ist und die Gegenstand von den Umständen nach angemessenen Geheimhaltungsmaßnahmen durch ihren rechtmäßigen Inhaber ist und bei der ein berechtigtes Interesse an der Geheimhaltung besteht. Wer die rechtmäßige Kontrolle über diese Information hat, ist ihr Inhaber (§ 1 Nr. 2 GeschGehG).

Auf der Grundlage dieser Definition statuiert das Gesetz nach § 3 GeschGehG erlaubte Handlungen und nach § 4 GeschGehG Handlungsverbote. Diese Regelungen haben sowohl das Erlangen der Information als auch das Nutzen sowie Offenlegen zum Gegenstand. Arbeitnehmern ist es nach § 4 Abs. 1 Nr. 1 GeschGehG z. B. nicht erlaubt, unbefugt Geschäftsgeheimnisse zu kopieren. Eine unbefugte Erlangung sperrt auch jede Nutzung (§ 4 Abs. 2 GeschGehG). Ist im Vertrag vereinbart, ein Geschäftsgeheimnis zu bewahren, folgt das Handlungsverbot zusätzlich aus § 4 Abs. 2 Nr. 3 GeschGehG.

Die Rechtsfolgen von Verstößen sind in den §§ 6 ff. GeschGehG geregelt. Der Inhaber hat danach Ansprüche auf Schadensersatz (§ 10) und Beseitigungs- und Unterlassungsansprüche (§ 6 GeschGehG). Weiterhin können Vernichtungs-, Herausgabe- und Auskunftspflichten bestehen. § 11 GeschGehG sieht die Möglichkeit vor, dass der Rechtsverletzer dem Inhaber eine Abfindung zahlt, um den Ansprüchen nach §§ 6 und 7 GeschGehG zu entgehen.

Die §§ 15 ff. GeschGehG enthalten verfahrensrechtliche Vorschriften für die Geltendmachung der Rechte des Inhabers eines Geschäftsgeheimnisses. § 15 GeschGehG regelt zwar die sachliche und örtliche Zuständigkeit. Vorgelagert ist jedoch die Zuständigkeit der ordentlichen Gerichtsbarkeit anzu-

439 Vgl. allgemein: *Naber/Peukert*, NZA 2019, 583.

nehmen. Im Arbeitsverhältnis wird hingegen die Arbeitsgerichtsbarkeit eröffnet sein (§ 2 ArbGG).[440]

Das Gesetz endet mit der Strafnorm des § 23 GeschGehG, die bis zu fünf Jahre Freiheitsstrafe vorsieht und den Versuch unter Strafe stellt.

5.4.2 Insbesondere: das sog. Whistleblowing

Mit der Verschwiegenheitspflicht fällt das Problem zusammen, dass Arbeitnehmer gegebenenfalls gegen ihre vertraglichen Pflichten verstoßen, wenn sie strafrechtlich relevantes Verhalten der Presse oder den Behörden melden. Die Rechtsprechung war hier lange Zeit nicht einheitlich.

Im Anschluss an die Entscheidung des Europäischen Gerichtshofs für Menschenrechte (EGMR) in der Rechtssache „*Heinisch*"[441] hat das Bundesarbeitsgericht seine Rechtsprechung justiert und vertritt, dass im Fall der Erstattung von Anzeigen der Strafverfolgungsbehörde oder anderen zuständigen Stellen eine vertragswidrige Pflichtverletzung nicht schon dann anzunehmen ist, wenn der Arbeitnehmer die Anzeige erstattet, ohne dabei wissentlich oder leichtfertig falsche Angaben zu machen. Andererseits kann eine Anzeige unabhängig vom Nachweis der mitgeteilten Verfehlung und ihrer Strafbarkeit ein Grund für eine verhaltensbedingte Kündigung sein, wenn sie eine unverhältnismäßige Reaktion auf das Verhalten des Arbeitgebers oder eines seiner Repräsentanten darstellt.[442]

In Entsprechung dieser Grundsätze bestimmt § 5 Nr. 2 GeschGehG, dass die Erlangung, die Nutzung oder die Offenlegung eines Geschäftsgeheimnisses nicht unter die Verbote des § 4 GeschGehG fällt, wenn dies zum Schutz eines berechtigten Interesses, insbesondere nach Nr. 2 zur Aufdeckung einer rechtswidrigen Handlung oder eines beruflichen oder sonstigen Fehlverhaltens erfolgt, wenn die Erlangung, Nutzung oder Offenlegung geeignet ist, das allgemeine öffentliche Interesse zu schützen.

5.5 Wettbewerbsverbote

Während und nach der Laufzeit des Arbeitsvertrages haben Arbeitgeber oftmals ein Interesse daran, dass ihr Arbeitnehmer nicht in einen Wettbewerb zu ihnen tritt. Die Arbeitsleistung für sich zu nutzen, ist in gewisser Weise die Quintessenz des Arbeitsvertrags aus Arbeitgebersicht.

---

440 *Francken*, NZA 2019, 1665.

441 EGMR, NZA 2011, 1269; *Ulber*, NZA 2011, 962.

442 BAG, NJOZ 2013, 1064 (1068).

5.5.1 Das Wettbewerbsverbot während eines Arbeitsverhältnisses

Man könnte aus § 242 BGB folgern, dass sich der Arbeitnehmer treuwidrig verhält, wenn er Wettbewerb zulasten seines Arbeitgebers betreibt. Die Rechtsprechung akzentuiert § 241 Abs. 2 BGB und versteht die handelsrechtlichen Regelungen zum Handlungsgehilfen als dessen Ausgestaltung.[443] Handlungsgehilfen sind Arbeitnehmer des Kaufmannes. Dies kann aus § 59 S. 1 HGB abgeleitet werden.

Das Bundesarbeitsgericht hat aus § 60 HGB gefolgert, dass diese Norm einen allgemeinen Rechtsgedanken normiert.[444] Das dort geschilderte Verhalten des Arbeitnehmers ist unvereinbar mit der Pflicht des Arbeitnehmers, die Interessen des Arbeitgebers zu fördern und zu schützen.

Abbildung 13: Das Wettbewerbsverbot nach § 60 Abs. 1 HGB analog

1. Arbeitsverhältnis
2. Konkurrenztätigkeit
3. Keine Einwilligung
4. Rechtsfolgen
   a) Unterlassungspflicht nach § 60 Abs. 1 HGB
   b) Schadensersatz nach § 61 Abs. 1 HS 1 HGB
   c) Eintrittsrecht nach § 61 Abs. 1 HS 2 HGB

Die Norm bezieht sich auf den Zeitraum während des Arbeitsvertrages. Will sich der Arbeitnehmer später selbstständig machen, werden Vorbereitungshandlungen während der Laufzeit des Arbeitsverhältnisses nicht von § 60 HGB erfasst.[445] Hierfür bedarf es der Vereinbarung eines nachvertraglichen Wettbewerbsverbots.

Dem Arbeitnehmer ist aufgrund des Wettbewerbsverbots nicht nur eine Konkurrenztätigkeit im eigenen Namen und Interesse untersagt. Ihm ist ebenso wenig gestattet, einen Wettbewerber des Arbeitgebers zu unterstützen.[446] Maßgebender Anknüpfungspunkt ist eine sog. Konkurrenzsituation zwischen dem Arbeitgeber und dem Dritten, für den der Arbeitnehmer Dienste oder Leistungen erbringt.[447] Das erlaubte Verhalten endet schon bei der Aufnahme einer werbenden Tätigkeit, z. B. durch Vermittlung von Konkurrenzgeschäften oder aktives Abwerben von Kunden.[448]

443 BAG, NZA 2018, 1425 (1428).
444 BAG, BB 2015, 761 (763).
445 BAG, NZA 2015, 429 (431).
446 BAG, NZA-RR 2010, 461 (462).
447 BAG, NZA 2018, 1425 (1429).
448 BAG, NZA 2008, 1415.

Verstößt der Arbeitnehmer gegen § 60 HGB analog, kommt eine ganze Reihe von Ansprüchen in Betracht. Daneben kann auch eine Kündigung in Betracht kommen, dies wird aber in aller Regel zunächst eine Abmahnung als milderes Mittel voraussetzen. Ein Unterlassungsanspruch dürfte unmittelbar über § 60 HGB begründbar sein.[449]

Das Bundesarbeitsgericht wendet den Anspruch aus § 61 Abs. 1 HGB ebenfalls analog an.[450] Danach kann der Prinzipal Schadensersatz fordern oder stattdessen verlangen, dass der Handlungsgehilfe die für eigene Rechnung gemachten Geschäfte als für Rechnung des Prinzipals eingegangen gelten lässt und die aus den Geschäften für fremde Rechnung bezogene Vergütung herausgibt bzw. seinen Anspruch auf die Vergütung abtritt.

Neben diesen Anspruch können weitere Ansprüche treten. Insbesondere der Anspruch aus §§ 687 Abs. 2, 681 Satz 2, 667 BGB aus angemaßter Eigengeschäftsführung kann Bedeutung erlangen. Dieser Anspruch besteht allerdings nur dann, wenn der Arbeitnehmer positive Kenntnis von der Fremdheit des Geschäfts hat.

In Kontext mit anderen Ansprüchen war lange umstritten, ob die Verjährungsfrist des § 61 Abs. 2 S. 1 HGB auch für Ansprüche jenseits von § 61 Abs. 1 HGB gilt. Das Bundesarbeitsgericht bejaht dies nunmehr in ständiger Rechtsprechung, insbesondere für vertragliche oder deliktische Ansprüche des Arbeitgebers.[451] Ausgenommen sind hingegen Ansprüche, deren Entstehung nicht auf dem Wettbewerbsverstoß beruht, wie etwa pflichtwidrige Vermögensverfügungen oder andere Handlungen zulasten des Arbeitgebers ohne Wettbewerbsbezug.[452] Begründen lässt sich diese Annahme vor allem damit, dass § 61 Abs. 2 HGB eine schnelle Klärung und Bereinigung der sich aus der Wettbewerbstätigkeit ergebenden Rechtsfolgen erreichen soll. Dieser Zweck würde vereitelt, wenn nach dem Ablauf der kurzen Verjährungsfrist für den vertraglichen Anspruch der Verpflichtete weiter der Gefahr ausgesetzt bliebe, aus dem gleichen Sachverhalt – wenn auch mit einer anderen rechtlichen Begründung – in Anspruch genommen zu werden.[453]

5.5.2 Das nachvertragliche Wettbewerbsverbot

Nachvertraglich bestehen Wettbewerbsverbote nur, wenn sie vertraglich vereinbart wurden.

Bei einem nachvertraglichen Wettbewerbsverbot nach § 110 GewO, § 74 ff. HGB handelt es sich um einen gegenseitigen Vertrag im Sinne der

449 *Oetker*, in: ErfK, § 61 HGB Rn. 2.
450 BAG, NZA 2019, 571 (574).
451 BAG, NZA 2018, 1425 (1430).
452 BAG, NZA 2018, 1425 (1430).
453 BAG, NZA 2011, 94.

§§ 320 ff. BGB.[454] Im Gegenseitigkeitsverhältnis steht die vom Arbeitnehmer geschuldete Unterlassung des Wettbewerbs einerseits und die vom Arbeitgeber geschuldete Zahlung der Karenzentschädigung andererseits. Daher ist u. a. ein Rücktritt gemäß §§ 323, 346 BGB möglich. § 314 BGB sperrt diese Möglichkeit nicht.[455]

Im Übrigen konstituieren die gesetzlichen Regelungen der §§ 110 GewO, 74 ff. HGB ein geschlossenes System, vom dem nicht zuungunsten des Arbeitnehmers abgewichen werden darf.[456]

Die Vereinbarung bedarf daher nach § 74 Abs. 1 HGB der Schriftform und der Aushändigung einer vom Arbeitgeber unterzeichneten, die vereinbarten Bestimmungen enthaltenden Urkunde an den Arbeitnehmer. § 74 Abs. 1 HGB ist ein gesetzliches Formerfordernis. Ein Verstoß führt somit zur Nichtigkeit nach § 125 BGB.[457]

Nach § 74 Abs. 2 HGB muss der Arbeitgeber für die Dauer des Verbots eine Entschädigung zahlen, die für jedes Jahr des Verbots mindestens die Hälfte der von dem Arbeitgeber zuletzt bezogenen vertragsmäßigen Leistungen erreicht.

Wettbewerbsverbote, die (gar) keine Karenzentschädigung vorsehen, sind nach ständiger Rechtsprechung nichtig. Weder der Arbeitnehmer noch der Arbeitgeber können aus einer solchen Abrede Rechte herleiten.[458]

Unverbindlich sind hingegen Wettbewerbsverbote, die zwar schriftlich vereinbart wurden und dem Grunde nach einen Anspruch auf eine Karenzentschädigung vorsehen, aber zuungunsten des Arbeitnehmers von den gesetzlichen Vorgaben der Folgebestimmungen abweichen.[459] Die Unverbindlichkeit soll dem Arbeitnehmer die Möglichkeit einräumen zu wählen, ob er sich an die Vereinbarung hält, also Wettbewerb unterlässt, und damit einen Anspruch auf die Karenzentschädigung erwirbt, oder ob er in Wettbewerb eintritt, ohne hierfür wegen der für ihn bestehenden Unverbindlichkeit Sanktionen befürchten zu müssen.[460]

Das Wettbewerbsverbot ist daher nach § 74a Abs. 1 S. 1 HGB insoweit unverbindlich, als es nicht zum Schutze eines berechtigten geschäftlichen Interesses des Prinzipals dient. Es ist ferner unverbindlich, soweit es unter Berücksichtigung der gewährten Entschädigung nach Ort, Zeit oder Gegenstand eine unbillige Erschwerung des Fortkommens des Gehilfen enthält (S. 2). Das Verbot kann schließlich nicht auf einen Zeitraum von mehr als

454 BAG, NZA 2018, 578.
455 BAG, NZA 2018, 578.
456 BAG, NJW 2017, 2363 (2364).
457 BAG, NZA 2011, 414; *Oetker*, in: ErfK, § 74 Rn. 14.
458 BAG, NJW 2017, 2363 (2364).
459 BAG, NJW 2017, 2363 (2364).
460 BAG, NZA 2017, 845 (847).

zwei Jahren von der Beendigung des Dienstverhältnisses an erstreckt werden (S. 3).

Unverbindlich sind nach der Rechtsprechung zudem Wettbewerbsverbote, die zwar schriftlich vereinbart wurden und dem Grunde nach einen Anspruch auf eine Karenzentschädigung vorsehen, bei denen aber die Entschädigung nicht (eindeutig) die gesetzliche Mindesthöhe erreicht. Hier wird oftmals § 305c Abs. 2 BGB eine entscheidende Rolle spielen.[461]

5.5.3 Exkurs: Nebentätigkeiten

Im Problemkreis der Wettbewerbsverbote stellt sich auch die Frage, ob Arbeitnehmer neben ihrer Arbeit einer anderen Tätigkeit nachgehen können. Grundsätzlich folgt aus Art. 12 GG, dass der Arbeitnehmer nicht verpflichtet ist, dem Arbeitgeber seine gesamte Arbeitskraft zur Verfügung zu stellen. Er schuldet nur das ihm mögliche im Rahmen des vereinbarten Zeitraums. Nebenberufliche Tätigkeiten sind durch das Recht auf freie Entfaltung der Persönlichkeit nach Art. 2, 1 GG und die Berufsfreiheit nach Art. 12 GG geschützt. Daraus folgt auch, dass Nebentätigkeiten grundsätzlich zulässig sein müssen.[462]

Gleichwohl besteht oftmals die Gefahr, dass Arbeitnehmer zwischen Arbeitsvertrag und Nebentätigkeit falsche Schwerpunkte setzen. Insofern greifen Arbeitgeber auf vertragliche Verbote zurück. Aus § 307 Abs. 1 BGB wird zunächst gefolgert, dass absolute Nebentätigkeitsverbote unzulässig sind, weil sie eine unverhältnismäßig einschränkende Berufsfreiheit ohne hinreichendes Interesse darstellen. Erforderlich ist vielmehr, dass der Arbeitgeber ein berechtigtes Interesse an der Untersagung der Nebentätigkeit hat.[463]

Eingeschränkte Nebentätigkeitsverbote können jedoch zulässig sein. Das Bundesarbeitsgericht differenziert nämlich zwischen „Nebentätigkeitsverbot“ und „Genehmigungsvorbehalt“.[464] Nach der Rechtsprechung des Bundesarbeitsgerichts fällt unter die Fallgruppe der eingeschränkten Nebentätigkeitsverbote insbesondere eine Klausel, die die Aufnahme einer Nebentätigkeit von der Zustimmung des Arbeitgebers abhängig macht. Nach Ansicht des Bundesarbeitsgerichts ist eine solche Klausel dahingehend auszulegen, dass sie keinen Ermessensspielraum des Arbeitgebers gewährt: ohne ein berechtigtes Interesse hat der Arbeitnehmer einen Anspruch auf Erteilung der Zustimmung.[465]

461 BAG, NZA 2017, 845 (847 f.).
462 BAG, NZA 1997, 41 (42).
463 *Linck*, in: Schaub, § 42 Rn. 1.
464 BAG, AP BGB § 611 Nebentätigkeit Nr. 8.
465 BAG, AP BGB § 611 Nebentätigkeit Nr. 6.

Kollidiert die Nebentätigkeit mit der Hauptleistungspflicht, stellt dies in erster Linie eine Verletzung der Arbeitspflicht dar.[466] Wird nicht gearbeitet, muss der Arbeitgeber auch kein Entgelt zahlen. Es gilt der Grundsatz: kein Lohn ohne Arbeit (§ 326 Abs. 1 S. 1 BGB).[467] Darüber hinaus besteht die Möglichkeit, dass der Arbeitnehmer durch die Nebentätigkeit nicht mehr in der Lage ist, das ihm seinerseits Mögliche zu leisten. Auch dann verletzt er seine Arbeitspflicht durch Schlechtleistung. Dies kann wiederum in letzter Konsequenz die Kündigung zur Folge haben.

466 Hierzu: *Linck*, in: Schaub, § 42 Rn. 4 ff.

467 Dazu noch 7.

6 Die Pflichten des Arbeitgebers

Der Pflichtenkanon des Arbeitgebers ist sehr weit. Neuere Entwicklungen im Arbeitsrecht bringen in aller Regel auch eine Erweiterung des Pflichtenkreises des Arbeitgebers mit sich. Grob kann man zwischen der Entgeltzahlung als Hauptpflicht im Gegenseitigkeitsverhältnis und allen übrigen Pflichten als Neben- oder Nebenleistungspflichten unterscheiden.

6.1 Die Pflicht zur Entgeltzahlung

Nach § 611a Abs. 2 BGB schuldet der Arbeitgeber für die Leistung der Arbeit die Zahlung des Entgeltes. Wie bereits dargestellt, handelt es sich hierbei um die Hauptleistungspflicht des Arbeitgebers, die im Gegenseitigkeitsverhältnis zur Pflicht des Arbeitnehmers steht, die Arbeit zu leisten. Gleichwohl ist der Arbeitnehmer gemäß § 614 BGB vorleistungspflichtig. Da die Vergütung in aller Regel in Zeitabschnitten gezahlt wird, erklärt § 614 BGB, warum Arbeitnehmer am Monatsende ihr Entgelt erhalten.[468] Erst wenn der Arbeitnehmer die Arbeit erledigt hat, wird der Anspruch auf das Entgelt fällig und der Arbeitnehmer kann das Geld verlangen.

Abbildung 14: Entgeltzahlung nach § 611a Abs. 2 BGB

1. Arbeitsvertragsschluss
2. Vereinbarung über die Form des Entgelts (§ 107 GewO)
3. Vergütungsintervall
4. Leistungsort

6.1.1 Grundlagen der Entgeltzahlung

Der Begriff des Entgelts ist der moderne Begriff der Gegenleistung des Arbeitgebers. § 611a BGB selbst spricht von Vergütung. Der Begriff des Lohns bezieht sich historisch auf das Entgelt des Arbeiters,[469] wird aber heute auch weitgehend synonym für Entgelt eingesetzt. Der deutsche Sprachgebrauch ist nicht immer einheitlich.

6.1.1.1 Geld- und Sachbezüge

Man unterscheidet zwei Formen des Arbeitsentgeltes: den Geldlohn und den Naturallohn bzw. Sachbezug. Gemäß § 107 Abs. 1 GewO besteht grund-

468 Hierzu: *Müller-Glöge*, in: MüKoBGB, § 614 Rn. 11.
469 BAG, NZA 2016, 1327 (1330).

sätzlich die Pflicht, das Arbeitsentgelt in Euro auszuzahlen. Arbeitsentgelt in Form von Sachbezügen dürfen nur Inhalt des Arbeitsverhältnisses werden, wenn sie dem Interesse des Arbeitnehmers oder der Eigenart des Arbeitsverhältnisses entsprechen (§ 107 Abs. 2 S. 1 GewO). § 107 GewO enthält dabei das sogenannte Truckverbot (to truck – eintauschen).

6.1.1.2 Vergütung in der Zeit

Ferner wird der sog. Zeitlohn nach einer Lohnbemessungsperiode gezahlt. Für eine über einen bestimmten Zeitraum erbrachte Arbeitsleistung schuldet der Arbeitgeber dann Geld. Ein anschauliches Beispiel sind die Tagelöhner. In der Praxis kommt der sog. Monatslohn am häufigsten vor.

6.1.1.3 Prämien- und Akkordlohn

Darüber hinaus gibt es den sog. Leistungslohn. Dieser wird für eine besondere Qualität der Arbeitsleistung[470] oder für eine besondere Quantität der Arbeitsleistung gezahlt. Im ersten Fall spricht man von Prämienlohn, im zweiten Fall von Akkordlohn.[471]

Wegen der damit oftmals einhergehenden Steigerung des Arbeitstempos und der damit einhergehenden Gefahr, Gesundheitsschädigungen zu erleiden, sehen einige Gesetze Verbote für eine Akkordlohn-Vereinbarung vor. Das ist etwa in § 23 Abs. 1 S. 1 Nr. 1 JArbSchG der Fall.

6.1.1.4 Entgelt und Zusatzvergütungen

Man unterscheidet weiterhin unterschiedliche Formen des Entgeltes: der Arbeitgeber kann Haupt- und Neben- bzw. Zusatzvergütungen zahlen. Insbesondere bei den letztgenannten Formen ist zu prüfen, ob sie Teil des Gegenseitigkeitsverhältnisses werden, also für Arbeitsleistung gezahlt werden oder anderen Zwecken dienen.

Neben das normale Entgelt treten Zuschläge und Zulagen. Es geht dabei um die Aufstockung der Grundvergütung. Grob unterscheidet man zwei Formen: einmal wird die geleistete Arbeit entlohnt, hingegen kann auch kein konkreter Bezug zu Leistungen des Arbeitnehmers, sondern ein anderer Zweck bestehen. Ein wichtiges Beispiel hierfür ist die Bindung des Arbeitnehmers an den Betrieb in Zukunft.

Prämien stellen eine Vergütungsform nach bestimmten Voraussetzungen dar.[472] Eine Gratifikation bezeichnet eine Zahlung, die nicht aus persönlichem oder wirtschaftlichem Erfolg resultiert, sondern wegen eines be-

---

470 *Preis*, in: ErfK, § 611a Rn. 391.

471 Hierzu: *Preis*, in: ErfK, § 611a Rn. 392.

472 Vgl. auch *Vogelsang*, in: Schaub, § 63 Rn. 54.

stimmten Anlasses gezahlt wird.[473] Eine Provision stellt eine erfolgsbezogene prozentuale Vergütung, abhängig vom Wert des vermittelten Geschäfts dar.[474] Tantiemen hingegen bezeichnen die Beteiligung am Geschäftsgewinn.[475] Bei der Zielvereinbarung erhält der Arbeitnehmer Entgelt, wenn er bestimmte (in der Regel unternehmensförderliche) Ziele erreicht.[476] Darüber hinaus bestehen noch Zulagen und Zuschläge.[477] Oftmals geht es um qualifizierte Voraussetzungen der Arbeitsleistung. Insbesondere um gestiegene Lebenshaltungskosten abzufangen, wird oftmals eine Zulage gezahlt, wenn der Arbeitnehmer an einen anderen Ort versetzt wird.

Sondervergütungen sind allgemeine Zahlungen, die von einer einmaligen und nicht auf das Arbeitsverhältnis gerichteten Schenkung des Arbeitgebers abzugrenzen sind. Sondervergütungen im Arbeitsverhältnis werden unmittelbar dem Anwendungsbereich des Arbeitsvertrags zugeordnet. Entweder sind sie Entgelt oder dienen besonderen Zwecken. Schenkungsrecht findet daher keine Anwendung, selbst wenn der Arbeitgeber die Leistung als „Geschenk" bezeichnet.[478] Etwas anderes kommt daher nur dann in Betracht, wenn kein Bezug zur Arbeitsleistung vorliegt.

6.1.1.5 Die Entgelterwartung

In der Praxis wird sich das Entgelt oftmals aus Tarifverträgen ergeben. Fehlt es hieran und fehlt es an einer Vergütungsvereinbarung im Arbeitsvertrag, bestimmt § 612 Abs. 1 BGB, dass die zu erwartende übliche Vergütung geschuldet ist, wobei die Höhe aus § 612 Abs. 2 BGB folgt. Die Norm ist außerdem auch anzuwenden, wenn über die vertraglich geschuldete Tätigkeit hinaus Sonderleistungen erbracht werden, die durch die vereinbarte Vergütung nicht abgegolten sind, und weder einzel- noch tarifvertraglich geregelt ist, wie diese Dienste zu vergüten sind.[479]

Besteht in der Branche eine tarifliche Vergütung für die jeweilige Arbeit, kann hieraus häufig bereits die Üblichkeit gefolgert werden. Ergänzend kann auf die übliche Vergütung im jeweiligen Wirtschaftskreis abgestellt werden. Die Vergütungserwartung ist anhand eines objektiven Maßstabs unter Berücksichtigung der Verkehrssitte, der Art, des Umfangs und der Dauer der Dienstleistung sowie der Stellung der Beteiligten zueinander festzustellen, ohne dass es auf deren persönliche Meinung ankommt.[480]

473 *Von Hoyningen-Huene*, in: MüKoHGB, § 59 Rn. 304.
474 Vgl. § 65 HGB.
475 *Von Hoyningen-Huene*, in: MüKoHGB, § 59 Rn. 296.
476 *Krause*, in: MünchArbR, § 64 Rn. 36.
477 Zum weiteren Begriff: *Spinner*, in: MüKoBGB, § 611a Rn. 699 f.
478 BAG, AP BGB § 611 Gratifikation Nr. 243.
479 BAG, AP BGB § 612 Nr. 79.
480 BAG, AP BGB § 612 Nr. 79.

6.1.1.6 Leistungsort

Der Leistungsort der Entgeltpflicht bestimmt sich nach § 269 BGB. Bestehen keine Anhaltspunkte für einen anderen Ort, handelt es sich bei der Pflicht aus § 611a Abs. 2 BGB grundsätzlich um eine Holschuld gemäß § 269 Abs. 1 BGB.[481] Historisch erklärt sich hieraus der Begriff der sogenannten „Lohntüte“, die sich die Arbeitnehmer nach getaner Arbeit abgeholt haben.

Im modernen Wirtschaftsverkehr wird man annehmen müssen, dass die bargeldlose Zahlung üblich ist. Zu bemerken ist, dass die Rechtsprechung nicht auf § 270 BGB zurückgreift und grundsätzlich im Rahmen von § 269 BGB von einem einheitlichen Erfüllungsort von Arbeitspflicht und Entgeltpflicht ausgeht.[482] Dem wird teilweise unter Hinweis auf die Üblichkeit der Überweisung des Entgelts auf Bankkonten widersprochen.[483] Fragt der Arbeitgeber nach den Bankdaten und teilt der Arbeitnehmer diese mit, dürfte hierin jedenfalls eine Vereinbarung der Möglichkeit zur Überweisung zu sehen sein.

6.1.1.7 Brutto- und Nettolohn

Das gemäß dem Arbeitsvertrag zu zahlende Entgelt stellt grundsätzlich den sog. Bruttolohn dar. Von diesem Betrag muss der Arbeitgeber nach § 38 Abs. 3 EStG und § 28d SGB IV die Steuerpflicht und die Sozialversicherungspflicht des Arbeitnehmers erfüllen (zusätzlich führt er auch seine Beiträge zur Sozialversicherung ab). Die Differenz nach dem Abzug dieser Posten stellt den sogenannten Nettolohn dar. Nur diesen bekommt der Arbeitnehmer ausgezahlt.

6.1.1.8 Die Gehaltsabrechnung

Über diesen Verrechnungsvorgang schuldet der Arbeitgeber dem Arbeitnehmer eine Abrechnung in Tabellenform gemäß § 108 GewO (sog. Gehaltsabrechnung).

6.1.2 Praktische Probleme und Streitpunkte

6.1.2.1 Die Durchsetzung des Arbeitsentgeltes

Der Arbeitnehmer hat gemäß § 611a Abs. 2 BGB einen einklagbaren Anspruch auf Zahlung des Arbeitsentgeltes. Obgleich er am Ende des Monats nur den Nettolohn ausgezahlt bekommt, kann der Arbeitnehmer nach der

---

481 So die Entscheidung des BGH, NJW 1957, 498.

482 BAG, NZA 2003, 339 (340).

483 *Krüger*, in: MüKoBGB, § 269 BGB.

Rechtsprechung des Bundesarbeitsgerichts einen Antrag auf Zahlung des Bruttolohns stellen.[484] Das Bundesarbeitsgericht nimmt hier zutreffend an, dass das Abführen der Sozialleistungen im Zusammenhang mit der Auszahlung des Arbeitsentgeltes steht und daher ebenfalls die Pflicht aus § 611a Abs. 2 BGB erfüllt. Insofern kann vom Arbeitnehmer nicht verlangt werden, dass er selbst die Beiträge zu den Sozialversicherungen bzw. seiner Lohnsteuer ausrechnet.

Daneben stellt sich die Frage, in welcher Höhe der Arbeitnehmer nach §§ 288, 286 BGB Zinsen verlangen kann. Die herrschende Meinung nimmt an, dass nicht der Nettolohn, sondern der Bruttolohn zu verzinsen ist.[485] Es werden daher auch die nicht abgeführten Sozialabgaben verzinst.

6.1.2.2 Insbesondere: § 288 Abs. 5 BGB

2016 wurde § 288 Abs. 5 BGB eingeführt. Ob der Arbeitnehmer die Verzugsschadenpauschale geltend machen kann, ist umstritten. Das Problem resultiert im Wesentlich daraus, dass § 12a ArbGG davon ausgeht, dass in der ersten Instanz jede Partei ihren Anwalt selbst zahlen muss und insbesondere nach der Rechtsprechung des Bundesarbeitsgerichts auch weitergehende materiell-rechtliche Ansprüche auf Kostenerstattung ausgeschlossen sind.[486] Daher passt § 288 Abs. 5 BGB nicht wirklich für das Arbeitsrecht. Gleichwohl verfängt der Zweck der Norm, den Schuldner zur Zahlung anzuhalten, auch im Arbeitsrecht und wird über die Sicherung der Existenzgrundlage sogar verstärkt.[487] Dem zum Trotze erblickt das Bundesarbeitsgericht in § 12a ArbGG eine vorrangige und spezielle Wertentscheidung, die den Rückgriff auf § 288 Abs. 5 BGB sperrt.[488]

6.1.2.3 Die Rückzahlung von überzahltem Arbeitsentgelt

Hat der Arbeitgeber irrtümlich zu viel gezahlt, kann er gemäß § 812 Abs. 1 S. 1 Alt. 1 BGB den zu viel gezahlten Betrag zurückverlangen. Für den Arbeitnehmer kann dies misslich sein, wenn er die ausgezahlten Beträge bereits verbraucht hat. Er wird sich daher in aller Regel auf Entreicherung nach § 818 Abs. 3 BGB berufen. Das Bundesarbeitsgericht vertritt dazu, dass bei Normalverdienern der Anscheinsbeweis dafürspricht, dass es zum ersatzlosen Wegfall der Bereicherung gekommen ist,[489] wenn die Überzahlung nicht 10 % des Monatsgehaltes übersteigt. Nach allgemeiner Lebens-

484 BAG, RdA 2002, 177 (177).

485 BAG, RdA 2002, 177 (180).

486 BAG, NZA 2019, 121 (123).

487 *Klocke*, jurisPR-ArbR 1/2018 Anm. 5.

488 BAG, NZA 2019, 121.

489 BAG, NZA 1996, 27 (28): „bei kleineren und mittleren Arbeitseinkommen und einer gleichbleibend geringen Überzahlung".

erfahrung sei davon auszugehen, dass der Lohn alsbald nach Auszahlung verbraucht werde.

6.1.2.4 Aufrechnungs- und Pfändungsschutz

Das Arbeitsentgelt ist als Entgeltanspruch pfändbar nach §§ 829, 835 i. V. m. 850 ff. ZPO. Da das Arbeitsentgelt die Lebensgrundlage des Arbeitnehmers und seiner Familie darstellt, wird es durch die §§ 850a ff. ZPO einem besonderen Pfändungsschutz unterworfen. Im Grundsatz gilt, dass das Arbeitsentgelt absolut unpfändbar ist. Erst wenn eine bestimmte Höhe erreicht wird, wird der Pfändungsschutz relativ.

Aus dem Pfändungsschutz folgt zugleich nach § 394 BGB, dass das Arbeitsentgelt nur in eingeschränkter Form der Aufrechnung unterliegt. Der Arbeitnehmer hingegen ist frei aufzurechnen.

Aus dem Aufrechnungsverbot folgert die herrschende Meinung auch, dass der Arbeitgeber nicht das Entgelt nach §§ 320, 273 BGB im unpfändbaren Bereich zurückhalten darf.[490] Diese Regelung knüpft unmittelbar an der Vorleistungspflicht des Arbeitnehmers an. Insofern muss der Arbeitnehmer zunächst seine Arbeit erbringen. Wird der Anspruch dann fällig, darf der Arbeitgeber die Zahlung nicht zurückhalten.

6.1.2.5 Exkurs: Das Arbeitsentgelt in der Insolvenz

Die Insolvenz des Arbeitgebers hat in der Regel weitreichende Folgen für den Arbeitnehmer. Mit der Stärkung des Sanierungszwecks (§ 1 InsO) der InsO muss eine Insolvenz aber nicht zwangsläufig den Verlust des Arbeitsverhältnisses bedeuten.

Für das Arbeitsentgelt ist zu differenzieren. Nach der Eröffnung des Insolvenzverfahrens begründete Entgeltforderungen werden als Masseforderungen (§ 55 Abs. 1 Nr. 2 InsO) privilegiert. Bis zur Eröffnung des Verfahrens nicht erfüllte Forderungen sind Insolvenzforderungen nach § 38 InsO und müssen zur Tabelle angemeldet werden.[491]

6.1.2.6 Exkurs: Rückzahlung von Kosten für Weiterbildungen

Rückzahlungsabreden für Aus- und Fortbildungskosten benachteiligen den Arbeitnehmer nach ständiger Rechtsprechung nicht generell unangemessen. Eine Rückzahlungsklausel ist etwa dann nicht zu beanstanden, wenn die Rückzahlungsverpflichtung bei verständiger Betrachtung einem billigenswerten Interesse des Arbeitgebers entspricht und der Arbeitnehmer

---

490 Vgl. BGH, NJW 1974, 367 (368).

491 *Koch*, in: Schaub/Koch, „Insolvenz des Arbeitgebers“.

mit der Fortbildungsmaßnahme eine angemessene Gegenleistung für die Rückzahlungsverpflichtung erhalten hat.

Das Interesse des Arbeitgebers besteht darin, die vom Arbeitnehmer erworbene Qualifikation möglichst langfristig für seinen Betrieb nutzen zu können. Dieses grundsätzlich berechtigte Interesse gestattet es ihm, als Ausgleich für seine finanziellen Aufwendungen von einem sich vorzeitig abkehrenden Arbeitnehmer die Kosten der Ausbildung ganz oder zeitanteilig zurückzuverlangen.

Die berechtigten Belange des Arbeitgebers sind gegen das Interesse des Arbeitnehmers abzuwägen. Das Interesse des Arbeitgebers, der seinem Arbeitnehmer eine Aus- oder Weiterbildung finanziert, geht typischerweise dahin, die vom Arbeitnehmer erworbene Qualifikation möglichst langfristig für seinen Betrieb nutzen zu können.[492] Wegen Art. 12 GG hat der Arbeitnehmer das Recht, seinen Arbeitsplatz ohne Belastung mit der Erstattungspflicht wählen bzw. wechseln zu können. Dem muss die Regelung Rechnung tragen. Außerdem stellt eine Rückzahlungsklausel nur dann eine ausgewogene Gesamtregelung dar, wenn es der Arbeitnehmer selbst in der Hand hat, durch eigene Betriebstreue der Rückzahlungsverpflichtung zu entgehen.[493]

6.1.3 Die Kontrolle von Vergütungsabreden

Auch wenn § 307 Abs. 3 BGB es untersagt, die Festlegung der Hauptleistungspflichten auf ihre Angemessenheit hin zu untersuchen, kann die Entgeltabrede gemäß § 138 oder § 134 BGB unwirksam sein. Im Anwendungsbereich des MiLoG besteht zudem die Kontrolle nach § 3 MiLoG.

In der Praxis häufig zu beobachten ist Schwarzarbeit. Hier verstoßen der Arbeitgeber und der Arbeitnehmer gegen § 307 Abs. 1 Nr. 1 AO (Abgabenordnung). Das Bundesarbeitsgericht folgert aus der Abrede jedoch nicht, dass der gesamte Arbeitsvertrag unwirksam ist, sondern nur, dass die Abrede, dass keine Steuern gezahlt werden sollen, unwirksam ist.[494] Damit bleiben der Arbeitsvertrag und der Vergütungsanspruch nach § 611a Abs. 2 BGB bestehen. Aus § 14 Abs. 2 SGB IV folgt dann ferner, dass ein Nettoarbeitsentgelt als vereinbart gilt. Die Sozialabgaben muss dann der Arbeitgeber zahlen. Daher trägt der Arbeitgeber das alleinige Risiko einer Schwarzgeldabrede.

---

492 BAG, NZA 2014, 957 (958).

493 BAG, NZA 2014, 957 (958).

494 BAG, AP BGB § 134 Nr. 24.

6.2 Der Mindestlohn

2014 wurde der Mindestlohnanspruch nach §§ 1, 2, 20 MiLoG durch das Tarifautonomiestärkungsgesetz eingeführt.[495] Grundlage der Einführung des Mindestlohns war der Befund, dass die Beschäftigung zu niedrigen Löhnen in den letzten Jahren stark zugenommen hatte und die Tarifvertragsparteien aus eigener Kraft nicht mehr durchgehend in der Lage waren, der Verbreitung von unangemessenen Löhnen entgegenzuwirken.

Nicht zuletzt die Auflösung traditioneller Branchengrenzen und die Mobilität von Arbeitskräften in Europa haben die Durchsetzungsfähigkeit der kollektiven Interessenvertretungen beeinträchtigt. Das Fehlen eines Mindestlohns war für den Gesetzgeber ferner deswegen gefährlich, weil es einen Anreiz zu einem Lohnunterbietungswettbewerb bieten könnte, welcher auf lange Sicht insbesondere die Sozialversicherungssysteme kollabieren lassen könnte. Ein niedriges Einkommen bedeutete auch zwangsläufig niedrige Beiträge für die Sozialkassen.

Abbildung 15: Der Anspruch aus §§ 1, 2, 20 MiLoG

1. Räumlicher Anwendungsbereich
2. Personeller Anwendungsbereich
3. Arbeit pro Zeitstunde
4. Keine mindestlohnwirksame Leistung

6.2.1 Die dogmatische Einordnung des Mindestlohnanspruchs

Die dogmatische Einordnung des Mindestlohns war Gegenstand eines Streites. Zum Teil wurde davon ausgegangen, dass der Anspruch auf Zahlung des Mindestlohns unmittelbar Gegenstand des Arbeitsvertrages wird und sich daher als vertraglicher Anspruch darstellt.[496] Begründet wurde diese Ansicht über § 3 MiLoG i. V. m. § 134 BGB. Der Anspruch aus § 1 MiLoG sollte dann an die Stelle des vertraglich vereinbarten Anspruchs treten.

Nach nunmehr herrschender Meinung stellt der Anspruch auf Zahlung des Mindestlohns ein neben den vertraglichen Entgeltanspruch tretendes gesetzliches Schuldverhältnis dar.[497] Die Pflicht zur Zahlung des Entgelts folgt aus § 611a Abs. 2 BGB, der Mindestlohn folgt aus den §§ 1, 2, 20 MiLoG. Es herrscht Anspruchskonkurrenz. Zahlungen des Arbeitgebers sind daher für sich genommen jeweils auf Erfüllung der jeweiligen Schuld hin zu unter-

495 BGBl. I 2016, S. 2530; BT-Drs. 18/1558; BT-Drs. 18/2010.

496 *Boemke*, JuS 2015, 385.

497 BAG, NZA 2018, 53 (54); Franzen, in: ErfK, § 1 MiLoG Rn. 1.

suchen. Erst wenn die auf der Grundlage der vertraglichen Schuld geleisteten Zahlungen nicht den Betrag des Mindestlohns erreichen, begründet dies von Gesetzes wegen einen Anspruch auf Zahlung der Differenzvergütung nach §§ 1, 2, 20 i. V. m. § 3 MiLoG.[498]

Damit stellt sich zugleich die Frage, welchen Sinn und Zweck § 3 MiLoG noch haben kann. Eindeutig ist, dass Vereinbarungen, die auf eine Umgehung des Mindestlohns zielen, unwirksam sind.[499] Weiterhin stellt § 3 MiLoG klar, dass der Mindestlohn nicht dispositiv ist.[500]

Was im Übrigen bei Unterschreitungen des Mindestlohns gelten soll, ist nicht geklärt. Nach einer denkbaren Lösung wird der vereinbarte Vergütungsanspruch unwirksam.[501] Das würde den Arbeitnehmer aber ein vertragliches Recht kosten, ohne das ihm etwas zuwüchse. Denn der Mindestlohn steht gerade neben den vertraglichen Ansprüchen. Die Unwirksamkeit ist daher nicht erforderlich, um den gesetzlichen Mindestlohn durchzusetzen und nach dem Wortlaut der Norm („insoweit") soll die Rechtsfolge „Unwirksamkeit" nicht weiter gehen, als zum Schutz und zur Durchsetzung des Mindestlohns erforderlich.[502] Das Bundesarbeitsgericht versteht § 3 MiLoG so, dass die Norm nur Abreden erfasst, die den Anspruch aus § 1 MiLoG selbst begrenzen.[503]

6.2.2 Der Anwendungsbereich des MiLoG

Der Anspruch aus §§ 1, 2, 20 MiLoG setzt zunächst voraus, dass der Anwendungsbereich eröffnet ist.

6.2.2.1 Der räumliche Anwendungsbereich

§ 20 MiLoG enthält das sogenannte Territorialitätsprinzip. Der Arbeitnehmer muss im deutschen Inland beschäftigt werden. Der Arbeitgeber hingegen kann seinen Sitz im In- oder Ausland haben. Auf die Staatsangehörigkeit des Arbeitnehmers oder des Arbeitgebers kommt es nicht an.

Probleme stellen sich immer dann, wenn Arbeitnehmer nur für kurze Zeit in Deutschland beschäftigt werden. Deutlich wird das Problem etwa, wenn ein LKW-Fahrer von Frankreich nach Österreich fährt und sich für mehrere Stunden auf deutschen Autobahnen aufhält. Da der Kurzeinsatz weder für die Existenzsicherung noch für die Stabilisierung der Sozialkassen große

498 BAG, NZA 2018, 53 (54).
499 BAG, NZA 2018, 1619 (1625).
500 *Franzen*, in: ErfK, § 3 MiLoG, Nr. 1.
501 Wohl *Franzen*, in: ErfK, § 3 MiLoG § 3 Rn. 1.
502 *Franzen*, in: ErfK, § 3 MiLoG Rn. 1a.
503 BAG, NZA 2018, 32 (33).

Bedeutung haben soll, wird teilweise eine telelogische Reduktion des Begriffs der „Beschäftigung“ befürwortet.[504] Das überzeugt nicht in jeder Hinsicht. Der Mindestlohn ist zwingend (§ 3 MiLoG) und errechnet sich in Zeitstunden. Es ergibt daher Sinn, die Tätigkeit jedenfalls zu erfassen, wenn eine Zeitstunde erreicht wird. Weitergehend wird teilweise darauf hingewiesen, dass der Mindestlohn keine Mindestdauer fordere.[505]

6.2.2.2 Der personelle Anwendungsbereich

Nach § 22 MiLoG fallen Arbeitnehmer in den Anwendungsbereich. Bei Praktikanten im Sinne von § 26 BBiG ist dies etwas komplizierter. Diese gelten als Arbeitnehmer, es sei denn das Praktikum ist gesetzlich vorgesehen oder es handelt sich um ein Orientierungspraktikum von bis zu drei Monaten oder ein dreimonatiges begleitendes Praktikum oder ein Praktikum zur Einstiegsqualifizierung. Kinder und Jugendliche ohne abgeschlossene Berufsausbildung gelten nicht als Arbeitnehmer. Sobald sie volljährig sind, fallen sie allerdings unter Abs. 1.

Ebenfalls nicht erfasst sind nach § 22 Abs. 3 MiLoG Auszubildende und Ehrenamtliche. Für Auszubildende enthält § 17 BBiG eine besondere Regelung. § 22 Abs. 4 MiLoG nimmt schließlich Langzeitarbeitslose in den ersten sechs Monaten ihrer Beschäftigung vom Anwendungsbereich aus. Diese Regelung soll die Integration in den Arbeitsmarkt erleichtern.[506]

6.2.2.3 Die Berechnung des Mindestlohns

Der Mindestlohn ist eine Bruttoentgeltschuld des Arbeitgebers.[507] Als Entgeltschuld ist der Mindestlohn in Form von Geld zu erfüllen (§ 107 Abs. 1 GewO).

Andere Entgeltformen verbietet der Mindestlohn nicht,[508] gleichwohl muss sichergestellt werden, dass die Ziele des Mindestlohns erreicht werden. Die Umrechnung der anderen Entgeltform muss daher den Betrag ergeben, den das MiLoG voraussetzt und der eine Existenzsicherung ermöglicht.

Die Höhe des Mindestlohns beträgt 2021 9,50 Euro. Die Höhe wird von der Mindestlohnkommission qua Verordnung bestimmt (§ 1 Abs. 2 S. 2 MiLoG) und ist allein von diesem Wert abhängig. Erhält der Arbeitnehmer besondere Zulagen etc. für die Arbeit, so ist dieser Zuschlag allein für die Höhe des vertraglichen Anspruchs relevant.[509] Davon zu trennen ist die Frage, ob die

504 *Sittard*, NZA 2015, 78 (80).
505 *Mankowski*, RdA 273 (275).
506 BT-Drs. 18/1558, S. 42.
507 *Spinner*, in: MüKoBGB, § 611a BGB Rn. 747.
508 *Franzen*, in: ErfK, § 1 MiLoG Rn 5.
509 BAG, NZA 2016, 1327 (1330).

Zahlung von Zulagen zur Erfüllung des Mindestlohnanspruchs i. S. v. § 362 BGB führen kann. Den Anspruch erhöhen können sie nicht.

Der Mindestlohn ist pro Zeitstunde zu zahlen.[510] Das Gesetz macht den Anspruch daher nicht von der zeitlichen Lage oder von bestimmten Erfolgen oder besonderen Umständen abhängig. Vielmehr müssen die Arbeitsleistung und das Arbeitsentgelt in ein angemessenes Verhältnis gesetzt werden, um den Zweck der Existenzsicherung durch Arbeitsleistung zu sichern.

Lange Zeit umstritten war auch die Frage, ob das Ableisten von Bereitschaftsdienst ein Arbeiten während der Arbeitszeit nach dem MiLoG darstellt. Nach einer Mindermeinung war der Bereitschaftsdienst ein *aliud* gegenüber der normalen Arbeitszeit.[511] Das Bundesarbeitsgericht ist dieser Ansicht nicht gefolgt und erachtet den Bereitschaftsdienst wie auch sonst als volle Arbeitszeit. Begründet hat das Gericht dies damit, dass das MiLoG nicht nach dem *Grad der Inanspruchnahme* differenziere und keine von allgemeinen Grundsätzen der Arbeitszeit abweichende Regelung enthalte.[512]

Schließlich stellt sich die Frage, wie der Mindestlohn abzurechnen ist bzw. welche Abrechnungsperiode besteht. Denn erreicht die vom Arbeitgeber dem Arbeitnehmer gezahlte Vergütung nicht den in § 1 Abs. 2 S. 1 MiLoG vorgesehenen Bruttolohn, dann besteht der Anspruch in Höhe dieser Differenz. Das Bundesarbeitsgericht geht grundsätzlich davon aus, dass eine Abrechnungsperiode in Form von einem Monat besteht.[513] Der Gesetzgeber hatte das sog. Normalarbeitsverhältnis vor Augen. In diesem ist es üblich, dass für Arbeit im Monat jeweils am Monatsende das Arbeitsentgelt gezahlt wird. Ziel ist es, einem in Vollzeit arbeitenden Menschen ein Monatseinkommen oberhalb der Pfändungsfreigrenzen zu ermöglichen. Außerdem deutet sich dieser Abrechnungszeitraum auch in § 2 Abs. 1 S. 1 Nr. 2 MiLoG an.

Zusammenfassend kann daher folgendes festgehalten werden. Der Abrechnungszeitraum beträgt grundsätzlich einen Monat. Innerhalb dieses Monats sind alle Stunden zu addieren, in denen gearbeitet wurde und mit dem jeweils geltenden Mindestlohn zu multiplizieren. Das Ergebnis bildet den Inhalt des Anspruchs aus §§ 1, 2, 20 MiLoG.

6.2.2.4 Die Erfüllung des Mindestlohns

Geht man von dieser Grundlage aus, müssen die Zahlungen des Arbeitgebers weiterhin geeignet sein, den Mindestlohnanspruch nach § 362 BGB zu erfüllen.

---

510 BAG, NZA 2016, 1332 (1333).

511 Ausführlich: *Wank*, AP MiLoG § 1 Nr. 2.

512 BAG, NZA 2018, 32 (32 f.).

513 BAG, NZA 2016, 1327 (1329).

In aller Regel macht sich der Arbeitgeber keine Gedanken darüber, ob er mit der Zahlung bzw. Überweisung des Geldbetrages den vertraglichen Erfüllungsanspruch oder den Mindestlohnanspruch erfüllt. Nach § 362 BGB kommt es grundsätzlich nur auf die reale Leistungswirkung an (ganz h. M.: sog. Theorie der Leistungsbewirkung).[514] Da jedoch zwei unterschiedliche Schuldverhältnisse bestehen, soll im Zweifel auf § 366 BGB zurückgegriffen werden.

Das Bundesarbeitsgericht prüft im Einzelfall, ob die Zahlung „mindestlohnwirksam" war. Auf die Mindestlohnschuld sind grundsätzlich alle im Austauschverhältnis erbrachten Entgeltleistungen anzurechnen. Das Gericht macht hiervon jedoch Ausnahmen. So werden Zahlungen nicht berücksichtigt, die ohne Rücksicht auf eine tatsächliche Arbeitsleistung des Arbeitnehmers erbracht wurden. So wird die Entgeltfortzahlung für einen Feiertag nicht im Hinblick auf die tatsächliche Arbeit gezahlt.[515] Eine Anrechnung soll ferner dann ausscheiden, wenn die Zahlung auf einer besonderen gesetzlichen Zweckbestimmung beruht.[516] So verlangt das ArbZG in § 6 Abs. 5 ArbZG entweder eine angemessene Zahl bezahlter freier Tage oder einen angemessenen Zuschlag. Die Zahlung dieses Betrags beruht daher auf der gesetzlichen Anordnung.[517] Auch Urlaubsgeld findet keine Berücksichtigung.[518]

Etwas anderes gilt nach der Rechtsprechung bei Sonn- und Feiertags*zuschlägen* (in diesem Fall wird an den Tagen gearbeitet). Die Zahlung dieser Zuschläge ist mindestlohnwirksam. Sie sind im Austauschverhältnis erbrachtes Entgelt. Sie werden gerade für die erbrachte Arbeitsleistung gezahlt und für sie besteht keine besondere gesetzliche Zweckbestimmung. § 11 Abs. 3 ArbZG sieht einzig Ersatzruhetage vor.[519]

Ein Sonderproblem stellt die Leistung von Dritten auf das Arbeitsentgelt bzw. die jeweilige Arbeitsleistung dar. Deutlich wird das, wenn ein Arbeitnehmer Trinkgeld[520] (§ 107 Abs. 3 S. 2 GewO) erhält. Die herrschende Meinung wendet hier § 267 BGB an und geht davon aus, dass der Trinkgeldgeber keinen erkennbaren Willen hat, auf die Mindestlohnschuld zu zahlen.[521] Insofern bleibt der Anspruch bestehen und wird nicht von dritter Seite erfüllt.

Fraglich ist zudem, ob Zahlungen nach Ablauf des Abrechnungszeitraums von einem Monat hinzugerechnet werden können oder ausgeklammert werden müssen. Das Bundesarbeitsgericht ist hier pragmatisch und berücksichtigt verspätete Zahlungen ohne Weiteres. Der Abrechnungszeitraum ist

514 BAG, NZA 2016, 1332 (1333).
515 BAG, NZA 2018, 53 (54).
516 BAG, NZA 2016, 1327 (1330).
517 In diese Richtung: BAG, NZA 2017, 1387 (1388).
518 BAG, NZA 2018, 53.
519 BAG, NZA 2017, 1387.
520 Ausführlich: *Sagan*, NJW 2019, 1977.
521 *Krause*, in: MünchArbR, § 61 Rn. 17.

nur relevant, um die Höhe des Mindestlohns zu bemessen, nicht um die Erfüllung zu regeln. Der Arbeitnehmer wird über den Verzugszinsanspruch und den Verzugsschadensanspruch geschützt. Normativ kann dies auf § 21 Abs. 1 Nr. 9 MiLoG gestützt werden. Das Gesetz geht davon aus, dass der Mindestlohn auch nicht rechtzeitig gezahlt werden kann.[522]

6.3 Die Beschäftigungspflicht

Nach der Logik des Arbeitsvertrages schuldet der Arbeitnehmer die Arbeitsleistung und der Arbeitgeber die Zahlung des Arbeitsentgelts. Das wird dem Arbeitsverhältnis moderner Prägung jedoch nur unzureichend gerecht.

6.3.1 Der Anspruch auf Beschäftigung

Daher hat das Bundesarbeitsgericht als Ausstrahlung des allgemeinen Persönlichkeitsrechts das Recht des Arbeitnehmers abgeleitet, beschäftigt zu werden.[523] Der Anspruch aus §§ 611a, 242 BGB in Verbindung mit Art. 1 Abs. 1, 2 Abs. 1 GG stellt nach wohl herrschender Meinung grundsätzlich eine Hauptleistungspflicht des Arbeitgebers dar[524], auch wenn das System des § 241 Abs. 2 BGB im Hinblick auf die Verwirklichung des Persönlichkeitsrechts besser passt.[525]

6.3.2 Der Beschäftigungsanspruch im Anspruchssystem

Neben dem allgemeinen Beschäftigungsanspruch kennt das Arbeitsrecht weitere Beschäftigungsansprüche:

- Der allgemeine Weiterbeschäftigungsanspruch im Kündigungsverfahren.[526]
- Der betriebsverfassungsrechtliche Weiterbeschäftigungsanspruch nach § 102 Abs. 5 S. 1 BetrVG.
- Der Beschäftigungsanspruch nach § 164 SGB IX zugunsten Schwerbehinderter.

522 BAG, NZA 2016, 1327 (1329).

523 BAG, AP BGB § 611 Beschäftigungspflicht Nr. 2; BAG [GS], AP BGB § 611 Beschäftigungspflicht Nr. 14; BAG, NZA 2017, 740 (742).

524 *Preis*, in: ErfK, § 611a Rn. 565.

525 *Reichold*, in: MünchArbR, § 92 Rn. 8

526 Dazu noch unter 10.1.7.

6.3.3 Die Suspendierung

Die Ableitung des Beschäftigungsanspruchs aus Generalklauseln führt gleichzeitig dazu, dass der Anspruch nicht absolut wirkt, sondern dann zurücktritt, wenn überwiegende Interessen des Arbeitgebers bestehen, den Arbeitnehmer nicht beschäftigen zu müssen.[527] Gleichwohl ist eine einseitige Suspendierung des Beschäftigungsanspruchs nach der Rechtsprechung nur in Ausnahmefällen möglich. Denn grundsätzlich liegen in diesen Fällen die Voraussetzungen des Annahmeverzugs gemäß § 615 BGB vor.[528] Der Arbeitgeber ist annahmeunwillig und muss das Entgelt fortzahlen.

Es kommt dann darauf an, ob das Ableisten der Arbeit dem Arbeitgeber nach § 242 BGB zugemutet werden kann,[529] was einen erheblichen Vertrauensverlust oder einen vergleichbaren Grund voraussetzt. Da in diesen Fällen auch eine verhaltensbedingte Kündigung in Betracht kommen kann, muss die Rechtsprechung darauf achten, dass die Anforderungen des Kündigungsschutzes nicht durch Suspendierungen unterlaufen werden. All dies führt dazu, dass die Suspendierung in Deutschland nahezu keine Bedeutung hat.

6.4 Der Grundsatz der Gleichbehandlung

Im Arbeitsrecht werden Ungleichbehandlungen von Seiten der Belegschaft besonders sensibel wahrgenommen. Gleichbehandlungen sind daher ein traditionelles Streitthema zwischen Arbeitgeber und Arbeitnehmer – aber auch innerhalb der Arbeitnehmerschaft.

Abbildung 16: Der Gleichbehandlungsgrundsatz

1. Freiwillige Leistung
2. Unterschiedliche Behandlung
3. Vergleichbarkeit
4. Kein Sachgrund

6.4.1 Die Grundlagen des Gleichbehandlungsgrundsatzes

Der Grundsatz der Gleichbehandlung im Arbeitsrecht stellt einen Ausdruck des über-positiven Ideals der Gerechtigkeit dar und gebietet es, gleiches gleich und ungleiches entsprechend ihrer Eigenart ungleich zu behandeln.[530]

527 BAG, AP BGB § 611 Beschäftigungspflicht Nr. 14, dort unter C II 3 c).
528 *Henssler*, in: MüKoBGB, § 626 Rn. 32.
529 *Hergenröder*, in: MüKoBGB, § 15 KSchG Rn. 109.
530 BAG, AP BGB § 242 Gleichbehandlung Nr. 221.

Ein Arbeitgeber ist dabei grundsätzlich in seiner Entscheidung frei, ob und unter welchen Voraussetzungen er seinen Arbeitnehmern eine vertraglich nicht vereinbarte Leistung freiwillig gewährt. Aus dem Grundsatz der Handlungsfreiheit und der Vertragsfreiheit folgt, dass der Arbeitgeber nur an die Verträge und Gesetz gebunden ist, im Übrigen aber frei entscheiden darf.[531]

Allerdings verbietet der sog. allgemeine Gleichbehandlungsgrundsatz die sachfremde Schlechterstellung einzelner Arbeitnehmer gegenüber anderen Arbeitnehmern in vergleichbarer Lage ebenso wie eine sachfremde Differenzierung zwischen Gruppen von Arbeitnehmern.[532]

Die Existenz des allgemeinen Gleichbehandlungsgrundsatzes ist heute gewohnheitsrechtlich anerkannt.[533] Die genaue Rechtsgrundlage ist gleichwohl immer noch Gegenstand einer ausführlichen Kontroverse. Auf der Grundlage der unmittelbaren Geltung der Grundrechte wurde von der alten Rechtsprechung die unmittelbare Wirkung von Art. 3 GG angeführt.[534] In der Rechtsprechung wird teilweise immer noch betont, dass Art. 3 GG den Inhalt bestimme.[535]

Dennoch überwiegen aktuell vertragliche Lösungen. So wird der Grundsatz als Ausdruck des Machtgefälles von Arbeitgeber und Arbeitnehmer im Arbeitsvertrag verstanden.[536] Es gehe somit um die Kompensation gestörter Privatautonomie[537], was freilich nicht das normative Fundament klärt. Überzeugend ist § 241 Abs. 2 BGB anzuführen. Das Setzen von Regeln mit Gruppenbildungen muss mit Rücksicht auf das real existierende Interesse jedes Arbeitnehmers erfolgen, gleichbehandelt zu werden. All diese Lösungen stehen freilich nicht in einem Konkurrenzverhältnis, sondern versuchen nur, den Gleichbehandlungsgrundsatz zu erklären, wie er in der Praxis angewandt wird.

6.4.2 Die Voraussetzungen des Gleichbehandlungsgrundsatzes

Der Grundsatz der Gleichbehandlung ist an spezifische Voraussetzungen gebunden.

531 BAG, NZA 2012, 680 (681).
532 BAG, NZA 2012, 680 (681).
533 BAG, NZA 2012, 680 (681).
534 Dazu bereits 1.2.3.3.
535 BAG, AP BGB § 242 Gleichbehandlung Nr. 162.
536 Vgl. BAG, AP BGB § 242 Gleichbehandlung Nr. 220.
537 *Preis*, in: ErfK, § 611a BGB Rn. 574.

6.4.2.1 Die freiwillige Leistung

Zunächst muss eine freiwillige Leistung des Arbeitgebers vorliegen. Der Gleichbehandlungsgrundsatz kann sich sowohl auf einseitige Leistungen des Arbeitgebers als auch auf Vereinbarungen zwischen Arbeitgeber und dem Arbeitnehmer beziehen.

Die Leistung erfolgt dann nicht freiwillig, wenn der Arbeitgeber durch Gesetz oder Normverträge gebunden ist bzw. diese durchführt.[538] Das bedeutet: Ist der Arbeitgeber zur Leistung qua Tarifvertrag und qua Betriebsvereinbarung verpflichtet, findet der allgemeine Gleichbehandlungsgrundsatz keine Anwendung. Dies lässt sich strukturell begründen, weil die Normen jeweils von der strukturellen Unterlegenheit des Arbeitnehmers ausgehen und diese auf ihre Weise kompensieren. Enthalten sie eine Ungleichbehandlung, basiert diese auf einem fairen Verhandlungsmechanismus.

Das Bundesarbeitsgericht hat diese Voraussetzung subjektiv weiterentwickelt und nimmt auch dann keine freiwillige Leistung an, wenn der Arbeitgeber fälschlicherweise davon ausgeht, normgebunden zu sein.[539] Diese Fallgruppe ist äußerst problematisch, weil ein Rechtsfehler hier dazu führt, dass Rechte der Arbeitnehmerschaft reduziert wären. Das Bundesarbeitsgericht kompensiert diese Rechtsprechung dadurch, dass dem Arbeitnehmer die Möglichkeit gegeben wird, den Arbeitgeber auf den Irrtum hinzuweisen. Gewährt der Arbeitgeber dann die Leistungen nicht oder gewährt sie sogar weiterhin gleichheitswidrig, handelt es sich um eine freiwillige Leistung.[540]

6.4.2.2 Vergleichbarkeit

Ferner müssen durch die Leistungsgewährung (mindestens) zwei unterschiedliche, aber vergleichbare Gruppen gebildet worden sein.[541] Zwar ist dafür nicht in jedem Falle bereits das gemeinsame Band eines Arbeitsverhältnisses zum selben Arbeitgeber ausreichend. Es ist aber andererseits nicht erforderlich, dass die Arbeitsbedingungen des Gleichbehandlung fordernden Arbeitnehmers mit denjenigen der Begünstigten in Gänze identisch sind.[542] Allein die Begünstigung einzelner Arbeitnehmer erlaubt allerdings noch nicht den Schluss, diese Arbeitnehmer bildeten eine Gruppe. Eine Gruppenbildung liegt vielmehr nur dann vor, wenn die Besserstellung nach einem oder mehreren Kriterien vorgenommen wird, die bei allen Begünstigten vorliegen.[543]

538 BAG, NZA 2012, 31 (33).
539 BAG, NZA 2005, 892 (894).
540 BAG, NZA 2005, 892 (894).
541 BAG, NZA 2006, 265 (265).
542 BAG, NZA 2015, 222 (224).
543 BAG, NJOZ 2005, 570 (571).

6.4.2.3 Die unterschiedliche Behandlung

Diese Leistung muss im Zusammenhang einer Gruppenbildung erfolgt sein. Eine andere Gruppe muss in vergleichbarer Lage ungleich behandelt worden sein.

6.4.2.4 Der sachliche Grund

Steht eine unterschiedliche Ausgestaltung der Zusatzleistung nach Gruppen von Arbeitnehmern fest, hat der Arbeitgeber die Gründe für eine Differenzierung offenzulegen und substanziiert die sachlichen Unterscheidungskriterien darzulegen.[544]

Ein sachlicher Grund für die unterschiedliche Gruppenbildung setzt voraus, dass die Gruppenbildung einem legitimen Zweck folgt, zur Erreichung dieses Zwecks erforderlich und geeignet ist und schließlich angemessen ist.[545] Zur Rechtfertigung bedarf es dann grundsätzlich eines billigenswerten Grundes. Diese Gründe müssen auf vernünftigen, einleuchtenden Erwägungen beruhen und dürfen nicht gegen höhere Wertentscheidungen des Gesetzgebers verstoßen.[546] Eine sachfremde Benachteiligung liegt jedenfalls dann nicht vor, wenn sich nach dem Leistungszweck Gründe ergeben, die es unter Berücksichtigung aller Umstände rechtfertigen, einer Gruppe die der anderen Gruppe gewährten Leistung vorzuenthalten.

6.4.3 Der Bezugspunkt der Gleichbehandlung

Früher wurde vertreten, dass nur im Betrieb gleich zu behandeln sei.[547] Seit Ende der 90er Jahre vertritt die Rechtsprechung jedoch eine rechtsträgerbezogene Lösung.[548] Insofern ist das gesamte Unternehmen als solches zur Gleichbehandlung verpflichtet. Damit ist zugleich gesagt, dass innerhalb eines Konzerns keine konzerneinheitliche Pflicht zur Gleichbehandlung besteht.

6.4.4 Die Rechtsfolgen des Gleichbehandlungsgrundsatzes

Verstöße gegen den Gleichbehandlungsgrundsatz führen nach nunmehr herrschender Meinung nicht mehr unmittelbar zu einem Anspruch aus dem Gleichbehandlungsgrundsatz. Vielmehr muss der Arbeitgeber die von

544 BAG, NZA 2012, 680 (682).
545 BAG, AP BGB § 242 Gleichbehandlung Nr. 221.
546 BAG, AP BGB § 242 Gleichbehandlung Nr. 221.
547 Vgl. BAG, NZA 1993, 691.
548 BAG, NZA 1999, 606; BAG, NZA 2009, 367.

ihm gesetzte Regel korrigieren und dann entsprechend dieser Regel die Rechte den zu Unrecht benachteiligten gewähren.[549]

Durch die Lösung in der Form einer Korrektur der Anspruchsgrundlage muss der Arbeitnehmer auch noch alle sonstigen Voraussetzungen der jeweiligen Anspruchsgrundlage erfüllen. Er kann sein Begehren nicht allein auf die Gleichbehandlung stützen.[550]

Neben dieser rechtsbegründenden Wirkung hat der Gleichbehandlungsgrundsatz auch noch eine rechtsbegrenzende Wirkung. Für den Arbeitnehmer negativ wirkende Handlungen des Arbeitgebers, die gegen den Gleichbehandlungsgrundsatz verstoßen, sind unwirksam.[551]

6.4.5 Gleichbehandlung beim Arbeitsentgelt

Die Anwendung des Gleichbehandlungsgrundsatzes auf das Arbeitsentgelt erscheint nur im Ausgangspunkt unproblematisch. Oftmals sind unterschiedliche Gehaltsstrukturen Ausdruck einer gewachsenen betrieblichen Struktur. Gehaltserhöhungen können ihren Grund in der individuellen Qualität eines Arbeitnehmers haben oder den Versuch darstellen, den Arbeitnehmer längerfristig zu binden. Die unreflektierte Anwendung des Gleichbehandlungsgrundsatzes würde derartige Strukturen komplett aushebeln.

Das Bundesarbeitsgericht vertritt daher, dass der Gleichbehandlungsgrundsatz anwendbar ist, wenn Entgelte durch eine betriebliche Einheitsregelung generell angehoben werden und der Arbeitgeber die Leistungen nach einem bestimmten, erkennbaren und generalisierten Prinzip gewährt, indem er bestimmte Zwecke festlegt.[552]

Für den sachlichen Grund gelten dann wiederum die allgemeinen Grundsätze. Ein wichtiger sachlicher Grund beim Entgelt ist der Ausgleich unterschiedlicher Arbeitsbedingungen oder Lebenshaltungskosten. In diesen Fällen darf aber nach der Rechtsprechung des Bundesarbeitsgerichts durch die Begünstigung einer Gruppe keine sog. Überkompensation eintreten.[553] Erforderlich ist ein Gesamtvergleich. Die Arbeitsvertragsmodelle sind hingegen nicht maßgeblich. Auch der Bruttostundenlohn allein ist nicht maßgeblich. Maßstab ist der auf Gleichbehandlung klagende Arbeitnehmer.

Zum Arbeitsentgelt zählt dann jede Vergütung, die aus Anlass des Arbeitsverhältnisses gewährt wurde. Zu vergleichen ist das Entgelt, das der Arbeit-

549 BAG; NJW 2019, 538 (540).
550 BAG, AP BGB § 242 Gleichbehandlung Nr. 220.
551 *Preis*, in: ErfK, § 611a Rn. 606.
552 BAG, AP BGB § 242 Gleichbehandlung Nr. 213.
553 BAG, NZA 2015, 222 (224).

nehmer erhalten hat und das Entgelt, welches er erhalten hätte, wenn er zu den Konditionen der begünstigten Arbeitnehmer gearbeitet hätte. Ergibt sich ab einem bestimmten Zeitpunkt ein Plus zum vollständigen Ausgleich der Nachteile, liegt eine Überkompensation vor. Für diese Überkompensation besteht dann kein sachlicher Grund mehr.[554]

6.5 Der Arbeitsschutz

Das Arbeitsschutzrecht hat ein umfassendes Ziel: der Schutz der körperlichen und psychischen Unversehrtheit des in einer fremden Arbeitsorganisation eingegliederten Arbeitnehmers.[555] Ähnlich formuliert § 1 ArbSchG seinen Zweck dahingehend, Sicherheit und Gesundheitsschutz der Beschäftigten bei der Arbeit durch Maßnahmen des Arbeitsschutzes zu *sichern* und zu *verbessern*.

6.5.1 Grundkonzepte des deutschen Arbeitsschutzrechts

Dem deutschen Arbeitsschutzrecht liegt traditionell die Unterscheidung zwischen technischem und sozialem Arbeitsschutzrecht zugrunde. Eine dritte Kategorie bildet die Arbeitsmedizin. Die Aufspaltung sollte einem ganzheitlichen Arbeitsschutz durch eine soziale Arbeitsorganisation allerdings nicht entgegenstehen.

Prägend für den Begriff des technischen Arbeitsschutzes[556] sind die technischen Schutzmaßnahmen. Es geht also um solche Regelungen, die Gefahren für Leib und Leben der Arbeitnehmer durch technische Schutzmaßnahmen abwehren können. Die Quellen solcher Gefahren können vielfältig sein, was sich wiederum in der Vielzahl von speziellen Regelungen niederschlägt. Untergliedert wird der technische Arbeitsschutz in einen betriebsbezogenen und einen produktbezogenen Gefahrenschutz, wobei sich beide gegenseitig ergänzen.

Zum sog. sozialen Arbeitsschutz[557] gehören solche Bereiche, die sich stärker auf die Arbeitsleistung als solche und damit auf die Person des jeweiligen Arbeitnehmers beziehen. Daher gehört etwa das Arbeitszeitrecht zum sozialen Arbeitsschutz. Ferner gehören zum sozialen Arbeitsschutz solche Regelungen, die den Schutz besonderer Personengruppen zum Gegenstand haben.

554 BAG, NZA 2015, 222 (224).

555 Zur Digitalisierung grundlegend: *Kohte*, NZA 2015, 1417.

556 Hierzu: *Kloepfer/Veit*, NZA 1990, 121.

557 *Henssler*, in: MüKoBGB, § 618 Rn. 24.

Die Arbeitsmedizin bezieht sich auf die Prävention arbeitsbedingter Erkrankungen und ist daher stark mit dem technischen und dem sozialen Arbeitsschutz verwoben.[558] Im Kern der Arbeitsmedizin steht die ArbMedVV, deren Ziel es ist, durch arbeitsmedizinische Vorsorgemaßnahmen arbeitsbedingte Erkrankungen inklusive Berufskrankheiten frühzeitig zu erkennen und zu verhüten.

6.5.2 Das Arbeitsschutzgesetz

Das ArbSchG stellt den allgemeinen Teil des Arbeitsschutzrechts und den Ausgangspunkt des öffentlichen Arbeitsschutzrechts. Denn gemäß § 21 Abs. 1 S. 1 ArbSchG ist die Überwachung des ArbSchG staatliche Aufgabe.

6.5.2.1 Der Anwendungsbereich

§ 1 Abs. 1 S. 2 ArbSchG legt einen weiten Anwendungsbereich fest, indem die Regelung die Geltung des Gesetzes in allen Tätigkeitsbereichen anordnet. Diese Formulierung soll zunächst einer Zersplitterung des Arbeitsrechts entgegenwirken und statuiert ein Universalgeltungsprinzip. Erfasst werden daher grundsätzlich alle in abhängiger Arbeit erbrachten Tätigkeiten im öffentlichen Dienst und in der privaten Wirtschaft.[559]

Das ArbSchG gilt hingegen nicht für Hausangestellte in privaten Haushalten sowie für Beschäftigte auf See und nach dem Bergbaugesetz (für die beiden letzten Gruppen gelten Spezialregelungen; bestehen sie nicht, gilt wiederum das ArbSchG). Hintergrund für die Herausnahme von Hausangestellten sind der unverhältnismäßige Überwachungsaufwand und der gesteigerte Schutz des privaten Wohnraums. Gleichwohl ist die Herausnahme nicht unproblematisch, schränkt sie doch die sozialen Rechte der im Haushalt beschäftigten Personen signifikant ein. Daher hat sich heute, entgegen der früher herrschenden Meinung, eine restriktive Interpretation des Tatbestandsmerkmals durchgesetzt.[560]

6.5.2.2 Die Grundpflichten nach § 3 ArbSchG

§ 3 ArbSchG enthält die zentralen Grundpflichten des Arbeitgebers. § 3 Abs. 1 ArbSchG enthält Handlungs- und Überwachungspflichten: Der Arbeitgeber ist verpflichtet, die erforderlichen Maßnahmen des Arbeitsschutzes unter Berücksichtigung der Umstände zu treffen, die die Sicherheit und Gesundheit der Beschäftigten bei der Arbeit beeinflussen. Diese

---

558 *Henssler*, in: MüKoBGB, § 618 Rn. 19 ff.

559 *Kollmer*, in: Kollmer/Klindt/Schucht, § 1 Rn. 52.

560 *Kohte/Maul-Sartori*, in: HK-ArbSchR § 1 Rn. 22 ff.

Pflicht wird nach Abs. 2 über besondere Organisationspflichten flankiert. § 3 Abs. 3 ArbSchG stellt klar, dass der Arbeitgeber die Kosten für die Erfüllung der Grundpflichten nicht auf die Beschäftigten abwälzen darf.

6.5.2.3 Grundsätze für Arbeitsschutzmaßnahmen

Konturiert werden diese Pflichten durch die Grundsätze des Arbeitsschutzes nach § 4 ArbSchG. Nach Nummer 1 ist die Arbeit so zu gestalten, dass eine Gefährdung für das Leben sowie die physische und die psychische Gesundheit möglichst vermieden und die verbleibende Gefährdung möglichst geringgehalten wird. Der Gesetzestext spricht hier bewusst von *Gefährdung* und nicht von *Gefahr*. Dahinter steht der Gedanke einer wirksamen Prävention.

6.5.2.4 Die Gefährdungsbeurteilung nach § 5 ArbSchG

Die Grundlage des Arbeitsschutzes ist die Ermittlung von Gefahren- und Gefährdungslagen. Denn erst danach kann ermittelt werden, welche Maßnahme erforderlich ist. 2008 hat das Bundesarbeitsgericht die individualschützende Wirkung der Gefährdungsbeurteilung anerkannt.[561] Im selben Urteil hat das Gericht jedoch ebenso betont, dass der Arbeitgeber bei der Durchführung der Gefährdungsbeurteilung einen Handlungsspielraum hat. Insofern kann der einzelne Arbeitnehmer nicht verlangen, dass die Gefährdungsbeurteilung nach den von ihm vorgegebenen Kriterien durchgeführt wird.

6.5.3 Weitergehende Rechtsquellen

Neben dem ArbSchG bestehen eine ganze Reihe weitergehender Rechtsquellen, so regelt das ASiG die Bestellung von Betriebsärzten und anderen Fachkräften für Arbeitssicherheit durch den Arbeitgeber (§ 1 S. 1 ASiG). Wichtig sind insbesondere die Verordnungen, die aufgrund von § 18 ArbSchG erlassen wurden. Aktuell stehen etwa die Arbeitsstättenverordnung und die Verordnung über Sicherheit und Gesundheitsschutz bei der Verwendung von Arbeitsmitteln (BetrSichV) im Mittelpunkt. Letztere hat gerade für die Digitalisierung große Bedeutung. So sieht § 3 BetrSichV besondere Regelungen für die Gefährdungsbeurteilung vor.

Daneben treten die Regeln der gesetzlichen Unfallversicherung nach dem SGB VII. Insbesondere die Unfallverhütung hat in der Praxis einen hohen Stellenwert. Die Unfallverhütung beruht auf eigenständigen Unfallverhütungsvorschriften[562], die von den Unfallversicherungsträgern erlassen wer-

561 BAG, NZA 2009, 102 zum Erfüllungsanspruch aus § 618 BGB vgl. weiter unten.

562 Einen Überblick bietet: https://publikationen.dguv.de/regelwerk/dguv-vorschriften/

den (§ 15 SGB VII). So sieht etwa § 12 der Unfallverhütungsvorschrift „Wach- und Sicherungsdienst“ vom 1. Oktober 1990 in der Fassung vom 1. Januar 1997 vor, dass als Diensthunde nur geprüfte Hunde mit Hundeführern eingesetzt werden dürfen. Hunde, die für die Aufgabe nicht geeignet sind, die zur Bösartigkeit neigen oder deren Leistungsstand nicht mehr gegeben ist und die dadurch Personen gefährden können, dürfen nicht eingesetzt werden.

6.5.4 Der zivilrechtliche Arbeitsschutz

Das Arbeitsschutzrecht gliedert sich in den zivilrechtlichen Arbeitsschutz und den öffentlich-rechtlichen Arbeitsschutz auf. Beide Regelungsbereiche konstituieren sich über Pflichten des Arbeitgebers.

Der Arbeitsschutz ist die historisch bedeutendste Nebenpflicht des Arbeitgebers. Nach § 241 Abs. 2 BGB muss der Arbeitgeber auf die Interessen des Arbeitnehmers Rücksicht nehmen. Im Speziellen regeln die §§ 617, 617, 618, 619 BGB diese Pflicht für den Arbeitsvertrag. Gleichwohl sticht § 618 BGB deutlicher vor.

In der Norm geht es um die Pflicht zur Verhütung von Gefahren für das Leben und die Gesundheit. Bezugspunkt dieser Pflicht ist das Arbeitsumfeld und die Tätigkeit selbst. § 618 BGB ist der zivilrechtliche Ausdruck des wichtigen Rechtsgedankens, dass Arbeit immer sicher sein muss und Gefahren für alle minimiert werden müssen. Ergänzt wird diese Pflicht durch die Pflicht des Arbeitgebers nach § 115 SGB VII, die gesetzliche Unfallversicherung zu finanzieren.

Der zentrale Mechanismus des zivilrechtlichen Arbeitsschutzes liegt dabei in der Ausgestaltung der Generalklausel durch das öffentliche Arbeitsschutzrecht (sog. Doppelwirkung[563]). § 618 BGB transformiert nämlich die öffentlich-rechtlichen Pflichten und die Vorgaben der Unfallversicherungsvorschriften zu Vertragspflichten.[564] Besonders anschaulich wird dies auch anhand der ArbStättV. Gemäß § 5 Abs. 1 ArbStättV hat der Arbeitgeber die erforderlichen Maßnahmen zu treffen, damit die nicht rauchenden Beschäftigten in Arbeitsstätten wirksam vor den Gesundheitsgefahren durch Tabakrauch geschützt sind.[565] Daraus kann im Einzelfall sogar ein Rauchverbot im Betrieb folgen.

563 *Kohte*, in: MünchArbR, § 175 Rn. 1; unklar: *Löwisch/Caspar/Klumpp*, Rn. 528.
564 BAG, AP BGB § 618 Nr. 17; BAG, AP BGB § 618 Nr. 32.
565 Vgl. hierzu: BAG, AP BGB § 618 Nr. 32.

6.6 Das Maßregelverbot nach § 612a BGB

Gemäß § 612a BGB darf der Arbeitgeber einen Arbeitnehmer bei einer Vereinbarung oder einer Maßnahme nicht benachteiligen, weil der Arbeitnehmer in zulässiger Weise seine Rechte ausübt. Die Norm hat in erster Linie symbolischen Gehalt. Der Arbeitnehmer muss nämlich darlegen und beweisen, dass die benachteiligende Maßnahme wegen seiner Rechtewahrnehmung erfolgte. Das wird ihm selten gelingen, wenn der Arbeitgeber weitergehende Motive anführend kann.

6.7 Der Datenschutz

Der Datenschutz als zentrale Pflicht des Arbeitgebers befindet sich aktuell sehr in Bewegung. Die für das Arbeitsrecht bedeutendste Norm des 2017 neugefassten BDSG ist § 26 BDSG.

Die Norm enthält die Voraussetzungen für eine Datenerhebung durch den Arbeitgeber. Nach § 26 Abs. 1 BDSG dürfen personenbezogene Daten von Beschäftigten für Zwecke des Beschäftigungsverhältnisses verarbeitet werden, wenn dies für die Entscheidung über die Begründung eines Beschäftigungsverhältnisses oder nach Begründung des Beschäftigungsverhältnisses für dessen Durchführung oder Beendigung oder zur Ausübung oder Erfüllung der sich aus einem Gesetz oder einem Tarifvertrag, einer Betriebs- oder Dienstvereinbarung ergebenden Rechte und Pflichten der Interessenvertretung der Beschäftigten erforderlich ist. Besonderheiten gelten nach S. 2 für die Aufdeckung von Straftaten, wobei der Ansatz nach h. M. nicht abschließend ist und insbesondere auch Ordnungswidrigkeiten nach S. 1 verfolgt werden können.[566]

566 BAG, NZA 2017, 1179; *Franzen*, in: ErfK, § 26 BDSG Rn. 37.

7 Kein Lohn ohne Arbeit

Im siebten Teil wird die Lohnfortzahlungspflicht durch den Arbeitgeber dargestellt, wenn der Arbeitnehmer nicht gearbeitet hat. Klassischerweise wird dieser Abschnitt auch als „Leistungsstörungen" bezeichnet bzw. diesem allgemeinen Begriff zugeordnet.[567]

7.1 Das Nichtleisten der Arbeit und die Preisgefahr

Arbeitet der Arbeitnehmer nicht wie vereinbart oder angewiesen, geht die Arbeitspflicht nach § 275 Abs. 1 BGB mit Verstreichenlassen der Arbeitszeit unter. Es gilt das Dogma, dass die Arbeitspflicht eine absolute Fixschuld darstellt.[568] Denn in der neuen Stunde wird zugleich eine weitere Arbeitsschuld fällig und beide Pflichten kann der Arbeitnehmer nicht erfüllen.

Gleichwohl kann die Unmöglichkeit auch schon aus anderen Gründen resultieren. Tatsächliche Unmöglichkeit liegt etwa vor, wenn der Arbeitnehmer wegen Krankheit arbeitsunfähig ist.[569] Besteht ein Beschäftigungsverbot, ist die Arbeit aus rechtlichen Gründen unmöglich.

Daneben kommen auch § 275 Abs. 2 BGB und § 275 Abs. 3 BGB in Betracht. Für § 275 Abs. 2 BGB sind nur wenige Fälle denkbar, weil für die Norm das Leistungsinteresse des Arbeitgebers entscheidend ist. § 275 Abs. 3 BGB hingegen hat praktische Bedeutung. Die Norm begründet – wie Abs. 2 – ein Leistungsverweigerungsrecht.[570] Die Vorschrift betrifft das Spannungsverhältnis von Vertragstreue und Unzumutbarkeit der Arbeitsleistung.[571] Sie löst es (nur) dann zu Gunsten des Schuldners auf, wenn für diesen die Leistungserbringung in hohem Maße belastend ist, weil ein Fall besonderer Leistungserschwerung vorliegt.[572]

In aller Regel geht es um Fälle der Pflichtenkollision, d. h. Gewissenskonflikte und elementare Eigeninteressen – insbesondere die Pflege eines kranken Kindes – sind solche Fälle.[573] Ergänzend sind in diesem Bereich das PflegeZG und das FamPfZG eingeführt worden, die sehr spezifische Freistellungsansprüche regeln.

---

567 Vgl. BAG, NZA 2019, 829 (831):

568 Dazu unter 5.1.3.

569 Vgl. aber: BAG, NZA 2016, 417 (419).

570 BAG, NZA 2018, 546 (650).

571 BAG, NZA 2016, 417 (419).

572 BAG, NZA 2016, 417 (419).

573 *Preis*, in: ErfK, § 611a Rn. 686.

Für den Anspruch auf Zahlung des Arbeitsentgelts bedeutet dies, er kann nicht nach § 614 BGB fällig werden und geht sogar nach § 326 Abs. 1 BGB unter. § 326 Abs. 1 BGB regelt somit den Grundsatz, dass kein Entgelt geschuldet wird, wenn der Arbeitnehmer nicht leistet. Aus §§ 275, 326 BGB folgt daher der allgemeine Grundsatz: „kein Lohn ohne Arbeit".[574]

Praktisch bedeutsam sind dementsprechend die Fälle, in denen der Grundsatz durchbrochen wird. Bereits aus § 326 Abs. 2 BGB kann resultieren, dass die Entgeltpflicht aufrecht erhalten bleibt. Während § 326 Abs. 2 S. 1 Alt. 2 durch § 615 BGB verdrängt wird,[575] erhält § 326 Abs. 2 S. 1 Alt. 1 BGB den Anspruch aufrecht, wenn der Arbeitgeber weit überwiegend für den Ausschlussgrund nach § 275 BGB verantwortlich ist. Das wäre etwa der Fall, wenn der Arbeitgeber einen Arbeitsunfall des Arbeitnehmers verschuldet hat.

Abbildung 17: Kein Lohn ohne Arbeit

I. Anspruch entstanden
II. Anspruch untergegangen
  1. § 326 Abs. 1 S. 1 BGB
  2. Kein Aufrechterhalten des Anspruchs
    a) § 326 Abs. 1 S. 1 Alt. 1 BGB
    b) § 615 S. 1 BGB
    c) § 615 S. 3 BGB
    d) § 616 BGB
    e) § 1 ff. BUrlG
    f) § 3 EFZG (str.)

7.2 Der Annahmeverzug

Der Annahmeverzug im Sinne von § 615 S. 1 BGB stellt einen im Arbeitsleben wichtigen Ausnahmetatbestand vom Grundsatz „kein Lohn ohne Arbeit" dar.

§ 615 S. 1 BGB geht grundsätzlich davon aus, dass die Rechtsfolgen der §§ 300 ff. BGB im Arbeitsrecht nicht ausreichen. Daher ergänzt § 615 BGB diese Regelungen. Dogmatisch begründet § 615 S. 1 BGB keine eigenständige Anspruchsgrundlage. Diese stellt weiterhin der vertragliche Primäranspruch dar. Vielmehr erhält § 615 BGB den Anspruch aus § 611a Abs. 2 BGB aufrecht.[576] Ebenso setzt die Norm voraus, dass die Voraussetzungen

574 Vgl. *Boemke*, in JuS 2017, 557 (557); in NZA 2018, 1555 (1557) stellt das BAG stärker auf § 614 BGB ab.

575 Missverständlich: BAG, NJW 2016, 1608 (1609), wo in Bezug auf die Anwendung von § 326 Abs. 2 S. 1 Alt. 1 BGB davon gesprochen wird, dass § 615 § 326 Abs. 2 (in Gänze?) BGB nicht verdränge.

576 BAG; AP BGB § 615 Nr. 145; vgl. aber: BAG, NZA 2016, 293 (295).

der §§ 293 ff. BGB erfüllt sind. § 615 S. 1 BGB wird daher als Ausnahme der Rechtsfolge des § 326 Abs. 1 BGB geprüft unter dem Punkt „II. Anspruch untergegangen".

Der Norm liegt der Gedanke zugrunde, dass der Arbeitnehmer seine Arbeitskraft nicht kurzfristig anderweitig anbieten und daraus seinen Lebensunterhalt erwirtschaften kann.[577] Zudem wurde bereits festgehalten, dass den Arbeitgeber die Pflicht trifft, den Arbeitnehmer vertragsgemäß zu beschäftigen. Die Aufrechterhaltung des Entgeltanspruchs nach § 615 S. 1 BGB stellt somit die unmittelbare Konsequenz aus der Nichtbeschäftigung durch den Arbeitgeber dar. Es bietet sich folgender Aufbau an:

Abbildung 18: Annahmeverzugslohn

I. Anspruch entstanden
II. Anspruch untergegangen
   1. Kein Lohn ohne Arbeit, § 326 Abs. 1 BGB
   2. Annahmeverzug nach § 615 BGB
      a) Dienstvertrag
      b) Möglichkeit der Arbeitsleistung
      c) Angebot des Arbeitnehmers
      d) Nichtannahme
      e) Leistungsfähigkeit des Arbeitnehmers

7.2.1 Das Verhältnis zur Unmöglichkeit

Wegen des Fixschuldcharakters wird die Arbeitspflicht unmöglich i. S. v. § 275 Abs. 1 BGB, wenn die Arbeitszeit verstrichen ist und nicht gearbeitet wurde. Genau diese Situation ist jedoch auch typisch für den Annahmeverzug. Gleichwohl setzt der Annahmeverzug voraus, dass eine Schuld bestand und die Arbeitsleistung möglich ist bzw. war (vgl. § 297 BGB). Wie das Verhältnis von Annahmeverzug und Unmöglichkeit zu lösen ist, ist bis heute umstritten.

Die Rechtsprechung vertritt die sogenannte Abstrahierungsformel.[578] Bietet der Arbeitnehmer dem Arbeitgeber die Leistung an und nimmt dieser diese nicht an, liegt sogenannte Annahmeunwilligkeit vor. In diesem Fall soll Annahmeverzug im Sinne des § 615 BGB anzunehmen sein. Bietet der Arbeitnehmer hingegen die Arbeit an und kann der Arbeitgeber diese nicht abnehmen, liegt sogenannte Annahmeunmöglichkeit vor. In diesen Fällen sollen die Rechtsfolgen der Unmöglichkeit eingreifen, also die §§ 275, 326 Abs. 1 und 2 BGB. Etwas anderes gilt jedoch für die später zu erörternde Betriebsrisikolehre nach § 615 S. 3 BGB.[579]

577 *Henssler*, in: MüKoBGB, § 615 Rn. 1.

578 BAG, NJW 1961, 381 (382).

579 Hierzu auch: BAG, NZA 2016, 293.

Kurz umschrieben führt die Abstrahierungsformel in der Regel dazu, dass § 615 S. 1 BGB bei Annahmeunwilligkeit des Arbeitgebers § 326 Abs. 1 und Abs. 2 BGB verdrängt. Bei Annahmeunmöglichkeit liegt kein Fall von § 615 BGB vor.[580]

In der Literatur wurde diese Formel früh kritisiert. Nach der Gegenansicht ist die Lösung allein über den lex-specialis-Grundsatz zu finden.[581] In seinem Anwendungsbereich geht § 615 BGB den Rechtsfolgen von § 326 BGB stets vor. § 615 BGB erfasst daher Fälle der Annahmeunwilligkeit und Fälle der Annahmeunmöglichkeit. Begründet wird diese institutionelle Lösung damit, dass § 615 S. 3 BGB eigentlich einen Fall der Unmöglichkeit regelt. Was die Unmöglichkeit durch Zeitablauf angeht, lässt sich dieses Problem damit überwinden, dass im Zeitpunkt des Angebots des Arbeitnehmers die Stunde noch nicht abgelaufen ist.

7.2.2 Voraussetzungen des Annahmeverzugs

§ 615 BGB setzt voraus, dass ein erfüllbares Dienstverhältnis besteht. Damit sind auch Arbeitsverhältnisse im Sinne von § 611a BGB erfasst. Ferner setzt § 615 BGB ein ordnungsgemäßes Angebot der Arbeitsleistung voraus.

7.2.2.1 Das Angebot der Arbeitsleistung nach den §§ 294 ff. BGB

Gemäß § 294 BGB muss dieses *tatsächlich* erbracht werden. In Fällen von § 295 BGB genügt ein *wörtliches* Angebot. Nach § 296 BGB kann ein wörtliches Angebot entbehrlich sein. Wenn § 293 BGB von Angebot und Annahme spricht, geht das Gesetz nicht von den Kategorien der §§ 145 ff. BGB aus. Die Anforderungen für ein Annahmeverzug auslösendes Angebot regeln allein die §§ 294-296 BGB.

7.2.2.1.1 Grundlagen

Ein ordnungsgemäßes Angebot setzt nach § 294 BGB voraus, dass die Leistung dem Gläubiger so, wie sie zu bewirken war, tatsächlich angeboten wurde. Das bedeutet, dass

- die erforderliche Leistungshandlung
- durch den richtigen Schuldner
- zur richtigen Zeit
- am rechten Ort
- in der richtigen Art und Weise
- an den richtigen Gläubiger

---

580 *Fischinger/Staub*, JuS 2016, 208.

581 *Preis*, in: ErfK, § 615 Rn. 7.

vorgenommen wird.[582] Das Angebot ist ein Realakt.[583] Aus dem Begriff des Angebotes folgt, dass nicht die gesamte Leistungshandlung erfolglos durchgeführt werden musste. Der Arbeitnehmer muss sich am Arbeitsort oder am Arbeitsplatz einfinden, um mit der Arbeitsleistung zu beginnen.[584] Ist der Arbeitgeber nicht anwesend, darf dem arbeitswilligen Arbeitnehmer hieraus kein Nachteil entstehen. Es genügt, wenn er versucht hat, die tatsächliche Leistung durchzuführen.

Macht der Arbeitgeber hingegen deutlich, dass er die Arbeitsleistung nicht annehmen wird, genügt ein wörtliches Angebot (§ 295 S. 1 Alt. 1 BGB). Ist der Arbeitnehmer im Betrieb, hat diese Vereinfachung keine Bedeutung. Etwas anderes kann aber für den Folgetag gelten. Nach dem Wortlaut des § 293 BGB muss die Verweigerung des Arbeitgebers dem wörtlichen Angebot des Arbeitnehmers vorangehen. In den Folgetagen könnte der Arbeitnehmer seine Arbeit etwa über das Telefon anbieten.

Weist der Arbeitgeber dem Arbeitnehmer trotz bestehendem Direktionsrecht keine Arbeit zu, genügt ebenfalls ein wörtliches Angebot (§ 295 S. 1 Alt. 2 BGB). Bittet der Arbeitnehmer um die Zuteilung von Arbeit, liegt hierin zugleich ein wörtliches Angebot. Aus dem Vergleich zu Alt. 1 kann gefolgert werden, dass das Unterlassen der Mitwirkungshandlung i. S. v. § 295 S. 1 Alt. 2 BGB dem wörtlichen Angebot nicht vorhergehen muss. Das Untätigbleiben des Arbeitgebers infolge des wörtlichen Angebots ist daher geeignet, den Annahmeverzug auszulösen.

Anders als das tatsächliche Angebot ist das wörtliche Angebot eine rechtsgeschäftsähnliche Handlung und muss daher insbesondere dem Arbeitgeber i. S. v. § 130 BGB analog zugehen.[585] Was den Inhalt des wörtlichen Angebots angeht, ist anerkannt, dass dieses konkludent erfolgen kann und dass hieran keine hohen Anforderungen zu stellen sind.[586] Es genügt, wenn der Arbeitnehmer gegen die Ablehnung seiner Arbeitsleistung oder das Unterlassen einer erforderlichen Mitwirkungshandlung protestiert und damit seine Leistungsbereitschaft zum Ausdruck bring.[587]

Ist für die Mitwirkungshandlung eine Zeit nach dem Kalender bestimmt, kann das Angebot der Arbeit sogar unterbleiben, wenn die Handlung nicht rechtzeitig vorgenommen wurde, vgl. § 296 S. 1 BGB. Gleiches gilt, wenn ein Ereignis der Mitwirkungshandlung vorausgehen soll (S. 2).

582 BAG, AP BGB § 615 Nr. 152.
583 BAG, AP BGB § 615 Nr. 152.
584 BAG, AP BGB § 615 Nr. 152
585 BAG, AP BGB § 615 Rn. 147.
586 BAG, AP BGB § 611 Lehrer, Dozenten Nr. 183.
587 BAG, AP BGB § 615 Nr. 149.

7.2.2.1.2 Das Angebot im Kündigungsprozess

Diese Grundsätze haben zu einem zentralen Problem des Annahmeverzugs geführt: Im gekündigten Arbeitsverhältnis weist der Arbeitgeber in der Regel keine Arbeit mehr zu. Er geht davon aus, dass seine Kündigung wirksam ist. Ein tatsächliches Angebot liegt in der Regel nicht vor, weil der Arbeitnehmer erscheinen müsste. Daher genügt grundsätzlich ein wörtliches Angebot i. S. v. § 295 BGB. Dazu muss der Arbeitgeber aber erklären, dass die Arbeitsleistung nicht entgegengenommen wird.

Das Bundesarbeitsgericht erblickt in der Kündigung selbst eine Ablehnungserklärung.[588] Ein wörtliches Angebot kann nun auch in jeder Form des Protests gegen diese Kündigung zu sehen sein, weil hierdurch der Wille dokumentiert wird, arbeiten zu wollen. Insbesondere wird die Kündigungsschutzklage als ein solcher Protest gewertet.[589]

Hat sich der Arbeitnehmer bei einer unwirksamen Kündigung nicht erklärt und liegt am letzten Tag der Drei-Wochen-Frist nach §§ 4, 7 KSchG fristgerecht Kündigungsschutzklage ein, wäre er zwar im Recht, es fehlte jedoch für die vorangegangenen Wochen an einem wörtlichen Angebot. Dies hätte zur Konsequenz, dass er für diesen Zeitraum seinen Entgeltanspruch verlieren würde.

Das Bundesarbeitsgericht löst dieses Problem dadurch, dass das Zurverfügungstellen und die Zuweisung eines funktionsgerechten Arbeitsplatzes eine Mitwirkungshandlung des Arbeitgebers im Arbeitsverhältnis ist, die sich für jeden neuen Tag wieder aktualisiert. Ist die Kündigung unwirksam, schuldet er diese Mitwirkungshandlung täglich aufs Neue. Erfüllt er die Pflicht nicht, greift § 296 BGB ein und es bedarf keiner weiteren Erklärung des Arbeitnehmers.[590]

Damit ist zugleich gesagt, dass diese Lösung dann nicht funktioniert, wenn die Kündigung wirksam ist. Denn dann fehlt es an einer Rechtsgrundlage für die Mitwirkungshandlung. Ferner bedeutet diese Rechtsprechung eine Bestätigung des Angebots im ungekündigten Arbeitsverhältnis.

Die Rechtsprechung des Bundesarbeitsgerichts ist in der Literatur auf Kritik gestoßen. Insbesondere wird dem Gericht vorgeworfen, Ausnahme und Regel zu vertauschen. Man käme zu dem Ergebnis, dass sich der Arbeitnehmer nur dann zur Dienstleistung einfinden müsste, wenn ihm der Arbeitgeber zuvor einen funktionsgemäßen Arbeitsplatz an jedem neuen Tag zugewiesen hätte. Damit wäre der Arbeitgeber entgegen § 614 BGB vorleistungspflichtig.[591]

---

588 BAG, NJW 1969, 1734 (1735); *Preis*, in: ErfK § 615 Rn. 27.

589 BAG; AP BGB § 615 Nr. 26.

590 BAG, AP BGB § 615 Nr. 154.

591 Vgl. *Schäfer* JuS 1988, 265 (266).

Diese Kritik geht zu weit. Sie übersieht die Existenz der widerrechtlichen Kündigung per se und die Wirkung dieser für die Pflichten aus §§ 242, 241 Abs. 2 BGB. Denn nur wenn eine Kündigung zu Unrecht ausgesprochen wurde, bedarf es einer erneuten Zuweisung des Arbeitsplatzes. Es handelt sich nicht um die Pflicht aus dem Arbeitsvertrag, den Arbeitnehmer einzuweisen und auszustatten, sondern vielmehr um eine separate Pflicht aus vorangegangenem Tun. Wird diese Pflicht nicht erfüllt, aktualisiert sie sich an jedem folgenden Tag.

7.2.2.2 Die Nichtannahme des Angebots

Für die Nichtannahme der Arbeit genügt einfaches und tatsächliches Unterlassen.[592] Ein Verschulden des Arbeitgebers ist nicht erforderlich.[593] Auch Irrtümer entschuldigen den Arbeitgeber nicht. Aus § 298 BGB folgt, dass der Arbeitgeber selbst dann nicht annimmt, wenn er zwar annehmen will, aber nicht zur Gegenleistung, der Zahlung des Entgelts, bereit ist.

Ausnahmsweise kann eine Nichtannahme berechtigt sein, wenn die Annahme der Arbeit unzumutbar ist. Dies wird immer dann der Fall sein, wenn der Arbeitgeber den Arbeitnehmer nach § 242 BGB suspendieren darf.[594]

7.2.2.3 Leistungsunfähigkeit

Der Annahmeverzug scheidet gemäß § 297 BGB aus, wenn der Arbeitnehmer nicht leisten kann.

7.2.2.3.1 Objektive und subjektive Leistungsunfähigkeit

Hierunter werden zwei Fälle gefasst. Zunächst kann eine sog. objektive Leistungsunfähigkeit bestehen. Damit sind Fälle gemeint, in denen der Arbeitnehmer tatsächlich arbeitsunfähig ist. Insbesondere während einer Krankheit kann der Arbeitgeber nicht in Annahmeverzug geraten. Hier bestehen ohnehin Sonderregelungen nach dem EFZG. Der Grund der Leistungsunfähigkeit ist irrelevant.[595] Ein Annahmeverzug nach § 615 BGB scheidet weiterhin aus, wenn der Arbeitnehmer seine Leistung nicht erbringen will (sog. Arbeitsunwilligkeit, subjektive Leistungsunfähigkeit). Der Arbeitnehmer begründet hier die Arbeitsunfähigkeit durch seinen eigenen Willen.

Diese beiden Voraussetzungen kann man auch positiv formulieren: Die Leistungsfähigkeit und Leistungswille des Arbeitnehmers sind zwei kumulative Voraussetzungen, die während des gesamten Annahmeverzugszeitraums vorliegen müssen.[596]

---

592 *Preis*, in: ErfK, § 615 Rn. 56.

593 *Henssler*, in: MüKoBGB, § 615 Rn. 40.

594 Hierzu 6.3.3.

595 BAG, AP BGB § 615 Nr. 144.

596 Hierzu: BAG, AP BGB § 615 Nr. 152.

7.2.2.3.2 Aufnahme einer anderweitigen Tätigkeit

Nimmt der Arbeitnehmer während eines Kündigungsschutzverfahrens eine andere Tätigkeit auf, führt dieser Umstand noch nicht ohne Weiteres zur Leistungsunfähigkeit wegen Leistungsunwilligkeit. Die Leistungsunwilligkeit ist keinesfalls zwingend mit einer anderen Stelle verbunden. Vielmehr dokumentiert die Aufnahme einer Tätigkeit während der Kündigungsschutzklage die Leistungsfähigkeit des Arbeitnehmers. Mittelbar wird diese Annahme auch durch § 615 S. 2 BGB bestätigt.

7.2.2.3.3 Folgen der Wiederherstellung der Leistungsfähigkeit

Umstritten ist, ob der Arbeitnehmer eine wiederhergestellte Arbeitsfähigkeit anzeigen muss,[597] um den Annahmeverzug auszulösen oder ob dieser gar automatisch eintreten kann. Das ist insbesondere in solchen Fällen relevant, in denen der Arbeitnehmer nach einer Krankheit in den Betrieb zurückkehrt, aber keine Arbeit erhält, weil der Arbeitgeber keine Notiz von der Rückkehr nimmt.

Nach der neueren Rechtsprechung ist dies nicht Voraussetzung, wenn die Arbeitsunfähigkeitsbescheinigung befristet war.[598] In diesen Fällen muss der Arbeitgeber damit rechnen, dass der Arbeitnehmer nach Ablauf der Frist zurückkehrt.

Bei einer unbefristeten Arbeitsunfähigkeitsbescheinigung kommt es auf die Anzeige der Leistungsfähigkeit in der Regel nicht an. Diese Fälle sind vielmehr eine Frage der Arbeitsleistung bzw. des tatsächlichen Angebotes. Bietet er seine Arbeitskraft nicht an, liegt kein Annahmeverzug vor.[599]

7.2.2.4 Das Ende des Annahmeverzugs

Der Annahmeverzug endet, wenn die Voraussetzungen des Annahmeverzugs entfallen sind.[600] Im gekündigten Arbeitsverhältnis kann der Annahmeverzug nicht einfach durch das Angebot der Arbeit durch den Arbeitgeber beendet werden. Der Arbeitgeber muss die Leistung des Arbeitnehmers gerade als Erfüllung der bestehenden Leistungspflicht annehmen und somit seine Überzeugung von der Unwirksamkeit der Kündigung zum Ausdruck bringen. Da der Arbeitgeber mit der unwirksamen Kündigung gegenüber dem Arbeitnehmer den entgegengesetzten Willen zum Ausdruck gebracht hat, kann der Arbeitnehmer regelmäßig eine Arbeitsaufforderung des Arbeitgebers abwarten.[601]

---

597 Vgl. BAG, AP BGB § 615 Nr. 31).

598 BAG, NZA 1991, 228 (229); zur mehrfach befristeten AU-Bescheinigung: BAG, NZA 1992, 403 (405).

599 Die Rechtsprechung macht nur eine Ausnahme im gekündigten Arbeitsverhältnis: BAG, NZA 1995, 263.

600 BAG, NZA 2016, 1144 (1147).

601 BAG, NZA 2014, 167.

7.2.3 Die Berechnung des Entgelts

Die Höhe des nach § 615 S. 1 BGB aufrecht erhaltenen Arbeitsentgeltes bemisst sich grundsätzlich nach dem sog. Lohnausfallprinzip.[602] Der Arbeitnehmer erhält den Betrag, den er erhalten hätte, hätte er in dem Zeitraum des Annahmeverzuges gearbeitet. Hinsichtlich des Vergütungsumfangs ist anerkannt, dass neben dem vertraglichen Entgelt i. e. S. auch alle Zulagen mit Entgeltcharakter erfasst werden.[603] Grundgedanke des § 615 S. 2 BGB ist, dass der Annahmeverzug dem Dienstverpflichteten weder finanzielle Vor- noch Nachteile bringen soll.[604]

Für das Kündigungsschutzverfahren sieht § 11 KSchG eine Spezialregelung[605] vor (vgl. auch § 74 c HGB), die ihrerseits von den Voraussetzungen des § 615 S. 1 BGB ausgeht.[606]

Ein etwaiges Mitverschulden im Hinblick auf den Annahmeverzug nach § 254 BGB analog wird nicht berücksichtigt.[607] Die Vorgaben der §§ 293 ff. und § 615 S. 2 BGB berücksichtigen die Anforderungen an das Verhalten des Arbeitnehmers abschließend.

Mithin verpflichtet § 615 S. 2 BGB den Arbeitnehmer, sich drei Posten auf das Entgelt nach § 615 S. 1 BGB anrechnen zu lassen. Zum einen muss er ersparte Aufwendungen abziehen (Bsp.: er musste kein Busticket kaufen, um zur Arbeit zu fahren). Zum anderen muss er sich einen anderweitigen Verdienst anrechnen lassen. Schließlich muss er sich dasjenige anrechnen lassen, was er böswillig unterlässt zu erwerben.

§ 615 S. 1 Alt. 1 BGB bezieht sich grundsätzlich auf jedwede Ersparnis wegen des Annahmeverzugs. Allerdings werden Aufwendungen nur insoweit angerechnet, als sie in einem unmittelbaren Zusammenhang mit der zu erbringenden Arbeitsleistung stehen.[608]

Der Arbeitnehmer muss sich aber auch nur den Verdienst anrechnen lassen, für dessen Erzielung das Freiwerden der Arbeitskraft kausal war (sog. Zwischenverdienst[609]). Ein Verdienst bleibt daher unberücksichtigt, wenn er auch bei Erfüllung der Vertragspflichten möglich gewesen wäre. Entscheidend für § 615 S. 2 Alt. 2 BGB ist die tatsächliche Durchführung der Dienste und der daraus resultierende Erwerb.[610] Ist der Verdienst zu berücksichti-

602 BAG, NZA 2002, 268 (270).
603 *Henssler*, in: MüKoBGB, § 615 Rn. 64.
604 BAG, NZA 2012, 793 (795 f.).
605 BAG, NZA 2012, 793.
606 *Kiel*, in: ErfK, § 11 KSchG Rn. 3.
607 *Joussen*, in: BeckOK, § 615 Rn. 62.
608 *Henssler*, in: MüKoBGB,§ 615 Rn. 74.
609 Vgl. BAG, NZA 2016, 687 (688).
610 *Henssler*, in: MüKoBGB, § 615Rn. 75.

gen, kann der Arbeitnehmer allerdings solche Aufwendungen abziehen, die zur Erzielung des Zwischenverdiensts erforderlich waren.[611]

Ins Verhältnis gesetzt werden jeweils die Bruttoeinkommen im gesamten Zeitraum des Annahmeverzugs.[612] Eine Aufteilung in Monate sieht § 615 BGB nicht vor, auch wenn dies dem Arbeitsvertrag entspricht. Zum Teil wird diese Annahme kritisiert.[613] Nur eine Gesamtbetrachtung verbürgt aber, dass der Arbeitnehmer nicht weniger oder mehr Entgelt als sonst erhält.

Nach § 615 S. 2 Alt. 3 BGB wird auch das angerechnet, was der Arbeitnehmer böswillig zu erwerben unterlässt. Böswillig handelt der Arbeitnehmer, wenn er in Kenntnis von Arbeitsmöglichkeit, Zumutbarkeit der Arbeit und Nachteilsfolge für den Arbeitgeber vorsätzlich untätig bleibt oder die Arbeitsaufnahme verhindert.[614] Grobe Fahrlässigkeit genügt nicht, eine Schädigungsabsicht ist aber auch nicht erforderlich.[615]

7.3 § 615 S. 3 BGB i. V. m. der Betriebsrisikolehre

Nach § 615 S. 3 BGB gelten die S. 1 und S. 2 entsprechend für den Fall, in denen der Arbeitgeber das Risiko des Arbeitsausfalls trägt. Diese gesetzliche Formulierung bezieht sich auch auf das sog. Betriebsrisiko.[616] Damit bleibt der Anspruch auf Zahlung des Arbeitsentgelts nach § 611a Abs. 2 BGB erhalten, wenn eine beiderseitig nicht verschuldete Betriebsstörung vorliegt. Der Arbeitgeber trägt dann das Risiko, seinen Betrieb einsetzen zu können.[617] Wann der Arbeitgeber das Betriebsrisiko trägt, dazu sagt § 615 S. 3 BGB nichts aus.[618]

7.3.1 Grundlagen

Dahinter steht der Gedanke, dass im Falle der Betriebsstörung durch den Arbeitnehmer dieser seine Arbeitspflicht verletzt und somit aus §§ 280, 283 BGB schadensersatzpflichtig wird, während im Fall der Betriebsstörung durch den Arbeitgeber § 326 Abs. 2 S. 1 Alt. 1 BGB einschlägig ist. § 615 S. 3 BGB schließt somit eine Lücke.[619] Anders als in § 326 Abs. 2 Alt. 1 BGB

611 BAG, NZA 2018, 1544.
612 *Preis*, in: ErfK, § 615 Rn. 92.
613 *Nübold*, RdA 2004, 31.
614 BAG, AP BGB § 615 Böswilligkeit Nr. 1.
615 *Henssler*, in: MüKoBGB, § 615 Rn. 81.
616 BAG, NZA 2017, 124 (126).
617 BAG, NZA 2016, 293 (294).
618 *Däubler*, NZA 2001, 1329 (1332).
619 *Preis*, in: ErfK, § 615 Rn. 122.

geht es nicht um die Verantwortlichkeit des Arbeitgebers für die Unmöglichkeit, sondern allein um die Risikozuweisung für den Arbeitsausfall und die damit einhergehende Unmöglichkeit zur Beschäftigung.

Ohne § 615 S. 3 BGB würde der Arbeitnehmer seinen Entgeltanspruch nach §§ 326 Abs. 1, 275 BGB verlieren, sollte ihn der Arbeitgeber aller Voraussicht nach beschäftigen wollen (vgl. die Abstrahierungsformel oben). Da der Arbeitgeber die Früchte der Arbeitsleistung erntet und im Übrigen auch Verantwortung für die Arbeitsorganisation trägt, wäre es unbillig, den Arbeitnehmer ohne Entgeltanspruch dastehen zu lassen. Es wird als billiger empfunden, in diesen Fällen den Arbeitgeber für das Entgelt haften zu lassen.[620]

Wie auch schon bei § 615 S. 1 BGB stellt § 615 S. 3 BGB keine eigenständige Anspruchsgrundlage dar, sondern erhält den ursprünglichen Erfüllungsanspruch nach § 611a Abs. 2 BGB aufrecht.[621] Das kann bereits dem Verweis auf S. 1 entnommen werden.

§ 615 S. 3 BGB ist gesetzgewordene Rechtsprechung. Das Reichsgericht hat in seiner berühmten Straßenbahnentscheidung vom 6.2.1923 konstatiert, dass das BGB lückenhaft sei und zunächst seine Sphärentheorie herausgebildet,[622] die dann später durch das Bundesarbeitsgericht zur Arbeitskampf- und Betriebsrisikolehre weiterentwickelt wurde.[623] Diese Betriebsrisikolehre wurde dann im Rahmen der Schuldrechtsmodernisierung in das BGB überführt.[624] Gleichwohl bleibt der Wortlaut an der Oberfläche der Probleme. Insbesondere kommt in der Norm nicht zum Ausdruck, dass das Risiko des Betriebsausfalls *grundsätzlich* den Arbeitgeber trifft.

7.3.2 Das Betriebsrisiko

Die Entgeltfortzahlung nach § 615 S. 3 BGB setzt zunächst einen wirksamen Arbeitsvertrag voraus – ein Dienstvertrag genügt nicht. Folgern lässt sich diese Einschränkung aus der spezifischen Nennung des „Arbeitgebers".

Ferner muss der Arbeitsausfall aus einer Störung der betrieblichen Sphäre resultieren und schließlich dürfen weder Arbeitgeber noch Arbeitnehmer ein Vertretenmüssen an dem Arbeitsausfall treffen.[625] Grundsätzlich trägt der Arbeitgeber die Risiken aus dem betrieblichen Bereich vollumfänglich. Er baut die Wertschöpfungskette auf und organisiert den Betrieb. Auch muss er bereits im eigenen Interesse so planen, dass Arbeitsausfälle möglichst unterbleiben oder aufgefangen werden können. Erfasst sind daher

620 BT-Drs. 14/7052 S. 204.

621 Missverständlich: BAG, NZA 2016, 494 (498).

622 RGZ 106, 272.

623 BAG, AP GG Art. 9 Arbeitskampf Nr. 70.

624 Vgl. hierzu: BT-Drs. 14/7052 S. 204: „Erwähnung des Betriebsrisikos".

625 *Dütz/Thüsing* Rn. 250.

Fälle des Ausfalls von Betriebsstoffen oder anderer für den Betriebsablauf notwendiger Betriebsmittel, einer Betriebsstilllegung aufgrund öffentlich-rechtlicher Vorschriften/Anordnungen oder eines Geschehens, das von außen auf typische Betriebsmittel einwirkt und sich als höhere Gewalt darstellt (Bsp.: die Überschwemmung eines Fabrikgebäudes).[626]

7.3.3 Betriebsrisiko und wirtschaftliche Schwierigkeiten

Umstritten ist, ob die Betriebsrisikolehre auch dann eingreifen kann, wenn die Entgeltfortzahlung den wirtschaftlichen Bestand des Betriebs bzw. Arbeitgebers gefährden würde. Nach einer Lösung soll in diesen Fällen der Lohnanspruch gekürzt werden oder sogar ganz entfallen.[627]

Nach der zutreffenden Gegenansicht soll der Lohnanspruch erhalten bleiben. Dieser Fall ist gerade ein Paradefall für das Risiko des Arbeitgebers. Dieser müsse vorbeugen und dürfe nicht einfach sein Betriebsrisiko den Arbeitnehmern aufbürden. Schließlich wird der Arbeitnehmer auch nicht am Gewinn beteiligt.[628] Man mag dieses Argument vor § 242 BGB als unverhältnismäßig empfinden.[629] Jedoch sieht die InsO mit der Zielrichtung der Unternehmenssanierung eine Vielzahl von Mechanismen vor, um ein angeschlagenes Unternehmen wieder auf Kurs zu bringen. Jenseits der InsO müssen Arbeitnehmer nicht verzichten.

7.3.4 Das Betriebsrisiko und andere Ausfallgründe

Nicht in das Betriebsrisiko fällt der Ausfall des Betriebes wegen eines Arbeitskampfes. Hier hat die Rechtsprechung die sog. Arbeitskampfrisikolehre entwickelt,[630] die einen Ausnahmetatbestand der Betriebsrisikolehre darstellt. Diese Fälle sollen allein über das Arbeitskampfrecht gelöst werden.

7.3.4.1 Das Wirtschaftsrisiko

Vom Betriebsrisiko ist zudem das sog. Wirtschaftsrisiko zu unterscheiden.[631] Dieser Begriff bezeichnet den Fall bzw. das Risiko, die Arbeitsleistung des Arbeitnehmers grundsätzlich einsetzen, aber wirtschaftlich nicht nutzen zu können. In diesen Fällen ist der Einsatz des Arbeitnehmers unrentabel. Das sog. Wirtschaftsrisiko ist nicht mit dem Betriebsrisiko gleich-

626 BAG, NZA 2016, 293 (294).
627 BAG, AP BGB § 615 Betriebsrisiko Nr. 2.
628 *Preis*, in: ErfK, § 615 Rn. 126.
629 So wohl *Henssler*, in: MüKoBGB, § 615 Rn. 105.
630 BAG, AP GG Art. 9 Arbeitskampf Nr. 70.
631 *Henssler*, in: MüKoBGB, § 615 Rn. 98.

zusetzen, denn der unterlassende Einsatz des Arbeitnehmers ist unmittelbar vom Arbeitgeber zu vertreten. Die Rechtsprechung löst diese Fälle daher über den Annahmeverzug nach § 615 S. 1 BGB in Form der Fallgruppe der Annahmeunwilligkeit.

7.3.4.2 Das Wegerisiko

Wird der Arbeitnehmer auf dem Weg zur Arbeitsstelle aufgehalten, realisiert sich kein Betriebsrisiko. Auch lässt sich nicht begründen, dass der Arbeitgeber dieses Risiko tragen soll. Vielmehr trägt der Arbeitnehmer das sog. Wegerisiko.[632] Es ist Sache des Arbeitnehmers, pünktlich seine Arbeitsleistung am Arbeitsort anzubieten. Bis dahin gehen Hindernisse grundsätzlich zu seinen Lasten. Arbeitet er wegen der Verspätung nicht, gehen die Arbeitspflicht nach § 275 Abs. 1 BGB und sein Entgeltanspruch nach § 326 Abs. 1 S. 1 BGB unter.

Schwierig ist jedoch die Lösung der Fälle, wenn der Arbeitnehmer einerseits wegen eines Vorfalls auf dem Weg zur Arbeit nicht arbeiten kann und andererseits wegen eines realisierten Betriebsrisikos nicht hätte im Betrieb eingesetzt werden können. Nach einer Ansicht soll in diesen Fällen § 615 S. 3 BGB vorgehen.[633] In diesen Fällen realisiere sich wiederum die Betriebsrisikolehre. Nach der Gegenansicht[634] setzt die Aufrechterhaltung des Lohnanspruchs voraus, dass der Arbeitnehmer überhaupt seine Arbeitsleistung anbieten kann. Da der Arbeitnehmer seine Arbeitsleistung nicht anbieten konnte, fällt dieser Fall grundsätzlich in sein Risiko. In der Tat kann aus §§ 615 S. 1, 294 BGB die Wertung entnommen werden, dass die Möglichkeit eines tatsächlichen Angebots grundsätzlich Voraussetzung für die Aufrechterhaltung des Entgeltanspruchs ist.

7.3.5 Abdingbarkeit von § 615 S. 3 BGB

§ 615 S. 3 BGB ist als Norm des Schuldrechts grundsätzlich dispositiv.[635] In der Praxis ist zu beobachten, dass insbesondere Tarifverträge und Betriebsvereinbarungen andere Regelungen enthalten. Der Arbeitgeber kann jedoch nicht in Form von vorformulierten Vertragsbedingungen von der Betriebsrisikolehre abweichen. Die durch sie vermittelte Risikoaufteilung stellt vielmehr eine zentrale Wertung des Arbeitsrechts dar. Daher würde eine Abweichung an § 307 Abs. 2 Nr. 2 BGB scheitern und wäre unwirksam.[636]

632 *Preis*, in: ErfK, § 615 Rn. 133.

633 *Preis*, in: ErfK, § 615 Rn. 133.

634 *Henssler*, in: MüKoBGB, § 615 Rn. 36.

635 BAG, AP BGB § 615 Betriebsrisiko Nr. 31.

636 *Tillmanns*, in: MünchArbR, § 76 Rn. 89.

7.4 Die Arbeitsverhinderung aus persönlichen Gründen

Im Zusammenhang mit der Möglichkeit, die Arbeitsleistung gemäß § 275 Abs. 3 BGB zu verweigern, erlangt die Entgeltfortzahlung nach § 616 BGB Bedeutung. Nach der Norm wird der Dienstleistungsverpflichtete des Anspruchs auf die Vergütung nicht dadurch verlustig, dass er für eine verhältnismäßig nicht erhebliche Zeit durch einen in seiner Person liegenden Grund ohne sein Verschulden an der Dienstleistung verhindert wird.

Abbildung 19: Entgelt bei persönlicher Arbeitsverhinderung

I. Anspruch entstanden
II. Anspruch untergegangen
   1. Kein Lohn ohne Arbeit, § 326 Abs. 1 BGB i. V. m. § 275 Abs. 3 BGB
   2. Voraussetzungen von § 616 BGB
      a) Dienstvertrag
      b) Unmöglichkeit
      c) Persönliches Leistungshindernis des Arbeitnehmers
      d) Kausalität
      e) Kein Verschulden
      f) Zeitliche Verhältnismäßigkeit

7.4.1 Das Zusammenspiel von § 275 Abs. 3 und § 616 BGB

In aller Regel kommt § 616 BGB in den Fällen zur Anwendung, wenn der Arbeitnehmer nach § 275 Abs. 3 BGB die Arbeit verweigern darf.[637] Da die Frage nach der Entgeltfortzahlung jedoch eine andere und weitergehende als die Frage nach der Arbeitspflicht ist, betont die ganz herrschende Meinung, dass § 616 BGB gegenüber § 275 Abs. 3 BGB nicht akzessorisch ist, sondern losgelöst zu prüfen ist.[638] Das überzeugt im Hinblick auf die Prüfung der verhältnismäßig kurzen Zeit; im Hinblick auf den Verhinderungsgrund ist eine andere Perspektive angezeigt.

7.4.2 Sinn und Zweck des § 616 BGB

Der Gesetzgeber ging ursprünglich davon aus, dass die Norm die Existenzgrundlage des Arbeitnehmers sichern sollte. Dieser sollte wegen kurzzeitiger Verhinderungen nicht sein Arbeitsentgelt verlieren. Der historische Gesetzgeber begründete die Regelung mit *sozialpolitischer Rücksicht* und *humanitären Gründen.*[639]

637 *Preis*, in: ErfK, § 616 Rn. 1.
638 So wohl auch: *Ernst*, in: MüKoBGB, § 275 Rn. 124.
639 *Mugdan*, Band II, Motive S. 463.

In der neueren Perspektive hat sich ein pragmatischer Ansatz Bahn gebrochen. Nach diesem soll ein kurzzeitiger Ausfall des Arbeitnehmers nicht zum Entgeltverlust führen, weil ein Arbeitgeber immer mit kurzzeitigen Verhinderungen des Arbeitnehmers rechnen müsse und er hierfür gegebenenfalls Vorsorge tragen soll.[640]

Eine dritte Lösung sieht in § 616 BGB den Grundsatz *minima non curat praetor* geregelt.[641] Danach sollen kurzzeitige Arbeitsausfälle nicht zu gerichtlichen Streitigkeiten über die Entgeltfortzahlung führen.

7.4.3 Voraussetzungen der Entgeltfortzahlung

§ 616 BGB setzt zunächst voraus, dass ein wirksames Dienstverhältnis besteht. Weiterhin muss die Arbeitsleistung unmöglich sein. Das Leistungshindernis muss allerdings aus der Sphäre des Arbeitnehmers resultieren und dieses Leistungshindernis muss kausal für den Arbeitsausfall sein. Ferner darf kein Verschulden des Arbeitnehmers bestehen und der Arbeitsausfall darf nur eine verhältnismäßig nicht erhebliche Zeit betragen.

7.4.3.1 Anwendungsbereich

§ 616 BGB ist auf den Dienstleistungsvertrag bezogen. Daher werden nicht nur Arbeitnehmer i. S. v. § 611a BGB durch die Norm geschützt, sondern auch arbeitnehmerähnliche Personen und Selbstständige. Für Auszubildende gilt hingegen § 19 Abs. 1 Nr. 2b BBiG.

7.4.3.2 Persönliches Arbeitshindernis

§ 616 BGB setzt eine Dienstverhinderung voraus, die auf einen in der Person des Arbeitnehmers liegenden Grund zurückgeht. Dabei genügt es, wenn der Hinderungsgrund aus der Sphäre des Arbeitnehmers stammt.[642] Das Bundesarbeitsgericht legt den Begriff sehr weit aus.[643] Nicht erforderlich, aber natürlich ausreichend, ist, dass eine Unmöglichkeit i. S. v. § 275 Abs. 1 BGB vorliegt.[644]

Die Unzumutbarkeit der Arbeit nach Treu und Glauben und insbesondere ein Ausschlussgrund nach § 275 Abs. 3 BGB genügen. Hingegen genügt ein

640 *Henssler*, in: MüKoBGB, § 616 Rn. 2.

641 *Joussen*, in: BeckOK, ArbR § 616 Rn. 3.

642 *Preis*, in: ErfK, § 616 Rn. 3.

643 BAG, AP BGB § 616 Nr. 59.

644 Hierzu: *Oetker*, in: Staudinger, § 616 Rn. 48.

bloßes objektives Leistungshindernis nicht, wenn es nicht in die Sphäre des Arbeitnehmers gehört.[645] In aller Regel wird mit Fallgruppen operiert:[646]

- Familienereignisse,
- ein persönlicher Unglücksfall,
- die Erkrankung eines Angehörigen sowie
- ein Arztbesuch

begründen grundsätzlich ein persönliches Leistungshindernis i. S. v. § 616 BGB.

7.4.3.3 Kausalität

Das persönliche Leistungshindernis muss kausal für die Arbeitsverhinderung sein. Das ist nicht der Fall, wenn ein weiterer Grund für die Unmöglichkeit der Arbeitsleistung vorliegt. Der persönliche Grund muss daher der alleinige Grund für die Verhinderung sein.[647] Da eine Krankheit einen Grund darstellt, kann § 616 BGB dann Anwendung finden, wenn das EFZG noch nicht anzuwenden ist. Das ist etwa der Fall, wenn der Arbeitnehmer im Laufe des Tages krank wird oder die Wartezeit des § 3 Abs. 3 EFZG noch nicht abgelaufen ist.[648]

7.4.3.4 Verschulden

Trifft den Arbeitnehmer ein Verschulden an der Verhinderung, verhindert dies die Aufrechterhaltung des Anspruchs. Verschulden ist nicht im Sinne von § 276 BGB zu verstehen, gemeint ist vielmehr ein Verschulden gegen sich selbst. Nach der Rechtsprechung des Bundesarbeitsgerichts ist ein Verschulden eines Arbeitnehmers in einem Verhalten zu sehen, das einen groben Verstoß gegen das von einem verständigen Menschen im eigenen Interesse gebotene Verhalten darstellt, dessen Folgen auf den Arbeitgeber abzuwälzen unbillig wäre.[649]

7.4.3.5 Die verhältnismäßig nicht erhebliche Zeit

Welche Dauer nicht unverhältnismäßig erheblich ist, bemisst sich nach allen Umständen des Einzelfalles im Rahmen einer Abwägung;[650] insbesondere nach der Zeit der Arbeitsverhinderung in Beziehung zur Gesamtdauer

645 BAG, AP BGB § 616 Nr. 59.
646 Vgl. auch: *Preis*, in: ErfK, § 616 Rn. 3-9.
647 *Joussen*, in: BeckOK, ArbR § 616 Rn. 39.
648 BAG, AP LohnFG § 1 Nr. 3.
649 BAG, AP BGB § 611 Gefährdungshaftung des Arbeitgebers Nr. 7.
650 BAG, AP BGB § 611 Gefährdungshaftung des Arbeitgebers Nr. 7.

der Beschäftigung. Nach der Rechtsprechung kann daher die zunehmende Betriebszugehörigkeit eine verhältnismäßig längere Dauer als verhältnismäßig unerheblich darstellen.[651]

Wird die Dauer der verhältnismäßig nicht erheblichen Zeit überschritten, nimmt die herrschende Meinung an, dass für den gesamten Zeitraum kein Arbeitsentgelt gezahlt werden muss.[652] Denn nur wenn überhaupt von einem kurzen Zeitraum ausgegangen werden muss, kann man von einer Entbindung der Pflicht ausgehen. Für längere Zeiten trifft den Arbeitnehmer das Risiko. Hierbei wird aber nicht immer zwischen Dauer der Nichtleistung und der Leistungsverhinderung getrennt. Stellt sich der Veränderungsgrund als längerfristig dar, findet § 616 BGB keine Anwendung.[653] Nur weil der Arbeitnehmer darüber hinaus dem Betrieb fernbleibt, kann hingegen § 616 BGB rückwirkend nicht entfallen.

7.4.3.6 Die Höhe des Entgeltanspruchs

Wie auch schon bei § 615 S. 1 BGB nimmt die herrschende Meinung die Geltung des sogenannten Lohnausfallprinzips an.[654] Das sogenannte Referenzprinzip, also ein Entgelt in Höhe des Durchschnitts der vergangenen Monate, wird allgemein abgelehnt. Gefolgert werden kann dieses Ergebnis insbesondere aus der Rechtsnatur der Norm. § 616 BGB erhält eben den vertraglichen Anspruch aufrecht.

Nach § 615 S. 3 BGB i. V. m. § 615 S. 2 BGB muss sich der Arbeitnehmer jedoch den Betrag anrechnen lassen, welcher ihm für die Zeit der Verhinderung aus einer aufgrund gesetzlicher Regelung bestehenden Kranken- oder Unfallversicherung zukommt.

7.4.3.7 Abdingbarkeit

§ 616 BGB ist als Norm des Schuldrechts ohne zwingenden Charakter und daher grundsätzlich dispositiv. Die Norm kann sogar zulasten des Arbeitnehmers verändert werden.[655] In vorformulierten Vertragsbedingungen hindert allerdings § 307 Abs. 2 Nr. 1 BGB, von § 616 BGB abzuweichen.

---

651 BAG, AP BGB § 616 Nr. 22.

652 BAG, AP BGB § 616 Nr. 22; BAG, AP BGB § 611 Gefährdungshaftung des Arbeitgebers Nr. 7.

653 Vgl. *Krause*, in: HWK, § 616 Rn. 37.

654 Hierzu: *Joussen*, in: BeckOK ArbR § 616 Rn. 59.

655 BAG, NZA 2002, 1105 (1105 f.).

7.4.3.8 Insbesondere: Die Erkrankung des Kindes

Für den Fall der Erkrankung des Kindes besteht in § 45 SGB V eine Sonderregelung gegenüber § 275 Abs. 3 BGB[656], die grundsätzlich öffentlich-rechtlich ausgestaltet ist, aber nach § 45 Abs. 3 SGB V auch gegenüber dem Arbeitgeber Bedeutung erlangen kann.

§ 45 Abs. 2 SGB V benennt zunächst den Zeitraum, in dem Eltern für ein Kind Anspruch auf Krankengeld haben, mit zehn Tagen. Ist das Elternteil alleinerziehend, verlängert sich dieser Anspruch auf 20 Tage. Nach § 45 Abs. 3 SGB V haben dann die Eltern einen Anspruch auf Freistellung von der Arbeitspflicht für diesen Zeitraum.

Auch wenn hier eine spezielle Regelung getroffen wurde, ist gemäß § 49 Abs. 1 Nr. 1 SGB V § 616 BGB vorrangig zu prüfen. Die sozialrechtliche Einstandspflicht ist somit subsidiär. Nach h. M. kommt dann § 275 Abs. 3 BGB und nicht § 45 Abs. 3 SGB V als Leistungsverweigerungsrecht des Arbeitnehmers zur Anwendung.[657]

Hiervon ausgehend stellt sich die Frage, ob der Zeitraum nach § 45 SGB V herangezogen werden kann, um eine verhältnismäßig kurze Zeit zu konkretisieren. Das wird aber weitgehend abgelehnt[658], weil die starren Grenzen des § 45 SGB V nur typisieren, aber im Einzelfall zu Unbilligkeiten führen können. Insofern kann § 45 SGB V zum Ausgangspunkt einer Interessenabwägung werden, nicht aber zu ihrem Endpunkt.

7.5 Die Entgeltfortzahlung im Krankheitsfall

Die Entgeltfortzahlung im Krankheitsfall blickt auf eine bewegte Geschichte zurück und stellt sich stellvertretend für die schwierige Genese von Arbeitnehmerrechten vor dem Hintergrund wirtschaftlichen Wachstums und wirtschaftlicher Krisen dar.

Die Entgeltfortzahlung im Krankheitsfall wurde in Schleswig-Holstein „*erstreikt*". Es handelte sich um einen der längsten Streiks in der Geschichte Deutschlands seit 1905. 114 Tage lang legten die Arbeitnehmer die Arbeit nieder. Das Bundesarbeitsgericht bewertete diesen Streik wegen eines Verstoßes gegen die Friedenspflicht als widerrechtlich.[659] Gleichwohl wurde die soziale Forderung vom Gesetzgeber aufgegriffen.

---

656 *Treichel*, NZA 2016, 459 (459 f.).

657 *Treichel*, NZA 2016, 459 (460).

658 *Treichel*, NZA 2016, 459 (460).

659 BAG, NJW 1959, 356.

Das EFZG vom 26.5.1994 regelt unter anderem die Entgeltfortzahlung im Krankheitsfall. § 3 EFZG sieht vor, dass der Entgeltanspruch zugunsten des Arbeitnehmers (zum Heimarbeiter vgl. § 10 EFZG) für die Dauer von sechs Wochen erhalten bleibt.

7.5.1 Die Rechtsnatur von § 3 EFZG

Ob § 3 EFZG den ursprünglichen Zahlungsanspruch aufrecht erhält oder statt seiner einen eigenständigen Anspruch statuiert, ist umstritten. Für die zweite Ansicht spricht der Wortlaut der Norm. Dieser spricht sowohl in der Überschrift als auch im Normtext von Anspruch. Auch besagt Abs. 3, dass der Anspruch nach Abs. 1 „entsteht". Daraus lässt sich schließen, dass § 611a Abs. 2 BGB nicht aufrechterhalten bleibt.[660] Für einen eigenständigen Anspruch spricht zudem die Sondernorm des § 4 EFZG. Diese Norm regelt die Höhe des fortzuzahlenden Entgelts und folgt nicht dem Lohnausfallprinzip, sondern dem Referenzprinzip.

Für die Fallbearbeitung ergibt sich nach dieser Lösung folgende Konsequenz: Der Anspruch § 611a Abs. 2 BGB geht wegen tatsächlicher Unmöglichkeit gemäß § 275 Abs. 1 BGB unter. Sodann ist ein neuer Anspruch nach §§ 1,3 EFZG zu prüfen.

7.5.2 Die Voraussetzungen

In persönlicher Hinsicht muss ein Arbeitnehmer im Sinne von § 1 Abs. 2 EFZG vorliegen. Danach sind Arbeitnehmer im Sinne des EFZG alle Arbeitnehmer im Sinne von § 611a BGB sowie zu ihrer Berufsbildung Beschäftigte. Arbeitnehmerähnliche Personen erhalten folglich keine Entgeltfortzahlung.

Abbildung 20: Entgeltfortzahlung im Krankheitsfall (§ 3 EFZG)

1. Arbeitnehmer (§ 1 Abs. 2 EFZG)
2. Wartezeit
3. Krankheitsbedingte Arbeitsunfähigkeit
   a) Krankheit
   b) Arbeitsunfähigkeit (AU)
   c) Kausalität
4. Kein Verschulden
5. Kein Leistungsverweigerungsrecht

660 Vgl. auch BAG, NZA 2017, 240 (241).

7.5.2.1 Die Wartezeit

Weiterhin muss der Arbeitnehmer die sog. Wartezeit nach § 3 Abs. 3 EFZG absolviert haben. Nach dieser Norm entsteht der Anspruch nach vierwöchiger ununterbrochener Dauer des Arbeitsverhältnisses. Die Frist wird grundsätzlich nach den §§ 186 ff. BGB ermittelt. Insbesondere sind die § 187 Abs. 2 und § 188 Abs. 2 BGB anzuwenden.[661]

Die Wartezeit ist ein Zugeständnis des Gesetzgebers an den Arbeitgeber. Das Recht auf Vergütungsfortzahlung als Ausnahme von dem Prinzip „ohne Leistung keine Gegenleistung" soll erst auf Grund einer gewissen Dauer der Unternehmenszugehörigkeit erworben werden.[662]

Entscheidend ist der rechtliche Bestand des Arbeitsverhältnisses. Wird ein Auszubildender übernommen, wird nach heute herrschender Meinung kein neues Arbeitsverhältnis begründet. Es ist einfach so, dass der Ausbildungszweck des Berufsbildungsverhältnisses wegfällt. Daraus resultiert, dass der Auszubildende nicht die Wartezeit durchlaufen muss, wenn er vom Arbeitgeber übernommen wird.[663]

Erkrankt der Arbeitnehmer vor Ablauf der Wartezeit, greift § 3 EFZG nach Ablauf der Wartezeit ein und gewährt für die folgenden sechs Wochen Entgeltfortzahlung. In die Wartezeit fallende Krankheitstage werden nicht abgezogen. Die herrschende Meinung folgert diese Annahme daraus, dass das rechtliche Bestehen des Arbeitsverhältnisses Voraussetzung für die Entgeltfortzahlung ist.[664] Der Wortlaut der Norm gibt jedenfalls keinen Anlass dafür, die Zeit im Rahmen der Wartezeit abzuziehen.

Endet das Arbeitsverhältnis und wird ein neues Arbeitsverhältnis begründet, muss die Wartezeit erneut durchlaufen werden. Bei kurzfristigen Unterbrechungen können die Zeiten zusammengerechnet werden.[665] Erforderlich dafür ist, dass die beiden Arbeitsverträge in einem Zusammenhang stehen; was etwa der Fall ist, wenn das zweite Arbeitsverhältnis lediglich die Fortsetzung des ersten darstellt.

7.5.2.2 Arbeitsunfähigkeit und Krankheit

Weiterhin muss Arbeitsunfähigkeit vorliegen und diese muss durch die Krankheit bedingt sein. Insofern müssen Arbeitsunfähigkeit und Krankheit durch eine Kausalität verbunden sein.

---

661 BAG, AP EntgeltFG § 3 Nr. 13.

662 BAG, NZA 2004 (207).

663 BAG, NZA 2004, 205 (207).

664 BAG, NZA 1999, 1273.

665 *Müller-Glöge*, in: MüKoBGB, § 3 EFZG Rn. 51.

7.5.2.2.1 Grundlagen

Eine Krankheit im medizinischen Sinne ist jeder regelwidrige körperliche oder geistige Zustand, der einer Heilbehandlung bedarf und bei Personen gleichen Alters nicht zu erwarten ist.[666] Krankheiten eines anderen, insbesondere des Lebensgefährten oder Ehegatten, können keine Krankheit des Arbeitnehmers darstellen.[667]

Die Begriffsfassung ist abhängig vom jeweiligen Stand der Medizin und somit dynamisch. In der Rechtsprechung ist insbesondere anerkannt, dass eine Alkoholsucht und weitergehende Drogensucht eine Krankheit darstellen können.[668] Die Ursache der Krankheit ist für die Annahme einer Krankheit unerheblich.–

Die Arbeitsunfähigkeit (oftmals verkürzt: „AU") setzt voraus, dass der Arbeitnehmer nicht in der Lage ist, seine Verpflichtungen aus dem Arbeitsverhältnis zu erfüllen. Das gleiche gilt, wenn der Arbeitnehmer durch die Arbeit seinen Zustand in absehbarer Zeit verschlimmern würde, er also seine Arbeitspflicht – auf der Grundlage einer ärztlichen Prognose – nicht erfüllen sollte.[669] Dem gleichgestellt ist der Fall, dass die Heilbehandlung selbst zur Arbeitsunfähigkeit führt.[670] Das kann etwa bei einem Krankenhausaufenthalt der Fall sein. In der Praxis wird hier eine sog. Liegebescheinigung ausgestellt.

Maßgeblich für die Frage, ob eine Arbeitsunfähigkeit vorliegt, ist allein die zu verrichtende Tätigkeit des Arbeitnehmers. Diese bestimmt sich nach dem Arbeitsvertrag bzw. der sächlichen Durchführung des Arbeitsvertrages. So etwas wie eine Teil-Arbeitsunfähigkeit kennt das EFZG nicht.[671] Kann der Arbeitnehmer seine Arbeitsleistung nur in schlechter Qualität anbieten, kann er seine übliche Arbeitsleistung nicht anbieten. Er ist arbeitsunfähig.

7.5.2.2.2 Der Nachweis der Arbeitsunfähigkeit

§ 5 EFZG sieht eine Sonderregelung für den Nachweis der Arbeitsunfähigkeit vor. Danach ist der Arbeitnehmer verpflichtet, dem Arbeitgeber die Arbeitsunfähigkeit und deren voraussichtliche Dauer unverzüglich mitzuteilen (S. 1). Für den Inhalt der Mitteilung bestehen keine gesetzlichen Vorgaben.[672] Die Mitteilung kann daher mündlich erfolgen. Es genügt, wenn der Arbeitnehmer zum Ausdruck bringt, dass er davon ausgeht, nicht ar-

666 BAG, NZA 2017, 240 (241).
667 BAG, NZA 2017, 240 (241).
668 BAG, NZA-RR 2013, 627 (628 f.).
669 BAG, NZA 2017, 240 (241).
670 BAG, NZA 2017, 240 (241).
671 BAG, NZA 2017, 183 (185).
672 *Reinhard*, in: ErfK, § 5 EFZG Rn. 5.

beitsfähig zu sein. Eine Erklärung über Art und Umfang der Krankheit ist nicht erforderlich.[673]

Eine Ausnahme kann gelten, wenn der Grund für die Arbeitsunfähigkeit Relevanz im Betrieb und für andere Arbeitnehmer haben kann, etwa wenn eine Ansteckungsgefahr besteht oder eine Schädigung Dritter zu besorgen ist.[674]

Dauert die Arbeitsunfähigkeit länger als drei Tage, muss der Arbeitnehmer eine ärztliche Bescheinigung über das Bestehen der Arbeitsunfähigkeit sowie deren voraussichtliche Dauer spätestens an dem darauffolgenden Arbeitstag vorlegen (S. 2). Aus dieser Regelung geht hervor, dass die Arbeitsunfähigkeitsbescheinigung am vierten Tag vorgelegt werden muss.[675] Der Arbeitgeber kann sie jedoch von sich aus früher verlangen (S. 3).

Der Arzt muss nicht die Krankheit bescheinigen, sondern die Arbeitsunfähigkeit. Dauert die Arbeitsunfähigkeit länger als in der Bescheinigung angegeben, ist der Arbeitnehmer verpflichtet, eine neue ärztliche Bescheinigung vorzulegen.[676]

In der Praxis stark umstritten ist die Frage des Beweiswertes eines solchen Attests bzw. einer solchen Bescheinigung. Das Bundesarbeitsgericht entnimmt § 5 EFZG die gesetzliche Wertung, dass die Arbeitsunfähigkeitsbescheinigung durch den Arzt die tatsächliche Vermutung für die Arbeitsunfähigkeit infolge einer Krankheit aufstellt.[677] Ihr kommt daher ein hoher Beweiswert zu. Im Prozess kann der Tatrichter den Beweis als erbracht ansehen, wenn eine ordnungsgemäß ausgestellte AU-Bescheinigung vorgelegt wird.

Für im Ausland ausgestellte Arbeitsunfähigkeitsbescheinigungen wurde diese Annahme stark bestritten. Der EuGH hat in den Entscheidungen Paletta I und Paletta II den Beweiswert jedoch stark erhöht.[678] Zeitweise wies die Praxis solchen Bescheinigungen sogar einen höheren Beweiswert zu.[679] Mittlerweile haben sich die Beweiswerte angeglichen.

7.5.2.2.3 Die Kausalität

Die Tatbestandsvoraussetzung der Kausalität setzt voraus, dass die krankheitsbedingte Arbeitsunfähigkeit der alleinige Grund für den Arbeitsausfall ist. Kann die Arbeit aus anderen Gründen nicht geleistet werden, greift § 3 EFZG nicht ein. Stets ist zu fragen, ob die Arbeit auch erbracht worden wäre, wenn der Arbeitnehmer nicht krank gewesen wäre.

---

673 *Oetker*, in: Staudinger, § 616 Rn. 297.

674 *Müller-Glöge*, in: MüKoBGB, § 5 EFZG Rn. 8.

675 So ausdrücklich: BT-Drs. 12/5798 S. 21.

676 Kritisch: *Reinhard*, in: ErfK, § 5 EFZG Rn. 19.

677 BAG, NZA 2017, 240 (241).

678 EuGH, AP EWG-Verordnung Nr. 574/72 Art 18 Nr. 1; EuGH, AP EWG-Verordnung Nr. 574/72 Art 18 Nr. 2.

679 Zu den Problemen: *Reinhard*, in: ErfK, § 5 EFZG Rn. 28.

Wird der Arbeitnehmer während eines Urlaubes krank, liegt eigentlich keine Monokausalität der Arbeitsunfähigkeit vor. Die Erfüllung des Urlaubsanspruchs ist jedoch unmöglich, es liegt ein Fall des sog. Zweckfortfalls vor. Daher regelt § 9 BUrlG diesen Fall. Die durch ärztliches Zeugnis nachgewiesenen Tage der Arbeitsunfähigkeit werden auf den Jahresurlaub nicht angerechnet. Da die Freistellung wegfällt, liegt wiederum Monokausalität der Krankheit vor.[680]

Den Fall einer Krankheit während eines Feiertages löst § 4 Abs. 2 EFZG. Im Anwendungsfeld des § 615 BGB gilt folgendes: Wird der Arbeitnehmer im Annahmeverzug infolge einer Krankheit arbeitsunfähig, endet nach § 297 BGB der Annahmeverzug. An seine Stelle tritt die Entgeltfortzahlung nach § 3 EFZG.

7.5.2.3 Das Verschulden

Den Arbeitnehmer darf ferner kein Verschulden treffen. Das Verschulden meint kein Verschulden im Sinne von § 276 BGB; die Norm regelt das Verschulden gegenüber anderen Personen.[681] Vielmehr geht es bei § 3 EFZG um ein Verschulden gegen sich selbst. Es liegt vor, wenn der Arbeitnehmer in erheblichem Maße gegen das von einem verständigen Menschen im eigenen Interesse zu erwartende Verhalten verstoßen hat.[682]

Anders als beim Verschulden gegen sich selbst ist allerdings ein objektiver Maßstab anzusetzen.[683] Gegenstand des Verschuldens ist das Eigeninteresse des Arbeitnehmers, seine Gesundheit zu erhalten und zur Arbeitsunfähigkeit führende Erkrankungen zu vermeiden.[684] Es genügt daher nicht irgendein Interesse des Arbeitnehmers. Nach Ansicht des Bundesarbeitsgerichts ist etwa der Kinderwunsch kein Eigeninteresse i. S. v. § 3 EFZG.[685]

Problematisch für dieses Tatbestandsmerkmal sind insbesondere Sportverletzungen. Das Bundesarbeitsgericht vertritt hier die Auffassung, dass der Arbeitnehmer keine Sportart unternehmen darf, die seine eigenen Fähigkeiten deutlich übersteigen. Ebenfalls darf der Arbeitnehmer nicht leichtfertig gegen anerkannte Regeln des Sportes verstoßen oder eine besonders gefährliche Sportart betreiben. American Football oder Kite-Surfen und insbesondere Drachenfliegen[686] genügen hierfür nicht. Diese Sportarten darf ein Arbeitnehmer in seiner Freizeit durchführen.

680 *Reinhard*, in: ErfK, § 3 Rn. 15.
681 BAG, NZA 2017, 240 (242).
682 BAG, NZA 2017, 240 (242).
683 BAG, NZA 2017, 240 (242).
684 BAG, NZA 2017, 240 (242).
685 Zum Fall: BAG, NZA 2017, 240 (243).
686 BAG, NJW 1982, 1014.

Schwierig stellt sich das Verschulden bei Suchterkrankungen dar. Die heute herrschende Meinung geht davon aus, dass es keinen Erfahrungssatz gibt, wonach der Arbeitnehmer eine krankhafte Alkoholabhängigkeit in der Regel selbst verschuldet hat.[687] Etwas anderes gilt jedoch, wenn der Arbeitnehmer eine erfolgreiche Entziehungskur gemacht hat und danach wieder rückfällig wird oder sich über ärztliche Hinweise hinwegsetzt.[688] Hier nimmt die herrschende Meinung grundsätzlich an, dass ein Verschulden zu bejahen ist.

7.5.2.4 Das Leistungsverweigerungsrecht

Dem Arbeitgeber kann nach § 7 Abs. 1 EFZG aus zwei Gründen ein Leistungsverweigerungsrecht hinsichtlich der Entgeltfortzahlung zustehen (Prüfungspunkt: „III. Anspruch durchsetzbar"). Der erste Grund hierfür ist, dass der Arbeitnehmer seiner Anzeigepflicht nach § 5 EFZG nicht nachgekommen ist. Diese Pflichtverletzung muss jedoch verschuldet sein (§ 276 BGB).[689] Eine Modifikation des Haftungsmaßstabs nach den Grundsätzen der Arbeitnehmerhaftung wird allgemein abgelehnt.[690] Erfüllt der Arbeitnehmer seine Pflicht später, entfällt das Leistungsverweigerungsrecht rückwirkend. Der Arbeitnehmer erhält den vollen Entgeltfortzahlungsanspruch.[691]

Der zweite Grund ist das Verhindern des Übergangs des Ersatzanspruchs nach § 6 EFZG. Das ist etwa dann der Fall, wenn der Arbeitnehmer vor Zahlung durch seinen Arbeitgeber auf den Schadensersatzanspruch verzichtet. In diesem Fall besteht ein dauerhaftes Leistungsverweigerungsrecht.

7.5.3 Die Dauer der Entgeltfortzahlung

Nach § 3 Abs. 1 S. 1 EFZG beträgt die Dauer der Entgeltfortzahlung sechs Wochen bzw. 42 Tage. Diese Frist dauert unabhängig davon, welche Tage in diesem Zeitraum als Arbeitstage ausgefallen sind oder ob Sonn- oder Feiertage in die Frist gefallen sind.[692]

Wird der Arbeitnehmer im Rahmen eines Tages krank, soll nach herrschender Meinung für die Berechnung der Frist entscheidend sein, ob die Arbeitsunfähigkeit vor Beginn der Arbeitspflicht vorlag. War dies nicht der Fall, beginnt die sechs Wochen Frist nach dem Rechtsgedanken des § 187 Abs. 1 BGB erst am nächsten Tag. Für den nicht mitgerechneten Tag kann die Leis-

687 Kritisch hierzu: Müller-Glöge, in: MüKoBGB, § 3 Rn. 43.

688 *Schmitt* § 3 EFZG Rn 146.

689 *Oetker*, in: Staudinger, § 616 BGB Rn. 494.

690 *Reinhard*, in: ErfK, § 7 Rn. 15.

691 *Reinhard*, in: ErfK, § 7 Rn. 9.

692 Vgl. BAG, NZA 1989, 715.

tung noch der geschuldeten Arbeitspflicht entsprechen oder § 616 BGB Anwendung finden.[693]

Ruht das Arbeitsverhältnis, so beginnt die Sechs-Wochen-Frist nach dem Ende des Ruhens. Es folgen dann die vollen sechs Wochen Entgeltfortzahlung.[694]

Die Entgeltfortzahlung endet mit dem Ende des Tages, den der behandelnde Arzt als letzten Tag bezeichnet. Wird der Arbeitnehmer während des 42. Tages nicht arbeitsfähig, endet sein Anspruch mit Ablauf des 42. Tages. Endet das Arbeitsverhältnis vor dem Ablauf des Tages, erlischt der Anspruch mit Ende des Arbeitsverhältnisses ex nunc.[695]

Dauert die Arbeitsunfähigkeit länger als sechs Wochen, muss der Arbeitnehmer nach Ablauf der sechs Wochen auf die Sozialleistung „Krankengeld" ausweichen. Diese bemisst sich nach dem SGB V und beträgt in aller Regel ca. 80 % des Arbeitsentgelts.

Wird der Arbeitnehmer später erneut arbeitsunfähig und handelt es sich um eine andere Krankheit, greift § 3 Abs. 1 EFZG ohne weiteres erneut ein. Wurde der Arbeitnehmer hingegen wegen derselben Krankheit später wieder arbeitsunfähig, folgt aus dem Umkehrschluss von § 3 Abs. 1 S. 2 EFZG, dass der Arbeitnehmer nach insgesamt sechs Wochen grundsätzlich auf Krankengeld ausweichen muss.

Dieselbe Krankheit liegt dabei vor, wenn die neue Krankheit nur eine Fortsetzung der alten Krankheit ist. Das ist nicht nur der Fall, wenn die Krankheit nicht vollständig ausgeheilt war, sondern auch dann, wenn die Erkrankung auf ein Grundleiden zurückzuführen ist.[696] Von derselben Krankheit ist die gleiche Krankheit zu trennen. Insbesondere im Winter ist es durchaus denkbar, dass sich der Arbeitnehmer zweimal erkältet.

§ 3 Abs. 1 S. 2 EZFG eröffnet zwei Varianten, unter denen der Arbeitnehmer erneut Entgeltfortzahlung erhält. Nach Nr. 1 soll entscheidend sein, dass der Arbeitnehmer sechs Monate lang nicht wegen derselben Krankheit arbeitsunfähig war. Das Gesetz geht davon aus, dass dann der Fortsetzungszusammenhang der Krankheit unterbrochen ist und § 3 Abs. 1 S. 1 EFZG wieder eingreifen soll.[697]

Nach § 3 Abs. 1 S. 2 Nr. 2 EFZG reicht es aus, wenn eine Frist von zwölf Monaten nach Beginn der ersten Arbeitsunfähigkeit abgelaufen ist. Eine Unterbrechung der Arbeitsunfähigkeit bzw. eine zwischenzeitliche Arbeitsfähigkeit ist nach dem Wortlaut der Norm nicht erforderlich. Die Bestim-

693 *Müller-Glöge*, in: MüKoBGB, § 3 EFZG Rn. 52.
694 BAG, NZA 2005, 225.
695 *Müller-Glöge*, in: MüKoBGB, § 3 EFZG Rn. 59.
696 BAG, NZA 2017, 240 (244).
697 BAG, AP LohnFG § 7 Nr. 8.

mung greift nicht ein, wenn der Arbeitnehmer zwischenzeitlich noch einmal arbeitsunfähig wird, da stets auf die Distanz zwischen den Arbeitsunfähigkeiten abzustellen ist.[698]

Eine andere Krankheit löst unproblematisch den Anspruch aus § 3 EFZG aus. Zwischen den beiden Arbeitsunfähigkeiten können nur wenige Stunden liegen. Ein Problem resultiert aber daraus, wenn die erste krankheitsbedingte Arbeitsunfähigkeit und die zweite krankheitsbedingte Arbeitsunfähigkeit zeitlich zusammenfallen. Das Bundesarbeitsgericht vertritt hier den Grundsatz der Einheit des Verhinderungsfalls.[699] In diesem Fall wird die Arbeitsunfähigkeit zusammengerechnet, was regelmäßig zulasten des Arbeitnehmers geht. Begründet wird diese Auffassung damit, dass § 3 Abs. 1 S. 1 EFZG nicht allein auf die Krankheit, sondern ebenfalls auf die Arbeitsunfähigkeit abstellt und eben diese setzt sich in diesen Fällen über sechs Wochen nahtlos fort[700].

§ 8 Abs. 1 S. 1 EFZG bestimmt, dass der Arbeitnehmer im Falle einer personenbedingten Kündigung wegen seiner Krankheit den Anspruch auf Entgeltfortzahlung behält. Der Gedanke dahinter ist eindeutig. Der Anspruch aus § 3 EFZG wird bei Eintritt der Krankheit wegen Arbeitsunfähigkeit erworben und bleibt über sechs Wochen bestehen. Diesen rechtlichen Besitzstand soll der Arbeitnehmer nicht durch die Kündigung wegen der Arbeitsunfähigkeit verlieren. § 8 Abs. 1 EFZG bezieht sich nur auf die wirksame Kündigung. Ist die Kündigung unwirksam, folgt der Anspruch bereits aus § 3 EFZG, da ein wirksames Arbeitsverhältnis i. S. v. § 1 EFZG besteht.

7.5.4 Die Höhe des Entgeltfortzahlungsanspruchs nach § 4 EFZG

Gemäß § 4 EFZG gilt nach Abs. 1 grundsätzlich das Lohnausfallprinzip.[701] Die Berechnung erfolgt wie folgt: Die Bruttomonatsvergütung wird durch das Arbeitsentgelt geteilt und mit den restlichen ausgefallenen Arbeitstagen multipliziert.

7.6 Die Entgeltfortzahlung bei Feiertagen

§ 2 EFZG regelt einen für sich genommenen selbstverständlichen Rechtssatz. Während eines Feiertages muss ein Arbeitnehmer nicht arbeiten. Er erhält aber darüber hinaus auch einen Anspruch auf Fortzahlung nach dem

698 BAG, AP EntgeltFG § 3 Nr. 29.
699 BAG, NZA 2016, 1076.
700 BAG, NZA 2016, 1076 (1077).
701 BAG, NZA 2003, 978 (981).

Lohnausfallprinzip.[702] Für die rechtliche Einordnung als gesetzlicher Feiertag ist nach herrschender Meinung der Arbeitsort entscheidend.[703]

§ 2 Abs. 3 EFZG ist von seiner Struktur her eigentümlich. Der Zweck der Norm liegt darin, das sog. Krankfeiern zu verhindern. Ob das Fernbleiben an einem Teil des Tages schadet, wird kontrovers beurteilt. Das Gesetz spricht von „am Tag“ und scheint nicht zu differenzieren.[704] Das Bundesarbeitsgericht verlangt, dass der Arbeitnehmer mindestens die Hälfte des vorangegangenen Tages vertragsgemäß gearbeitet hat.[705]

7.7 Der Urlaubsanspruch nach dem BUrlG

Nach § 1 BUrlG hat jeder Arbeitnehmer Anspruch auf bezahlten Erholungsurlaub. Das BUrlG dient der Umsetzung der Richtlinie 2003/88/EG über Arbeitszeit. Anders als das Grundgesetz geht das europäische Recht davon aus, dass der Anspruch auf bezahlten Mindesturlaub ein Grund- und Menschenrecht darstellt (Art. 31 Abs. 2 GRC).

Der Erholungsurlaub soll ein Ausgleich für die Belastungen durch die Arbeit sein und dazu beitragen, dass der Arbeitnehmer gesund bleibt. Der Arbeitnehmer soll Gelegenheit zu selbstbestimmter Erholung erhalten.[706] Um diesen Zweck zu realisieren, statieren die Normen des BUrlG eine wichtige Ausnahme zum Grundsatz „kein Lohn ohne Arbeit“.

7.7.1 Die Rechtsnatur des Urlaubsanspruchs

Der Urlaubsanspruch nach § 1 BurlG stellt einen gesetzlichen Anspruch auf Freistellung von den arbeitsvertraglichen Pflichten bei Fortzahlung des Entgelts dar. Der Arbeitnehmer wäre in unzumutbarer Weise in seiner Urlaubsgestaltung eingeschränkt, wenn er bei Urlaubsantritt nicht wüsste, ob er im Urlaubszeitraum Urlaubsentgelt erhält (sog. Zweckbezug).[707] Die Freistellung selbst ist ein Leistungsbestimmungsrecht des Arbeitgebers, für das besondere Voraussetzungen gelten (§ 7 Abs. 3 BUrlG).

702 BAG, NZA 2018, 597 (599).
703 *Reinhard*, in: ErfK, § 2 EFZG Rn. 5.
704 *Reinhard*, in: ErfK, § 2 EFZG Rn. 21.
705 BAG, AP FeiertagslohnzahlungsG § 1 Nr. 23.
706 *Gallner*, in: ErfK, § 1 BurlG Rn. 4.
707 BAG, NZA 2019, 1581 (1582).

7.7.2 Die Voraussetzungen des Urlaubsanspruchs

Der Urlaubsanspruch ist an mehrere Voraussetzungen geknüpft.

Abbildung 21: Der Urlaubsanspruch nach dem BUrlG

1. Arbeitnehmer (§ 1 Abs. 2 EFZG)
2. Wartezeit
3. Umfang des Urlaubs
   a) Interessen des Arbeitnehmers
   b) Entgegenstehende Belange
   c) Freistellungserklärung des Arbeitgebers
4. Kein Untergang nach § 7 Abs. 3 BUrlG

7.7.2.1 Arbeitnehmer i. S. d. BUrlG

Der Anspruch aus § 1 BUrlG setzt zunächst voraus, dass ein Arbeitsverhältnis mit einem Arbeitnehmer im Sinne von § 2 BUrlG vorliegt. § 2 BUrlG erfasst daher Arbeitnehmer i. S. v. § 611a BGB sowie die zu ihrer Berufsausbildung Beschäftigten. Als Arbeitnehmer gelten auch arbeitnehmerähnliche Personen. Für die Heimarbeit führt § 12 BUrlG zahlreiche Modifikationen ein.

7.7.2.2 Die Wartezeit

§ 4 BUrlG verlangt weiter, dass eine Wartezeit abgelaufen ist. Der volle Urlaubsanspruch wird demnach nach dem sechsmonatigen Bestehen des Arbeitsverhältnisses erstmalig erworben. In den folgenden Jahren entsteht der Anspruch immer bereits am 1.1. des Jahres.[708]

Für die Fristberechnung gilt § 187 BGB. Die überwiegende Ansicht greift hinsichtlich des Beginns auf § 187 Abs. 2 BGB zurück.[709] Der Ablauf der Wartefrist bemisst sich nach § 188 Abs. 2 BGB. Wie auch sonst, findet § 193 BGB zugunsten des Arbeitnehmers keine Anwendung.[710]

Wurde das Arbeitsverhältnis am 1.7. des Jahres begründet, stellt sich die Frage, ob ein voller Anspruch für das Jahr begründet wird. Nach einer Ansicht soll dies angenommen werden, weil ein anderes Ergebnis unbillig gegenüber demjenigen wäre, dessen Arbeitsfeld am 1. Januar bis zum 1. Juli des Jahres bestanden hätte. Rechnerisch sei die Wartefrist mit Ablauf des 31.12. erfüllt.[711]

---

708 BAG, NZA 2003, 1111.

709 *Gallner*, in: ErfK, § 4 BUrlG, Rn. 3.

710 *Gallner*, in: ErfK, § 4 Rn. 4.

711 *Hohmeister*, BB 2016, 1525 (1529).

Das Bundesarbeitsgericht folgert aus der Formulierung „sechsmonatigem Bestehen“, dass der Ablauf der Wartezeit nicht mit dem Entstehen des vollen Urlaubsanspruchs auf einen Tag zusammenfallen kann. Daraus lässt sich wiederum folgern, dass der Anspruch, den vollen Urlaub zu erhalten, erst am 1. Januar des Folgejahres entsteht.[712] Für das Jahr erhält der Arbeitnehmer daher einen Anspruch auf Teilurlaub. Scheidet der Arbeitnehmer schon am 31.12. wieder aus dem Arbeitsverhältnis aus, erhält er eigentlich keinen Anspruch auf Urlaub. Dieses Ergebnis korrigiert dann § 5 Abs. 1 lit. b) BUrlG.

Früher vertrat das Bundesarbeitsgericht die Auffassung, dass das Arbeitsverhältnis rechtlich nicht unterbrochen werden dürfe.[713] Kam es zu einer Unterbrechung, sollte die Wartezeit erneut zu laufen beginnen. Nunmehr vertritt das Bundesarbeitsgericht die Auffassung, dass Unterbrechungen dann nicht für den Ablauf der Wartefrist schädlich sind, wenn sich das folgende Arbeitsverhältnis aus einem Zusammenhang heraus als Fortsetzung des vorangegangenen Arbeitskreises darstellt.[714] Diese Annahme deckt sich mit der Grundtendenz der Rechtsprechung, auch in anderen Bereichen des Arbeitsrechts formale Unterbrechungen für unerheblich zu erklären, wenn sachlich das gleiche Arbeitsverhältnis fortgesetzt wird.

7.7.3 Der Umfang des Urlaubsanspruchs

Hinsichtlich des Umfangs des Urlaubsanspruchs ist zwischen dem vollen Anspruch und dem sog. Teilurlaub zu differenzieren.

7.7.3.1 Der Grundsatz: vier Wochen

Der gesetzliche Mindesturlaub beträgt nach § 3 Abs. 1 BUrlG 24 Werktage. Werktage sind alle Kalendertage, die nicht Sonntage oder gesetzliche Feiertage sind (§ 2 Abs. 2 BUrlG). Daraus ergibt sich der Grundgedanke, dass ein Arbeitnehmer vier Wochen im Jahr Urlaub haben soll. Tarifverträge, Betriebsvereinbarungen und Arbeitsverträge sehen oftmals eine höhere Zahl an Urlaubstagen vor. Auch Arbeitsverträge können grundsätzlich eine höhere Zahl vorsehen.[715] Schwerbehinderte Menschen haben nach § 208 SGB IX einen Anspruch auf einen bezahlten zusätzlichen Urlaub von fünf Arbeitstagen im Jahr.

In § 3 BUrlG ist der Gesetzgeber von der 6-Tage-Woche ausgegangen. Muss der Arbeitnehmer ausweislich seines Arbeitsvertrags oder eines Tarifver-

712 BAG, NZA 2016, 309 (310).
713 BAG, AP TzBfG § 4 Nr. AP TzBfG § 2.
714 BAG, AP BUrlG, § 7 Nr. 77.
715 Hierzu: BAG, NZA 2019, 1577.

trags nur 5 Tage in der Woche arbeiten, reduziert sich der Anspruch entsprechend.[716] Bei einer 5-Tage-Woche besteht der Urlaubsanspruch in Höhe von 20 Tagen; bei einer 4-Tage-Woche hat der Arbeitnehmer 16 Tage Urlaub. Allgemein gilt die Formel: Die Umrechnung erfolgt, indem die genannten 24 Werktagen durch die Zahl 6 geteilt und mit der Zahl der für den Arbeitnehmer maßgeblichen Arbeitstage einer Woche multipliziert werden.[717]

7.7.3.2 Der Teilurlaub

§ 5 BUrlG enthält drei Regelungen zum sogenannten Teilurlaub.

Nach § 5 Abs. 1 lit a) BUrlG entsteht ein Anspruch auf Teilurlaub für Zeiten eines Kalenderjahres, für die er wegen Nichterfüllung der Wartezeit in diesem Kalenderjahr keinen vollen Urlaubsanspruch erwirbt. Hier schließt der Anspruch eine Lücke des Anspruchs aus §§ 1, 3 BUrlG.

§ 5 Abs. 1 lit. b) BUrlG enthält einen eigenständigen Anspruch, wenn der Arbeitnehmer vor erfüllter Wartezeit bereits wieder aus dem Arbeitsverhältnis ausscheidet.

§ 5 Abs. 1 lit. c) BUrlG enthält keinen eigenständigen Anspruch, sondern führt zu einer nachträglichen Kürzung des Anspruchs aus §§ 1, 3 BUrlG, wenn der Arbeitnehmer nach erfüllter Wartezeit in der ersten Hälfte eines Kalenderjahres aus dem Arbeitsverhältnis ausscheidet. Wurde in diesem Fall bereits mehr Urlaub gewährt, kann der Arbeitgeber nicht nachträglich nach § 812 Abs. 1 S. 2 Alt. 2 BGB das Entgelt zurückfordern (§ 5 Abs. 3 BUrlG).

Die Berechnung des Urlaubs bemisst sich nach vollen Monaten. Im Grundsatz gilt: ein Monat steht für zwei Tage – bei einer 6-Tage-Woche. Bei anderen Tage-Wochen kann es zu Ergebnissen kommen, die Kommazahlen beinhalten. Nach § 5 Abs. 2 BUrlG ist dann aufzurunden, wenn die Zahl hinter dem Komma mindestens fünf beträgt. Niedrigere Zahlen bleiben bei der Aufrundung unberücksichtigt. Damit ist nicht verbunden, dass der Urlaubstag ersatzlos entfällt.[718] Auch ein Anspruch auf einen 0,25-Tag Urlaub ist zu erfüllen.[719]

7.7.4 Die Gewährung des Urlaubs

Schuldner des Urlaubsanspruchs ist der Arbeitgeber. Stellt er den Arbeitnehmer von seiner Arbeitspflicht *tatsächlich* frei (bei Fortzahlung des Ent-

---

716 BAG, NZA 2019, 1571 (1576).
717 BAG, NZA 2019, 1571 (1576).
718 BAG, NZA 1991, 777.
719 BAG, NZA 2018, 643 (655).

gelts), erfüllt er den Anspruch im Sinne von § 362 BGB.[720] Hierbei hat der Arbeitgeber ein Leistungsbestimmungsrecht hinsichtlich seiner Schuld. Die Freistellungserklärung ist die Leistungshandlung, die Freistellung als solche der Leistungserfolg.[721]

7.7.4.1 Grundlagen

Bei der Freistellung nach § 1 BUrlG handelt es sich um ein einseitiges Leistungsbestimmungsrecht, das durch § 7 BUrlG ausgeformt wird und § 315 BGB verdrängt, die sog. Freistellung. Nach der Rechtsprechung des Bundesarbeitsgerichts ist die Freistellung eine einseitige, empfangsbedürftige Willenserklärung.[722]

Damit ist zugleich gesagt, dass sich ein Arbeitnehmer nicht selbst beurlauben darf. Selbst wenn der Arbeitgeber den Urlaub unzulässigerweise verweigert, darf der Arbeitnehmer den Urlaub nicht im Wege der Selbsthilfe gemäß § 229 BGB nehmen.[723]

Hat der Arbeitgeber Urlaub gewährt, steht ihm kein Rückrufrecht gegenüber dem Arbeitnehmer zu.[724] Folgt der Arbeitnehmer hingegen dem Rückruf, können beide konkludent einen Vertrag über die Änderung des Urlaubs bzw. der Urlaubsgewährung geschlossen haben.[725]

7.7.4.2 Die Bestimmung der Lage und der Dauer des Urlaubs

Die Bestimmung des Urlaubs richtet sich im Wesentlichen nach vier Faktoren: die Wünsche des Arbeitnehmers, dringende betriebliche Erfordernisse, die Entscheidung des Arbeitgebers und betriebliche Regelungen nach § 87 Abs. 1 Nr. 5 BetrVG. Den Vorrang haben grundsätzlich die Wünsche des Arbeitnehmers. Kann der Arbeitgeber diesen Wünschen keine Gründe entgegenhalten, muss er ihnen entsprechen.

Bei einer 5-Tage-Woche ist zu beachten, dass der Arbeitgeber nicht einfach die theoretisch möglichen sechs Tage mit dem Urlaub belegen darf. Das ist ihm durch das BUrlG untersagt. Der Anspruch ist auf die Befreiung von der Arbeit gerichtet und setzt daher das Bestehen einer Arbeitspflicht an dem Tag voraus. Damit ist zugleich gesagt, dass an Sonn- und Feiertagen kein Urlaub genommen bzw. dorthin kein Urlaub gelegt werden kann.

---

720 BAG, NZA 2011, 1032 (1034).

721 BAG, NZA 1009, 538 (540).

722 BAG, NZA 2011, 1032 (1033).

723 Hierzu: *Linck*, in: Schaub, § 104 Rn. 78.

724 BAG, NZA-RR 2010, 473 (474).

725 LAG Hamm, NZA-RR 2003, 347.

Ein dem Arbeitgeber mitgeteilter Urlaubswunsch ist nicht Voraussetzung, damit der Arbeitgeber die zeitliche Lage des Urlaubs festlegt.[726] Er muss sie lediglich berücksichtigen. Berücksichtigt der Arbeitgeber allerdings den Wunsch nicht, steht dem Arbeitnehmer ein sog. Annahmeverweigerungsrecht zu.

Der Arbeitgeber kann dem Wunsch des Arbeitnehmers berechtigterweise entgegentreten. Das setzt voraus, dass ein dringender betrieblicher Belang besteht: Die Störungen im Betriebsablauf genügen nicht, da sie typisch für das Fehlen von einzelnen Arbeitnehmern sind. Das Bundesarbeitsgericht hat es aber akzeptiert, dass wegen eines besonders hohen Krankenstands der Betrieb unterbesetzt ist. Darüber hinaus können auch die Urlaubswünsche anderer Arbeitnehmer den Urlaubswünschen des Arbeitnehmers vorgehen (§ 7 Abs. 1 S. 1 HS 2 BUrlG).

In zeitlicher Hinsicht sind ebenfalls die Belange des Arbeitnehmers zu berücksichtigen. Allerdings ist wegen des Zwecks des Erholungsurlaubs zu berücksichtigen, dass der Urlaub möglichst zusammenhängend gewährt werden muss (§ 7 Abs. 2 S. 1 HS 1 BUrlG).

Nicht immer einfach zu bestimmen ist, ob der Arbeitgeber Urlaub gewährt oder nur von der Arbeit freistellt. Insbesondere am Ende eines Arbeitsverhältnisses kann es hier zu Problemen kommen. Die Erklärung der Freistellung muss ferner hinreichend deutlich erkennen lassen, dass eine Befreiung von der Arbeitspflicht zur Erfüllung des Anspruchs auf Urlaub gewährt wird.[727] Anderenfalls kann der Arbeitnehmer nicht klar erkennen, aus welchem Grund er nunmehr freigestellt wird. Der Arbeitgeber könnte auch nur auf die Arbeitsleistung verzichten und die Rechtsfolgen nach § 615 BGB auslösen.

7.7.5 Das Urlaubsentgelt

Nach § 11 BUrlG gilt das sogenannte Referenzprinzip. Entscheidend ist daher das durchschnittliche Brutto-Arbeitseinkommen[728], das der Arbeitnehmer in den letzten 13 Wochen vor Beginn des Urlaubs erhalten hat, mit Ausnahme des für Überstunden gezahlten Arbeitsverdienstes. Sachbezüge sind abzugelten. Verdiensterhöhungen, die nicht vorübergehend bzw. einmalig[729] sind, werden berücksichtigt. Verdienstkürzungen, die wegen Kurzarbeit, Arbeitsausfällen oder unverschuldeten Arbeitsversäumnissen eintreten, bleiben jedoch bei der Berechnung des Urlaubsentgeltes unberücksichtigt.

726 *Gallner*, in: ErfK, § 7 BUrlG Rn. 11.

727 BAG, NZA 2019, 1581 (1582).

728 BAG, NJOZ 2011, 178 (179).

729 BAG, NJOZ 2011, 178 (181).

§ 11 Abs. 2 BUrlG sieht vor, dass das Urlaubsentgelt vor Antritt des Urlaubs zu zahlen ist. Diese Regelung weicht von § 614 BGB ab. Sie erklärt sich daraus, dass die Zuwendung des Entgelts vor Beginn des Urlaubs entscheidende Bedeutung für den Erholungszweck hat.[730]

Von dem Urlaubsentgelt ist das sogenannte Urlaubsgeld zu trennen.[731] Hierbei handelt es sich um eine zusätzliche Leistung des Arbeitgebers anlässlich des Urlaubs. Das Urlaubsgeld hat keine gesetzliche Grundlage, sondern folgt in der Regel aus einem Tarifvertrag oder aus einer Betriebsvereinbarung oder aus dem Arbeitsvertrag bzw. einer betrieblichen Übung.

7.7.6 Arbeit während des Urlaubs

Dem Erholungszweck des Urlaubs widerspricht es, während der Urlaubszeit zu arbeiten (§ 8 BUrlG). Arbeitet der Arbeitnehmer gleichwohl, stellt sich die Frage, ob der Arbeitgeber das während der Urlaubszeit gezahlte Entgelt zurückfordern kann.

Eine Leistungskondiktion nach § 812 Abs. 1 S. 1 Alt. 1 BGB scheidet aus, weil § 8 BUrlG nur eine Pflicht statuiert und nicht den Rechtsgrund für die Zahlung des Entgeltes nach § 1 BUrlG beseitigt.

Ein Anspruch aus Zweckverfehlungskondiktion nach § 812 Abs. 1 S. 2 Alt. 2 BGB setzt voraus, dass eine Zweckvereinbarung bestand. Dass der Urlaub für sich genommen den Zweck verfolgt, die Erholung zu fördern, genügt daher nicht. Insgesamt kann der Arbeitnehmer daher den Lohn und das Urlaubsentgelt behalten.[732]

7.7.7 Der Untergang des Urlaubsanspruchs

Der Urlaub ist grundsätzlich auf das Kalenderjahr im Rechtssinne befristet. Läuft das Kalenderjahr ab, geht der Anspruch unter (§ 7 Abs. 3 S. 1 BUrlG).[733] Die Übertragung des Anspruchs ist aber statthaft, wenn dringende betriebliche Gründe oder Gründe in der Person des Arbeitnehmers eine Übertragung rechtfertigen. In diesem Fall muss der Anspruch jedoch bis Ende März wahrgenommen werden (S. 2). Liegen die Voraussetzungen nach § 7 Abs. 3 S. 2 oder 4 BUrlG vor, wird der Urlaub „von selbst“ auf die ersten drei Monate des Folgejahres übertragen.[734]

---

730 BAG, AP BUrlG § 11 Urlaubsgeld Nr. 24.

731 *Linck*, in: Schaub, § 104 Rn. 117.

732 BAG, AP BUrlG, § 8 Nr. 3.

733 BAG, NZA 2019, 977; *Krause*, § 13 Rn. 10.

734 BAG, NZA 2009, 538 (543).

Die Rechtsfolge gemäß § 7 Abs. 3 BUrlG setzt voraus, dass der Arbeitgeber den Arbeitnehmer zuvor in die Lage versetzt hat, seinen Urlaubsanspruch wahrzunehmen und der Arbeitnehmer den Urlaub dennoch aus freien Stücken nicht genommen hat.[735] Der Arbeitgeber muss den Arbeitnehmer auffordern, seinen Urlaub zu nehmen und ihm klar und rechtzeitig mitteilen, dass der Urlaub mit Ablauf des Kalenderjahres oder Übertragungszeitraums verfällt, wenn er ihn nicht beantragt. Ob der Arbeitgeber das Erforderliche getan hat, um seinen Mitwirkungsobliegenheiten zu genügen, ist unter Berücksichtigung aller Umstände des Einzelfalls festzustellen.[736]

Geht der Anspruch unter, kommt ein Schadensersatzanspruch auf Ersatzurlaub in Betracht. Die herrschende Meinung folgert ihn aus §§ 280, 283 BGB. Da dieser Anspruch jedoch im Grundsatz verschuldensabhängig ist, kann sich der Arbeitgeber exkulpieren. Hat der Arbeitnehmer allerdings vorher die Gewährung des Urlaubs eingefordert, hat er den Arbeitgeber in Verzug i. S. v. § 286 BGB gesetzt. Das hat wiederum die Konsequenz gemäß § 287 BGB, dass der Arbeitgeber nunmehr auch auf Schadensersatz haftet, selbst wenn keine der beiden Vertragsparteien ein Verschulden trifft. In der Regel folgt der Anspruch auf Ersatzurlaub aus den §§ 280, 283, 286, 287 BGB.[737]

7.7.8 Der Abgeltungsanspruch

Kann Urlaub nicht genommen werden, stellt sich immer die Frage, ob der Anspruch nicht durch eine Geldzahlung abgegolten werden kann.

Einen allgemeinen Abgeltungsanspruch für den Verfall des Urlaubsanspruchs gibt es allerdings nicht.[738] Lediglich wenn das Arbeitsverhältnis endet, kann ein bis dahin nicht gewährter Urlaubsanspruch abgegolten werden. Die Anspruchsgrundlage ist § 7 Abs. 4 BUrlG. Mit Beendigung des Arbeitsverhältnisses wandelt sich der nicht erfüllte Urlaubsanspruch dann automatisch in den Abgeltungsanspruch um, ohne dass es weitere Handlungen des Arbeitgebers oder des Arbeitnehmers bedarf.[739]

Im bestehenden Arbeitsverhältnis darf der Urlaub nicht „abgekauft" werden, eine entsprechende Vereinbarung wäre gemäß § 134 BGB unwirksam. Der Abgeltungsanspruch entsteht vielmehr als Ersatz für den nicht verfügbaren Urlaubsanspruch.

735 BAG, NZA 2019, 977.
736 BAG, NZA 2019, 1571 (1572).
737 BAG, NZA 2019, 977 (978); *Krause*, § 13 Rn. 16.
738 *Gallner*, in: ErfK, § 7 BUrlG Rn. 69.
739 BAG, NJW 2018, 250 (251).

Auf der Grundlage eines Umwandlungsgedankens vertrat das Bundesarbeitsgericht lange Jahre die sog. Surrogationstheorie.[740] Danach folgte der Abgeltungsanspruch in seinem rechtlichen Schicksal den Voraussetzungen des Urlaubsanspruchs. War der Urlaubsanspruch am Ende des Urlaubsjahres nicht erfüllbar, wandelte er sich auch nicht um. Der Anspruch erlischt in diesem Fall. Das galt insbesondere in solchen Fällen, in denen der Arbeitgeber dem Arbeitnehmer Urlaub nicht wegen einer krankheitsbedingten Arbeitsunfähigkeit gewähren konnte.

Der EuGH hat 2009 mit seiner Entscheidung in der Rechtssache „Schultz-Hoff" eine Rechtsprechungsänderung eingeleitet.[741] In der Folge hat das Bundesarbeitsgericht die Surrogationstheorie komplett aufgegeben.[742] Nunmehr vertritt das Gericht die Ansicht, dass der Abgeltungsanspruch ein Geldanspruch ist, dessen rechtliches Schicksal nicht von der Arbeitsfähigkeit des Arbeitnehmers abhängt. Der Anspruch knüpft allein an die durch die Beendigung des Arbeitsverhältnisses verursachte Unmöglichkeit an, den Arbeitnehmer freizustellen.[743]

7.7.9 Besonderheiten bei tariflichen Regelungen

§ 13 BUrlG ermöglicht den Tarifvertragsparteien weitergehende Regelungsmöglichkeiten. § 13 BUrlG erklärt sich weniger aus dem Schutzzweck des BUrlG, sondern vielmehr historisch: Die Tarifvertragsparteien hatten vor Erlass des BUrlG bereits weitreichende Regelungen in Tarifverträgen getroffen und dieses System sollte weitestgehend erhalten bleiben.[744]

Ausgenommen sind Bestimmungen über den Urlaubsanspruch selbst, den persönlichen Geltungsbereich und die Mindestdauer in den §§ 1,2 und 3 BUrlG. Die Tarifvertragsparteien dürfen somit vom BUrlG abweichen, solange sie das Mindestniveau der §§ 1, 2 und 3 BUrlG nicht unterschreiten. Ist das der Fall, gilt nur der Tarifvertrag.

740 Vgl. insofern: *Schubert*, RdA 2014, 9.

741 BAG, NZA 2009, 135.

742 BAG, NZA 2012, 1087.

743 BAG, NZA 2021, 504 (507).

744 *Gallner*, in: ErfK, § 13 BUrlG, Rn. 1.

8 Die Vereinbarkeit von Familie und Beruf

Die Vereinbarkeit von Familie und Beruf hat in den letzten Jahren deutlich an Bedeutung gewonnen. Der Themenbereich geht über die klassische Materie des Mutterschutzes hinaus. Ganz allgemein geht es vielmehr darum, wieviel Raum das Arbeitsverhältnis für die familiären Interessen der Arbeitnehmer geben soll und muss.

8.1 Der Mutterschutz

Nach Art. 6 Abs. 4 GG haben Mütter Anspruch auf Schutz und Fürsorge durch die Gemeinschaft. Die zentralen Regelungen zum Schutz von Müttern in Arbeit, Ausbildung und Studium sind im MuSchG enthalten. Der Kündigungsschutz soll erst später dargestellt werden.[745]

8.1.1 Der Anwendungsbereich des MuSchG

Der personelle Schutzbereich des MuSchG bezieht sich auf die Mutter und ihr Kind. Den genauen Schutz spezifiziert § 1 Abs. 2 MuSchG.

Erfasst werden Frauen schon dann, wenn sie die sozialrechtliche Kategorie der Beschäftigung nach § 7 SGB IV erfüllen. Frauen in einem Arbeitsverhältnis sind daher jedenfalls erfasst.[746] Darüber hinaus werden nach S. 2 bestimmte Gruppen zusätzlich erfasst. Von praktischer Bedeutung ist insbesondere die Anwendung auf arbeitnehmerähnliche Frauen (Nr. 7). Bemerkenswert ist weiterhin der überfällige Schutz von Studentinnen (Nr. 8).[747]

In zeitlicher Hinsicht wird der Zeitraum der Schwangerschaft, nach der Entbindung und der Stillzeit dem MuSchG unterworfen. In der Sache geht es um den Gesundheitsschutz. Schwanger ist eine Frau mit Befruchtung der Eizelle.[748] Im Fall einer künstlichen Befruchtung *in vitro* beginnt die Schwangerschaft mit dem Embryonentransfer, d. h. mit Einsetzen der befruchteten Eizelle in die Gebärmutter.[749]

745 Vgl. Teil 10 Kapitel 1 VIII 2.

746 *Dahm*, in: BeckOK § 1 MuSchG Rn. 11.

747 Hierzu: *Wichmann*, NJW 2019, 1036.

748 BAG, NZA 2015, 734 (734).

749 BAG, NZA 2015, 734 (735).

8.1.2 Der Gesundheitsschutz

Die §§ 3 ff. MuSchG konkretisieren den sachlichen Schutzbereich des MuSchG.

8.1.2.1 Die Gestaltung des Arbeitsplatzes

Gemäß § 9 Abs. 1 MuSchG hat der Arbeitgeber bei der Gestaltung der Arbeitsbedingungen einer schwangeren oder stillenden Frau alle aufgrund der Gefährdungsbeurteilung nach § 10 MuSchG erforderlichen Maßnahmen für den Schutz ihrer physischen und psychischen Gesundheit sowie der ihres Kindes zu treffen. Er hat die Maßnahmen auf ihre Wirksamkeit zu überprüfen und erforderlichenfalls den sich ändernden Gegebenheiten anzupassen. Das Schutzkonzept schließt es etwa auch mit ein, dass eine schwangere Frau kurz ihren Arbeitsplatz verlassen kann (§ 9 Abs. 3 S. 1 MuSchG).

§ 13 MuSchG regelt die Rangfolge der Schutzmaßnahmen durch den Arbeitgeber. Dies kann im Extremfall einer unverantwortbaren Gefährdung (Nr. 3) dazu führen, dass der Arbeitgeber die schwangere oder stillende Frau nicht mehr beschäftigen darf.

8.1.2.2 Die Freistellung von der Arbeitspflicht

§ 7 Abs. 1 MuSchG gewährt einer Frau einen Freistellungsanspruch zur Durchführung von Untersuchungen. Dieser gilt unabhängig davon, ob die Frau objektiv schwanger ist. Voraussetzung ist vielmehr, dass es sich bei der Untersuchung um eine Leistung der gesetzlichen Krankenversicherung handelt.

Nach § 7 Abs. 2 MuSchG besteht ein Freistellungsanspruch zu Gunsten einer stillenden Frau während der ersten zwölf Monate nach der Entbindung. Hiernach hat eine Frau Anspruch für die zum Stillen erforderliche Zeit, mindestens zweimal täglich eine halbe Stunde oder einmal täglich eine volle Stunde. Arbeitet die Frau zusammenhängend über 8 Stunden am Tag, erhöht sich dieser Anspruch auf entweder je 45 Minuten oder mindestens 90 Minuten.

8.1.2.3 Beschäftigungsverbote

Neben der Arbeitsplatzgestaltung stellen die Beschäftigungsverbote das Herzstück der Konzeption des Mutterschutzrechts dar. Das Gesetz unterscheidet zwischen generellen und individuellen Beschäftigungsverboten.

8.1.2.3.1 Die Schutzfristen vor und nach der Entbindung (§ 3 MuSchG)

Nach § 3 Abs. 1 MuSchG darf der Arbeitgeber eine schwangere Frau in den letzten sechs Wochen vor der Entbindung nicht beschäftigen (Schutzfrist vor der Entbindung), soweit sie sich nicht zur Arbeitsleistung ausdrücklich bereit erklärt, wobei diese Erklärung jederzeit widerrufbar ist. Für die Berechnung der Schutzfrist vor der Entbindung ist der voraussichtliche Tag der Entbindung maßgeblich, wie er sich insbesondere aus dem ärztlichen Zeugnis ergibt. Entbindet eine Frau nicht am voraussichtlichen Tag, verkürzt oder verlängert sich die Schutzfrist vor der Entbindung.

Nach der Entbindung darf eine Frau bis zum Ablauf von acht Wochen nicht beschäftigt werden (§ 3 Abs. 2 S. 1 MuSchG). Die Schutzfrist nach der Entbindung verlängert sich auf zwölf Wochen bei Frühgeburten, Mehrlingsgeburten oder bei der Geburt eines Kindes mit einer Behinderung (§ 3 Abs. 2 S. 2 MuSchG).

8.1.2.3.2 Das ärztliche Beschäftigungsverbot (§ 16 MuSchG)

Der Arbeitgeber darf eine schwangere Frau ferner auch dann nicht beschäftigen, soweit nach einem ärztlichen Zeugnis ihre Gesundheit oder die ihres Kindes bei Fortdauer der Beschäftigung gefährdet ist (§ 16 Abs. 1 MuSchG).

Maßgeblich ist der individuelle Gesundheitszustand der am konkreten, möglicherweise ungefährlichen Arbeitsplatz beschäftigten Arbeitnehmerin. Es genügt, dass die Fortsetzung der Arbeit auf diesem Arbeitsplatz die Gesundheit von Mutter oder Kind gefährdet. Es ist unerheblich, auf welcher genauen Ursache die Gefährdung beruht.[750]

Eine Gefährdung allein genügt indes nicht. Erst das ärztliche Zeugnis löst das Beschäftigungsverbot nach § 16 MuSchG aus.[751] Dessen ungeachtet kann aber auch ein Fall nach § 13 Nr. 3 MuSchG vorliegen.

8.1.2.3.3 Annex: Das System der Entgeltfortzahlung

Das MuSchG differenziert in §§ 18, 19 MuSchG zwischen dem sog. Mutterschutzlohn und dem Mutterschaftsgeld nebst Zuschuss.

8.1.2.3.3.1 Mutterschaftsgeld

Trotz der systematischen Stellung hinter § 18 MuSchG soll § 19 MuSchG den Regelfall beschreiben. Danach erhält eine Frau, die gesetzlich krankenversichert ist (was bei Arbeitnehmerinnen der Fall ist), für die Zeit der Schutzfristen (§ 3 MuSchG) vor und nach der Entbindung sowie für den Entbindungstag das sogenannte Mutterschaftsgeld gemäß § 24i SGB V (§ 19 Abs. 1 MuSchG). Das Mutterschaftsgeld beträgt aktuell maximal 13 € pro Kalendertag.

Zu dem Mutterschaftsgeld kommt der sogenannte Zuschuss hinzu. Nach § 20 Abs. 1 MuSchG erhält eine Frau während der Schutzfristen den Differenzbetrag zwischen den soeben eingeführten 13 € und dem um die gesetz-

750 BAG, NZA 1999, 763 (765).

751 BAG, NZA 2008, 551.

lichen Abzüge verminderten kalendertäglichen Arbeitsentgelt der letzten drei abgerechneten Kalendermonate vor Beginn der Schutzfrist vor der Entbindung. Eine Frau, deren Beschäftigungsverhältnis während der Schutzfristen etc. beginnt, erhält den Zuschuss von Beginn des Beschäftigungsverhältnisses an (§ 20 Abs. 1 S. 3 MuSchG).

8.1.2.3.3.2 Mutterschutzlohn

Nach § 18 MuSchG erhält eine Frau vom Arbeitgeber den sogenannten Mutterschutzlohn, wenn sie wegen eines Beschäftigungsverbotes (§ 16 MuSchG) außerhalb der Schutzfristen vor oder nach der Entbindung teilweise oder gar nicht beschäftigt werden darf. Die Höhe des Mutterschutzlohns bemisst sich gemäß § 18 S. 2 MuSchG nach dem durchschnittlichen Arbeitsentgelt der letzten drei abgerechneten Kalendermonate vor dem Eintritt der Schwangerschaft. Etwas anderes gilt nach S. 4, wenn das Beschäftigungsverhältnis erst nach dem Eintritt der Schwangerschaft beginnt. Dann soll das durchschnittliche Arbeitsentgelt der ersten drei Monate maßgeblich sein.

8.1.2.4 Das Verbot der Mehrarbeit, Nachtarbeit und Sonntagsarbeit

Für die Zeit, in der die schwangere Frau arbeitet bzw. als stillende Frau wieder arbeitet, darf ein Arbeitgeber sie nicht über achteinhalb Stunden täglich oder über 90 Stunden in der Doppelwoche hinaus beschäftigen. Ferner sieht § 4 Abs. 2 MuSchG zwingend vor, dass der Frau eine ununterbrochene Ruhezeit von mindestens 11 Stunden zu gewähren ist.

Bemerkenswert ist weiterhin das Verbot der Nachtarbeit gemäß § 5 Abs. 1 MuSchG. Eine schwangere oder stillende Frau darf zwischen 20:00 und 6:00 Uhr nicht beschäftigt werden. Im Falle einer behördlichen Genehmigung darf sie ausnahmsweise bis 22:00 Uhr beschäftigt werden.

Ähnlich restriktiv ist das Gesetz bei der Sonntags- und Feiertagsarbeit. § 6 Abs. 1 S. 2 MuSchG stellt die Sonn- und Feiertagsarbeit unter vier Voraussetzungen und schließt insbesondere eine unverantwortbare Gefährdung der Schwangeren und ihres Kindes durch allein Arbeit aus.

8.1.2.5 Unzulässige Tätigkeiten

§ 11 MuSchG listet unzulässige Tätigkeiten und Arbeitsbedingungen für schwangere Frauen auf, § 12 MuSchG listet unzulässige Tätigkeiten und Arbeitsbedingungen für stillende Frauen auf. Bei den Regelungen geht es nicht um ein absolutes Beschäftigungsverbot, sondern vielmehr um das Verbot einzelner Arbeiten, die für Frau und/oder Kind eine Gefährdung bedeuten könnten.

Weist der Arbeitgeber der Frau gleichwohl eine solche Tätigkeit zu, kann sie von ihrem Leistungsverweigerungsrecht gemäß §§ 618, 273 BGB Gebrauch machen, ihre Arbeit zurückhalten und den Arbeitgeber in Annahmeverzug setzen.

8.2 Die Elternzeit

Nach der gesetzlichen Systematik schließt sich an den Mutterschutz grundsätzlich die sogenannte Elternzeit an. Während der Elternzeit sind Ansprüche nach den §§ 18 und 20 MuSchG gemäß § 22 S. 1 MuSchG ausgeschlossen.

8.2.1 Der Anspruch auf Elternzeit

Der Anspruch auf Elternzeit folgt aus § 15 BEEG. Der Anspruch hat nach § 15 Abs. 1 BEEG grundsätzlich drei Voraussetzungen: eine rechtliche Sonderbeziehung zum Kind, ein gemeinsamer Haushalt sowie die Betreuung und Erziehung dieses Kindes. Während der Elternzeit ist der Anspruch nach § 15 Abs. 4 BEEG ausgeschlossen, wenn der Arbeitnehmer mehr als 30 Stunden in der Woche arbeitet.

Nach § 15 Abs. 2 besteht das Recht auf Elternzeit nur bis zur Vollendung des dritten Lebensjahres des Kindes. Allerdings ist eine Übertragung auf den Zeitraum bis zum vollendeten achten Lebensjahr möglich (§ 15 Abs. 2 BEEG). Die Schutzfristen nach dem Mutterschutzgesetz werden auf diesen Zeitraum angerechnet (Abs. 2 S. 3).

8.2.2 Die Realisierung der Elternzeit

Die Inanspruchnahme der Elternzeit ist nicht an die vorherige Zustimmung des Arbeitgebers gebunden. Sie muss jedoch gemäß § 16 Abs. 1 Nr. 1 BEEG dem Arbeitgeber gegenüber schriftlich vor Beginn der Elternzeit verlangt werden. In der Praxis können sich Eltern an dem errechneten Geburtstermin des Kindes orientieren.[752] Für die Mutter gilt nach der Geburt zunächst die achtwöchige Schutzfrist nach § 3 Abs. 2 MuSchG.

Das Verlangen setzt voraus, dass der Arbeitnehmer erklärt, für welche Zeiten innerhalb von zwei Jahren Elternzeit genommen werden soll. Dabei kann jedes Elternteil seine Elternzeit auf drei Zeitabschnitte verteilen (§ 16 Abs. 1 S. 6 BEEG). Weitere Zeitabschnitte setzen die Zustimmung des Arbeitgebers voraus.

---

752 *Karb*, öAT 2019, 111 (111).

8.2.3 Das Elterngeld

Flankiert wird die Elternzeit durch das sogenannte Elterngeld. Hierbei handelt sich nicht um eine Entgeltzahlung des Arbeitgebers, sondern um eine Sozialleistung des Staates.[753]

Nach § 1 Abs. 1 BEEG hat Anspruch auf Elterngeld, wer seinen Wohnsitz oder seinen gewöhnlichen Aufenthalt in Deutschland hat, mit seinem Kind in einem Haushalt lebt, dieses Kind selbst betreut und erzieht und schließlich keine oder keine volle Erwerbstätigkeit ausübt. Gerade der letzte Punkt wird im Falle der Elternzeit erfüllt sein.

Nach § 2 Abs. 1 S1. BEEG wird Elterngeld grundsätzlich in Höhe von 67 % des Einkommens aus der Erwerbstätigkeit vor der Geburt des Kindes gewährt. Der Betrag ist jedoch durch einen Höchstbetrag in Höhe von 1800 € monatlich gedeckelt (S. 2).

8.2.4 Insbesondere: Jahresurlaub

Das Entstehen des gesetzlichen Urlaubsanspruches setzt grundsätzlich nach Ablauf der Wartefrist nur ein bestehendes Arbeitsverhältnis voraus. Daher ist der Arbeitgeber gemäß § 17 Abs. 1 S. 1 BEEG berechtigt, den Erholungsurlaub je Monat Elternzeit um ein Zwölftel zu kürzen. Dabei kann der Arbeitgeber grundsätzlich die Kürzung vor, während oder nach dem Ende der Elternzeit erklären. Eine Kürzung kann nur dann nicht mehr erklärt werden, wenn das Arbeitsverhältnis beendet wurde, weil dann kein Urlaubsanspruch mehr besteht, sondern ein Abgeltungsanspruch.[754]

8.3 Das Home-Office

Das Home-Office ist aktuell das zentrale Thema, wenn man über die Vereinbarkeit von Familie und Beruf spricht. Im Ausgangspunkt geht um es die Verlagerung des Arbeitsortes an den Wohnsitz des Arbeitnehmers.

Für das Individualarbeitsrecht ist damit insbesondere die Frage verbunden, ob Arbeitnehmer oder Arbeitgeber einen Anspruch haben, den Arbeitsort zu verlegen. Diese Frage wird allgemein verneint.[755] Ohne eine entsprechende Vereinbarung im Arbeitsvertrag können weder Arbeitnehmer noch Arbeitgeber das Arbeiten in der Wohnung des Arbeitnehmers verlangen.[756]

753 *Röhl*, in: BeckOK § 1 BEEG Rn. 1.

754 BAG, NZA 2015, 989 (990) unter Hinweis auf die Aufgabe der Surrogationstheorie.

755 *Benkert*, NJW-Spezial 2019, 306 (306).

756 *Preis*, in: ErfK, § 106 GewO Rn. 28a.

Im Zusammenhang mit der COVID-19-Pandemie wurde dies von Teilen der Literatur eingeschränkt. Mit Blick auf die Pflicht, die Gesundheit des Arbeitnehmers zu schützen, wurde das Weisungsrecht im Lichte von § 618 BGB ausgedehnt.[757] Der Gesetzgeber hat diese Diskussion überholt und in § 2 Abs. 4 Corona-ArbSchV die Pflicht des Arbeitgebers eingeführt, seinen Arbeitnehmern Arbeit im Home-Office anzubieten, wenn keine zwingenden betrieblichen Gründe entgegenstehen.[758]

8.4 Die Teilzeit

Nahezu klassisch schließt sich an die Elternzeit die Teilzeit eines Elternteils an. Deutlich überwiegen auch hier die Frauen.[759] Freilich wäre es zu kurz gegriffen, die Teilzeit allein auf das Phänomen Kinderbetreuung zu beziehen. Für eine Arbeit in Teilzeit können Arbeitnehmer viele unterschiedliche Gründe haben.

8.4.1 Das betriebliche Management von Teilzeitarbeit

§ 7 TzBfG statuiert eine ganze Reihe von Pflichten des Arbeitgebers. So ist er verpflichtet, eine Ausschreibung eines Arbeitsplatzes auch als Teilzeit, Arbeitsplatz auszuschreiben, wenn der Arbeitsplatz sich eignet (§ 7 Abs. 1 TzBfG). Weiterhin muss der Arbeitgeber mit seinen Arbeitnehmern auf deren Wunsch hin eine Veränderung von Dauer oder Lage oder von Dauer und Lage der Arbeitszeit erörtern (§ 7 Abs. 2 TzBfG). Flankiert wird diese Pflicht von einer Informationspflicht gegenüber den Arbeitnehmervertretungen (§ 17 Abs. 4 TzBfG). Wichtiger aber noch, hat der Arbeitgeber einen Arbeitnehmer, der den Wunsch nach Veränderung angezeigt hat, über entsprechende Arbeitsplätze gemäß § 14 Abs. 3 TzBfG zu informieren.

8.4.2 Der Anspruch auf Verringerung der Arbeitszeit

Nach § 8 Abs. 1 TzBfG hat ein Arbeitnehmer, dessen Arbeitsverhältnis länger als sechs Monate bestanden hat, einen Anspruch auf Verringerung der vertraglich vereinbarten Arbeitszeit. Der Anspruch besteht jedoch gemäß § 8 Abs. 7 TzBfG nur gegenüber Arbeitgebern, die in der Regel mehr als 15 Arbeitnehmer beschäftigen.

757 *Fuhltrott/Fischer*, NZA 2020, 345 (349); vgl. auch *Krieger/Rudnik/Povedano Peramato*, NZA 2020, 473.

758 hierzu: *Siebert/Pletke*, öAT 2021, 96.

759 https://www.destatis.de/DE/Themen/Arbeit/Arbeitsmarkt/Qualitaet-Arbeit/Dimension-3/eltern-teilzeitarbeit.html

§ 8 Abs. 3 TzBfG setzt weiterhin voraus, dass der Arbeitnehmer die Verringerung seiner Arbeitszeit und den Umfang der Verringerung drei Monate vor deren Beginn in Textform geltend macht. Er soll dabei auch grundsätzlich die gewünschte Verteilung der Arbeitszeit angeben. Als Konsequenz hieraus hat der Arbeitgeber gemäß § 8 Abs. 3 TzBfG die Verringerung mit dem Arbeitnehmer mit der Maßgabe zu erörtern, zu einer Vereinbarung zu gelangen.

Nach § 8 Abs. 4 TzBfG muss der Arbeitgeber der Verringerung der Arbeitszeit und ihrer Verteilung sogar zustimmen, soweit nicht betriebliche Gründe entgegenstehen.

Die Entscheidung des Arbeitgebers über die Verringerung muss dann dem Arbeitnehmer spätestens einen Monat vor dem gewünschten Beginn der Verringerung in Textform mitgeteilt werden. Unterlässt der Arbeitgeber die Erklärung einer Ablehnung, verringert sich die Arbeitszeit nach § 8 Abs. 5 S. 2 TzBfG um den gewünschten Umfang. Gleiches gilt für die Verteilung der Arbeitszeit, wobei es im Einzelfall zulässig ist, die Verteilung wieder zu ändern, wenn das betriebliche Interesse die Interessen des Arbeitnehmers überwiegt und der Arbeitgeber die Änderung einen Monat vorher angekündigt hat.

Nach der Erklärung des Arbeitgebers ist der Anspruch gemäß § 8 Abs. 6 TzBfG zwei Jahre gesperrt.

8.4.3 Die Verlängerung der Arbeitszeit

Was die Verlängerung der Arbeitszeit angeht, gewährt § 9TzBfG keinen Anspruch auf Verlängerung der vertraglichen Arbeitszeit unter bestimmten Voraussetzungen. Der Arbeitgeber hat aber gleichwohl einen teilzeitbeschäftigten Arbeitnehmer, der ihm in Textform den Wunsch nach einer Verlängerung der vertraglich vereinbarten Arbeitszeit angezeigt hat, bei der Besetzung eines Arbeitsplatzes bevorzugt zu berücksichtigen.

Nach § 9 HS 2 TzBfG ist dies nicht der Fall, wenn es sich dabei nicht um einen entsprechenden freien Arbeitsplatz handelt, der Arbeitnehmer nicht mindestens gleich geeignet ist wie ein anderer bevorzugter Bewerber oder Arbeitszeitwünsche anderer Arbeitnehmer oder dringende betriebliche Gründe entgegenstehen. Die Beweislast hierfür liegt beim Arbeitgeber.[760]

Ein freier zusätzlicher Arbeitsplatz nach § 9 S. 2 TzBfG liegt schon dann vor, wenn der Arbeitgeber eine entsprechende Organisationentscheidung getroffen hat oder einen unbesetzten Arbeitsplatz neu besetzen will.

760 *Preis/Schwarz*, NJW 2018, 3673 (3673).

8.4.4 Die Brückenteilzeit

Mit § 9a TzBfG wurde ein sachgrundloser Anspruch auf Teilzeitbeschäftigung eingeführt. Der Arbeitnehmer muss allerdings einen Zeitraum angeben und dieser muss mindestens ein Jahr und darf höchstens 5 Jahre betragen (§ 9a Abs. 1 S. 2 TzBfG). Um kleine und mittelständische Unternehmen vor Überforderung durch die sogenannten Brücken-Teilzeit zu schützen, besteht dieser Anspruch jedoch nur gegenüber Arbeitgebern, die in der Regel mehr als 45 Arbeitnehmer beschäftigen.

8.5 Die Pflegezeit und die Familienpflegezeit

Um die private Pflege von nahestehenden Personen zu ermöglichen, wurden die Pflegezeit und die Familienpflegezeit eingeführt.

8.5.1 Die Pflegezeit nach dem PflegeZG

Nach § 2 PflegeZG haben Beschäftigte das Recht, bis zu zehn Arbeitstage der Arbeit fernzubleiben, wenn dies erforderlich ist, um für einen pflegebedürftigen nahen Angehörigen in einer akut aufgetretenen Pflegesituation eine bedarfsgerechte Pflege zu organisieren oder eine pflegerische Versorgung in dieser Zeit sicherzustellen (sog. kleine Pflegezeit). Darüber hinaus können Beschäftigte nach §§ 3, 4 PflegeZG für sechs Monate die Freistellung verlangen, wenn sie einen pflegebedürftigen nahen Angehörigen in häuslicher Umgebung pflegen.

8.5.2 Die Familienpflegezeit nach dem FPfZG

Weil sechs Monate oftmals nicht ausreichen, um eine Pflege von Personen zu gewährleisten, sieht das FPfZG eine weitergehende Freistellungsmöglichkeit vor. Danach sind Beschäftigte von der Arbeitsleistung für längstens 24 Monate teilweise freizustellen, wenn sie einen pflegebedürftigen nahen Angehörigen in häuslicher Umgebung pflegen (§ 2 Abs. 1 FPfZG).

9 Der innerbetriebliche Schadensausgleich

Im betrieblichen Alltag tritt regelmäßig die Frage auf, wer für bestimmte Minderungen des Vermögens des anderen aufzukommen hat: Arbeitet der Arbeitnehmer schlecht, mag manch ein Arbeitgeber an Schadensersatz denken. Andererseits kann es vorkommen, dass der Arbeitnehmer Aufwendungen macht, um die Arbeitsleistung zu erfüllen. Ferner ist denkbar, dass durch fehlende Organisation oder Schutzvorrichtungen Beschäftigte Schäden erleiden.

All diese Probleme werden unter dem Stichwort des innerbetrieblichen Schadensausgleichs in Rechtsprechung und Literatur diskutiert. Es geht immer um die Frage, ob bzw. inwieweit der Arbeitgeber oder der Arbeitnehmer die jeweilige Verringerung des Vermögens tragen muss.

9.1 Die Schlechtleistung des Arbeitnehmers

Bei der Schlechtleistung muss zunächst zwischen der Nichtleistung und der Schlechtleistung i. e. S. unterschieden werden.

9.1.1 Die Nichtleistung

Arbeitet der Arbeitnehmer nicht, so verliert er seinen Anspruch aus § 611a Abs. 2 BGB nach § 326 Abs. 1 BGB (vgl. § 275 Abs. 4 BGB). Weiterhin kann nach §§ 280, 283 BGB ein Schadensersatzanspruch des Arbeitgebers in Betracht kommen. Der Fixschuldcharakter der Arbeitspflicht führt dazu, dass der Arbeitgeber keine Nachholung fordern kann, auch nicht über das Schadensersatzrecht.[761] Nach § 619a BGB muss allerdings der Arbeitgeber das Verschulden des Arbeitnehmers beweisen. Die Vermutung des § 280 Abs. 1 S. 2 BGB gilt im Arbeitsrecht nicht. Vielmehr liegt eine Beweislastumkehr-Umkehr vor. Dieser Anspruch besteht neben dem Ausschluss des Entgeltanspruchs.

9.1.2 Die Schlechtleistung

Während die Nichtleistung vergleichsweise einfach zu bestimmen ist, stellt sich im Arbeitsverhältnis die grundlegende Frage, ob und wenn ja, wann die jeweilige Arbeitsleistung überhaupt als Schlechtleistung angesehen werden kann.

761 *Preis*, in: ErfK, § 611a Rn. 675.

Ob eine Leistung als Schlechtleistung anzusehen ist, beurteilt sich nach dem Arbeitsvertrag. In aller Regel wird sich der Inhalt des Leistungsversprechens daher zum einen nach dem vom Arbeitgeber durch Ausübung des Direktionsrechts festzulegenden Arbeitsinhalt und zum anderen nach dem persönlichen, subjektiven Leistungsvermögen des Arbeitnehmers richten.[762]

9.1.2.1 Der subjektive Maßstab

Vereinzelt wurde auf einen objektiven Maßstab für das Leistungsvermögen des Arbeitnehmers abgestellt.[763] Für die Schlechtleistung soll entscheidend sein, wie ein vergleichbarer durchschnittlicher Arbeitnehmer in vergleichbarer Stellung seine Arbeit leisten würde („objektive Normalleistung"). Für diese Ansicht wird insbesondere § 243 Abs. 1 BGB angeführt. Der Arbeitnehmer schuldet Arbeit als Gattungsschuld und daher nur Arbeit mittlerer Art und Güte.

Das Bundesarbeitsgericht und die herrschende Meinung in der Literatur ermitteln die Schlechtleistung hingegen anhand eines subjektiven Maßstabs.[764] Für diese Ansicht streitet insbesondere § 613 BGB, wonach die Arbeitspflicht eine höchstpersönliche Pflicht ist. Zudem werden Arbeitnehmer in aller Regel im objektiven Vergleich zu anderen Arbeitnehmern unterschiedliche Ergebnisse erzielen. Dabei wäre ein Arbeitnehmer immer das Schlusslicht und würde durch seine *vergleichsweise* schlechte Arbeitsleistung auffallen. Das kann offensichtlich nicht gewollt sein.

Die Formel des Bundesarbeitsgerichts lautet daher: Der Arbeitnehmer muss tun, was er soll, und zwar so gut, wie er kann. Damit ist zugleich gesagt, dass die Pflicht zur Erfüllung der Arbeit nicht starr, sondern dynamisch ist und sich jeweils an der konkreten Leistungsfähigkeit des Arbeitnehmers orientiert.[765]

Nach dieser Lösung kann der Arbeitgeber die Leistung von seinem Arbeitnehmer erwarten, die bei einer angemessenen Anspannung der geistigen und körperlichen Kräfte auf Dauer ohne Gefährdung der Gesundheit geleistet werden kann.[766] Daraus folgt, dass wer unterdurchschnittlich leisten kann, auch nur unterschiedliche Arbeit schuldet (sog. low performer). Wer hingegen seine Arbeitskraft bewusst zurückhält, begeht eine Pflichtverletzung im Sinne von § 280 Abs. 1 BGB.

---

762 BAG, BB 2008, 1454 (1455).

763 *Hunold* BB 2003, 2345 (2346).

764 BAG, BB 2008, 1454 (1455); *Maschmann* NZA-Beil. 1/2006, 13 (15).

765 BAG, AP KSchG 1969 § 1 Verhaltensbedingte Kündigung Nr. 28.

766 BAG, BB 2008, 1454 (1455).

In der Sache stellt diese Rechtsprechung eine erhebliche Privilegierung des Arbeitnehmers dar. Sie erklärt aber auch daraus, dass das Arbeitsrecht kein detailliertes Leistungsstörungsrecht wie etwa das Kaufrecht bereithält. Eine Analogie von § 441 BGB hat das Bundesarbeitsgericht daher zu Recht abgelehnt.[767]

9.1.2.2 Mittelbare objektive Korrekturen

Die Rechtsprechung ergänzt diesen subjektiven Leistungsbegriff um objektive Vorbedingungen. Der Arbeitnehmer muss der Arbeitsleistung grundsätzlich gewachsen sein. Ist er dies nicht, muss er beim Einstellungsgespräch darauf hinweisen (siehe oben). Ferner muss auch die Rechtsprechung zunächst objektiv festlegen, was nach dem Arbeitsvertrag geschuldet wird. Erst der Maßstab für die Erfüllung der Arbeitspflicht wird dann subjektiviert.

9.1.2.3 Die Schlechtleistung im Prozess

Die Komplexität der Schlechtleistung bricht sich insbesondere im Prozess Bahn. Hier hat das Bundesarbeitsgericht eine abgestufte Darlegungs- und Beweislast herausgebildet.[768] Will der Arbeitgeber eine Schlechtleistung belegen, genügt er grundsätzlich seiner Darlegungslast, wenn er Tatsachen vorträgt, die den Schluss darauf rechtfertigen, dass die Arbeit des Arbeitnehmers deutlich hinter der eines durchschnittlichen Arbeitnehmers zurückbleibt. Das Bundesarbeitsgericht hat eine Unterschreitung der Durchschnittsleistung von 33 % ausreichen lassen.[769]

Gelingt dem Arbeitgeber dieser Nachweis, muss der Arbeitnehmer Tatsachen vortragen und beweisen, dass er dennoch alles in seiner Leistungsfähigkeit Stehende ausgeschöpft hat, um die Leistung zu erbringen.[770]

9.1.2.4 Das Einbehalten von Lohn

Da die §§ 611 ff. BGB kein Minderungsrecht kennen, stellt sich die Frage, ob bei einer Schlechtleistung überhaupt Lohn einbehalten werden kann. Eine Minderung durch Gestaltungserklärung analog § 441 BGB scheidet mangels Regelungslücke aus.[771]

Kann der Arbeitgeber eine Schlechtleistung beweisen, steht ihm der Schadensersatzanspruch nach §§ 280, 281 BGB zu. Ein Arbeitgeber kann dann

767 BAG, NZA 2007, 1015.
768 BAG, NZA 2004, 784 (786).
769 BAG, NZA 2004, 784 (786).
770 BAG, NZA 2004, 784 (786).
771 BAG, NZA 2007, 1015.

den Schadensersatzanspruch mit einem etwaigen Entgeltanspruch des Arbeitnehmers in den Pfändungsgrenzen des § 394 BGB aufrechnen.[772] Das setzt jedoch wiederum einen konkreten Schadensposten voraus. Es gibt keinen pauschalen Schadenersatz für minderwertige Arbeit. Legt der Arbeitgeber im Vorfeld Pauschalen fest, so muss er diese an §§ 307, 309 Nr. 5 BGB messen lassen.

9.2 Die Grundsätze der Arbeitnehmerhaftung

Von besonderer Relevanz sind die Grundsätze der Haftung von Arbeitnehmer und Arbeitgeber für Schäden im betrieblichen Zusammenhang.

9.2.1 Die Beweislastumkehr-Umkehr nach § 619a BGB und § 254 BGB

Schädigt der Arbeitnehmer den Arbeitgeber, kommen ihm schon nach dem positiven Recht zwei Tatbestände zugute, nach denen seine Haftung ausscheiden kann: § 619a BGB und § 254 BGB.

Zum einen muss der Arbeitgeber nach § 619a BGB das Verschulden des Arbeitnehmers nachweisen und kann sich nicht auf die Vermutung nach § 280 Abs. 1 S. 2 BGB zurückziehen. Anspruchsgrundlage bleibt dabei § 280 BGB.[773] Die wohl herrschende Meinung wendet § 619a BGB nur dann an, wenn die Pflichtverletzung im Zusammenhang mit einer betrieblichen Tätigkeit steht.[774]

Trifft den Arbeitnehmer hiernach ein Verschulden, kommt noch ein Mitverschulden des Arbeitgebers nach § 254 BGB in Betracht. Ein Mitverschulden kommt insbesondere bei Verletzungen von Arbeitsschutzvorschriften oder einem Organisationverschulden in Betracht.[775]

Als allgemeine Regel ist in der Rechtsprechung anerkannt, dass bei der Abwägung nach § 254 Abs. 1 BGB ein fahrlässiger Verursachungsbeitrag des Arbeitnehmers grundsätzlich hinter dem Vorwurf eines vorsätzlichen Verhaltens des Arbeitgebers zurücktritt und dass dies in aller Regel gilt, wenn der Vorsatz des Schädigers die Schädigung selbst mitumfasst.[776] Etwas anderes gilt nur, sofern ausnahmsweise besondere Umstände im Einzelfall für eine Schadensteilung sprechen.[777]

---

772 BAG, NZA 2007, 1015.

773 BAG, AP BGB § 611 Haftung des Arbeitnehmers Nr. 141.

774 *Preis*, in: ErfK, § 619a Rn. 4; unklar: BAG, NZA 2007, 462 (463): „grundsätzlich für sämtliche Pflichtverletzungen des Arbeitnehmers“.

775 BAG, AP BGB § 611 Haftung des Arbeitnehmers Nr. 141.

776 BAG, AP BGB § 611 Haftung des Arbeitnehmers Nr. 147.

777 BGH, r + s 2003, 344 (346).

9.2.2 Die Haftung von Arbeitgeber und Arbeitnehmer nach § 254 BGB analog

Über den Wortlaut des § 254 BGB hinaus verortet die Rechtsprechung in § 254 BGB analog die Grundsätze des innerbetrieblichen Schadensausgleiches.[778]

9.2.2.1 Der Geltungsgrund der Grundsätze der Arbeitnehmerhaftung

Schon bei Erlass des BGB war die Forderung laut, „baldthunlichst" eine spezialgesetzliche Regelung für Arbeitsverträge „einschließlich der schadenersatzrechtlichen Fragen" zu erlassen.[779] Mit § 276 BGB hat der Gesetzgeber zumindest die Möglichkeit spezieller Haftungsregeln anerkannt. Tatsächlich beruht die Arbeitnehmerhaftung auf Richterrecht.

Rechtsprechung und Literatur gehen davon aus, dass das in den §§ 249 ff. BGB enthaltene Prinzip der Totalreparation im Arbeitsrecht schnell zu Unbilligkeiten führen kann. Das folgt daraus, dass der Arbeitnehmer häufig mit Gegenständen in Kontakt kommt, die sein Vermögen um ein Vielfaches übersteigen.[780] Die Gefahr der Schädigung und die Gefahr der Haftung stehen dabei in keiner Beziehung zum wirtschaftlichen Erfolg. Während der Arbeitnehmer sein Arbeitsentgelt erhält, steht der wirtschaftliche Erfolg allein dem Arbeitgeber bzw. dem Unternehmer zu. Da das Weisungsrecht und die Organisation des Betriebs in der Hand des Arbeitgebers liegen, kontrolliert der Arbeitgeber die Haftungsrisiken.[781] Er kann sie schaffen, beibehalten oder ändern. Würde der Unternehmer selbst handeln, müsste er das Risiko tragen, dass er die werthaltige Sache beschädigt. Deshalb darf der Arbeitgeber aus dem Einsatz des Arbeitnehmers keinen totalen haftungsrechtlichen Vorteil ziehen.

9.2.2.2 Die Grundsätze der Arbeitnehmerhaftung

Das Bundesarbeitsgericht geht in ständiger Rechtsprechung von folgenden Grundsätzen aus: Ein Arbeitnehmer hat vorsätzlich verursachte Schäden in vollem Umfange zu tragen, bei leichtester Fahrlässigkeit haftet er dagegen nicht. Bei normaler Fahrlässigkeit ist der Schaden in aller Regel zwischen Arbeitnehmer und Arbeitgeber zu verteilen, bei grober Fahrlässigkeit hat der Arbeitnehmer *in aller Regel* den gesamten Schaden zu tragen.[782]

---

778 AP BGB § 611 Haftung des Arbeitnehmers Nr. 141.

779 *Mugdan*, Bd. 2, S. 1328, 1333 u. 1340.

780 BAG, AP BGB § 611 Haftung des Arbeitnehmers Nr. 103.

781 *Preis*, in: ErfK, § 619a BGB Rn. 9 f.

782 So die Grundsätze, vgl. BAG, AP BGB § 611 Haftung des Arbeitnehmers Nr. 103; BAG, AP § 611 Haftung des Arbeitnehmers Nr. 145.

Das Verschulden des Schädigers muss sich dabei sowohl auf die pflichtverletzende Handlung als auch auf den Eintritt des Schadens beziehen.[783] Anders als im Zivilrecht muss sich daher das Verschulden nicht nur auf den haftungsbegründenden Tatbestand, sondern auch auf den haftungsausfüllenden Tatbestand beziehen. Begründet wird dies damit, dass der Arbeitgeber nicht durch Weisungen die Haftung verschärfen kann bzw. darf. Ein vorsätzlicher Verstoß gegen Weisungen genügt daher nicht, um Vorsatz im Sinne der Grundsätze der Arbeitnehmerhaftung zu begründen, wenn der Arbeitnehmer darauf vertraut, es werde zu keinem Schaden kommen.

Für die Quotenbildung im Rahmen der Schadenstragung bezieht das Bundesarbeitsgericht folgende Faktoren ein:[784]

- die Wahrscheinlichkeit eines Schadenseintrittes bei der Tätigkeit;
- die Höhe des möglichen und des tatsächlichen Schadens;
- das kalkulierbare und versicherbare Risiko;
- die Höhe des Entgeltes und etwaige Risikoprämien;
- die Stellung des Arbeitnehmers im Betrieb;
- die Betriebszugehörigkeit des Arbeitnehmers;
- der Verlauf des bisherigen Arbeitsverhältnisses.
- Darüber hinaus kann sogar die familiäre Situation berücksichtigt werden.[785]

Letzteres wird von Teilen der Literatur bestritten.[786] So wird angeführt, dass die persönliche Lebenssituation des Arbeitnehmers nicht im Zusammenhang mit den betrieblichen Risiken stünde. Dieser Hinweis wird dem Grundproblem der Auswirkungen einer Haftung des Arbeitnehmers nicht gerecht. Die Haftung für erhebliche Vermögenswerte kann auf Dauer die Lebensführung des Arbeitnehmers und seiner Familie beeinträchtigen. Eine interessengerechte Lastenverteilung muss diese Belange berücksichtigen.

Die umfassende Berücksichtigung und Bewertung dieser Punkte kommt somit in erster Linie bei mittlerer und abgeschwächt bei grober Fahrlässigkeit in Betracht. Die Fallgruppe der groben Fahrlässigkeit war lange Zeit Gegenstand einer Vielzahl von Kontroversen. Für das Bundesarbeitsgericht stand und steht im Mittelpunkt, ob der Verdienst des Arbeitnehmers in einem deutlichen Missverhältnis zum verwirklichten Schadensrisiko der Tätigkeit steht.[787]

783 BAG, AP BGB § 611 Haftung des Arbeitnehmers Nr. 137.
784 BAG, AP § 611 Haftung des Arbeitnehmers Nr. 145.
785 BAG, AP BGB § 611 Haftung des Arbeitnehmers Nr. 143.
786 *Richardi/Fischinger*, in: Staudinger, § 619a Rn. 84.
787 BAG, AP BGB § 611 Arbeitnehmerhaftung Nr. 143.

Daraus wurde der Schluss gezogen, dass eine Haftung bei grober Fahrlässigkeit grundsätzlich auf drei Monatsgehälter beschränkt werden sollte.[788] Diese rigide Anwendung hat das Bundesarbeitsgericht nunmehr jedoch klar abgelehnt und stellt stets auf den Einzelfall ab.[789] Eine starre Haftungsgrenze festzulegen, sei Aufgabe des Gesetzgebers.

Damit war zugleich entschieden, dass von der Dreimonatsregel keine Ausnahme im Fall sog. gröbster Fahrlässigkeit gemacht werden muss. Diese Frage stellte sich, als die Rechtsprechung diese Kategorie herauszubilden schien. Auch bei gröbster Fahrlässigkeit kommt es somit nicht immer zur Totalreparation,[790] sondern es besteht die Möglichkeit zur Korrektur im Einzelfall.

9.2.2.3 Die weiteren Voraussetzungen der Grundsätze der Arbeitnehmerhaftung

Das Eingreifen dieser Grundsätze ist an zwei Voraussetzungen gebunden: Zum einen muss der Schädiger dem geschützten Personenkreis zugehören, zum anderen muss der Schädiger auf betriebliche Veranlassung gehandelt haben.

9.2.2.3.1 Der geschützte Personenkreis

Der durch die Grundsätze der Arbeitnehmerhaftung privilegierte Personenkreis ist nicht immer einfach zu bestimmen. Unproblematisch sind Arbeitnehmer i. S. v. § 611a BGB geschützt. Für Auszubildende gilt § 10 Abs. 2 BBG. Die Grundsätze finden somit ebenfalls Anwendung.[791]

Bei leitenden Angestellten hat der Bundesgerichtshof die Haftung verneint.[792] Die heute herrschende Meinung in der arbeitsrechtlichen Literatur nimmt jedoch an, dass leitende Angestellte als Arbeitnehmer ebenfalls privilegiert werden.[793] Das überzeugt. Die Zuordnung zur Arbeitgeberseite darf sich nicht existenzbedrohend auswirken. Auch kann ein höheres Einkommen nicht per se eine umfassende Haftung begründen. Es ist vielmehr im Rahmen der Quotelung zu berücksichtigen.

Bei arbeitnehmerähnlichen Personen herrscht ebenfalls Streit. Nach einer Mindermeinung sind diese vergleichbar schutzbedürftig und sollen nur beschränkt haften. Die herrschende Meinung verneint dies.[794] Die Schutzbedürftigkeit allein genüge nicht. Es bedürfe eines Geltungsgrundes gegenüber

---

788 *Hanau/Rolfs* NJW 1994, 1439 (1442).

789 BAG, AP BGB § 611 Haftung des Arbeitnehmers Nr. 137.

790 BAG; NZA 2011, 345 (348).

791 BAG, NZA 2003, 37.

792 BAG, VersR 1985, 693 (695 f.); vgl. auch BAG, NZA 2008, 223 (227 f.).

793 *Reichold*, in: MünchArbR § 57 Rn. 64.

794 BGH, AP BGB § 611 Haftung des Arbeitnehmers Nr. 51.

Selbständigen.[795] Diese Argumentation macht es sich jedoch zu einfach. Zum einen besteht zwischen dem Unternehmer und dem Selbstständigen ein Sonderrechtsverhältnis, das obendrein noch durch die wirtschaftliche Abhängigkeit verstärkt wird. Richtig hingegen ist, dass mangels persönlicher Abhängigkeit das Risiko in der Theorie reduziert wird, fremdgelenkten Haftungsrisiken ausgesetzt zu sein. Bestehen indes vergleichbare Haftungsrisiken wie bei vergleichbaren Arbeitnehmern im Betrieb, spricht alles für eine Anwendung der Haftungsprivilegierung.

Bei Leiharbeitnehmern hat die herrschende Meinung ebenfalls die Geltung der Grundsätze im Verhältnis zum Entleiher angenommen.[796]

9.2.2.3.2 Die betriebliche Veranlassung

Das Erfordernis der betrieblichen Veranlassung erklärt sich historisch. § 670 BGB soll sich auf risikospezifische Schäden beschränken. Daraus folgerte das Bundesarbeitsgericht ursprünglich, dass die Tätigkeit des Arbeitnehmers gefahrgeneigt gewesen sein muss.[797] Die Arbeit musste daher typischerweise mit der Gefahr eines solchen Schadens behaftet sein.

Dieses Kriterium war jedoch konturlos und fand auch im Gesetz keine wirkliche Grundlage. Sie konnte auch den erheblichen Unterschied von voller Haftung und Haftungsprivilegierung allein bei gefahrgeneigter Tätigkeit gegenüber anderen betrieblichen Tätigkeiten nicht wirklich erklären.

Das Bundesarbeitsgericht hat daher diese Rechtsprechung aufgegeben und nur noch darauf abgestellt, ob die Arbeit betrieblich veranlasst war.[798] Das ist dann der Fall, wenn die Tätigkeit dem Arbeitnehmer übertragen wurde oder der Arbeitnehmer Dienste im Interesse des Arbeitgebers für den Betrieb ausführte. Eine betriebliche Veranlassung ist daher insbesondere gegeben, wenn der Arbeitgeber den Arbeitnehmer anweist, eine bestimmte Tätigkeit auszuführen und die Tätigkeit im Zusammenhang mit dem betrieblichen Prozess steht.[799] Wie eine Arbeit ausgeführt wird – sachgemäß oder fehlerhaft, vorsichtig oder leichtsinnig –, ist nicht entscheidend dafür, ob es sich um eine betrieblich veranlasste Tätigkeit handelt.[800]

Irrt der Arbeitnehmer über die betriebliche Veranlassung, ist entscheidend, ob der Arbeitnehmer bei der Beurteilung der Lage die im Verkehr erforderliche Sorgfalt beachtet hat. Eine „sorgfältig getroffene Fehlentscheidung“

795 *Reichold*, in: MünchArbR § 57 Rn. 64.

796 BAG, AP RVO § 637 Nr. 7 und Nr. 9.

797 BAG (GS), AP RVO § 898, 899 Nr. 4.

798 BAG, AP BGB § 611 Haftung des Arbeitnehmers Nr. 103; BAG, AP § 611 Haftung des Arbeitnehmers Nr. 145.

799 BAG, AP § 611 Haftung des Arbeitnehmers Nr. 145.

800 BAG, AP § 611 Haftung des Arbeitnehmers Nr. 145.

soll dem Arbeitnehmer nicht zum Nachteil gereichen.[801] Nach den Grundsätzen der Arbeitnehmerhaftung soll er vielmehr geschützt werden.

Abbildung 22: Die Arbeitnehmerhaftung nach § 254 BGB analog

1. Geschützter Personenkreis
2. Betriebliche Veranlassung
3. Quotelung
   a) Vorsatz
   b) Grobe Fahrlässigkeit
   c) Mittlere Fahrlässigkeit
   d) Einfache Fahrlässigkeit

9.2.2.4 Der Aufwendungsersatzanspruch des Arbeitnehmers nach § 670 BGB analog

Macht der Arbeitnehmer Aufwendungen, um seine Arbeitspflicht zu erfüllen, stellt sich die Frage, ob er diese tragen muss oder ob er diese erstattet verlangen kann. Es liegt nahe, auf § 670 BGB zurückzugreifen.

Selbstverständlich ist die Anwendung von § 670 BGB im Arbeitsverhältnis gleichwohl nicht. Während es von sich aus interessengerecht ist, dass derjenige, der unentgeltlich für einen anderen tätig wird, seine Aufwendungen ersetzt verlangen darf, erhält der Arbeitnehmer ja grundsätzlich sein Arbeitsentgelt.

Gleichwohl kann es im Einzelfall ebenfalls nicht interessengerecht sein, dass der Arbeitnehmer Aufwendungen aus seinem Lohn heraus bezahlt. Denn dann würde die Arbeitsleistung faktisch zu einer Reduzierung des Entgeltes führen. Im Ergebnis herrscht daher Einigkeit darüber, dass § 670 BGB analog im Arbeitsverhältnis anzuwenden ist und die Besonderheiten des Arbeitsrechts im Rahmen der Anwendung der Norm zu berücksichtigen sind.[802]

Das eben Gesagte führt zu folgenden Voraussetzungen: Zunächst muss es sich um eine Aufwendung handeln. Die Rechtsprechung folgt hier dem engen Aufwendungsbegriff. Danach sind Aufwendungen freiwillige Vermögensopfer für die Interessen eines anderen.[803] Diese Aufwendung muss einen Bezug zum Arbeitsverhältnis aufweisen.[804] Dazu darf die Aufwendung nicht dem Lebensbereich des Arbeitnehmers, sondern muss dem Betätigungsbereich des Arbeitgebers zuzurechnen sein.[805]

Ferner muss die Aufwendung notwendig gewesen sein und der Arbeitnehmer darf keine anderweitige Abgeltung erhalten haben.[806] Die Notwendig-

801 Vgl. *Waltermann*, JuS 2009, 193 (196).
802 BAG, NZA 1999, 38; BAG, NZA 2004, 2036 (2037).
803 BAG, NJW 2004, 2036 (2037).
804 BAG, NZA-RR 2016, 565.
805 BAG, NZA 1995, 836 (836).
806 BAG, NZA 1995, 836 (837).

keit der Aufwendung bestimmt sich aus der Perspektive eines verständigen Durchschnittsarbeitnehmers. Es ist zu fragen, ob dieser die Aufwendung für erforderlich halten durfte.[807] Das ist insbesondere dann anzunehmen, wenn er eine Arbeitgeberweisung für die konkrete Tätigkeit erhalten hat.

Anschaulich sind Fälle, in denen der Arbeitnehmer sich Dienstkleidung kauft. Ist der Arbeitgeber nach §§ 618, 619 BGB verpflichtet, den Arbeitnehmern aus Gründen des Gesundheitsschutzes die bei der Arbeit zu tragende Kleidung zur Verfügung zu stellen, so hat er entsprechend § 670 BGB den Arbeitnehmern die Aufwendungen zu erstatten, die sie für die Selbstbeschaffung der Kleidung für erforderlich halten durften.[808] Verlangt der Arbeitgeber eine Uniform, muss der Arbeitgeber grundsätzlich dafür sorgen, dass der Arbeitnehmer diese Uniform erhält.[809] Er trägt auch die Kosten der Beschaffung. Umgekehrt genügt es nicht, von einem Dresscode auf eine Kostentragungspflicht des Arbeitgebers zu schließen. Grundsätzlich muss der Arbeitnehmer bekleidet im Betrieb erscheinen. Bekleidung ist eine Voraussetzung für das ordnungsgemäße Angebot der Arbeit. Für das Erscheinungsbild kann der Arbeitgeber Vorgaben machen, nach § 106 GewO kann er die Ordnung im Betrieb vorgeben. Damit ist es aber nicht vollkommen ausgeschlossen, dass ein Aufwendungsersatzanspruch des Arbeitnehmers dadurch entsteht, dass eine Kleiderordnung für ihn zu Aufwendungen führt, die höher sind als diejenigen, die er zur ordnungsgemäßen Erbringung seiner arbeitsvertraglich versprochenen Dienste ohnehin hätte.[810]

Die Anfahrt zum Arbeitsplatz gehört zum persönlichen Lebensbereich[811] des Arbeitnehmers. Sie hängen von dessen frei bestimmten Wohnsitz ab und der Arbeitnehmer ist frei in der Wahl des Weges. Darüber hinaus versetzt erst die Anreise den Arbeitnehmer in die Lage, seine Arbeit anzubieten und erst ab diesem Punkt greift § 670 BGB analog.

Etwas anderes kann für Dienstreisen gelten. Kann der Arbeitnehmer eine übertragene Arbeit nicht oder nicht vollumfänglich erledigen, ohne den Ort zu wechseln oder gar mehrere Tage an diesem Ort zu bleiben, folgt aus § 670 BGB analog ein Anspruch auf Tragung der Reise und Übernachtungskosten.[812]

Mittlerweile ist der Anspruch nach § 670 BGB analog gewohnheitsrechtlich anerkannt. Dies hat auch dazu geführt, dass der Anspruch zwar dispositiv ist[813], aber nicht in vorformulierten Vertragsbedingungen abbedungen wer-

807 BAG, NZA 1995, 836 (837).
808 BAG, NZA 1999, 38.
809 *Koch*, in: Schaub § 82 Rn. 15.
810 BAG, NZA 2007, 640 (642).
811 BAG, NZA 2011, 406 (408).
812 BAG, AP BetrVG 1972 § 87 Lohngestaltung Nr. 99.
813 BAG, NJW 2004, 2036 (2038).

den kann. Er stellt vielmehr einen anerkannten Grundsatz des Arbeitsrechts dar. AGB würden gegen § 307 Abs. 2 Nr. 1 BGB verstoßen.

9.2.2.5 Der gesetzliche Haftungsausschluss nach § 104 SGB VII

Für die weitere Haftung des Arbeitgebers gegenüber dem Arbeitnehmer hat § 104 SGB VII große Bedeutung. Es handelt es sich um eine Norm, die unmittelbar zwischen Arbeitgeber und Arbeitnehmer Anwendung findet.

§ 104 Abs. 1 S. 1 SGB VII schließt eine Haftung des Arbeitgebers für Personenschäden aus. Das gilt nur dann nicht, wenn der Arbeitgeber vorsätzlich gehandelt hat oder ein sog. Wegeunfall vorliegt. Der Grund für die Enthaftung besteht darin, dass der Arbeitgeber die gesetzliche Unfallversicherung allein finanziert. Ferner sichert ein weitreichender Anspruchsausschluss den Betriebsfrieden, wenn zugleich die Sozialversicherung alle erforderlichen Leistungen übernimmt.[814]

§ 104 SGB VII setzt eine versicherte Person im Unfallzeitpunkt voraus. Als Beschäftigte i. S. v. § 2 Abs. 1 Nr. 1 SGB VII[815] sind Arbeitnehmer versichert. Die Norm erweitert den Haftungsausschluss sogar auf Personen, die zwar nicht für das Unternehmen tätig sind, aber zu dem Unternehmen in einer sonstigen die Versicherung begründenden Beziehung stehen.

Der Haftungsausschluss wirkt nur zugunsten des Unternehmers. Nicht erforderlich ist, dass der Arbeitnehmer im Beschäftigungsbetrieb desselben Unternehmens einen Arbeitsunfall erleidet.[816]

Der Haftungsausschluss wegen Vorsatzes setzt – wie schon nach den allgemeinen Grundsätzen – voraus, dass sich der Vorsatz sowohl auf den haftungsbegründenden als auch auf den haftungsausfüllenden Tatbestand bezieht.[817]

Die Regelung des § 8 Abs. 2 Nr. 1-4 SGB VII besagt, dass ein Versicherungsschutz auch vom Verlassen der Wohnungstür bis zum Erreichen des Betriebsgeländes besteht. Gleiches gilt für den Weg nach Hause. Geringfügige Umwege lassen den Versicherungsschutz nicht entfallen.[818] Wege innerhalb des Betriebs sind bereits nach § 8 Abs. 1 SGB VII versichert.

Die Herausnahme aus der Haftungsprivilegierung erklärt sich daraus, dass hier ohnehin kein Gefahrenzusammenhang mit dem Betrieb besteht.[819] Stürzt beispielsweise der Arbeitnehmer, während er das sog. Wegerisiko trägt, wegen Verletzung einer Verkehrssicherungspflicht vor dem Betriebs-

814 Zum Normzweck: *Rolfs*, in: ErfK, § 104 Rn. 1 f.

815 *Wietfeld*, in: BeckOK, § 2 SGB VII Rn. 4 ff.

816 *Rolfs*, in: ErfK, § 104 SGB VIII Rn. 11.

817 BAG, NZA 2003, 436.

818 Zum Ganzen: *Rolfs*, in: ErfK, § 8 EGB VII Rn. 12.

819 *Ricke*, in: KK Rn. 13.

gelände, wird die Haftung nach § 823 Abs. 1 BGB nicht durch § 104 SGB VII eingeschränkt.

9.2.3 Der Schadensersatzanspruch des Arbeitnehmers nach § 670 BGB doppelt analog

Als § 670 BGB 1900 Gesetz wurde, gab es zuvor eine Diskussion darüber, ob dem Auftragnehmer allein Aufwendungsersatz oder sogar auch Schadenersatz gewährt werden sollte.[820] Man überließ die Frage von sog. risikotypischen Schadensposten der Rechtsprechung und Literatur. Diese Möglichkeit wurde in der Folge alsbald durch die Rechtsprechung aufgegriffen.[821]

Ausgehend von der teleologisch-historischen Extension des § 670 BGB im Auftragsrecht erkannte das Bundesarbeitsgericht diesen Ansatz in der Ameisensäureentscheidung ebenfalls an.[822] Heute herrschend ist daher die Einordnung des Schadensersatzanspruchs des Arbeitnehmers aus § 670 BGB doppelt analog[823]. Doppelt analog, weil einerseits eine Norm aus dem Auftragsrecht angewandt wird und andererseits der Wortlaut über den Begriff des Aufwendungsgesetzes auf den Begriff des Schadens bezogen wird.

Das Bundesarbeitsgericht argumentierte maßgeblich damit, dass die formelle Scheidung zwischen Schaden und Aufwendung zu Unbilligkeiten führen kann und „das Wesen der Sache verkennen würde, wenn man Schäden des Arbeitnehmers bei der Ausführung des Auftrags schlechthin nicht für erstattungsfähig hielte".

In der Praxis hat der Anspruch aus § 670 BGB neben den Ansprüchen aus § 280 BGB oder § 823 Abs. 1 und § 823 Abs. 2 BGB in Verbindung mit Arbeitnehmerschutzvorschriften eine große praktische Bedeutung erlangt. Bei einem Personenschaden des Arbeitnehmers ist jedoch der Anspruchsausschluss nach § 104 SGB VII zu berücksichtigen.

Abbildung 23: Der Freistellungsanspruch nach § 670 BGB (doppelt) analog

1. Arbeitsverhältnis
2. Eigenschaden des Arbeitnehmers
3. Betriebliche Veranlassung
4. Quotelung nach den Grundsätzen der Arbeitnehmerhaftung

820 *Mugdan*, Bd 2, Motive S. 541 und Protokolle S. 369.

821 RGZ 167, 85 (89).

822 BAG, AP BGB § 611 Gefährdungshaftung des Arbeitgebers Nr. 2.

823 Zu dieser Figur: *Regenfus*, JA 2009, 579.

9.2.4 Die Haftung gegenüber Arbeitskollegen

Verletzt ein Arbeitnehmer einen Kollegen, haftet er in der Regel aus § 823 Abs. 1 BGB, § 823 Abs. 2 BGB und weiteren Ansprüchen wie möglicherweise § 18 StVG.

Hiervon ausgehend kommt ein Freistellungsanspruch gegen den Arbeitgeber nach § 670 BGB analog in Betracht. Der Freistellungsanspruch ist ein Schadensersatzanspruch, der auf Naturalrestitution in Form der Freistellung von einem sog. Haftungsschaden gerichtet ist. Für den schädigenden Arbeitnehmer ist die Haftung gegenüber dem verletzten Kollegen nämlich ein Schaden i. S. v. § 670 BGB analog. Das bedeutet praktisch, dass der Arbeitgeber auf die Schuld des Arbeitnehmers bei dem Dritten zahlen muss (§ 267 BGB). Begleicht der Arbeitnehmer den Schaden, wandelt sich sein Freistellungsanspruch in einen Zahlungsanspruch um.[824]

Bei Personenschäden kommt § 105 SGB VII allerdings zur Anwendung. Nach § 105 Abs. 1 S. 1 SGB VII sind Arbeitnehmer, die durch eine betriebliche Tätigkeit einen Versicherungsfall von Versicherten desselben Betriebs verursachen, nur zum Ersatz des Personenschadens verpflichtet, wenn sie den Versicherungsfall vorsätzlich oder auf einem nach § 8 Abs. 2 Nr. 1 bis 4 SGB VII versicherten Weg herbeigeführt haben.

Die Norm soll verhindern, dass der Arbeitgeber, der grundsätzlich die gesetzliche Unfallversicherungspflicht allein erfüllt, über eine Haftung nach § 670 BGB analog plötzlich in der Haftung für den verletzten Arbeitnehmer steht. Insofern schließt § 105 SGB VII eine durch das Richterrecht geschaffene Lücke.[825] Die Formulierung von § 105 SGB VII lässt darauf schließen, dass die beiden Arbeitnehmer nicht beim gleichen Arbeitgeber angestellt sein müssen.

9.2.5 Die Haftung gegenüber Dritten

Die Grundsätze der Arbeitnehmerhaftung finden keine Anwendung im Verhältnis zu betriebsfremden Personen bzw. Dritten.[826] Begründet wird diese Annahme mit dem Grundsatz der Relativität der Schuldverhältnisse und dem Gedanken, dass der innerbetriebliche Schadensausgleich sich nicht auf Dritte als prinzipiell außerbetriebliche Personen übertragen lässt. Insofern gilt für Schadensersatzansprüche grundsätzlich das Prinzip der Totalreparation nach § 249 BGB. Nach außen haftet der Arbeitnehmer unbeschränkt, wenn nicht ausnahmsweise § 105 SGB VII erfüllt ist.

---

824 *Hesse*, BeckOK ArbR, § 619a Rn. 40.

825 *Rolfs*, in: ErfK, § 105 SGB VII Rn. 1.

826 BAG, AP BGB § 611 Haftung des Arbeitnehmers Nr. 104.

9.2.5.1 Der Anspruch auf Freistellung

Um den Arbeitnehmer hier vor der unbeschränkten Inanspruchnahme zu schützen, wendet das Bundesarbeitsgericht § 670 BGB doppelt analog dergestalt an, dass der Arbeitgeber im Fall des Eingreifens der Grundsätze der Arbeitnehmerhaftung, entsprechend dieser Grundsätze, den Arbeitnehmer von der Haftung gegenüber dem Dritten freistellen muss.[827]

Der Freistellungsanspruch unterliegt einer Zweckbindung. Der Anspruch soll den Arbeitnehmer bei einer Haftung im Außenverhältnis im Innenverhältnis schützen.[828] Zentral für die Anwendung der Grundsätze ist daher die Frage, wie wäre der Schaden zu verteilen, wenn der Schaden nicht beim Dritten, sondern innerbetrieblich eingetreten wäre.

Bei dem Freistellungsanspruch handelt es sich nicht um einen höchstpersönlichen Anspruch, der seiner Natur nach nur dem ursprünglichen Gläubiger gegenüber erfüllt werden könnte.[829] Der Anspruch kann abgetreten und gepfändet werden. Pfändet der Gläubiger den Anspruch, wandelt sich der Anspruch nach der Rechtsprechung des Bundesarbeitsgerichts in einen Anspruch um, der unmittelbar auf Zahlung gerichtet ist.[830]

9.2.5.2 Der Anspruch in der Insolvenz des Arbeitgebers

Das so geschaffene System hat sich in der Praxis weitgehend bewährt. Es stößt jedoch an seine Grenzen, wenn der Arbeitgeber insolvent ist. Der Freistellungsanspruch läuft dann in aller Regel leer.

Man könnte erwägen, dass eine Außenhaftung unbillig ist, da für den Dritten regelmäßig der Arbeitgeber als solventer Schuldner im Vordergrund stehen wird. Die herrschende Meinung lehnt diese Lösung ab und betont den Grundsatz der Relativität der Schuldverhältnisse. In vielen Fällen weiß der Dritte nichts von einer betrieblichen Veranlassung.[831]

Gleichwohl war innerhalb der herrschenden Meinung umstritten, ob die Grundsätze auch gegenüber sogenannten Betriebsmittelgebern gelten sollen. Das waren insbesondere Fälle, in denen Betriebsmittel unter Eigentumsvorbehalt geliefert wurden und vom Arbeitnehmer während der betrieblichen Tätigkeit beschädigt wurden. Hier wurde geltend gemacht, dass ein Betriebsmittelgeber, der an einen kapitalschwachen Arbeitgeber liefert, damit rechnen müsse, dass er im Fall der Insolvenz weniger zurückerhal-

---

827 BAG, AP BGB § 611 Haftung des Arbeitnehmers Nr. 94.
828 BAG, AP BGB § 611 Haftung des Arbeitnehmers Nr. 143.
829 BAG, AP BGB § 611 Haftung des Arbeitnehmers Nr. 143.
830 BAG, AP BGB § 611 Haftung des Arbeitnehmers Nr. 143.
831 BAG, AP BGB § 611 Haftung des Arbeitnehmers Nr. 99.

te.[832] Der Verkäufer könne somit mit einer Insolvenz kalkulieren. Der Arbeitnehmer könne das nicht.

Teilweise wird dieses Argument sogar über die Insolvenz hinaus und ganz allgemein vertreten.[833] Der Betriebsmittelgeber habe sich bewusst in eine Sphäre erhöhter Schadensanfälligkeit begeben und könne die damit verbundenen Risiken häufig durch bestimmte Vereinbarungen beeinflussen.

Diesem Ansatz ist die herrschende Meinung nicht gefolgt und vertritt weiterhin auch hier den Grundsatz der Relativität der Schuldverhältnisse. Der Eigentumsvorhalt hat zudem die Funktion, weitergehende Ansprüche zu ermöglichen, wenn die veräußerte Sache beschädigt wird.[834]

9.2.6 Fälle der gestörten Gesamtschuld

Durch die Grundsätze der Arbeitnehmerhaftung kann es in mehreren Konstellationen zu einem gestörten Gesamtschuldnerausgleich kommen.[835]

Zunächst ist der Fall relevant, in dem der Arbeitnehmer zusammen mit einem Dritten den Arbeitgeber leicht fahrlässig schädigt und damit nach § 254 BGB analog enthaftet ist. Die Privilegierung greift nicht zugunsten des Dritten, dieser haftet voll. Die herrschende Meinung kürzt in diesem Fall den Anspruch des Arbeitgebers um den Verschuldensteil des Arbeitnehmers.[836] Das erscheint mit Blick auf die Zurechnung des Arbeitnehmers in den Gefahrenkreis des Arbeitgebers konsequent.

Haben hingegen der Dritte und der Arbeitgeber fahrlässig einen Personenschaden bei einem Arbeitnehmer verursacht, muss der Arbeitgeber nach § 104 SGB VII nicht für den Schaden einstehen. Der Dritte hingegen haftet voll. Mangels Haftung kann der Dritte nicht nach § 426 BGB Regress nehmen, wenn er auf den Schaden zahlt. Das Bundesarbeitsgericht löst den Fall dergestalt, dass der geschädigte Arbeitnehmer den Dritten nur in der Höhe in Anspruch nehmen kann, in der er im Innenverhältnis zum Dritten für den Schaden aufkommen müsste.[837] Diese Regeln gelten freilich nur für Personenschäden. Bei Sachschäden sieht das SGB VII keine Enthaftung vor.

832 *Waltermann*, JuS 2009, 193 (194).

833 *Krause*, in: HWK, § 619a Rn. 60.

834 *Henssler*, in: § 619a Rn 26.

835 Zum Problem und seinen Lösungsansätzen: *Walker*, JuS 2015, 865 (873 ff.).

836 Hierzu: *Waltermann*, NJW 2004, 901 (906).

837 BGH, BeckRS 2017, 115695 Rn. 19.

9.2.7 Die Pflicht zur vorrangigen Inanspruchnahme Dritter

Hat der Arbeitgeber einen Anspruch gegen den Arbeitnehmer, muss dies nicht zwangsläufig bedeuten, dass er ihn auch geltend machen muss. Gemäß § 241 Abs. 2 BGB ist jede Partei nach dem Inhalt des Schuldverhältnisses zur Rücksichtnahme auf die Rechte, Rechtsgüter und Interessen ihres Vertragspartners verpflichtet. Der Arbeitgeber ist daher gehalten, die im Zusammenhang mit dem Arbeitsverhältnis stehenden Interessen des Arbeitnehmers so zu wahren, wie dies unter Berücksichtigung der Interessen und Belange beider Vertragsparteien nach Treu und Glauben verlangt werden kann. Das gilt insbesondere für Vermögensinteressen der Arbeitnehmer.[838]

Diese Annahme kann grundsätzlich zu der Verpflichtung des Arbeitgebers führen, vorrangig den unmittelbar schädigenden Dritten in Anspruch zu nehmen, bevor er Ansprüche gegenüber dem mitverantwortlichen Arbeitnehmer geltend macht. Dies gilt allerdings nur dann, wenn es dem geschädigten Arbeitgeber bei klarer Rechtslage ohne Weiteres möglich ist, den eigentlichen Schädiger mit rechtlichem und wirtschaftlichem Erfolg in Anspruch zu nehmen.[839]

9.2.8 Die Mankohaftung

Mit Mankohaftung wird die Konstellation umschrieben, in der der Arbeitnehmer für das Fehlen von Gegenständen, insbesondere Fehlbeträge nach Kassenabschluss, haften soll.[840] Insofern gelten auch hier die Grundsätze der Arbeitnehmerhaftung.[841]

9.2.8.1 Gesetzlicher Schadensersatzanspruch

Schwieriger zu bestimmen ist, nach welcher Norm eine Haftung in Betracht kommt. Die Rechtsprechung hat ein zweiteiliges Haftungskonzept herausgebildet und differenziert nach der Position des Arbeitnehmers im Hinblick auf die Sache.[842] Hat der Arbeitgeber Tatsachen geschaffen, nachdem nicht der Arbeitgeber, sondern noch der Arbeitnehmer Besitzer der Sache ist, finden die §§ 662 ff. oder 688 ff. BGB Anwendung. Dann haftet der Arbeitnehmer gegebenenfalls nach §§ 280, 283 BGB auf Schadensersatz. Der Arbeitgeber muss dann nach § 619a BGB das Verschulden darlegen und beweisen.

838 BAG, AP BetrAVG § 1 a Nr. 4.
839 BAG, AP BGB § 611 Haftung des Arbeitnehmers Nr. 146.
840 *Krause*, AP BGB § 611 Mankohaftung Nr. 1.
841 BAG, NZA 2000, 715 (717).
842 BAG, NZA 2000, 715 (716).

War der Arbeitnehmer hingegen nur Besitzdiener der Sache nach § 855 BGB, haftet der Arbeitnehmer nach §§ 280, 241 Abs. 2 BGB. Auch hier gilt § 619a BGB. Zur Abgrenzung stellt das Bundesarbeitsgericht darauf ab, ob der Arbeitnehmer wirtschaftliche Überlegungen anzustellen hat und ob der Arbeitnehmer eine Entscheidung über die wirtschaftliche Verwendung der Sache anstellen muss.

Neben die Frage nach der richtigen Anspruchsgrundlage treten Beweisprobleme. Die Rechtsprechung betont, dass an die Darlegungslast des Arbeitgebers keine allzu hohen Anforderungen gestellt werden dürfen, wenn das schädigende Ereignis näher am Arbeitnehmer als am Arbeitgeber gelegen hat.[843] Jedoch muss der Arbeitgeber zumindest Indizien vortragen. Dann liegt es am Arbeitnehmer im Rahmen seiner sekundären Darlegungslast, zu den schadensverursachenden Umständen vorzutragen.[844]

9.2.8.2 Mankoabreden

Da oftmals Beweisschwierigkeiten bestehen, liegt es nahe, dieses Problem vertraglich zu regeln. Eine Vereinbarung, die die Beweislast verändert, ist jedenfalls an § 309 Nr. 12 BGB zu messen.

Mankovereinbarungen sind unwirksam, soweit sie über die allgemeinen Grundsätze der Arbeitnehmerhaftung hinausgehen. Die aus einer entsprechenden Anwendung von § 254 BGB folgenden Regeln über die Haftung im Arbeitsverhältnis sind einseitig zwingendes Arbeitnehmerschutzrecht.[845] Das Bundesarbeitsgericht vertritt i.Ü., dass eine vertragliche Vereinbarung über die Haftung des Arbeitnehmers für einen eingetretenen Waren- oder Kassenfehlbestand dann wegen Verstoßes gegen die einseitig zwingenden Grundsätze der beschränkten Arbeitnehmerhaftung als unwirksam angesehen werden, wenn und soweit dem Arbeitnehmer kein gleichwertiger Ausgleich geleistet wird. Die Begründung einer durch Mankoabrede getroffenen verschuldensunabhängigen Haftung des Arbeitnehmers hat das Bundesarbeitsgericht als wirksam angesehen, wenn der Arbeitnehmer nur bis zur Höhe einer vereinbarten Mankovergütung haften soll und daher im Ergebnis allein die Chance einer zusätzlichen Vergütung für die erfolgreiche Verwaltung eines Waren- oder Kassenbestandes erhält.[846]

---

843 BAG, NZA 2000, 715.

844 BAG, AP BGB § 611 Mankohaftung Nr. 2.

845 BAG, NZA 2000, 715 (716).

846 BAG, NZA 2000, 715.

10 Die Beendigung des Arbeitsverhältnisses

Das Arbeitsrecht wird im Wesentlichen von den folgenden Beendigungsgründen dominiert:

Abbildung 24: Die wichtigsten Beendigungsgründe des Arbeitsverhältnisses

1. Befristung und Bedingung,
2. Aufhebungsvertrag,
3. Kündigung,
4. Lossagung,
5. Anfechtung,
6. Tod des Arbeitnehmers,
7. Gerichtliche Auflösung nach §§ 9, 13 KSchG.

Unter diesen Beendigungsgründen kommt der Kündigung herausragende Bedeutung zu. Daneben kommen noch § 313 BGB sowie in Ausnahmekonstellationen §§ 134, 138, 104 ff. BGB sowie die Nichtfortsetzung nach § 12 KSchG in Betracht.

Keine Beendigung *per se* stellen der Tod des Arbeitgebers (§ 1922 BGB)[847], die dauerhafte Arbeitsunfähigkeit, die Vollendung des 65. bzw. 67. Lebensjahrs, die Insolvenz des Arbeitgebers (§ 108 InsO) oder der Betriebsübergang dar (§ 613a BGB).

10.1 Die Kündigung

Als Dauerschuldverhältnis ist der Arbeitsvertrag grundsätzlich kündbar. Die Kündigung bzw. das folgende Kündigungsschutzverfahren stellt den Großteil der arbeitsgerichtlichen Verfahren dar. 2018 wurden insgesamt 122.858 Kündigungsverfahren vor den Arbeitsgerichten entschieden.[848]

10.1.1 Grundlagen

Im Grundsatz folgt aus Art. 12, 2 GG sowie §§ 311 Abs. 1, 314 BGB, dass sog. Kündigungsfreiheit herrscht.[849] Jeder Partei eines Dauerschuldverhältnisses muss es möglich sein, dieses auch wieder verlassen zu können (vgl. § 620 Abs. 2 BGB). Diese Regel wird in Deutschland durch die §§ 622 ff. BGB, § 1 ff. KSchG stark eingeschränkt. Der zentrale Gedanke des deut-

847 *Junker* Rn. 321.

848 Vgl. destatis.de Fachserie 10 Reihe 2.8.

849 Zum Verhältnis von Vertragsfreiheit und Kündigungsfreiheit: *Preis*, in: APS 1. Teil. G Rn. 1.

schen Kündigungsrechts besteht darin, dass das Lösungsinteresse und das Bestandsinteresse gleichberechtigt gegeneinander abzuwägen sind.[850]

Politisch ist der starke Kündigungsschutz Deutschlands oft in der Kritik.[851] Es wäre aber zu einfach, das Kündigungsschutzrecht auf ein Wachstumshindernis zu reduzieren. Kündigungsmöglichkeiten schaffen keine Beschäftigungsmöglichkeiten. Vielmehr lässt auch das existierende Kündigungsschutzrecht ausreichend Spielraum für eine gute Personalpolitik. Existenzielle Sicherung des Arbeitnehmers schafft hingegen Planungssicherheit und trägt zum Konsum bei. Das Bedürfnis, Rücklagen zu bilden, nimmt ab.

Abbildung 25: Die Wirksamkeit einer ordentlichen Kündigung

1. Ordnungsgemäße Kündigungserklärung (→ Abbildung 26)
2. Keine Präklusion nach §§ 4, 7 KSchG
3. Beteiligung des Betriebsrats (→ Abbildung 33)
4. Allgemeiner Kündigungsschutz (→ Abbildung 27)
5. Besonderer Kündigungsschutz

10.1.2 Die allgemeinen Wirksamkeitsvoraussetzungen einer Kündigung

Neben dem allgemeinen Kündigungsschutz nach dem KSchG und dem besonderen Kündigungsschutz nach Spezialgesetzen, bestehen bereits nach dem BGB allgemeine Voraussetzungen für die wirksame Erklärung jeder Kündigung.

10.1.2.1 Die ordnungsgemäße Kündigungserklärung

Eine wirksame Kündigung setzt zuallererst voraus, dass eine wirksame Kündigungserklärung abgegeben wurde. Unter einer Kündigung versteht man die einseitige, empfangsbedürftige Willenserklärung, gerichtet auf Beendigung des Arbeitsverhältnisses für die Zukunft.[852] Die §§ 104 ff. BGB finden Anwendung. Als Ausübung eines Gestaltungsrechts ist die Kündigungserklärung auch bedingungsfeindlich, Potestativ- und Rechtsbedingungen ausgenommen.[853]

Abbildung 26: Die Ordnungsgemäße Kündigungserklärung

1. Bestimmtheit
2. Form
3. Kündigungsberechtigung
4. Zugang

850 *Oetker*, in: ErfK § 1 KSchG Rn. 82.
851 Umfassend: *Temming*, RdA 2019, 102.
852 *Müller-Glöge*, in: MüKoBGB, § 620 Rn. 18.
853 *Westermann*, in: MüKoBGB, § 158 Rn. 27.

10.1.2.1.1 Die Bestimmtheit der Kündigungserklärung

Zunächst muss die Kündigungserklärung ausreichend bestimmbar sein. Der Begriff „Kündigung“ muss nicht fallen.[854] Der Erklärungsempfänger muss aus dem Wortlaut und den Begleitumständen der Kündigung unter anderem erkennen können, wann das Arbeitsverhältnis enden soll. Hierbei genügt jedoch in aller Regel die Angabe „zum nächstmöglichen Termin“.[855]

Ferner muss für ihn bestimmbar sein, ob eine ordentliche oder außerordentliche Kündigung gewollt ist und zu welchem Termin das Arbeitsverhältnis enden soll.[856] Sie muss daher Auskunft darüber geben, ob das Arbeitsverhältnis sofort oder nach dem Ablauf einer Frist enden soll. Ferner muss die Gestaltungserklärung erkennen lassen, dass das Arbeitsverhältnis enden soll. Anderenfalls liegt keine Kündigung vor.

10.1.2.1.2 Die Kündigungsberechtigung

Grundsätzlich können nur die jeweiligen Vertragspartner des Arbeitsvertrags die Kündigung aussprechen.[857] Jedoch wird in größeren Unternehmen oftmals ein detaillierter Vertretungsplan bestehen und die Kündigung kann oftmals durch den Personalchef bzw. den Leiter der Personalabteilung und daher nicht direkt durch den Arbeitgeber ausgesprochen werden. In aller Regel handeln diese Personen als Stellvertreter des Arbeitgebers.

In diesen Fällen ist für den Arbeitnehmer nicht immer ersichtlich, ob die betreffende Person überhaupt die Kündigung aussprechen konnte bzw. durfte. Daher gewährt ihm § 174 Abs. 1 S. 1 BGB ein Zurückweisungsrecht, wenn der Bevollmächtigte keine Vollmachtsurkunde vorweisen kann. § 174 S. 1 BGB greift vom Wortlaut nicht, wenn eine gesetzliche Vertretungsmacht besteht („bevollmächtigt“). Ohne Beanstandung gilt § 180 BGB.

Allerdings muss der Arbeitnehmer gegen sich gelten lassen, wenn der Vollmachtgeber den anderen von der Bevollmächtigung in Kenntnis gesetzt hatte (§ 174 S. 2 BGB). Nach ständiger Rechtsprechung des Bundesarbeitsgerichts liegt ein Inkenntnissetzen i. S. d. § 174 S. 2 BGB bereits dann vor, wenn der Arbeitgeber bestimmte Mitarbeiter in eine Stelle berufen hat, die üblicherweise mit dem Kündigungsrecht verbunden ist und wenn diese Funktionsübertragung auf Grund der Stellung des Bevollmächtigten im Betrieb ersichtlich ist oder bekannt gemacht worden ist.[858]

854 BAG, NZA 2016, 361 (363).
855 BAG, NZA 2013, 1137 (1139).
856 BAG, NZA 2013, 1137 (1139).
857 Vgl. auch die Rollenverteilung in § 622 BGB.
858 BAG, NZA 2011, 683 (685).

10.1.2.1.3 Die Form nach § 623 BGB

Nach § 623 BGB bedarf die Kündigung der Schriftform. Für § 623 BGB ist entscheidend, dass der aus dem Arbeitsvertrag Berechtigte das Kündigungsdokument eigenhändig unterzeichnet (§ 126 BGB). Unterbleibt die Unterschrift, ist die Kündigung nach § 125 BGB unwirksam.

Die Norm dient mehreren Zwecken. Zum einen sollen Prozesse verhindert werden bzw. schnell erledigt werden können, wenn bereits formelle Fehler der Wirksamkeit entgegenstehen. Darüber hinaus soll der Arbeitnehmer Rechtssicherheit hinsichtlich des Endes seines Arbeitsverhältnisses erhalten. Durch das Erfordernis der Unterschrift wird zudem eine Verbindung von Urkunde und Aussteller erzeugt.[859]

Hieraus lässt sich auch folgern, dass die Existenz einer unterschriebenen Urkunde allein nicht ausreicht. Vielmehr muss diese Urkunde auch dem Empfänger zugegangen sein. Erhält dieser nur ein Fax, treten diese Zwecke aus dem ausgedruckten Fax nicht mehr hervor.[860]

In der Praxis führen missverständliche Kennzeichen immer wieder zu Problemen. Ist die Unterschrift nicht identifizierbar, kann dies zur Unwirksamkeit führen. Noch problematischer ist, wenn der zuständige Sachbearbeiter statt mit i. V. mit i. A. unterzeichnet. Die Unterschrift eines Boten genügt für § 623 BGB nicht, da dieser die Willenserklärung nicht selbst abgibt, sondern nur eine fremde Willenserklärung übermittelt. § 126 BGB fordert aber, dass der Aussteller die Urkunde unterschreibt und Aussteller ist nur, wer die Willenserklärung abgibt. Für das Bundesarbeitsgericht ist die fehlerhafte Zeichnung nicht automatisch ein Unwirksamkeitsgrund.[861] Vielmehr ist die Kündigung nach §§ 133, 157, 242 BGB auszulegen. Ergibt sich aus den Gesamtumständen, dass ein Vertretungswille ausreichend zum Ausdruck gekommen ist, ist die Schriftform gleichwohl gewahrt. Der Vertretungswille muss aber in der Urkunde andeutungsweise zum Ausdruck gekommen sein.[862]

Der Kündigungsgrund muss dem Arbeitnehmer nicht mitgeteilt werden.[863] Nur im Falle einer außerordentlichen Kündigung muss der Kündigungsgrund nach § 626 Abs. 2 S. 2 BGB auf Verlangen unverzüglich mitgeteilt werden. Wird diese Pflicht verletzt, führt dies nicht zur Unwirksamkeit der Kündigung, sondern allenfalls zu einem Anspruch auf Schadensersatz. Aus §§ 241 Abs. 2, 242 BGB wird man diese Pflicht auch im Einzelfall für die ordentliche Kündigung begründen können.

859 BAG, NZA 2005, 865 (855); ausführlich zu den Funktionen auch; BAG, NZA 2016, 361 (363).

860 BAG, NZA 2016, 361 (365) mit Ausführungen zum Unterschied im Prozessrecht.

861 BAG, NJW 2008, 1243 (1244).

862 BAG, NJW 2008, 1243 (1244).

863 *Müller-Glöge*, in: MüKoBGB, § 623 Rn. 15.

10.1.2.1.4 Der Zugang der Kündigung

In der Praxis scheitern Kündigungen oftmals schon daran, dass die Erklärung nicht oder nicht oder nicht rechtzeitig (vgl. § 626 Abs. 2 BGB) zugegangen ist.

Der Zugang der Kündigung ist aber nicht nur für die Wirksamkeit der Kündigung entscheidend. Die gesamte rechtliche Bewertung bemisst sich ab dem Zeitpunkt, zu dem die Kündigung zugeht.[864]

Im Ausgangspunkt ist zwischen dem Zugang der Kündigung unter Anwesenden oder Abwesenden zu unterscheiden. Da die Kündigung nach § 623 BGB Schriftform erfordert, ist der Zugang von nicht-verkörperten Erklärungen vorliegend nicht von Interesse.[865] Eine nicht-verkörperte Kündigung ist schon wegen Verstoßes gegen § 623 BGB unwirksam.

Für den Zugang einer verkörperten Erklärung einer Kündigung *unter Anwesenden* genügt es, wenn das Schriftstück mit der für den Arbeitnehmer erkennbaren Absicht zur Übergabe angereicht und so in seiner unmittelbaren Nähe abgelegt wird, dass er es ohne Weiteres an sich und von seinem Inhalt Kenntnis nehmen kann.[866] Der Arbeitnehmer muss es nicht tatsächlich lesen. Die Erklärung muss nur zum Durchlesen überlassen werden.

Zugang *unter Abwesenden* ist anzunehmen, sobald sie in verkehrsüblicher Weise in die tatsächliche Verfügungsgewalt des Empfängers gelangt ist und für diesen unter gewöhnlichen Verhältnissen die Möglichkeit besteht, von ihr Kenntnis zu nehmen.[867] Dies bemisst sich nach den „gewöhnlichen Verhältnissen“ und den „Gepflogenheiten des Verkehrs“. So bewirkt der Einwurf in einen Briefkasten den Zugang, sobald nach der Verkehrsanschauung mit der nächsten Entnahme im Rahmen einer generalisierenden Betrachtung zu rechnen ist.[868] Auf die individuellen Verhältnisse des Empfängers kommt es nicht an.

Die Frage nach einer Verkehrsanschauung kann *regional* unterschiedlich zu beurteilen sein und die Antwort kann sich im Lauf der Jahre ändern.[869] Bundesarbeitsgericht und Bundesgerichtshof haben bislang die Annahme einer Verkehrsanschauung, wonach bei Hausbriefkästen im Allgemeinen mit einer Leerung unmittelbar nach Abschluss der üblichen Postzustellzeiten zu rechnen sei, die allerdings stark variieren können, nicht beanstandet.[870]

---

864 *Hergenröder*, in: MüKoBGB § 1 KSchG Rn. 81 mwN.

865 BAG, NZA 2019, 1490 (1490).

866 BAG, NZA 2015, 1183.

867 BAG, NZA 2018, 1157; BGH, NJW 2019, 1151.

868 BAG, NZA 2019, 1490 (1490).

869 Zum Problem der tatrichterlichen Würdigung einer Verkehrsanschauung: BAG, NZA 2019, 1490 (1490).

870 BAG, NZA 2019, 1490.

Urlaubsbedingte Abwesenheit oder Krankheit hindern den Zugang nicht. Selbst, wenn der Arbeitnehmer dem Arbeitgeber seine Urlaubsanschrift mitgeteilt hat. Das Bundesarbeitsgericht hat hier in seiner älteren Entscheidung zwar eine Ausnahme gemacht, wendet aber nunmehr auch die Grundsätze der herrschenden Meinung an. Die Kündigung geht mit Eingang in den Machtbereich des Arbeitnehmers zu, gleich wo er sich gerade befindet und die Verkehrsanschauung davon ausgeht, dass er nunmehr Kenntnis nehmen kann.[871]

Zusammenfassend lässt sich sagen: Der Erklärende trägt das Übermittlungsrisiko; nach der Übermittlung trägt der Empfänger das Vernehmungsrisiko. Verhindert der Empfänger den Zugang, kann über die Grundsätze der vorsätzlichen Zugangsvereitelung gleichwohl nach § 242 BGB Zugang anzunehmen sein.[872]

10.1.2.2 Die Präklusion nach §§ 4, 7 KSchG

Eine der wichtigsten Regelungen in der Praxis sind die §§ 4, 7 KSchG. Diese Normen regeln die Präklusion einer Kündigungsschutzklage. Anders gewendet, wird eine Kündigung nach § 7 KSchG wirksam, wenn die Drei-Wochen-Frist nach § 4 KSchG abläuft, ohne dass der Arbeitnehmer Kündigungsschutzklage erhoben hat.

Obgleich sich die §§ 4, 7 KSchG auf eine prozessuale Situation beziehen, wirken sie materiell-rechtlich. Daraus folgt auch, dass die Kündigungsschutzklage in diesem Fall nicht unzulässig ist, sondern erst an der Begründetheit scheitert. Die Kündigung ist wirksam.[873] Das wird gerade anhand von § 7 KSchG sehr deutlich.

Nach §§ 13, 23 KSchG gelten die §§ 4, 7 KSchG für alle Kündigungen, ungeachtet des Anwendungsbereichs des KSchG. Auf die Erfüllung der Wartezeit des § 1 Abs. 1 KSchG kommt es für die Anwendbarkeit des §§ 4, 7 KSchG ebenfalls nicht an. Die Norm bezieht sich auf alle Unwirksamkeitsgründe.[874] Sie ist nicht auf die Sozialwidrigkeit, sondern auf die Kündigungsschutzklage an sich entworfen und bezweckt, dass die Wirksamkeit schnell überprüft werden soll: Das Gericht soll nicht prüfen müssen, ob der allgemeine Kündigungsschutz eingreift.

§§ 4, 7 KSchG setzen voraus, dass die Kündigung zugegangen ist und schriftlich erfolgt ist. Daher sind im Gutachten diese Punkte vor den §§ 4,7 KSchG zu prüfen. Problematisch kann jedoch die Bedeutung der Normen des BGB-AT sein, die § 4 KSchG nicht explizit erwähnt, insbesondere die

871 BAG, NZA 2012, 1320.
872 BAG, BB 2003, 1178 (1181).
873 BAG, NZA 2018, 1157 (1159).
874 *Kiel*, in: ErfK, § 4 KSchG Rn. 4 ff.

Regelungen der Stellvertretung. Streng genommen geht es nicht um Gründe für die Wirksamkeit der Kündigung, sondern um allgemeine Anforderungen an die Willenserklärung. Es kommt daher darauf an, ob der allgemeine Grund das schutzwürdige Interesse des Arbeitgebers trägt, die Wirksamkeit rasch zu klären. Bei einem vollmachtlosen Vertreter läuft die Frist daher erst ab Zugang der Genehmigung durch den Arbeitgeber.[875]

10.1.2.3 Die Rücknahme der Kündigung

Gelegentlich kommt es vor, dass Arbeitgeber ihre Kündigung „zurücknehmen". Da ein ausgeübtes Gestaltungsrecht nicht zurückgenommen werden kann, geht diese Erklärung eigentlich ins Leere.[876] Akzeptiert der Arbeitnehmer gleichwohl die Rücknahme der Kündigung, schließen beide zumindest konkludent einen Arbeitsvertrag zu den Konditionen des alten Arbeitsvertrags ab. Das Bundesarbeitsgericht fasst die Rücknahme daher als Angebot i. S. v. § 145 BGB auf, einen neuen Arbeitsvertrag unter den alten Bedingungen zu schließen.[877]

Lehnt der Arbeitnehmer im Kündigungsschutzprozess die Rücknahme der Kündigung ab, könnte das Rechtschutzbedürfnis der Kündigungsschutzklage entfallen. Jedoch kann der Prozess solange fortgesetzt werden, wie ein Antrag auf Abfindung nach § 9 KSchG gestellt werden kann.[878]

10.1.2.4 Die Kündigungsfristen

Die Kündigungsfristen schieben das Ende des Arbeitsverhältnisses hinaus. Nach dem System des BGB kommt ihnen im Kündigungsschutzprozess große Bedeutung zu. Denn jenseits des KSchG bedarf eine ordentliche Kündigung keines Grundes (§ 620 Abs. 2 BGB). Um die sozialen Auswirkungen abzufedern, gewährt das BGB daher Zeiträume bis zum Ende des Arbeitsverhältnisses.

10.1.2.4.1 Die Prüfung der Fristen

Für die Berechnung der Kündigungsfrist ist wiederum der Zugang der Kündigung entscheidend. Es gelten die §§ 187 Abs. 1, 188 Abs. 2 BGB.[879]

§ 622 BGB ist grundsätzlich wie folgt zu lesen: Abzustellen ist auf den Zeitpunkt des Zugangs der Kündigung. Von diesem Zeitpunkt ist die Frist zu berechnen. Fällt das Ende der Frist nicht auf den fünfzehnten oder das Ende eines Kalendermonats, so kommt diese Differenz hinzu, bis der Fünf-

875 BAG, NZA 2009, 1146.
876 BAG, NZA 2014, 303 (306).
877 BAG, NJW 1982, 2015 (2016).
878 BAG, AP KSchG 1969 § 9 Nr. 9.
879 *Müller-Glöge*, in: ErfK, § 622 Rn. 11.

zehnte oder das Ende des Kalendermonats erreicht ist.[880] Die Verwendung von „zum“ bedeutet, dass der Tag selbst noch in die Frist fallen kann. Deutlicher wird dies bei „zum Monatsende“.

§ 193 BGB wird vom Bundesarbeitsgericht bei der Fristenwahrung durch den Arbeitgeber nicht angewendet.[881] Denn während § 193 BGB auf die Interessen des Erklärenden ausgerichtet ist, soll § 622 BGB den Kündigungsempfänger schützen. Durch die Wirkung des § 193 BGB würde aber die Möglichkeit zur Einhaltung der jeweiligen Kündigungsfrist des Gesetzes um einen Tag verlängert werden.[882]

10.1.2.4.2 Überblick über das Fristenregime für die Arbeitgeberkündigung

Während § 621 BGB Fristen für die Kündigung eines jeden Dienstverhältnisses bereithält, enthält § 622 BGB eine spezielle Regelung für die Fristen im Arbeitsverhältnis.

Grundsätzlich ist nach § 622 Abs. 1 BGB von einer sog. Grundkündigungsfrist[883] in Höhe von vier Wochen entweder zur Monatsmitte oder zum Monatsende auszugehen. Dieser Grundsatz wird bei der arbeitgeberseitigen Kündigung nach Abs. 2 S. 1 BGB modifiziert bzw. verlängert. Die Frist wird dann gestaffelt berechnet: Besteht das Arbeitsverhältnis zwei Jahre und länger, beträgt die Frist einen Monat zum Ende des Kalendermonats. Besteht das Arbeitsverhältnis zwei Jahre: einen Monat zum Ende des Kalendermonats; fünf Jahre: zwei Monate zum Ende des Kalendermonats; acht Jahre: drei Monate zum Ende des Kalendermonats; zehn Jahre: vier Monate zum Ende des Kalendermonats; zwölf Jahre: fünf Monate zum Ende des Kalendermonats; 15 Jahre: sechs Monate zum Ende des Kalendermonats; 20 Jahre: sieben Monate zum Ende des Kalendermonats. Bei einem Probearbeitsverhältnis ist eine Kündigung innerhalb von zwei Wochen ohne Kündigungstermin möglich (§ 622 Abs. 3 BGB).

10.1.2.4.3 Vertragliche Modifikationen

Nach § 622 Abs. 4 BGB kann von den Regelungen in Absatz 1 bis 3 durch Tarifvertrag abgewichen werden. Im Geltungsbereich eines solchen Tarifvertrags können abweichende Kündigungsfristen im Arbeitsvertrag vereinbart werden, wenn sie dem Tarifvertrag entsprechen. Diese Regelung hat insbesondere Bedeutung, wenn keine Tarifbindung der Arbeitnehmer besteht.

Eine weitere vertragliche Modifikation erlaubt § 622 Abs. 5 BGB insbesondere für Kleinunternehmen. Danach kann in dem Arbeitsvertrag eine kürze-

---

880 *Müller-Glöge*, in: ErfK, § 622 Rn. 11.

881 BAG, NJW 1970, 1470 (1471).

882 BAG, NJW 1972, 2083 (2083).

883 Zum Begriff: *Müller-Glöge*, in: ErfK, § 622 Rn. 8.

re Kündigungsfrist als die vier Wochen im Sinne von § 622 Abs. 1 BGB in zwei Fällen vereinbart werden.

§ 622 Abs. 5 Nr. 1 BGB bezieht sich auf den Fall, dass der Arbeitnehmer zur vorübergehenden Aushilfe eingestellt wurde. In diesem Fall kann sogar eine fristlose Kündigung für die ersten drei Monate vereinbart werden.[884] Ein Aushilfsarbeitsverhältnis liegt nur vor, wenn eine Arbeitskraft kurzfristig ausfällt, nicht wenn der Betriebsablauf mehr Arbeitskräfte erfordert.[885] Bedeutung hat diese Regelung nur, wenn die Parteien die Möglichkeit einer Befristung übersehen haben.[886]

§ 622 Abs. 5 Nr. 2 BGB steht offen, wenn der Arbeitgeber in der Regel nicht mehr als 20 Arbeitnehmer, ausschließlich der zu ihrer Berufsbildung Beschäftigten, beschäftigt. Die Berechnung erfolgt proportional zur Wochen-Arbeitszeit (S. 2). Inhaltlich geht es in § 622 Abs. 5 Nr. 1 BGB allein darum, eine vierwöchige Kündigungsfrist ohne bestimmten Kündigungstermin regeln zu können. Das folgt aus dem Umkehrschluss aus Abs. 1. Das statische Ende des § 622 Abs. 1 BGB wird damit zur Disposition der Arbeitsvertragsparteien gestellt.

Wichtiger noch als die beiden Ausnahmen in Abs. 5 ist der Schluss aus der Norm, dass eine individualvertragliche Vereinbarung über die Kündigungsfristen des Arbeitnehmers nicht zulässig ist.[887] Dieser Umkehrschluss wird auch durch § 622 Abs. 4 BGB indiziert.

Ein Streitpunkt war lange Zeit, wann eine längere Kündigungsfrist i. S. v. § 622 Abs. 5 S. 3 BGB vorliegt. Das war insbesondere problematisch, wenn eine Regelung nur teilweise günstigere und teilweise kürzere Fristen enthielt. Die herrschende Meinung stellt auf einen Günstigkeitsvergleich zu § 622 Abs. 2 BGB ab und nimmt eine Gesamtbetrachtung vor.[888] Kündigungsfrist und Kündigungstermin bilden bei dieser Betrachtung eine Einheit.[889] Das Bundesarbeitsgericht nimmt hiervon ausgehend keine günstigere Regelung an, wenn eine vertragliche Regelung auf das Jahr gesehen eine längere Kündigungsfrist gewährt, im übrigen Zeitraum aber eine kürzere Kündigungsfrist bestimmt ist.[890]

10.1.2.4.4 Exkurs: Kündigungsfristen für den Arbeitnehmer

In der Praxis wesentlich seltener sind Kündigungen seitens des Arbeitnehmers selbst. Hier muss dem Arbeitgeber durch die Kündigungsfrist die

884 BAG, AP BGB § 622 Nr. 23.
885 BAG, AP BGB § 622 Nr. 23.
886 *Müller-Glöge*, in: ErfK, § 622 Rn. 16.
887 BAG, NZA 2016, 361 (364).
888 BAG, NJW 2015, 2205 (2206).
889 BAG, NJW 2015, 2205 (2206).
890 BAG, NJW 2015, 2205 (2206).

Möglichkeit gegeben werden, sich auf die neue Gegebenheit einzustellen und gegebenenfalls einen neuen Arbeitnehmer zu finden.

Auch in diesen Fällen bleibt es beim Grundsatz des Abs. 1 und der 4-wöchigen Kündigungsfrist. Allerdings unterbleibt eine Modifikation nach Abs. 2, die Verkürzung während der Probezeit nach Abs. 3 gilt wiederum auch für die Arbeitnehmerkündigung. Während Abs. 5 selten für den Arbeitnehmer Bedeutung erlangt, stellt § 622 Abs. 6 BGB das Verbot auf, vertraglich längere Kündigungsfristen für den Arbeitnehmer aufzustellen, als für den Arbeitgeber bestehen würden.

Über den Wortlaut der Norm hinaus enthält Abs. 6 auch das Verbot, Kündigungen durch den Arbeitnehmer gegenüber der Kündigung durch den Arbeitgeber zu erschweren.[891]

Von der Regelung des § 622 Abs. 6 BGB zu trennen ist die Frage, ob die beiderseitige Verlängerung der Kündigung in AGB zulässig ist. Eine solche Klausel wäre nach § 307 Abs. 1 S. 1 BGB als Nebenabrede i. S. v. § 307 Abs. 3 S. 1 BGB voll kontrollfähig.[892] Führt die Vereinbarung dazu, dass eine wesentlich längere Kündigungsfrist nach § 626 Abs. 2 BGB gilt, kann dies eine unangemessene Benachteiligung darstellen. Für den Arbeitnehmer kann diese Frist eine erhebliche Beeinträchtigung der wirtschaftlichen Bewegungsfreiheit darstellen.[893]

10.1.2.4.5 Rechtsfolgen falscher Fristsetzungen

Gibt die Kündigung die Fristen ausdrücklich an und sind diese nicht richtig, so ist die Kündigung zu dem angegebenen Termin offensichtlich nicht wirksam. Entscheidend ist dann, ob die Kündigung dahingehend auszulegen ist (§§ 133, 157, 242 BGB), dass die Kündigung zum jeweils möglichen Zeitpunkt gewollt ist. In der Rechtsprechung des 2. Senats wird dies als Regelfall vermutet.[894]

Teilweise wird stärker auf den Einzelfall abgestellt und nach dem Willen gefragt, ob das Arbeitsverhältnis zu dem „richtigen Zeitpunkt" gekündigt werden sollte.[895] Ist eine ordentliche Kündigung ohne weiteren Zusatz zu einem bestimmten Datum erklärt worden, soll das Bestimmtheitsgebot der Auslegung der Kündigungserklärung zu einem anderen Termin entgegenstehen. Es ist nach Ansicht des 5. Senats des Bundesarbeitsgerichts nicht die Aufgabe des Arbeitnehmers, darüber zu rätseln, zu welchem anderen als in der Kündigungserklärung angegebenen Termin der Arbeitgeber die

891 *Müller-Glöge*, in: ErfK, § 622 Rn. 43.
892 BAG, NJW 2018, 891 (893).
893 BAG, NJW 2018, 891 (893 f.).
894 BAG, NZA 2006, 791.
895 Zum Problem: BAG, NZA 2013, 1076 (1077).

Kündigung gewollt haben könnte.[896] Könne eine Kündigung daher nicht dahingehend ausgelegt werden, soll sie unwirksam sein. Es käme nach dieser Rechtsprechung nur eine Umdeutung in Betracht.

Wahrt der Arbeitnehmer aber die Frist nach §§ 4, 7 KSchG nicht, ist der 5. Senat des Bundesarbeitsgerichts der Ansicht, dass die Kündigung wirksam ist und das Arbeitsverhältnis zum falschen Termin beendet wird.[897] Der 2. Senat lehnte die Anwendung der §§ 4, 7 KSchG auf die Frist bislang hingegen ab.[898] Der 6. Senat hat sich hingegen der Lösung des 5. Senats angeschlossen.[899] Es steht zu erwarten, dass sich diese Position durchsetzen wird.

10.1.3 Der Kündigungsschutz nach dem KSchG

Die Prüfung der Wirksamkeit der Kündigung nach dem KSchG setzt dreierlei voraus: Zunächst muss der Anwendungsbereich des KSchG eröffnet sein, dann darf die Kündigungsschutzklage nicht präkludiert sein und schließlich muss die Kündigung sozial gerechtfertigt sein. Da die Präklusionsnorm der §§ 4, 7 KSchG bereits greift, wenn der Anwendungsbereich nicht eröffnet ist, bietet sich im juristischen Gutachten eine Prüfung im Rahmen der allgemeinen Wirksamkeitsvoraussetzungen an.

Abbildung 27: Der Kündigungsschutz nach dem KSchG

1. Anwendungsbereich des KSchG
   a) Sachlicher Anwendungsbereich (§§ 1, 13 KSchG)
   b) Betrieblicher Anwendungsbereich (§ 23 KSchG)
   c) Persönlicher Anwendungsbereich (§ 1, 14 KSchG)
   d) Wartezeit (§ 1 Abs. 1 KSchG)
2. Soziale Rechtfertigung
   a) Verhaltensbedingte Kündigung (§ 1 Abs. 2 Alt. 2 KSchG)
   b) Personenbedingte Kündigung (§ 1 Abs. 2 Alt. 1 KSchG)
   c) Betriebsbedingte Kündigung (§ 1 Abs. 2 Alt. 3. KSchG)

10.1.3.1 Der Anwendungsbereich des KSchG

Das KSchG ist anwendbar, wenn der sachliche, betriebliche und persönliche Anwendungsbereich eröffnet ist und die Wartefrist nach § 1 Abs. 1 KSchG abgelaufen ist.

896 BAG, NZA 2010, 1409 (1411).
897 BAG, NZA 2010, 1409 (1411).
898 BAG, NZA 2006, 791.
899 BAG, NZA 2017, 502 (508).

10.1.3.1.1 Der sachliche Anwendungsbereich

Nach § 1 Abs. 1 KSchG bezieht sich das KSchG auf die ordentliche arbeitgeberseitige Kündigung. Für die außerordentliche Kündigung gilt das Gesetz nicht umfassend. Vielmehr enthält der allein anzuwendende § 13 KSchG einige Sonderregelungen wie etwa die Geltung der §§ 4, 7 KSchG (§ 13 Abs. 1 S. 2 BGB).

Nach dem derzeit irrelevanten[900] § 25 KSchG gilt das Gesetz außerdem nicht für Kündigungen als Form oder Ausdruck eines Arbeitskampfes. Solche Kündigungen sind nach der kollektiven Arbeitskampftheorie gemäß Art. 9 Abs. 3 GG unzulässig, weil sich Arbeitnehmer durch die Beteiligung an einem legitimen Streik nicht vertrags- oder rechtswidrig verhalten. Nehmen die Arbeitnehmer hingegen an einem rechtswidrigen Streik trotz wiederholter Aufforderung zu arbeiten teil, kann eine Kündigung zulässig sein. Auf diese Kündigungen ist nach der Rechtsprechung des Bundesarbeitsgerichts das KSchG anzuwenden.[901]

10.1.3.1.2 Der persönliche Anwendungsbereich

In persönlicher Hinsicht muss die Kündigung gegenüber einem Arbeitnehmer erklärt worden sein. Maßgeblich ist der allgemeine Arbeitnehmerbegriff des Individualarbeitsrechts.[902]

Allerdings macht § 14 KSchG hiervon eine Ausnahme für leitende Angestellte. Die §§ 1–14 KSchG gelten dann nicht. Erfasst werden aber nur solche leitende Angestellte, die die Voraussetzungen des § 14 Abs. 1 KSchG erfüllen. In den erfassten Fällen lag die Arbeitnehmereigenschaft bislang nicht nahe. Ein gegebenenfalls parallel bestehendes Arbeitsverhältnis kann über das KSchG geschützt werden.

Abs. 1 nimmt in Nr. 1 die Mitglieder des gesetzlich zur Vertretung befugten Organs einer juristischen Person vom Anwendungsbereich aus. Erfasst sind daher insbesondere Mitglieder des Vorstands einer Aktiengesellschaft (§ 78 AktG) und der Geschäftsführer einer GmbH (§ 35 GmbHG). Nach Ansicht des Bundesarbeitsgerichts enthält § 14 Abs. 1 Nr. 1 KSchG für die darin bezeichneten Organvertreter eine negative Fiktion, die unabhängig davon eingreift, ob das der Organstellung zugrunde liegende schuldrechtliche Anstellungsverhältnis materiell-rechtlich als Arbeitsverhältnis oder als freies Dienstverhältnis zu qualifizieren ist.[903]

Entsprechendes gilt für Personengesellschaften. Hier nimmt § 14 Abs. 1 Nr. 2 KSchG die zur Vertretung berufenen Personen aus dem Anwendungsbereich heraus. Das gilt nicht nur, wenn sie durch Gesetz, sondern auch

900 *Kiel*, in: ErfK, § 25 KSchG Rn. 1.
901 BAG, AP GG Art. 9 Arbeitskampf Nr. 58.
902 *Linck*, in: Schaub, § 130 Rn. 1.
903 BAG, NZA 2019, 490 (494).

dann, wenn sie durch Satzung oder Gesellschaftsvertrag zur Vertretung befugt sind. Zu diesem Kreis gehören insbesondere die Gesellschafter einer GbR, sofern ihnen nicht durch Gesellschaftsvertrag die Vertretungsmacht entzogen ist (§ 714 BGB), die Gesellschafter einer oHG, sofern sie nicht durch Gesellschaftsvertrag von der Vertretung ausgeschlossen sind (§ 125 HGB) sowie die persönlich haftenden Gesellschafter einer Kommanditgesellschaft (§ 161 II i.V.m §§ 125, 170 HGB). Wer lediglich durch eine Vollmacht vertretungsbefugt (insbesondere der Prokurist) ist, fällt nicht in die Ausnahme.

Während § 14 Abs. 1 KSchG für organschaftliche Vertreter des Arbeitgebers bzw. der Arbeitgeberin gilt, bezieht sich § 14 Abs. 2 KSchG auf (echte) leitende Angestellte.[904] Entscheidende Voraussetzung ist, dass die Personen zur selbstständigen Einstellung oder Entlassung befugt sind. Hieran fehlt es, wenn sich die Berechtigung der betreffenden Person darauf beschränkt, intern Vorschläge zu unterbreiten oder rein tats. Einfluss zu nehmen.[905] Vielmehr muss eine entsprechende Befugnis nicht nur im Außen-, sondern auch im Innenverhältnis bestehen.[906]

Allerdings ermöglicht § 14 Abs. 2 S. 2 KSchG die Auflösung des Arbeitsverhältnisses nach § 9 KSchG ohne Begründung. Der Arbeitgeber ist von der Darlegungs- und Beweislast dafür befreit, dass eine den Betriebszwecken dienliche Zusammenarbeit nicht zu erwarten ist.[907] Damit wird der Kündigungsschutz de facto durch die Auflösungsmöglichkeit mit Abfindung ausgetauscht.

10.1.3.1.3 Der räumliche Anwendungsbereich

Der räumliche Anwendungsbereich bestimmt sich nach § 23 KSchG. S. 1 bestimmt, dass die Regelungen für Betriebe und Verwaltungen des privaten und des öffentlichen Rechts gelten. S. 1 bezieht sich nach der Rechtsprechung nur auf Betriebe im Inland. Es besteht somit kein Kündigungsschutz für ausländische Betriebe.[908]

10.1.3.1.3.1 Der Betriebsbegriff des § 23 KSchG

Die herrschende Meinung geht grundsätzlich vom allgemeinen Betriebsbegriff aus. Danach ist unter einem Betrieb die organisatorische Einheit zu verstehen, innerhalb derer der Arbeitgeber allein oder in Gemeinschaft mit seinen Mitarbeitern mit Hilfe von sächlichen und immateriellen Mitteln

904 *Kiel*, in: ErfK, § 14 KSchG, § 14 Rn. 7.
905 BAG, NZA 2013, 27 (30).
906 BAG, NZA 2013, 27 (30).
907 *Kiel*, in: ErfK, § 14 Rn. 12.
908 *Kiel*, in: ErfK, § 23 Rn. 6.

bestimmte arbeitstechnische Zwecke fortgesetzt verfolgt, die sich nicht in der Befriedigung von Eigenbedarf erschöpfen.[909]

Die räumliche Einheit allein ist kündigungsschutzrechtlich kein entscheidendes Abgrenzungsmerkmal, weil es vielmehr auf die Leitung des Betriebs ankommt, der es obliegt, die Einzelheiten der arbeitstechnischen Zwecksetzung zu regeln. Die Leitungsmacht wird danach bestimmt, wo und ob der Kern der Arbeitgeberfunktionen in personellen und sozialen Angelegenheiten von derselben institutionalisierten Leitung im Wesentlichen selbstbeständig ausgeübt wird.[910] Maßgeblich ist insofern eine Schwerpunktbetrachtung.[911]

Auf das Unternehmen kommt es für § 23 KSchG nicht an.[912] Vielmehr können diesem mehrere Betriebe zugeordnet sein. Ebenso kann es sein, dass wegen einer einheitlichen Leitungsmacht ein Unternehmen auch nur einen Betrieb hat.

Ferner sind für die Seeschifffahrts-, Binnenschifffahrts- und Luftverkehrsbetriebe § 24 KSchG zu beachten. § 24 Abs. 1 KSchG erklärt das KSchG ebenfalls für anwendbar, modifiziert die Regelungen jedoch stark.

10.1.3.1.3.2 Die Schwellenwerte der S. 2–4.

Etwas versteckt, aber sehr wichtig ist die Regelung des § 23 Abs. 1 S. 2 KSchG. Nach dieser Norm ist neben S. 1 die Zahl der in den Betrieben Beschäftigten entscheidend für die Anwendbarkeit des KSchG. Die Norm bezweckt den Schutz der Kleinunternehmer vor der Komplexität einer Kündigung nach dem KSchG.[913] Für die Arbeitnehmer in Kleinbetrieben besteht nur Kündigungsschutz nach §§ 138, 242 BGB.

Nach S. 2 gelten die Vorschriften des Ersten Abschnitts mit Ausnahme der §§ 4 bis 7 und des § 13 Abs. 1 Satz 1 und 2 nicht für Betriebe und Verwaltungen, in denen in der Regel fünf oder weniger Arbeitnehmer beschäftigt sind. Die zu ihrer Berufsbildung Beschäftigten werden nicht mitgezählt. Damit ist erforderlich, dass mindestens sechs Arbeitnehmer in dem Betrieb arbeiten.

Diese Norm ist jedoch aktuell nicht die entscheidende. Der Gesetzgeber wollte die Schwelle für den räumlichen Anwendungsbereich erhöhen, um zum einen Unternehmensgründungen zu erleichtern und zum anderen Einstellungshemmnissen bei Kleinstbetrieben entgegenzuwirken.[914] Man ging davon aus, dass Existenzgründer in der Regel mit 5,3 Arbeitnehmern beginnen und in der Regel nach sieben Jahren über 11 Mitarbeiter haben.

---

909 BAG, NZA 2016, 1196; BAG, NZA 2017, 859 (860).

910 BAG, NZA 2017, 859 (860).

911 BAG, NZA 2017, 859 (860); *Moll*, in: APS, § 23 KSchG Rn. 9.

912 BAG, NZA 2017, 859 (860).

913 *Moll*, in: APS, § 23 KSchG Rn. 5.

914 BT-Drs. 13/4612, S. 9.

Daher regelt § 23 Abs. 1 S. 3 KSchG, dass für nach dem 31.12.2003 begonnene Arbeitsverhältnisse der Anwendungsbereich erst dann eröffnet ist, wenn mehr als zehn Arbeitnehmer i. S. v. S. 2 im Betrieb beschäftigt werden.

§ 23 Abs. 1 S. 2 und S. 3 HS 1 können für einen Betrieb zusammenfallen. S. 3 HS 2 ordnet an, dass die nach dem 31.12.2013 eingestellten Arbeitnehmer bei der Berechnung des Schwellenwertes im Rahmen des S. 2 nicht berücksichtigt werden dürfen. Mit anderen Worten kann ein nach dem 31.12.2003 eingestellter Arbeitnehmer dazu führen, dass sechs Arbeitnehmer beschäftigt werden. Für den Schwellenwert des S. 2 bleibt dieser jedoch unsichtbar. Somit ist der Anwendungsbereich des KSchG schon nach S. 2 ausgeschlossen. Das gilt aber wiederum nicht, wenn mehr als 10 Arbeitnehmer beschäftigt werden (HS 2 a. E.).

Die Norm bzw. das Zusammenspiel von S. 2 und S. 3 erschließt sich in der Regel nicht beim ersten Lesen. Es bietet sich an, von dem Grundsatz auszugehen, dass das KSchG nur für Betriebe mit mehr als zehn Arbeitnehmern gilt. Werden sechs bis zehn Arbeitnehmer beschäftigt, so ist zu prüfen, ob das gekündigte Arbeitsverhältnis vor dem 1.1.2004 begründet wurde bzw. wie viele Neu-Arbeitnehmer im Betrieb sind. Dieser Frage stellt sich aber nur für den Schutz der Alt-Arbeitnehmer. Für Neu-Arbeitnehmer bestehen keine Besonderheiten. Es bleibt bei der starren Grenze von zehn Arbeitnehmern.

Zeitlicher Ausgangspunkt für die Berechnung ist der Zugang der Kündigung.[915] Jedoch ist die bisherige und zu erwartende Beschäftigtenzahl maßgebend („in der Regel"). Teilzeitkräfte sind nach S. 4 proportional zu berücksichtigen. Grundsätzlich gilt die vereinbarte Wochenarbeitszeit, nicht die tatsächlich geleistete. Etwas anderes gilt erst dann, wenn die vereinbarte Zeit regelmäßig überschritten wird. Kurzfristige Schwankungen bleiben außer Betracht.[916]

10.1.3.1.3.3 Die Grundsätze bei Gemeinschaftsbetrieben und mehreren Kleinbetrieben

Ein Betrieb i. S. v. § 23 Abs. 1 KSchG kann auch durch mehrere Unternehmen betrieben werden (sog. Gemeinschaftsbetrieb). Ein Gemeinschaftsbetrieb ist nicht schon dann anzunehmen, wenn die Unternehmen unternehmerisch zusammenarbeiten.[917] Vielmehr bedarf es einer einheitlichen Organisation und insbesondere eines einheitlichen Leitungsapparats. Die Zahlen sind dann zusammenzurechnen.[918]

Probleme können auch bestehen, wenn in kleineren separaten Räumlichkeiten insgesamt mehr als zehn Arbeitnehmer beschäftigt werden. Einfach

915 BAG, NZA 2018, 358 (359).

916 LAG Köln, NZA-RR 2009, 583 (584).

917 BAG, NZA 2013, 277.

918 BAG, NZA 2015, 162 (164).

lässt sich das Problem lösen, wenn die Stellen einheitlich und zentral gelenkt werden. Auf der Grundlage des allgemeinen Betriebsbegriffs kann hier schon durch die einheitliche Leitung ein Betrieb angenommen werden.

Ob darüber hinaus eine Addition wegen Art. 3 Abs. 1 GG immer dann geboten ist, wenn unternehmensweit mehr als 10 Arbeitnehmer beschäftigt werden, ist Gegenstand einer anhaltenden Kontroverse. Das Bundesarbeitsgericht lehnt diese Forderung unter Hinweis auf den Unterschied von Betrieb und Unternehmen grundsätzlich ab.[919] Eine verfassungskonforme Auslegung von § 23 Abs. 1 S. 2 und 3 KSchG verlange nicht, den Betriebsbezug des Schwellenwerts immer schon dann zu durchbrechen, wenn sich das Unternehmen zwar in mehrere kleine, organisatorisch verselbständigte Einheiten gliedert, insgesamt aber mehr als zehn Arbeitnehmer beschäftigt.[920] Diese Ansicht ist dogmatisch überzeugend. Denn eine andere Lösung liefe auf die vom Gesetzgeber nicht beabsichtigte generelle Gleichsetzung von Betrieb und Unternehmen hinaus.

Das Bundesverfassungsgericht hat allerdings klar zu erkennen gegeben, dass die organisatorische Gestaltung diese Trennung nicht ausnutzen darf.[921] Im Einzelfall sind die Gerichte daher zu einer strengen Prüfung aufgerufen, ob nicht § 23 Abs. 1 KSchG gleichheitswidrig umgangen wird.

Wichtig ist in diesem Zusammenhang, dass der Zugriff des herrschenden Unternehmens in einem Konzern nicht pauschal mit der betrieblichen Leitungsmacht gleichgesetzt werden darf.[922] Konzernrechtliche Weisungsmacht kann zwar bis zur Betriebsebene durchschlagen. Sie erzeugt jedoch für sich gesehen noch keinen betriebsbezogenen Leitungsapparat.

10.1.3.1.4 Die Wartezeit

Nach § 1 Abs. 1 KSchG muss das Arbeitsverhältnis zwischen Arbeitnehmer und Arbeitgeber länger als sechs Monate bestanden haben. Erst nach einer Betriebszugehörigkeit von sechs Monaten soll der Arbeitnehmer eine Rechtsposition erwerben, um seinen Arbeitsplatz zu schützen. Die Wartezeit dient der beiderseitigen Überprüfung der Arbeitsvertragsparteien, ob sie das Arbeitsverhältnis über die Wartezeit hinaus fortsetzen wollen.[923] Dabei wird das Interesse des Arbeitgebers anerkannt, in seinem Unternehmen nur Mitarbeiter zu beschäftigen, die seinen Vorstellungen entsprechen.[924]

Die Frist beginnt mit dem Beginn des Arbeitsverhältnisses. Für die Frage, ob die Kündigung innerhalb der 6-Monats-Frist erfolgt, kommt es auf den

919 BAG, NZA 2016, 1196.
920 BAG, NZA 2017, 859 (862).
921 BVerfG, NZA 1998, 470 (473).
922 BAG, NZA 1999, 932.
923 BAG, NZA 2013, 1412 (1414).
924 BAG, NZA 2013, 1412 (1414).

Zeitpunkt des Zugangs der Kündigung an.[925] Im Einzelfall kann der Rechtsgedanke des § 162 BGB eingreifen und die Wartezeit als erfüllt angesehen werden, wenn der Arbeitgeber nur deshalb vor der Wartezeit kündigt, um die Geltung des KSchG entgegen Treu und Glauben zu verhindern.[926] Ein früheres Arbeitsverhältnis bei einem anderen Unternehmen desselben Konzerns ist irrelevant. Wenn sich Arbeitsverträge aneinanderreihen, bleibt das Arbeitsverhältnis gewahrt („Mantel des Arbeitsverhältnisses").

Die sechs Monate können auf unterschiedlicher Art und Weise unterbrochen werden. Etwa tatsächlich, diese Unterbrechungen der Arbeitsleistungen (Krankheit oder Streik) hindern den Ablauf nicht; zweitens rechtlich: das Arbeitsverhältnis endet und später wird ein neues Arbeitsverhältnis begründet.

Nach dem Wortlaut ist jede Unterbrechung schädlich. Auch ein früheres Arbeitsverhältnis kann jedoch berücksichtigt werden, wenn ein enger sachlicher Zusammenhang besteht.[927] Hierbei handelt es sich um eine Einzelfrage, für die insbesondere die Dauer der Unterbrechung, die Arbeit in gleicher oder vergleichbarer Stellung sowie die Ursache der Beendigung erheblich sind.

10.1.3.1.5 Exkurs: Der Kündigungsschutz außerhalb des KSchG

Eine ordentliche Kündigung in Betrieben, die dem KSchG nicht unterliegen, kann natürlich nach anderen Vorschriften wie etwa § 7 AGG oder § 612a BGB unwirksam sein. Einen allgemeinen Tatbestand wie § 1 Abs. 2 KSchG gibt es aber nicht. Das bedeutet aber nicht, dass die Arbeitnehmer schutzlos sind. Das Bundesverfassungsgericht fordert in diesen Fällen ein Mindestmaß an Schutz.[928] Dieses gewährleistet die Rechtsprechung über die §§ 138, 242 BGB i. V. m. Art. 12 GG.[929]

Der durch die zivilrechtlichen Generalklauseln des § 138 BGB und § 242 BGB vermittelte verfassungsrechtliche Schutz ist dabei umso schwächer, je stärker die mit der Kleinbetriebsklausel geschützten Grundrechtspositionen des Arbeitgebers im Einzelfall betroffen sind.[930] Es geht vor allem darum, Arbeitnehmer vor willkürlichen oder auf sachfremden Motiven beruhenden Kündigungen zu schützen. Der Schutz scheidet aus, wenn der Arbeitgeber einen irgendwie einleuchtenden Grund hat.[931] Umgekehrt darf der Arbeitgeber etwa ein langjährig erworbenes Vertrauen nicht unberücksichtigt lassen.[932]

925 BAG, BeckRS 2011, 78757.
926 BAG, NZA 2014, 1083 (1088).
927 BAG; NJW 2012, 475 (476).
928 BVerfG, BerfGE 97, 169.
929 BAG, NZA-RR 2010, 325.
930 BAG, NZA 2020, 171 (172).
931 BAG, NZA-RR 2010, 325.
932 BAG, NZA 2018, 436 (438).

Das Bundesarbeitsgericht begründet hier im Rahmen der §§ 138, 242 BGB eine bemerkenswerte Privilegierung unsicherer Sachverhalte. Selbst wenn der Sachverhalt streitig ist, kann aus dem Sachverhalt ein vernünftiger Grund für die Kündigung herrühren und eine willkürliche Kündigung ausscheiden.[933]

10.1.3.2 Die Prinzipien des KSchG

Grundlegend geht das KSchG davon aus, dass eine ordentliche Kündigung sozial gerechtfertigt sein muss. Der Schutz vor sozial ungerechtfertigten Kündigungen ist daher zum einen Schutzzweck und zum anderen das zentrale Prinzip des KSchG.

Für die Interpretation und Anwendung des KSchG sind des Weiteren drei Prinzipien von besonderer Bedeutung. Diese Prinzipien bestimmen die Prüfung der sozialen Rechtfertigung:

1. Das Prognoseprinzip
2. Das Ultima-Ratio-Prinzip
3. Der Grundsatz der umfassenden Interessenabwägung

10.1.3.2.1 Das Prognoseprinzip

Die Kündigung soll keine Sanktion für die Vergangenheit darstellen, sondern ist zukunftsgerichtet.[934] Grundlage der Kündigung ist daher stets eine Prognose hinsichtlich der Entwicklung des Arbeitsverhältnisses. Es kommt darauf an, wie der Arbeitgeber im Zeitpunkt des Zugangs der Kündigungserklärung die objektiven Verhältnisse einschätzen musste.[935] Tatsachen nach dem Zugang der Kündigung bleiben grundsätzlich unberücksichtigt. Verändern sich später die Grundlagen der Prognose, ändert dies nichts an der korrekten Prognose im Zeitpunkt des Zugangs.

10.1.3.2.2 Exkurs: Der Wiedereinstellungsanspruch

Stellt sich die Prognose zwischen Zugang der Kündigung und Ablauf der Kündigungsfrist als unzutreffend heraus, kann dem Arbeitnehmer ein sog. Wiedereinstellungsanspruch zustehen.[936] Nach der Rechtsprechung stellt der Anspruch eine arbeitsvertragliche Nebenpflicht dar, die letztlich aus § 242 BGB folgt.[937] Der Wiedereinstellungsanspruch entspricht dem Bestandsschutz des KSchG und wurde vom Bundesarbeitsgericht als notwendiges Korrektiv zum Prognoseprinzip herausgebildet.[938]

933 BAG, NZA 2020, 171 (173).
934 BAG; NZA 2010, 1227 (1230).
935 BAG; NZA 2010, 1227.
936 BAG, NZA 2018, 436 (437).
937 BAG, NZA 2018, 436 (437).
938 BAG, AP KSchG 1969 § 1 Wiedereinstellung Nr. 14.

Als Ausdruck von Treu und Glauben setzt der Wiedereinstellungsanspruch voraus, dass die Wiedereinstellung dem Arbeitgeber zumutbar ist.[939] Dem Anspruch können insofern berechtigte Interessen des Arbeitgebers entgegenstehen.[940] Hier kann über die fehlerhafte Prognose hinaus der gesamte Einzelfall umfassend gewürdigt werden.

10.1.3.2.3 Das Ultima-Ratio-Prinzip

Die Kündigung darf nur das letzte Mittel (ultima ratio) darstellen.[941] Bestehen andere Möglichkeiten, das Problem im Arbeitsverhältnis mit Wirkung für die Zukunft zu lösen, scheidet eine Kündigung aus. Als mildere Mittel sind in der Regel eine Abmahnung, eine Versetzung oder eine Änderungskündigung anzuprüfen. Da eine Abmahnung in aller Regel nur für die verhaltensbedingte Kündigung Bedeutung hat, wird sie später erörtert.

Verlangt werden aber nur solche Mittel, die dem Arbeitgeber rechtlich und tatsächlich möglich sind. Eine Änderungskündigung etwa kann daher dann unterbleiben, wenn von vornherein feststeht, dass der Arbeitnehmer sie nicht unterzeichnen wird – nicht einmal unter Vorbehalt.[942]

10.1.3.2.4 Die umfassende Interessenabwägung

Da auf beiden Seiten grundrechtsrelevante Interessen tangiert sind, müssen die Ergebnisse der Anwendung des KSchG eine interessengerechte Lösung ermöglichen.[943] Abzuwägen ist das Bestandsinteresse des Arbeitnehmers gegen das Auflösungsinteresse des Arbeitgebers im Einzelfall.

10.1.3.3 Die verhaltensbedingte Kündigung

Nach § 1 Abs. 2 Var. 2[944] KSchG ist eine Kündigung sozial nicht gerechtfertigt, wenn sie nicht durch Gründe, die in dem Verhalten des Arbeitnehmers liegen, bedingt ist.

Abbildung 28: Die verhaltensbedingte Kündigung

1. Pflichtverletzung
2. Verschulden
3. Negativprognose
4. Kein milderes Mittel
5. Interessenabwägung

---

939 *Eylert*, NZA-RR 2014, 393 (408).

940 BAG, AP KSchG 1969 § 1 Betriebsbedingte Kündigung Nr. 212.

941 BAG, NZA 2015, 612 (617),

942 *Linck*, in: APS, § 15 KSchG Rn. 162.

943 Hierzu: *Preis*, in: APS, 1. Teil H Rn. 63.

944 Aus didaktischen Gründen wird die verhaltensbedingte Kündigung vor der personenbedingten Kündigung dargestellt.

10.1.3.3.1 Die Voraussetzungen der verhaltensbedingten Kündigung

Eine Kündigung aus Gründen im Verhalten des Arbeitnehmers i. S. v. § 1 Abs. 2 KSchG ist sozial gerechtfertigt, wenn der Arbeitnehmer mit dem ihm vorgeworfenen Verhalten eine Vertragspflicht – in der Regel schuldhaft – erheblich verletzt, das Arbeitsverhältnis konkret beeinträchtigt wird, die Lösung des Arbeitsverhältnisses das letzte verfügbare Mittel ist und in Abwägung der Interessen beider Vertragsteile billigenswert und angemessen erscheint.[945]

10.1.3.3.1.1 Die Pflichtverletzung

Als vertragliche Pflichten kommen sowohl Haupt- als auch Nebenpflichten in Betracht.[946] Die Gefahr einer Pflichtverletzung genügt grundsätzlich nicht.

Oftmals wird eine Vertrauensverletzung vorgetragen. Die Verletzung der Vertrauensgrundlage wiegt in der Regel schwer. Gleichwohl kann der Arbeitnehmer durch jahrelanges zuverlässiges und vertrauensvolles Arbeiten einen sog. Vertrauensvorsprung herausgearbeitet haben.[947]

Ein großes Problem stellt sog. außerdienstliches Verhalten dar. Auch hier können den Arbeitnehmer Pflichten treffen, insb. §§ 241 Abs. 2, 242 BGB. Der Arbeitnehmer hat seine Verpflichtungen aus dem Arbeitsverhältnis nämlich so zu erfüllen und die Interessen des Arbeitgebers so zu wahren, wie dies von ihm unter Berücksichtigung seiner Stellung und Tätigkeit im Betrieb, seiner eigenen Interessen und der Interessen der anderen Arbeitnehmer des Betriebs nach Treu und Glauben billigerweise verlangt werden kann.[948]

Durch ein rechtswidriges außerdienstliches Verhalten des Arbeitnehmers werden berechtigte Interessen des Arbeitgebers beeinträchtigt, wenn es negative Auswirkungen auf den Betrieb oder einen Bezug zum Arbeitsverhältnis hat.[949] Das gilt insbesondere für Straftaten, wenn diese einen Bezug auf die arbeitsvertraglichen Pflichten haben und dadurch berechtigte Interessen des Arbeitgebers oder anderer Arbeitnehmer verletzt werden.[950]

10.1.3.3.1.2 Das Verschulden

Die Pflichtverletzung muss grundsätzlich verschuldet sein. Die Rechtsprechung orientiert sich an § 276 BGB und setzt entweder Vorsatz oder Fahrlässigkeit voraus. Schuldloses Verhalten rechtfertigt in der Regel keine ver-

---

945 BAG, NJOZ 2009, 3929 (3930); BAG, NJW 2008, 1900.
946 BAG, NZA 2018, 1259 (1260).
947 BAG, NZA 2010, 1227.
948 BAG, NZA 2010, 220.
949 BAG, NZA 2013, 1345 (1347).
950 BAG, NZA 2013, 1345 (1348).

haltensbedingte Kündigung, wobei Ausnahmen bestehen. Es bleibt an dieser Stelle bei einem objektiven Maßstab.[951]

10.1.3.3.1.3 Die Negativprognose

Obgleich eine verschuldete Pflichtverletzung feststeht, ist erforderlich, dass dauerhaft eine störungsfreie Vertragserfüllung in Zukunft nicht mehr zu erwarten ist. Hier treffen sich das ultima-ratio-Prinzip und das Prognoseprinzip. Der Zweck der Kündigung ist nicht eine Sanktion für eine begangene Vertragspflichtverletzung, sondern die Vermeidung des Risikos weiterer erheblicher Pflichtverletzungen. Die vergangene Pflichtverletzung muss sich deshalb noch in der Zukunft belastend auswirken.[952]

Bei der verhaltensbedingten Kündigung geht es darum, Vertragsverletzungen in der Zukunft auszuschließen.[953] Die negative Zukunftsprognose kann auf zwei Wegen bejaht werden: Zum einen kann eine Wiederholungsgefahr bestehen[954]; zum anderen genügt es, wenn das Vertrauensverhältnis für die Zukunft beseitigt wurde.[955]

10.1.3.3.1.4 Die Verhältnismäßigkeit der Kündigung

Bei der Interessenabwägung sind folgende Aspekte auf der Seite des Arbeitnehmers stets zu berücksichtigen:

- Mitverschulden des Arbeitgebers,
- die Dauer der Betriebszugehörigkeit,
- das Lebensalter;
- die Arbeitsmarktsituation sowie
- eine etwaige Unterhaltspflicht[956] und Familienstand.

Auf der Seite des Arbeitgebers sind insbesondere

- das Gewicht der Pflichtverletzung;
- ggf. besondere Verwerflichkeit,
- die Betriebsablaufstörungen,
- der Schutz der Belegschaft,
- eine Wiederholungsgefahr sowie
- das Maß der Beeinträchtigungen des Arbeitgebers

zu berücksichtigen.

951 *Oetker*, in: ErfK, § 1 KSchG Rn. 191.
952 BAG, NZA 2007, 922.
953 BAG, NZA 2008, 589 (592).
954 BAG, NZA 2008, 589 (592).
955 *Linck*, in: Schaub, § 127 Rn. 45, 46.
956 Hierzu bspw.: BAG, NZA 2017, 703 (705).

10.1.3.3.2 Insbesondere: Die Abmahnung

Als Ausfluss des Ultima-Ratio-Grundsatzes muss der Arbeitgeber grundsätzlich zunächst vertragswidriges Verhalten abmahnen. Dieser Aspekt hat durch die Regelung des § 314 Abs. 2 BGB und die explizite Erwähnung der Abmahnung eine gesetzgeberische Bestätigung erfahren.[957]

10.1.3.3.2.1 Begriff und Funktion

Mit der Abmahnung beanstandet der Arbeitgeber das Verhalten des Arbeitnehmers und fordert ihn auf, in Zukunft ein vertragsgemäßes Verhalten an den Tag zu legen. Zudem macht er deutlich, dass im Wiederholungsfall weitere arbeitsrechtliche Konsequenzen in Form der Kündigung drohen.

Die Abmahnung hat drei Funktionen: Die Rüge-, Ermahnungs- und Warnfunktion. Als Gläubiger der Arbeitsleistung weist der Arbeitgeber den Arbeitnehmer auf dessen vertragliche Pflichten hin und macht ihn auf die Verletzung dieser Pflichten aufmerksam (Rügefunktion). Zugleich fordert er ihn für die Zukunft zu einem vertragstreuen Verhalten auf (Mahnfunktion) und kündigt, wenn ihm dies angebracht erscheint, individualrechtliche Konsequenzen für den Fall einer erneuten Pflichtverletzung an (Warnfunktion).[958]

Alle drei Funktionen müssen grundsätzlich erfüllt sein, damit die Abmahnung Wirkung entfaltet. So kann die Warnfunktion ihr Ziel verfehlen, wenn zwischen den Verstößen viel Zeit vergangen ist. Dann bleibt die Abmahnung ohne Wirkung.[959] Gleiches gilt, wenn sie in der Sache nicht berechtigt ist.[960]

Warnt der Arbeitgeber lediglich durch die Abmahnung, kann er im Lichte von Treu und Glauben keine Kündigung mehr aussprechen, wenn der Sachverhalt gleichbleibt. Der Arbeitgeber gibt dann nämlich zu erkennen, dass er das Arbeitsverhältnis noch nicht als so gestört ansieht, als dass er es nicht mehr fortsetzen könnte.[961]

Darüber hinaus dient die Abmahnung dazu, die Negativprognose zu objektivieren (man spricht auch von einer Beweis- bzw. Dokumentationsfunktion).[962] Liegt eine ordnungsgemäße Abmahnung vor und verletzt der Arbeitnehmer erneut seine vertraglichen Pflichten, kann regelmäßig davon ausgegangen werden, dass es auch in Zukunft zu weiteren Vertragsstörungen kommen wird.[963]

957 BAG, NZA 2006, 980 (984).
958 BAG, NZA 2009, 1011 (1011).
959 BAG, NZA 2013, 91 (92).
960 BAG, NZA 2009, 894.
961 BAG, NZA 2010, 823 (823 f.).
962 Hierzu: BAG, NZA 2002, 965 (966).
963 BAG, NZA 2009, 894 (895).

Zu viele Abmahnungen ohne Konsequenzen können die Abmahnungen entwerten.[964] Der Arbeitnehmer muss nicht mehr damit rechnen, dass sein Fehlverhalten Konsequenzen haben wird. Das gleiche gilt auch für unterschiedliche Pflichtverletzungen, weil der Arbeitnehmer hier aus dem Verhalten des Arbeitgebers schließen muss, dass die Summe keine ernsthaften Konsequenzen haben wird. Nach der Rechtsprechung des Bundesarbeitsgerichts „entwertet" eine dritte Abmahnung aber noch nicht.[965]

Der zugrundeliegende Sachverhalt kann sich freilich ändern, dann gilt der Verzicht auf das Kündigungsrecht nicht mehr. Dies gilt allerdings dann nicht, wenn gem. §§ 133, 157 BGB der Abmahnung selbst oder den Umständen zu entnehmen ist, dass der Arbeitgeber die Angelegenheit mit der Abmahnung nicht als „erledigt" ansieht.

10.1.3.3.2.2 Die Erforderlichkeit

Da die Abmahnung aus dem Verhältnismäßigkeitsgrundsatz entspringt, kann sie entbehrlich sein. Einer Abmahnung bedarf es in Ansehung des Verhältnismäßigkeitsgrundsatzes dann nicht, wenn eine Verhaltensänderung in Zukunft selbst nach Abmahnung nicht zu erwarten ist oder es sich um eine so schwere Pflichtverletzung handelt, dass eine Hinnahme durch den Arbeitgeber offensichtlich – auch für den Arbeitnehmer erkennbar – ausgeschlossen ist.[966]

10.1.3.3.2.3 Die Gestaltung der Abmahnung

Der praktisch wichtigste Punkt ist die Überprüfung, ob der Inhalt der Abmahnung zutrifft. Die Rechtmäßigkeit setzt jedoch zunächst voraus, dass der Aussprechende abmahnungsbefugt war. Nach herrschender Meinung kann eine Abmahnung von jeder Person ausgesprochen werden, die verbindliche Weisungen erteilen darf.[967]

Die Abmahnung muss das beanstandete Fehlverhalten genau erkennen lassen. Die Beanstandungsfunktion setzt voraus, dass klar ist, welches Verhalten vorgeworfen wird.[968] Dieses muss für den Arbeitnehmer erkennbar sein. Der Arbeitnehmer muss nämlich die Möglichkeit haben, sein künftiges Verhalten auf Grundlage der Rüge zu verändern. Der Arbeitnehmer muss erkennen, dass diese Form des Verhaltens keine Vertragserfüllung bzw. nicht vertragsgemäß ist.

---

964 BAG, BB 2005, 716.

965 BAG, BB 2005, 716 (719).

966 BAG, NZA 2011, 1027 (1029); vgl. auch *Falkenberg*, NZA 1988, 489.

967 BAG, AP KSchG 1969 § 1 Verhaltensbedingte Kündigung Nr. 3.

968 BAG, AP KSchG 1969 § 1 Abmahnung Nr. 5.

Werden mehrere Pflichtverletzungen vorgeworfen, muss sich die Abmahnung grundsätzlich auf eine gleichartige Pflichtverletzung beziehen.[969] Dazu müssen die Pflichtverletzungen in einem inneren Zusammenhang zueinander stehen. Es genügt, wenn der gleiche Pflichtenkreis betroffen ist. Das folgt daraus, dass die Abmahnung auch dazu dient, eine künftige Prognoseentscheidung zu fundieren.

Als letzten Punkt muss die Abmahnung die Beendigung des Arbeitsverhältnisses in Aussicht stellen.[970] Dieses sog. Hinweisgebot folgt unmittelbar aus der Warnfunktion der Abmahnung. Anderenfalls ist sie eine bloße Ermahnung.

10.1.3.3.2.4 Rechtsschutz gegen die Abmahnung

Im Falle einer unberechtigten Abmahnung kann der Arbeitnehmer die Entfernung der Abmahnung aus der Personalakte verlangen.[971] Hierfür bestehen zwei Anspruchsgrundlagen: §§ 611, 241 Abs. 2 BGB und §§ 12, 862, 1004 BGB analog i. V. m. Art. 1 Abs. 1 u. Art. 2 Abs. 1 GG. Mit der Entfernung wird die Abmahnung als Urkunde und Beweismittel beseitigt.

Das Bundesarbeitsgericht geht davon aus, dass der Anspruch gegeben ist, wenn die Abmahnung formell nicht ordnungsgemäß zu Stande gekommen ist oder auf einer unzutreffenden rechtlichen Bewertung des Verhaltens des Arbeitnehmers beruht oder kein schutzwürdiges Interesse des Arbeitgebers am Verbleib der Abmahnung in der Personalakte mehr besteht.[972] Darüber hinaus ist eine Abmahnung auch dann aus der Personalakte zu entfernen, wenn sie statt eines konkret bezeichneten Fehlverhaltens nur pauschale Vorwürfe enthält.[973]

Eine Abmahnung, die wegen einer Mehrzahl von Vorwürfen ausgesprochen ist und entfernt werden muss, weil ein Teil der Vorwürfe unzutreffend ist, behält hinsichtlich der zutreffenden Vorwürfe als mündliche Abmahnung ihre Geltung. Der Arbeitnehmer muss sich dann als mündlich abgemahnt betrachten.[974]

10.1.3.4 Die personenbedingte Kündigung

Nach § 1 Abs. 2 Var. 1 KSchG ist eine Kündigung sozial ungerechtfertigt, wenn sie nicht durch Gründe in der Person des Arbeitnehmers bedingt ist.

Eine personenbedingte Kündigung kann sozial gerechtfertigt sein, wenn der Arbeitnehmer aus Gründen, die in seiner Sphäre liegen, jedoch nicht von

969 BAG, NZA-RR 2012, 567 (678).

970 BAG, NZA-RR 2012, 567 (569).

971 BAG, NZA 2009, 1011 (1011 f.).

972 So die Zusammenfassung bei: BAG, NZA 2009, 842 (843).

973 BAG, NZA 2009, 842 (843).

974 BAG, NZA 2009, 894 (95).

ihm verschuldet sein müssen, seine Arbeitsleistung ganz oder teilweise nicht mehr erbringen kann.[975] Denn dann ist das Austauschverhältnis des Arbeitsvertrags nachhaltig gestört und der Arbeitgeber könnte durch den Arbeitnehmer unzumutbar belastet werden.

Abbildung 29: Die personenbedingte Kündigung

1. Leistungshindernis
2. In der Person
3. Beeinträchtigung betrieblicher Interessen
4. Negativprognose
5. Kein milderes Mittel
6. Interessenabwägung

10.1.3.4.1 Die Abgrenzung zur verhaltensbedingten Kündigung

Die Person und ihr Verhalten gehören in der Regel zusammen. Die herrschende Meinung trennt die Kündigungsgründe wegen des klaren Wortlauts des § 1 Abs. 2 KSchG. Zur Abgrenzung wird auf das Kriterium der Steuerbarkeit des Verhaltens abgestellt. In der Person liegende Gründe, die nicht steuerbar sind, sind personenbedingt.[976]

10.1.3.4.2 Exkurs: Der kündigungsrechtliche Mischtatbestand

Insbesondere kann eine Haftstrafe eine personenbedingte Kündigung rechtfertigen, obgleich die Strafbarkeit schuldhaftes Handeln verlangt. Die Rechtsprechung nimmt hier einen Vorrang der personenbedingten Kündigung an, wenn nicht das der Haft zu Grunde liegende Tatgeschehen einen Bezug zum Arbeitsverhältnis hat oder der Arbeitnehmer auf andere Weise arbeitsvertragliche Pflichten, insbesondere seine Pflicht zur Rücksichtnahme nach § 241 Abs. 2 BGB, verletzt hat.[977]

Diese Abgrenzung führt zu der Frage, wie Sachverhalte aufzulösen sind, die unter Umständen mehrere Kündigungsgründe enthalten. Berührt eine Kündigung mehrere oder alle der drei im Gesetz genannten Bereiche, liegt ein so genannter kündigungsrechtlicher Mischtatbestand vor. In einem solchen Fall richtet sich der Prüfungsmaßstab gemäß der Rechtsprechung des Bundesarbeitsgerichts danach, aus welchem der im Gesetz genannten Bereiche die Störung primär kommt, die sich auf den Bestand des Arbeitsverhältnisses nachteilig auswirkt. Dahinter zurücktretende, fernere Ursachen bleiben außer Betracht.[978]

975 BAG, NZA 2004, 784 (788).

976 *Hergenröder*, in: MüKoBGB, § 1 KSchG Rn. 147.

977 BAG, NZA 2013, 1211 (1212).

978 BAG, NZA 2009, 425 (426).

10.1.3.4.3 Voraussetzungen

Die personenbedingte Kündigung kann (nur) auf Umstände gestützt werden, die aus der Sphäre des Arbeitnehmers stammen. Das meint in der Regel persönliche Verhältnisse, Eigenschaften und Fähigkeiten des Arbeitnehmers, die die Erreichung des Vertragszwecks – nicht nur vorübergehend – unmöglich machen.[979]

Für die Prognose ist entscheidend, dass ein verständiger Arbeitgeber im Zeitpunkt des Zugangs der Kündigung davon ausgehen konnte, dass sein Arbeitnehmer die vertraglichen Pflichten nicht mehr erfüllen wird können.[980]

Zum einen kann die Eigenschaft für den Vertrag entscheidend sein. So hat das Bundesarbeitsgericht eine Vertragsstörung bei Wegfall des Studentenstatus bei einer Studentischen Hilfskraft angenommen.[981] Das Fehlen der Eigenschaft kann aber – und das dürfte der Regelfall der personenbedingten Kündigung sein – Auswirkungen auf die Erfüllung des Arbeitsvertrags bzw. die betriebliche Sphäre haben. Das ist insbesondere der Fall, wenn der Arbeitnehmer seiner Arbeit nicht mehr nachkommen kann.

Das Fehlen der Eigenschaft etc. muss ferner konkrete bzw. beachtliche Auswirkungen auf den Betrieb haben.[982] Allein eine Gefahr für den Betrieb oder den Betriebsablauf genügt nicht. Eine Ausnahme besteht dann, wenn feststeht, dass wegen eines rechtlichen oder tatsächlichen Leistungshindernisses die Möglichkeit zur Vertragsdurchführung auf Dauer entfällt.

Ebenso wie bei der verhaltensbedingten Kündigung erfordert die personenbedingte Kündigung eine umfassende Abwägung aller Interessen im Einzelfall.[983] Eine personenbedingte Kündigung ist nur gerechtfertigt, wenn unter Berücksichtigung der in der Rechtsordnung verankerten Wertentscheidungen zum Schutz des Arbeitnehmers eine so starke Beeinträchtigung der schützenswerten betrieblichen und vertraglichen Interessen vorliegt, dass diese im konkreten Fall überwiegt.[984]

Hier sind alle Umstände im Hinblick auf das Arbeitsverhältnis, den Betrieb und die Person zu berücksichtigen. Das gilt in erster Linie für Betriebsablaufstörungen (Produktionsausfall, Verzögerungen, Qualitätsminderung etc.). Ferner können wirtschaftliche Beeinträchtigungen in Anschlag gebracht werden (Bsp.: Überstundenzuschläge für Mehrarbeit; Vertragsstrafen gegenüber Lieferanten). Was der Arbeitgeber akzeptieren muss, richtet sich nach der Betriebszugehörigkeit und dem bisherigen Verlauf des Arbeitsverhältnisses etc.[985]

979 BAG, NZA 2013, 1211 (1212).

980 *Rolfs*, in: BeckOK ArbR, § 1 KSchG Rn. 108.

981 BAG, NZA 2009, 425 (427); zum Wegfall der Fluglizenz: BAG, NZA 1996, 819.

982 BAG, NZA 2009, 425 (427).

983 BAG, NZA 2013, 1211 (1212).

984 Hierzu: *Rolfs*, in: BeckOK, § 1 KSchG Rn. 109 ff.

985 BAG, NZA 2011, 1084 (1086).

10.1.3.4.4 Insbesondere: Der erkrankte Arbeitnehmer

Erkrankt der Arbeitnehmer, ist eine personenbedingte Kündigung grundsätzlich möglich und nicht etwa kategorisch gesperrt. Dieses Ergebnis kann § 8 EFZG entnommen werden. Die Norm bezeichnet die Krankheit als Kündigungsgrund. Gleichwohl stellt § 1 Abs. 2 Alt. 2 KSchG in der Interpretation durch die Rechtsprechung hohe Anforderungen an eine krankheitsbedingte Kündigung. Dabei differenziert das Bundesarbeitsgericht zwischen Langzeit- und Kurzzeiterkrankungen.

10.1.3.4.4.1 Langzeiterkrankungen

Eine langandauernde Krankheit kann ein Leistungshindernis in der Person des Arbeitnehmers begründen. Ab welcher Dauer man von einer Langzeiterkrankung sprechen kann, bleibt oftmals offen. Bei acht Monaten geht die Rechtsprechung jedenfalls von einer langanhaltenden Krankheit aus, ohne starre Grenzen zu setzen.[986] Davon ausgehend entwirft die Rechtsprechung ein dreistufiges Prüfungsschema:[987]

Das erste Element ist eine sog. negative Gesundheitsprognose. Zum Zeitpunkt des Zugangs der Kündigung müssen objektive Tatsachen vorliegen, die die Besorgnis weiterer Erkrankungen im bisherigen Umfang rechtfertigen. Häufige Erkrankungen in der Vergangenheit können für einen entsprechenden Krankheitsverlauf in der Zukunft sprechen. Sie haben Indizwirkung.[988]

Die prognostizierten Fehlzeiten müssen zu einer erheblichen Beeinträchtigung der betrieblichen Interessen führen.[989] Dieses Erfordernis wird damit begründet, dass die Beeinträchtigung Teil des Kündigungsgrunds ist.

Bei krankheitsbedingter dauernder Leistungsunfähigkeit ist in aller Regel ohne weiteres von einer erheblichen Beeinträchtigung der betrieblichen Interessen auszugehen. Die Ungewissheit der Wiederherstellung der Arbeitsfähigkeit steht einer krankheitsbedingten dauernden Leistungsunfähigkeit dann gleich, wenn in den nächsten 24 Monaten mit einer anderen Prognose nicht gerechnet werden kann.[990]

Ist ungewiss, ob der Arbeitnehmer wieder arbeitsfähig wird, so genügt dies nach herrschender Meinung. Der dauernden Leistungsunfähigkeit steht die völlige Ungewissheit der Wiederherstellung der Arbeitsfähigkeit gleich. Eine solche Ungewissheit besteht, wenn in absehbarer Zeit nicht mit einer positiven Entwicklung gerechnet werden kann.[991]

---

986 BAG, NZA 1999, 978 (979).
987 BAG, NZA 1999, 978.
988 BAG, NZA 1999, 978.
989 BAG, NZA 1993, 497 (498).
990 BAG, NZA 2002, 1081 (1083).
991 BAG, NZA 2008, 173 (174); BAG, NZA 1993, 497.

Die Interessenabwägung im Einzelfall setzt voraus, dass es dem AG nicht mehr zumutbar ist, die erheblichen betrieblichen Beeinträchtigungen aufgrund der Besonderheiten des Einzelfalls noch hinzunehmen oder dass diese ein solches Ausmaß erreicht haben, dass sie ihm nicht mehr zumutbar sind.

Im Rahmen der Prüfung wird oftmals die Frage aufkommen, ob nicht eine Weiterbeschäftigung des Arbeitnehmers auf einem anderen Arbeitsplatz in Betracht kommen kann (sog. leidensgerechter Arbeitsplatz).[992]

Der Arbeitnehmer muss sich seinerseits nach § 241 Abs. 2 BGB so verhalten, dass er bald wieder gesund wird und an seinen Arbeitsplatz zurückkehren kann. Er hat alles zu unterlassen, was den Heilungsprozess verzögern könnte.

10.1.3.4.4.2 Insbesondere: Die Bedeutung des BEM-Verfahrens

In der jüngeren Entwicklung hat das sog. BEM, das betriebliche Eingliederungsmanagement nach § 167 Abs. 2 S. 1 SGB IX im Kündigungsverfahren erhebliche Bedeutung erlangt. Hierbei handelt es sich systematisch eigentlich um eine Maßnahme im Kontext der Rehabilitation (daher SGB IX), um eine Beschäftigungsmöglichkeit zu erhalten.

Sind Beschäftigte innerhalb eines Jahres länger als sechs Wochen ununterbrochen oder wiederholt arbeitsunfähig, klärt der Arbeitgeber[993] die Möglichkeiten, wie die Arbeitsunfähigkeit möglichst überwunden werden und mit welchen Leistungen oder Hilfen erneuter Arbeitsunfähigkeit vorgebeugt *und der Arbeitsplatz erhalten werden kann.*

Es handelt sich nämlich bei dem BEM um ein Verfahren, um Abhilfe zu schaffen. Das Bundesarbeitsgericht beschreibt das BEM als rechtlich regulierten *verlaufs- und ergebnisoffenen Suchprozess,* der individuell angepasste Lösungen zur Vermeidung zukünftiger Arbeitsunfähigkeit ermitteln soll.[994] § 167 Abs. 2 S. 1 SGB IX enthält somit keine konkrete Rechtsfolgenanordnung, ist aber eine Ausprägung des Grundsatzes der Verhältnismäßigkeit. Durch das BEM können gegebenenfalls mildere Mittel gegenüber dem Ausspruch einer Kündigung gefunden werden, obgleich das BEM selbst kein solches milderes Mittel ist.[995] Das Unterbleiben des BEM kann daher den ultima-ratio-Grundsatz verletzen. Schließt das BEM mit der Empfehlung einer Maßnahme ab, so muss dieses als milderes Mittel durchgeführt werden. [996] Mildere Mittel in diesem Sinne sind insbesondere die Umgestal-

992 BAG, NZA 2011, 39 (40).

993 Zusammen mit der zuständigen Interessenvertretung, bei schwerbehinderten Menschen außerdem mit der Schwerbehindertenvertretung, mit Zustimmung und Beteiligung der betroffenen Person.

994 BAG, NZA 2018, 162 (164).

995 BAG, NZA 2011, 992.

996 BAG, NZA 2018, 162 (164 f.).

tung des bisherigen Arbeitsbereichs oder die Weiterbeschäftigung des Arbeitnehmers auf einem leidensgerechten Arbeitsplatz.

10.1.3.4.4.3 Häufige Kurzzeiterkrankungen

Bei häufigen Kurzzeiterkrankungen prüft die Rechtsprechung ähnlich schematisch wie bei Langzeiterkrankungen. Zunächst setzt eine ordentliche Kündigung[997] eine negative Gesundheitsprognose voraus.[998] Es müssen im Zeitpunkt des Zugangs der Kündigung objektive Tatsachen vorliegen, die die Besorgnis weiterer Erkrankungen im bisherigen Umfang befürchten lassen (sog. erste Stufe). Häufige Erkrankungen können eine solche negative Prognose indizieren. Für die Erstellung der Gesundheitsprognose ist grundsätzlich der Zeitraum der letzten drei Jahre maßgeblich.[999]

Die prognostizierten Fehlzeiten müssen außerdem zu einer erheblichen Beeinträchtigung der betrieblichen Interessen führen (sog. zweite Stufe).[1000] Diese Beeinträchtigungen können sowohl in Betriebsablaufstörungen als auch in wirtschaftlichen Belastungen liegen. Das gilt insbesondere für eine zu erwartende Entgeltfortzahlung, sofern die Zahlungen einen Umfang von sechs Wochen übersteigen. Was die wirtschaftliche Belastung des Arbeitgebers angeht, so indiziert die Entgeltfortzahlungszeit des § 3 EFZG, dass sechs Wochen jedenfalls zumutbar sind.[1001]

Schließlich setzt die Kündigung noch eine umfassende Interessenabwägung voraus, deren Kern in der Prüfung besteht, ob die Beeinträchtigungen vom Arbeitgeber gleichwohl hingenommen werden müssen (dritte Stufe).[1002] Berücksichtigt werden können die Dauer der störungsfreien Betriebszugehörigkeit, die betriebliche Begründung der Fehlzeiten, etwa durch einen oder mehrere Arbeitsunfälle, das Lebensalter, Unterhaltspflichten sowie sogar schlechte Arbeitsmarktchancen.[1003] Für die Kündigung kann insbesondere sprechen, dass der Arbeitnehmer keine nennenswerte Arbeitsleistung mehr erbringen kann oder der Arbeitgeber die Arbeitskraft nicht mehr sinnvoll planen kann.[1004] Auch bei häufigen Kurzerkrankungen sollten Lösungswege zunächst über ein BEM gesucht werden.[1005]

---

997 Das BAG betont, dass bei einer außerordentlichen krankheitsbedingten Kündigung dieser Prüfungsmaßstab erheblich strenger sein soll, vgl. BAG, NZA 2018, 1056 (1058).

998 BAG, NZA 2018, 1056 (1057).

999 BAG, NZA 2018, 1056 (1058).

1000 BAG, NZA 2018, 1056 (1057 f.)

1001 Vgl. *Greiner*, RdA 2007, 22 (26).

1002 BAG, NZA 2018, 1056 (1058).

1003 BAG, AP BGB § 626 Krankheit Nr. 13.

1004 BAG, NZA 2018, 1056 (1060).

1005 *Deinert*, NZA 2010, 969 (971); BAG, NZA 2018, 1056 (1061).

10.1.3.5 Die betriebsbedingte Kündigung

Sozial gerechtfertigt ist die Kündigung schließlich, wenn sie durch dringende betriebliche Erfordernisse bedingt ist (§ 1 Abs. 2 Alt. 3 KSchG). Eine betriebsbedingte Kündigung liegt vor, wenn die Kündigung notwendig ist, um den Personalbestand des Betriebs an den künftigen Personalbedarf anzupassen.[1006]

10.1.3.5.1 Die Voraussetzungen der betriebsbedingten Kündigung

Eine Kündigung aus dringlichen betrieblichen Gründen (§ 1 Abs. 2 Alt. 3 KSchG) setzt einen unvermeidbaren Arbeitsplatzwegfall wegen einer Unternehmerentscheidung voraus. Zudem muss die Sozialauswahl ordnungsgemäß erfolgt sein (§ 1 Abs. 3 KSchG).

Abbildung 30: Die betriebsbedingte Kündigung

1. Inner- oder außerbetrieblicher Grund
2. Unternehmerentscheidung
3. Wegfall der Beschäftigungsmöglichkeit
4. Keine Weiterbeschäftigungsmöglichkeit
5. Sozialauswahl nach § 1 Abs. 3 KSchG

10.1.3.5.1.1 Die Unternehmerentscheidung und ihre Gründe

Auch wenn die Kündigung betriebsbedingt sein muss, ist Ausgangspunkt ihrer Überprüfung eine Unternehmerentscheidung. Der Arbeitgeber richtet eben den Betrieb ein und schließt ihn wieder.

10.1.3.5.1.1.1 Die Freiheit der Unternehmerentscheidung

Aus Art. 12 GG folgt, dass ein Arbeitgeber in seinen Unternehmerentscheidungen grundsätzlich frei ist. Insbesondere die Gestaltung des Anforderungsprofils für einen Arbeitsplatz unterliegt der freien „unternehmerischen" Disposition. Selbst das Bestreben des Arbeitgebers, bestimmte Tätigkeiten – nach Möglichkeit – von Arbeitnehmern mit einer bestimmten Qualifikation ausführen zu lassen, ist grundsätzlich zu akzeptieren.[1007] Ebenso gehört zum Kern der unternehmerischen Freiheit, die betriebliche Organisation zu gestalten und festzulegen, an welchem Standort welche arbeitstechnischen Zwecke und Ziele verfolgt werden sollen.[1008]

Beruft sich der Arbeitgeber auf eine Unternehmerentscheidung, so ist nachzuprüfen, ob eine derartige unternehmerische Entscheidung tatsächlich vorliegt und – später – durch ihre Umsetzung das Beschäftigungsbedürfnis

1006 *Berkowsky*, NZA-RR 2001, 393 (395).

1007 BAG, AP KSchG 1969 § 1 Betriebsbedingte Kündigung Nr. 210.

1008 BAG, AP KSchG 1969 § 1 Betriebsbedingte Kündigung Nr. 197.

im behaupteten Umfang entfallen ist. Dagegen ist die unternehmerische Entscheidung selbst nicht auf ihre sachliche Rechtfertigung oder ihre Zweckmäßigkeit zu überprüfen.[1009] Die Unternehmerentscheidung würde aber gegen §§ 138, 242 BGB verstoßen, wenn sie offensichtlich unsachlich, unvernünftig oder willkürlich ist.

Diesem Maßstab hält beispielsweise die Festlegung eines neuen Anforderungsprofils dann stand, wenn die Qualifikationsmerkmale einen nachvollziehbaren Bezug zu den auszuführenden Arbeiten haben.[1010] Nicht zulässig ist es hingegen, einen bestehenden Bedarf auf weniger Arbeitnehmer in einer Weise zu verteilen, dass diese durch den Arbeitsanfall überfordert werden.[1011]

In jedem Fall unzulässig ist eine sog. Austauschkündigung. In diesem Fall fällt die Beschäftigungsmöglichkeit des Arbeitnehmers nicht weg, sondern bleibt erhalten und soll mit einer anderen Person ausgefüllt werden.[1012] In diesen Fällen kann bereits die Unternehmerentscheidung missbräuchlich sein und gegen § 138 BGB verstoßen, weil die Entscheidung unmittelbar gegen den Arbeitnehmer gerichtet ist.

10.1.3.5.1.1.2 Das Verhältnis von Kündigungserklärung und Unternehmerentscheidung

Das System des § 1 Abs. 2 Alt. 3 KSchG geht von der prinzipiellen Trennung von Unternehmerentscheidung und Kündigung aus. Reduziert sich die Organisationsentscheidung zur Personalreduzierung praktisch auf die Kündigung als solche, kommt also die Organisationsentscheidung dem Entschluss zur Kündigung selbst nahe oder deckt sich mit ihm, sind diese beiden Entscheidungen nicht voneinander zu unterscheiden.[1013] Da die Kündigung nach dem KSchG an das Vorliegen von Gründen gebunden ist, die außerhalb ihrer selbst liegen, muss der Arbeitgeber in solchen Fällen seine Entscheidung hinsichtlich ihrer organisatorischen Durchführbarkeit und zeitlichen Nachhaltigkeit verdeutlichen; insbesondere dahingehend, dass ein Beschäftigungsbedürfnis für den Arbeitnehmer entfallen ist.[1014]

10.1.3.5.1.1.3 Die betrieblichen Gründe für die Unternehmerentscheidung

Die Entscheidung, den Arbeitsplatzbedarf anzupassen, muss wiederum betriebsbedingt sein. Dabei sind innerbetriebliche und außerbetriebliche Gründe anerkannt.[1015] Die Unterscheidung hat für den Arbeitgeber Bedeu-

1009 BAG, NJOZ 2003, 1498 (1500).
1010 BAG, AP KSchG 1969 § 1 Betriebsbedingte Kündigung Nr. 210.
1011 *Oetker*, in: ErfK, § 1 Rn. 268.
1012 BAG, BB 1997, 260 (261).
1013 BAG, NJOZ 2003, 1498 (1500).
1014 BAG, NZA 1999, 1098; BAG, AP KSchG 1969 § 1 Betriebsbedingte Kündigung Nr. 198.
1015 BAG, NZA 1999, 1098 (1099); *Oetker*, in: ErfK, § 1 Rn. 217 ff.

tung, weil er unterschiedlich an die Gründe gebunden ist. Außerbetriebliche Gründe muss der Arbeitgeber darlegen und gegebenenfalls beweisen (Umfang, Ausmaß etc.). Bei innerbetrieblichen Gründen muss der Arbeitgeber hingegen nur darlegen und beweisen, wie die Entscheidung umgesetzt wird (Zeitpunkt, Inhalt, Auswirkung etc.).[1016]

Eine betriebsbedingte Kündigung kann schließlich auch auf die zukünftige Entwicklung gestützt werden, wenn die betrieblichen Umstände greifbare Formen angenommen haben.[1017] Allerdings muss eine der entsprechenden Prognose zugrunde liegende eigene unternehmerische Entscheidung des Arbeitgebers bereits im Kündigungszeitpunkt endgültig getroffen worden sein. Andernfalls kann eine zum Wegfall der Beschäftigungsmöglichkeiten führende Entscheidung nicht sicher prognostiziert werden.[1018] In der Praxis wird ein entsprechender Beschluss der Leitungsebene gefasst.

10.1.3.5.1.1.4 Insbesondere: Die Betriebsstilllegung

Neben einer betrieblichen Rationalisierungsmaßnahme steht insbesondere die Betriebsstilllegung im Fokus der Rechtsprechung.

Der Begriff bezeichnet die Auflösung der zwischen Arbeitgeber und Arbeitnehmer bestehenden Betriebs- und Produktionsgemeinschaft, die ihre Veranlassung und zugleich ihren unmittelbaren Ausdruck darin findet, dass der Unternehmer die bisherige wirtschaftliche Betätigung in der ernstlichen Absicht einstellt, den bisherigen Betriebszweck dauernd oder für eine ihrer Dauer nach unbestimmte, wirtschaftlich nicht unerhebliche Zeitspanne nicht weiter zu verfolgen.[1019]

Der Arbeitgeber kann darüber hinaus auch wegen einer *beabsichtigten* Stilllegung eines Betriebes die Kündigung aussprechen. Greifbare Umstände liegen nach der Rechtsprechung dann vor, wenn im Zeitpunkt des Kündigungsausspruchs auf Grund einer vernünftigen betriebswirtschaftlichen Betrachtung davon auszugehen ist, zum Zeitpunkt des Kündigungstermins werde mit einiger Sicherheit der Eintritt des die Entlassung erforderlich machenden betrieblichen Grundes vorliegen.[1020]

Nach der Rechtsprechung des Bundesarbeitsgerichts schließen sich Betriebsstilllegung und Betriebsübergang aus.[1021] Liegen die Voraussetzungen des § 613a BGB vor, kann eine Kündigung wegen Betriebsstilllegung nicht ausgesprochen werden. Vielmehr geht das Arbeitsverhältnis auf den neuen Betriebsinhaber über.

1016 BAG, NZA 2011, 505 (506).
1017 BAG, AP KSchG 1969 § 1 Betriebsbedingte Kündigung Nr. 202.
1018 BAG, AP KSchG 1969 § 1 Betriebsbedingte Kündigung Nr. 202.
1019 BAG, AP KSchG 1969 § 1 Betriebsbedingte Kündigung Nr. 115.
1020 BAG, AP KSchG 1969 § 1 Betriebsbedingte Kündigung Nr. 132.
1021 BAG, AP KSchG 1969 § 1 Betriebsbedingte Kündigung Nr. 201.

10.1.3.5.1.2 Der Wegfall der Beschäftigungsmöglichkeit

Die Unternehmerentscheidung muss zum Wegfall der Beschäftigungsmöglichkeit geführt haben.

10.1.3.5.1.2.1 Der Fortfall des Arbeitsplatzes

Mit anderen Worten muss der Arbeitsplatz des gekündigten Arbeitnehmers weggefallen sein. Ist der konkrete Arbeitsplatz betroffen, besteht kein Problem. Es genügt aber, dass das Bedürfnis besteht, dass ein oder mehrere Arbeitsplätze wie die des Arbeitnehmers im Betrieb abgebaut werden müssen. Welche Arbeitnehmer betroffen sein werden, ist dann eine Frage der Sozialauswahl nach § 1 Abs. 3 KSchG.

10.1.3.5.1.2.2 Die Berücksichtigung anderweitiger Beschäftigungsmöglichkeiten

Dabei belässt es die Rechtsprechung aber zu Recht nicht. Über den Wortlaut des § 1 Abs. 2 S. 2 Nr. 1 lit. b) KSchG hinaus darf die Beschäftigung des Arbeitnehmers auf einem anderen vergleichbaren Arbeitsplatz nicht in Betracht kommen. Dieser sog. Weiterbeschäftigungsanspruch ist nach herrschender Meinung auf Betriebe in Deutschland bezogen.[1022] Dem wird von Seiten der Literatur entgegengehalten, dass diese Ansicht Anreize zur Standortverlagerung ins Ausland setze.[1023]

Entscheidend ist im Ausgangspunkt, ob ein freier Arbeitsplatz besteht. Als „frei" sind grundsätzlich nur solche Arbeitsplätze anzusehen, die im Zeitpunkt des Zugangs der Kündigung unbesetzt sind.[1024] Ein in Zukunft entstehender Arbeitsplatz muss berücksichtigt werden, wenn beim Ausspruch der Kündigung mit hinreichender Sicherheit vorhergesehen werden kann, dass der Arbeitsplatz bis zum Ablauf der Kündigungsfrist zur Verfügung stehen wird.[1025] Ist eine Überbrückung zumutbar, können auch erst später freiwerdende Arbeitsplätze hinzugerechnet werden.

Erfüllt der Arbeitnehmer das Anforderungsprofil der fraglichen Stelle, bedarf es grundsätzlich keiner weitergehenden Prüfung, ob dem Arbeitnehmer die Tätigkeit zumutbar ist.[1026] Das gilt sogar auch dann, wenn eine Vertragsänderung erforderlich wäre.

Zu berücksichtigen sind auch vergleichbare oder andere Arbeitsbedingungen.[1027] Vergleichbar ist ein Arbeitsplatz, wenn der Arbeitgeber aufgrund seines Weisungsrechts den Arbeitnehmer ohne Änderung des Arbeitsver-

1022 BAG, AP KSchG 1969 § 1 Betriebsbedingte Kündigung Nr. 209.
1023 *Deinert*, Anm. zu BAG, AP KSchG 1969 § 1 Betriebsbedingte Kündigung Nr. 202.
1024 BAG, AP KSchG 1969 § 1 Betriebsbedingte Kündigung Nr. 208.
1025 BAG, AP KSchG 1969 § 1 Betriebsbedingte Kündigung Nr. 208.
1026 BAG, AP KSchG 1969 § 1 Betriebsbedingte Kündigung Nr. 208.
1027 BAG, AP KSchG 1969 § 1 Betriebsbedingte Kündigung Nr. 197.

hältnisses weiterbeschäftigen kann. Ein „schlechterer“ Arbeitsplatz kann in Betracht kommen, wenn dies zumutbar ist – entscheidend ist, dass der Arbeitnehmer zustimmt. Ist ein Arbeitsplatz „frei, aber anders“, so kommt es darauf an, dass sich der Arbeitnehmer binnen kurzer Zeit einarbeiten kann.[1028]

Nach der herrschenden Meinung sind nur Beschäftigungsmöglichkeiten im Unternehmen zu prüfen. Das Bundesarbeitsgericht vertritt in ständiger Rechtsprechung, dass das KSchG grundsätzlich keinen Konzernbezug hat.[1029] Dem wird vereinzelt widersprochen. Die Konzernstruktur könnte genutzt werden, um den Kündigungsschutz auszuhebeln.[1030] Hinter diesem Problem steht der Grundsatz, dass sich das Arbeitsrecht an den gesellschaftsrechtlichen Grundstrukturen orientiert. Gleichwohl macht auch die herrschende Meinung von diesem Dogma eine Ausnahme, wenn offensichtlich ist, dass die Konzernstruktur bewusst zur Umgehung genutzt wird, ein Konzernarbeitsverhältnis besteht oder eine solche Pflicht im einschlägigen Tarifvertrag steht.[1031]

10.1.3.5.1.2.3 Darlegungs- und Beweislast

Mit Blick auf § 1 Abs. 2 S. 4 KSchG ist der Arbeitgeber darlegungs- und beweispflichtig für den Wegfall des Arbeitsplatzes. Allerdings gilt nach der Rechtsprechung eine abgestufte Darlegungslast.[1032] Bestreitet der Arbeitnehmer lediglich den Wegfall seines bisherigen Arbeitsplatzes, genügt der Vortrag des Arbeitgebers, wegen der betrieblichen Notwendigkeiten sei eine Weiterbeschäftigung zu den gleichen Bedingungen nicht möglich. Will der Arbeitnehmer vorbringen, es sei eine Beschäftigung an anderer Stelle möglich, obliegt es ihm darzulegen, wie er sich diese Beschäftigung vorstellt. Erst daraufhin muss der Arbeitgeber eingehend erläutern, aus welchen Gründen eine Umsetzung nicht in Betracht kommt.

10.1.3.5.1.3 Der Ultima-Ratio-Grundsatz

Inwieweit der Ultima-Ratio-Grundsatz im Rahmen der betriebsbedingten Kündigung eine Rolle spielt, ist noch nicht vollends geklärt. Das Bundesarbeitsgericht betont, dass die Merkmale der „Dringlichkeit“ und des „Bedingtseins“ der Kündigung Ausdruck des Grundsatzes der Verhältnismäßigkeit sind[1033] und prüft in der Regel nur, ob eine anderweitige Beschäftigungsmöglichkeit besteht.[1034]

1028 BAG, NZA-RR 2014, 325 (326).
1029 BAG, AP KSchG 1969 § 1 Betriebsbedingte Kündigung Nr. 132.
1030 Vertiefend: *Temming*, RdA 2018, 84.
1031 BAG, NZA 2007, 1278.
1032 BAG, AP KSchG 1969 § 1 Betriebsbedingte Kündigung Nr. 202.
1033 BAG, AP KSchG 1969 § 1 Betriebsbedingte Kündigung Nr. 208.
1034 Hierzu: *Krause*, RdA 2016, 49 (51).

Vor diesem Hintergrund ergibt es Sinn, den Grundsatz der Verhältnismäßigkeit nur dann anzusprechen, wenn es nach dem Fall geboten erscheint und für die Abwägung ausnahmsweise kein anderes Tatbestandsmerkmal zu Verfügung steht.

10.1.3.5.1.4 Die Sozialauswahl

Die Sozialauswahl nach § 1 Abs. 3 KSchG dient der personellen Konkretisierung der eine Kündigung bedingenden dringenden betrieblichen Erfordernisse in Fällen, in denen die Zahl der vom Rückgang des Beschäftigungsbedarfs betroffenen Arbeitnehmer die der verbliebenen Arbeitsplätze übersteigt.[1035]

Ist das Arbeitsverhältnis aus dringenden betrieblichen Erfordernissen gekündigt worden, ist die Kündigung nach § 1 Abs. 3 S. 1 HS 1 KSchG sozial ungerechtfertigt und damit gleichwohl nach § 1 Abs. 1 KSchG unwirksam, wenn der Arbeitgeber bei der Auswahl des Arbeitnehmers die Dauer der Betriebszugehörigkeit, das Lebensalter, die Unterhaltspflichten und die Schwerbehinderung des Arbeitnehmers nicht oder nicht ausreichend berücksichtigt hat. Maßgeblich ist der Zeitpunkt der Kündigung unter Berücksichtigung absehbarer zukünftiger Entwicklung.[1036]

10.1.3.5.1.4.1 Die Festlegung des erfassten Personenkreises

Zunächst muss die Gruppe der in die Sozialauswahl einzubeziehenden Arbeitnehmer ermittelt werden.[1037] Entscheidend ist, wessen Arbeitsplätze wegfallen. Ist nur ein Arbeitnehmer betroffen, ist keine Sozialauswahl vorzunehmen.[1038]

Ansonsten werden alle vergleichbaren Arbeitnehmer in die Sozialauswahl einbezogen.[1039] Bezugspunkt ist der Betrieb, nicht das Unternehmen und nicht der Konzern.[1040] Das gilt selbst dann, wenn sich der Arbeitgeber eine weitreichende Versetzungsbefugnis vorbehalten hat.[1041] Die Sozialauswahl kann dabei auch auf einen Betriebsteil beschränkt werden. In einem Gemeinschaftsbetrieb muss die Sozialauswahl zwischen allen Arbeitnehmern des Betriebs erfolgen, selbst wenn sie von einem anderen Arbeitgeber beschäftigt werden.[1042]

Die Vergleichbarkeit geht von dem Arbeitnehmer aus, dessen Arbeitsplatz weggefallen ist. Die Sozialauswahl erstreckt sich auf alle Arbeitnehmer, die

---

1035 BAG, AP KSchG 1969 § 1 Soziale Auswahl Nr. 100.

1036 BAG, NZA 2005, 1307 (1308).

1037 *Rolfs*, in: BeckOK, § 1 Rn. 468.

1038 *Oetker*, in: ErfK, § 1 Rn. 299.

1039 BAG, NZA 2013, 837.

1040 BAG, AP KSchG 1969 § 1 Betriebsbedingte Kündigung Nr. 210.

1041 BAG, NZA 2016, 33 (35).

1042 BAG, AP KSchG 1969 § 1 Gemeinschaftsbetrieb Nr. 4.

auf den wegfallenden Arbeitsplätzen miteinander verglichen werden können. Diese Arbeitnehmer müssen rechtlich und tatsächlich auf dem gleichen Arbeitsplatz eingesetzt werden können (horizontale Vergleichbarkeit). Es kommt auf die Ebene der Betriebshierarchie an und ob die Tätigkeit ohne Änderung der Arbeitsplatzbedingungen übernommen werden kann.[1043] Tatsächlich vergleichbar sind die Arbeitnehmer, wenn sie aufgrund ihrer Fähigkeiten und Ausbildung eine andersartige, aber gleichwertige Tätigkeit ausführen können. Eine kurze Einarbeitungszeit ist unschädlich. Er muss dann aber immer noch rechtlich umgesetzt werden können.[1044]

Entgegen seiner älteren Rechtsprechung vertritt das Bundesarbeitsgericht die Ansicht, dass ein Arbeitnehmer, der noch nicht den allgemeinen Kündigungsschutz genießt, nicht in die Sozialauswahl einbezogen werden darf.[1045] Dieser Arbeitsvertrag müsse vorrangig gekündigt werden.

Bei der Vergleichbarkeit von Voll- und Teilzeitkräften kommt es auf das unternehmerische Konzept und die unternehmerische Entscheidung an. Der Arbeitgeber ist in seiner Entscheidung frei, ob er Vollzeit- oder Teilzeitkräfte einsetzen will. Eine Sozialauswahl zwischen Arbeitnehmern in Teilzeit und solchen, die in Vollzeit beschäftigt sind, kann daher ausgeschlossen sein, wenn der Arbeitgeber auf der Grundlage eines nachvollziehbaren unternehmerischen Konzepts bestimmten Tätigkeiten bestimmte Arbeitszeiten zuordnet.[1046] Sollen allerdings nur Arbeitsstunden abgebaut werden, so sind beide Typen vergleichbar.

Ein sog. vertikaler Vergleich wird nicht durchgeführt.[1047] Die betriebsbedingte Kündigung kann insbesondere nicht zu einer Beförderung führen. Macht der Arbeitnehmer geltend, er sei höher qualifiziert als eingesetzt, so kommt ihm das nicht zugute. Das KSchG schützt nur seinen Arbeitsplatz, wie er bestand. Ob eine Verschlechterung miteinzubeziehen ist, ist umstritten. Macht der Arbeitnehmer geltend, er könne auch niedere Arbeiten erledigen, so kommt ihm dies nach der herrschenden Meinung ebenfalls nicht zugute. Anderenfalls würde die Sozialauswahl zu einem eigenen Kündigungsgrund für andere Arbeitnehmer werden.[1048]

10.1.3.5.1.4.2 Die soziale Bewertung

Sodann sind alle zu vergleichenden Arbeitnehmer zu bewerten. Die soziale Bewertung beruht auf einer Abwägung. Das Arbeitsverhältnis desjenigen ist zu kündigen, der am sozial stärksten ist.[1049]

1043 *Kiel*, in: APS, § 1 KSchG Rn. 608.

1044 BAG, AP KSchG 1969 § 1 Soziale Auswahl Nr. 99.

1045 BAG, AP KSchG 1969 § 1 Soziale Auswahl Nr. 7.

1046 BAG, NZA 2015, 679 (683).

1047 *Kiel*, in: APS, § 1 KSchG Rn. 612.

1048 *Kiel*, in: APS, § 1 KSchG Rn. 612.

1049 Vgl. *Boemke*, JuS 2007, 972.

Zu berücksichtigen sind insbesondere die Betriebszugehörigkeit als ununterbrochener Bestand des Arbeitsverhältnisses, das Lebensalter, um ältere Menschen vor der Arbeitslosigkeit zu schützen, Unterhaltspflichten: §§ 1318, 1569 ff, 1601 ff. BGB, soweit sie dem Arbeitgeber bekannt sind und eine etwaige Schwerbehinderung. Letztere wird wegen des Sonderkündigungsschutzes nach dem SGB IX selten eine Rolle spielen. Diese vier bilden die sog. Kernkriterien. Keines der Kriterien genießt den Vorrang.[1050]

Daneben darf der Arbeitgeber weitere Kriterien heranziehen. Allerdings müssen diese mit dem Arbeitsverhältnis in einem Verhältnis stehen. Zulässige Kriterien sind etwa Krankheiten aus betrieblicher Tätigkeit, Berufskrankheiten oder unverschuldete Arbeitsunfälle.

Erforderlich ist, dass der Arbeitgeber die Kriterien der Sozialauswahl *ausreichend* berücksichtigt. Der Arbeitgeber hat einen Bewertungsspielraum.[1051] Es bestehen keine allgemein anerkannten Bewertungsmaßstäbe. Fehlerhaft ist die Bewertung, wenn der Arbeitgeber ein Kernkriterium übersieht oder die Gewichtung jede Ausgewogenheit vermissen lässt. Das ist etwa der Fall, wenn ein Arbeitnehmer „deutlich schutzwürdiger" ist als ein nicht gekündigter Arbeitnehmer.[1052]

In der Praxis greifen nahezu alle Unternehmen auf sog. Punkteschemata zurück.[1053] Nach dieser Methode werden den Merkmalen Punkte zugeordnet. Wer die meisten Punkte hat, ist dann der sozial Stärkste.

Arbeitnehmer, die gesetzlich unkündbar sind, sind nicht vergleichbar, da anderenfalls das Kündigungsrecht leerlaufen würde.[1054] Bei tariflich unkündbaren Arbeitnehmern herrscht Streit. Geltend gemacht wird, es gebe keine gesetzliche Öffnungsklausel zugunsten einer tarifvertraglichen Regelung.[1055] Bei vertraglich vereinbarter Unkündbarkeit herrscht ebenfalls Streit. Hier wird geltend gemacht, dieser Vertrag wirke faktisch wie ein Vertrag zulasten Dritter. Dem wird entgegengehalten, dass es dem Arbeitgeber nicht zugemutet werden dürfe, sich vertragswidrig zu verhalten. Überzeugender ist es, im Hinblick auf den besonderen Schutz von sog. Leistungsträgern den vertraglichen Schutz unberücksichtigt zu lassen, sobald mehrere Arbeitnehmer betroffen sind.

10.1.3.5.1.4.3 Die sog. Leistungsträgerklausel

Nach § 1 Abs. 3 S. 2 KSchG sind Arbeitnehmer nicht in die soziale Auswahl einzubeziehen, deren Weiterbeschäftigung, insbesondere wegen ihrer

1050 BAG, NZA 2015, 426.
1051 BAG, AP KSchG 1969 § 1 Soziale Auswahl Nr. 99.
1052 BAG, AP KSchG 1969 § 1 Soziale Auswahl Nr. 99.
1053 Vgl. *Schiefer*, NZA-RR 2002, 169.
1054 *Kiel*, APS, § 1 KSchG Rn. 622.
1055 Vgl. auch *Adam* NZA 1999, 846 (850).

Kenntnisse, Fähigkeiten und Leistungen oder zur Sicherung einer ausgewogenen Personalstruktur des Betriebes, im berechtigten betrieblichen Interesse liegt. Auch wenn man S. 2 als sog. Leistungsträgerklausel bezeichnet,[1056] kommt auch der Personalstruktur des Betriebs in der Praxis eine große Bedeutung zu. Die Norm schützt das betriebliche Interesse an der Weiterbeschäftigung.

Dem Interesse des Arbeitgebers an einer möglichst leistungsfähigen Belegschaft kommt kein absolutes Gewicht zu. Entscheidend ist wiederum eine Abwägung des Interesses der sozialschwächeren Arbeitnehmer mit dem betrieblichen Interesse an der Herausnahme des Leistungsträgers.[1057]

Im Rahmen der Aufrechterhaltung der ausgewogenen Personalstruktur muss nachvollziehbar dargelegt werden, weshalb bestimmte Arbeitnehmer weiter tätig sein sollen. § 1 Abs. 3 S. 2 KSchG ermöglicht es, eine sog. gruppenbezogene Sozialauswahl durchzuführen, um die Altersstruktur im Betrieb zu erhalten. Das Bundesarbeitsgericht betont, dass Verzerrungen einer Gruppenbildung immanent sind.[1058] In der Praxis sind Altersgruppen häufig.[1059]

10.1.3.5.1.4.4 Die Auswahlrichtlinien i. S. v. § 1 Abs. 4 KSchG

Praktisch sehr bedeutsam sind die Auswahlrichtlinien nach § 95 BetrVG. Diese bedürfen der Zustimmung des Betriebsrats (§ 95 BetrVG). Unter Auswahlrichtlinien sind aufgestellte Grundsätze zu verstehen, die der Entscheidungsfindung bei personellen Einzelmaßnahmen dienen sollen, wenn für diese mehrere Personen in Betracht kommen.[1060] Ein Gericht kann die Bewertung in den Auswahlrichtlinien nur noch auf grobe Fehlerhaftigkeit untersuchen. Dazu muss der Fehler „ins Auge" springen[1061], was selten der Fall ist.

10.1.3.5.1.4.5 Die Namensliste i. S. v. § 1 Abs. 5 KSchG

Bei Betriebsänderungen spielt die sog. Namensliste eine große Rolle. Über Auswahlrichtlinien hinaus können sich Betriebsrat und Arbeitgeber auch über die Personen einigen, deren Arbeitsverhältnisse beendet werden sollen. Sollen mehrere Arbeitnehmer eine Kündigung erhalten, begründet dies nicht nur eine Massenentlassung i. S. v. § 17 KSchG, sondern regelmäßig auch eine Betriebsänderung nach § 111 BetrVG.

§ 1 Abs. 5 KSchG begründet eine praktisch besonders bedeutsame Privilegierung der Betriebsparteien. Während es bei § 1 Abs. 4 KSchG um die Bewertung der Kriterien geht, ermöglicht eine Namensliste zum einen die

---

1056 Hierzu: *Buschbaum*, BB 2011, 309.

1057 BAG, AP KSchG 1969 § 1 Soziale Auswahl Nr. 99.

1058 BAG, NZA 2005, 877.

1059 *Oetker*, in: ErfK, § 1 KSchG Rn. 347.

1060 *Kania*. In ErfK, § 95 BetrVG Rn. 3.

1061 *Oetker*, in: ErfK, § 1 KSchG Rn. 358 unter Verweis auf Rechtsprechung zu § 1 Abs. 5 KSchG.

Vermutung des dringenden betrieblichen Erfordernisses sowie die Reduktion des Prüfungsmaßstabs der Sozialauswahl auf grobe Fehlerhaftigkeit.

Die Namensliste selbst muss wie der Interessenausgleich der Schriftform gemäß § 112 BetrVG entsprechen.[1062] Beide können eine einheitliche Urkunde darstellen. Dazu müssen sie grundsätzlich fest verbunden sein.[1063] Eine einheitliche Urkunde kann aber nach der Rechtsprechung selbst dann vorliegen, wenn die Namensliste getrennt vom Interessenausgleich erstellt worden ist. Voraussetzung ist, dass im Interessenausgleich auf die zu erstellende Namensliste verwiesen wird, die erstellte Namensliste – ebenso wie zuvor der Interessenausgleich – von den Betriebsparteien unterschrieben worden ist und die Liste ihrerseits eindeutig auf den Interessenausgleich Bezug nimmt.[1064]

Die Vermutung des dringenden betrieblichen Erfordernisses erstreckt sich auch auf das Fehlen von Weiterbeschäftigungsmöglichkeiten im Unternehmen.[1065] Der Zweck der Vermutung besteht darin, den Vortrag des Arbeitgebers zu entlasten.[1066] Die Vermutung der Betriebsbedingtheit der Kündigung ist allerdings dann als widerlegt anzusehen, wenn der Arbeitnehmer darlegt und im Bestreitensfall beweist, dass der nach dem Interessenausgleich in Betracht kommende betriebsbedingte Grund nicht vorliegt, weil das Beschäftigungsbedürfnis in Wirklichkeit nicht weggefallen ist.[1067]

Grob fehlerhaft ist die Sozialauswahl, wenn sie jede Ausgewogenheit vermissen lässt und ein evidenter, ins Auge springender schwerer Fehler vorliegt.[1068] Dieser Prüfungsmaßstab gilt nicht nur für die sozialen Indikatoren und deren Gewichtung selbst. Vielmehr wird auch die Bildung der auswahlrelevanten Gruppen nur auf ihre groben Fehler überprüft.[1069]

Etwas anderes gilt, wenn sich die Umstände verändert haben; S. 2 stellt eine Spezialregelung der Störung der Geschäftsgrundlage gemäß § 313 BGB dar. Eine Veränderung der Umstände ist anzunehmen, wenn bezweifelt werden muss, dass eine Betriebspartei oder beide Betriebspartner dem Interessenausgleich bei Kenntnis der späteren Änderung nicht mit diesem Inhalt geschlossen hätten.[1070] Dies ist etwa der Fall, wenn sich nachträglich ergibt, dass nun gar keine oder eine andere Betriebsänderung durchgeführt werden soll oder wenn sich die im Interessenausgleich vorgesehene Zahl der zur Kündigung vorgesehenen Arbeitnehmer erheblich verringert hat.[1071]

1062 BAG, NZA 2011, 114.
1063 BAG, NZA 2011, 114 (115).
1064 BAG, NZA 2011, 114 (115).
1065 BAG, NZA 2010, 457.
1066 BAG, AP KSchG 1969 § 1 Soziale Auswahl Nr. 97.
1067 BAG, AP KSchG 1969 § 1 Soziale Auswahl Nr. 97.
1068 BAG, AP KSchG 1969 § 1 Soziale Auswahl Nr. 97
1069 BAG, AP KSchG 1969 § 1 Soziale Auswahl Nr. 97.
1070 BAG, AP KSchG 1969 § 1 Soziale Auswahl Nr. 97.
1071 BAG, AP KSchG 1969 § 1 Soziale Auswahl Nr. 97.

10.1.3.5.1.4.6 Die Konsequenzen einer fehlerhaften Sozialauswahl

Nach der Rechtsprechung des Bundesarbeitsgerichts hat eine unterbliebene Sozialauswahl nicht automatisch die Sozialwidrigkeit zur Folge, wenn der Arbeitnehmer auch bei durchgeführter Sozialauswahl die Kündigung erhalten hätte.[1072] Allerdings spricht nach der Rechtsprechung des Bundesarbeitsgerichts in diesen Fällen eine tatsächliche Vermutung dafür, dass auch die Ergebnisse sozialwidrig sind.[1073]

Auf einem anderen Blatt Papier steht die Frage, was gilt, wenn eine andere Person die Kündigung erhalten hätte müssen. Früher vertrat das Bundesarbeitsgericht, dass alle gekündigten Arbeitnehmer sich auf den Auswahlfehler berufen konnten.[1074] Man nannte diese Lösung auch Dominotheorie, weil alle Kündigungen „umfielen". Das führte dazu, dass auch Arbeitnehmer gegen die Kündigung mit Erfolg klagen konnten, obwohl die Kündigung sie bei ordnungsgemäßer Sozialauswahl getroffen hätte.

Nunmehr hat das Bundesarbeitsgericht diese Lösung aufgegeben.[1075]Das Bundesarbeitsgericht wendet daher die eingangs eingeführte hypothetische Betrachtung an. Der Arbeitgeber hat in solchen Fällen im Prozess die Möglichkeit aufzuzeigen, dass und aus welchen Gründen soziale Gesichtspunkte gegenüber dem klagenden Arbeitnehmer deshalb ausreichend berücksichtigt wurden, weil ihm selbst dann, wenn ein seitens des Arbeitnehmers gerügter Auswahlfehler unterblieben wäre, gekündigt worden wäre.[1076]

10.1.3.5.2 Die sog. Druckkündigung

Der Druck durch andere Arbeitnehmer oder andere Vertragspartner kann nach der Rechtsprechung des Bundesarbeitsgerichts eine Kündigung eines Arbeitnehmers betriebsbedingt rechtfertigen.[1077]

10.1.3.5.2.1 Echte und unechte Druckkündigungen

Zunächst ist zwischen einer unechten und einer echten Druckkündigung zu unterscheiden. Bei einer unechten Druckkündigung ist das Verlangen der anderen Arbeitnehmer oder Dritter gegenüber dem Arbeitgeber durch ein Verhalten des Arbeitnehmers oder einen Grund in der Person veranlasst worden. Diese Fälle müssen nicht über eine eigene Kategorie gelöst werden. Vielmehr kommt schon eine soziale Rechtfertigung wegen eines personen- oder verhaltensbedingten Grunds in Betracht.

1072 BAG, NZA 2007, 549.
1073 BAG, NZA 2007, 549 (551).
1074 BAG, NZA 1985, 423.
1075 BAG, NZA 2007, 549; BAG, NZA 2013, 837.
1076 BAG, NZA 2018, 234 (238).
1077 BAG, NZA 2014, 109.

Ist das nicht der Fall, bleibt allein das ernstliche Verlangen der Arbeitnehmer oder Dritter, unter Androhung von Nachteilen vom Arbeitgeber die Entlassung eines bestimmten Arbeitnehmers zu verlangen, ohne dass eine objektive Rechtfertigung besteht. Dieser Fall bezeichnet die echte Druckkündigung.[1078]

10.1.3.5.2.2 Die echte Druckkündigung

Umstritten ist, ob die echte Druckkündigung einen Fall nach § 1 Abs. 2 Alt. 3 KSchG darstellt. Nach einer Ansicht stellt diese Form keinen Fall der betriebsbedingten Kündigung dar[1079], da keine arbeitsplatzbezogenen Beschäftigungsmöglichkeiten entfallen. Die Person des Arbeitnehmers sei der eigentliche Anlass für den von Dritten ausgeübten Druck: Es gelten die Grundsätze der verhaltensbedingten oder personenbedingten Kündigung.

Eine zweite Ansicht geht sogar noch weiter. Eine echte Druckkündigung sei abzulehnen.[1080] Hat sich der Arbeitnehmer nichts zuschulden kommen lassen, dürfe das Mittel der betriebsbedingten Kündigung nicht dazu führen, dass der Arbeitnehmer wegen einer ungerechtfertigten Drohung seinen Arbeitsplatz verliere. Das Recht brauche dem Unrecht nicht zu weichen.

Das Bundesarbeitsgericht nimmt einen Fall der betriebsbedingten Kündigung an.[1081] Bei einem Auftragsverlust etwa entsteht für den Arbeitgeber eine Drucksituation, auf die er unternehmerisch reagieren muss, um den Fortbestand des Betriebs zu sichern. Bei der echten Druckkündigung sei die Lage insoweit vergleichbar. Entstünden bei Verwirklichung der Drohung schwere wirtschaftliche Schäden für den Arbeitgeber, müsse dieser aus wirtschaftlichen Gründen handeln. Der Kündigungsgrund sei damit seiner Sphäre zuzuordnen. Diese fragliche Argumentation flankiert das Bundesarbeitsgericht aber mit hohen Hürden für die Kündigung.

10.1.3.5.2.3 Anforderungen für eine echte Druckkündigung

Der Arbeitgeber hat sich in diesem Fall zunächst schützend vor den betroffenen Arbeitnehmer zu stellen.[1082] Diese Pflicht verlangt vom Arbeitgeber ein aktives Handeln, das darauf gerichtet ist, den Druck abzuwehren.

Dafür reicht es nicht aus, dass er überhaupt Gespräche mit den die Drohung aussprechenden Arbeitnehmern führt und gegebenenfalls eine gemeinsame Beratung zwischen diesen und dem betroffenen Arbeitnehmer moderiert. Er muss vielmehr argumentativ deutlich machen, dass aus seiner Sicht ein

---

1078 BAG, NZA 2017, 116 (118 f.).

1079 *Oetker*, in: ErfK, § 1 KSchG Rn. 184.

1080 *Deinert*, RdA 2007, 275 (282); *Hamacher*, NZA 2014, 134.

1081 BAG, NZA 2014, 109.

1082 BAG, NZA 2017, 500 (501).

objektiver Anlass für eine Kündigung nicht besteht.[1083] Hinter diesen Vorgaben bleibt die Durchführung einer Mediation in aller Regel zurück.[1084]

Nur, wenn auf diese Weise die Drohung nicht abgewendet werden kann und bei Verwirklichung der Drohung schwere wirtschaftliche Schäden für den Arbeitgeber drohen, kann die Kündigung sozial gerechtfertigt sein.[1085] Voraussetzung ist jedoch, dass die Kündigung das einzig praktisch in Betracht kommende Mittel ist, um die Schäden abzuwenden. Daher verlangt das Bundesarbeitsgericht in Fällen, in denen Arbeitnehmer mit Arbeitsniederlegung drohen, dass der Arbeitgeber diesen zuerst eine Abmahnung in Aussicht stellt.[1086]

Hat der Arbeitgeber die Drucksituation in vorwerfbarer Weise herbeigeführt, kann sich der Arbeitgeber nicht auf die Drucksituation berufen.[1087] Zu berücksichtigen ist hingegen, inwieweit der Arbeitnehmer die Drucksituation selbst in vorwerfbarer Weise herbeigeführt hat.[1088] Immerhin ist er nach § 241 Abs. 2 BGB verpflichtet, Nachteile für seinen Arbeitgeber zu vermeiden und verhindern zu helfen.

10.1.3.5.3 Die Auflösung gegen Abfindung (§ 1a KSchG)

Eine Besonderheit der betriebsbedingten Kündigung stellt der Abfindungsanspruch nach § 1a KSchG dar. § 1a KSchG reagiert auf den bewussten Verzicht auf eine Kündigungsschutzklage durch den Arbeitnehmer durch Zeitablauf. Wurde der Arbeitnehmer nach § 1a Abs. 1 S. 2 KSchG auf die Abfindungsmöglichkeit hingewiesen, löst das Verstreichenlassen der Fristen der §§ 4, 7 KSchG eine Abfindungspflicht aus. Die Norm soll eine Alternative zum Prozess bilden und bezweckt, Kündigungsschutzprozesse zu vermeiden.[1089]

10.1.3.5.3.1 Voraussetzungen

§ 1a KSchG gilt nur für betriebsbedingte Kündigungen. Ob die Kündigung sozial gerechtfertigt ist oder nicht, ist keine Voraussetzung. Es würde dem unbürokratischen Wesen der Norm widersprechen, müsste im Streitfall inzidenter die Wirksamkeit der Kündigung vor Ablauf der §§ 4, 7 KSchG geprüft werden. Der Ablauf der Frist von §§ 4, 7 KSchG führt aber gerade zur Wirksamkeit.[1090]

1083 BAG, NZA 2017, 116 (120).
1084 BAG, NZA 2017, 116.
1085 BAG, NZA 2017, 500 (501).
1086 BAG, NZA 2017, 500 (501).
1087 BAG, NZA 2017, 116 (119).
1088 BAG, NZA 2017, 116 (119).
1089 BAG, NZA 2008, 896 (699); *Oetker*, in: ErfK, § 1a KSchG Rn. 1.
1090 *Raab*, RdA 2005, 1 (5).

Die zentrale Voraussetzung des § 1a KSchG ist der Hinweis des Arbeitgebers in der schriftlichen Kündigung auf den Anspruch. Zur Höhe muss der Arbeitgeber keine Angaben machen.

Weiterhin muss der Arbeitnehmer die Erhebung der Kündigungsschutzklage unterlassen. Wird die Kündigungsschutzklage erhoben, aber mit der Wirkung des § 269 Abs. 3 ZPO zurückgenommen, so entsteht dennoch kein Anspruch auf Zahlung gemäß § 1a KSchG. Die Norm soll jede gerichtliche Geltendmachung ausschließen. Der Arbeitnehmer wurde auf die Konsequenz einer Kündigungsschutzklage hingewiesen, es wäre dann widersinnig, den Anspruch dennoch zu gewähren.[1091]

Da der Wortlaut nur davon spricht, dass binnen der Frist des § 4 KSchG keine Klage erhoben werden durfte, stellt sich die Frage, ob § 1a KSchG entstehen kann, wenn die Kündigungsschutzklage nach § 5 KSchG nachträglich zugelassen werden würde. Dieses Ergebnis würde aber dem Zweck widersprechen, den Prozess zu vermeiden. Die Norm soll einem Arbeitnehmer die Abfindung versagen, wenn dieser eine gerichtliche Auseinandersetzung einleitet.[1092]

10.1.3.5.3.2 Die Höhe des Anspruchs

Die Höhe des Abfindungsanspruchs richtet sich nach § 1a Abs. 2 KSchG. Grundsätzlich werden 0,5 Monatsverdienste für jedes Jahr des Bestehens veranschlagt. Ab sechs Monaten wird auf ein volles Jahr aufgerundet.[1093] Der Monatsverdienst bezeichnet die vereinbarten regelmäßigen Geld- und Sachbezüge des Arbeitnehmers im letzten Monat des Arbeitsverhältnisses (§ 1a Abs. 2 i. V. m. § 10 Abs. 3 KSchG).

10.1.3.6 Die Auflösung des Arbeitsverhältnisses durch Urteil

Gewinnt der Arbeitnehmer die Kündigungsschutzklage, kann es im Einzelfall gleichwohl wenig Sinn ergeben, dass der Arbeitnehmer in seinen alten Job zurückkehrt. § 9 KSchG gibt sowohl dem Arbeitnehmer (§ 9 Abs. 1 S. 1 KSchG) als auch dem Arbeitgeber (§ 9 Abs. 1 S. 2 KSchG) die Möglichkeit, einen Antrag auf gerichtliche Auflösung des Arbeitsverhältnisses zu stellen. Den beiden Anträgen ist gemein, dass die streitgegenständliche Kündigung sozialwidrig gewesen sein muss.

1091 BAG, NZA 2009, 1197 (1197).

1092 BAG, NZA 2008, 696 (699).

1093 *Hesse*, in: APS § 1a KSchG Rn. 10.

10.1.3.6.1 Der Auflösungsantrag des Arbeitnehmers

Die Auflösung durch den Arbeitnehmer setzt zunächst einen Antrag voraus. Dieser wird in der Regel als unechter Hilfsantrag, d. h. für den Fall des Obsiegens, gestellt.[1094]

Weiterhin darf die Fortsetzung des Arbeitsverhältnisses dem Arbeitnehmer nicht zumutbar sein. Die Beurteilung der Voraussetzungen des § 9 KSchG erfordert eine Abwägung, die der Grundkonzeption des Kündigungsschutzgesetzes als eines Bestandsschutz gewährenden Gesetzes und dem Ausnahmecharakter der Regelung ausreichend Rechnung trägt.[1095] Der im Interesse des Arbeitnehmers geschaffene Bestandsschutz soll aber nicht gegen dessen Willen durchsetzbar sein.

Für die Auflösung nach § 9 Abs. 1 S. 1 KSchG muss daher kein wichtiger Grund i. S. von § 626 BGB vorliegen, der dem Arbeitnehmer die Fortsetzung des Arbeitsverhältnisses selbst bis zum Ablauf der Kündigungsfrist unzumutbar machen würde. Es reicht aus, dass dem Arbeitnehmer die Fortsetzung des Arbeitsverhältnisses auf unbestimmte Dauer unzumutbar ist.[1096]

Ein Auflösungsgrund liegt allerdings nur vor, wenn die Umstände, die die Unzumutbarkeit der Fortsetzung des Arbeitsverhältnisses bedingen, im Zusammenhang mit der Kündigung und/oder dem Kündigungsschutzprozess stehen.[1097] Auflösungsgründe können sich demnach aus den Modalitäten der Kündigung als solcher und aus weiteren Handlungen des Arbeitgebers ergeben, die mit der Kündigung einhergehen.[1098]

Das Bundesarbeitsgericht legt hier strenge Maßstäbe an. Das Gericht hat etwa einen Auflösungsgrund i. S. des § 9 Abs. 1 S. 1 KSchG abgelehnt, wenn die einer Weiterarbeit entgegenstehenden Tatsachen im Einfluss- oder Risikobereich des Arbeitnehmers liegen.[1099] Davon ist beispielsweise auszugehen, wenn der Arbeitnehmer infolge einer sozialwidrigen Kündigung erkrankt, aber der Arbeitgeber die Krankheit weder zielgerichtet herbeigeführt, noch mit einer offensichtlich unbegründeten Kündigung oder etwa ehrverletzenden Äußerungen die Verschlechterung des Gesundheitszustands des Arbeitnehmers als möglich angesehen und bewusst in Kauf genommen hat.[1100]

1094 *Kiel*, in: APS, § 9 KSchG Rn. 3.
1095 BAG, NZA 2009, 1376.
1096 BAG, NZA 2013, 1259 (1260).
1097 BAG, NZA 2013, 1259 (1260).
1098 BAG, NZA 1993, 362 (363):
1099 BAG, NZA 2013, 1259 (1262).
1100 So das BAG, NZA 2013, 1259 (1262).

10.1.3.6.2 Der Auflösungsantrag des Arbeitgebers

Wenn der Arbeitgeber Gefahr läuft, im Hauptprozess zu unterliegen, stellt er in der Regel einen echten Hilfsantrag auf Auflösung nach § 9 Abs. 1 S. 2 KSchG.[1101]

Die Beurteilung der Voraussetzungen erfordert eine Abwägung, die der Grundkonzeption des Kündigungsschutzgesetzes als eines Bestandsschutz gewährenden Gesetzes und dem Ausnahmecharakter der Regelung ausreichend Rechnung trägt.[1102] Das KSchG ist in seiner Konzeption ein Bestandsschutz- und kein Abfindungsgesetz.[1103] Deshalb sind an die Auflösungsgründe nach § 9 KSchG strenge Anforderungen zu stellen.[1104] Das gilt im Rahmen von § 9 Abs. 1 S. 2 KSchG in einem noch strengeren Maße, weil hier nicht der Arbeitnehmer über seinen Kündigungsschutz entscheidet, sondern vielmehr der Arbeitgeber wie bei einer Kündigung das Arbeitsverhältnis beendet.[1105]

Für eine Auflösung auf Antrag des Arbeitgebers nach § 9 Absatz Abs. 1 S. 2 KSchG müssen die Gründe, die einer den Betriebszwecken dienlichen weiteren Zusammenarbeit zwischen den Vertragsparteien entgegenstehen, nicht notwendig im Verhalten, insbesondere nicht in einem schuldhaften Verhalten des Arbeitnehmers liegen.[1106] Entscheidend ist, ob die objektive Lage die Besorgnis aufkommen lassen kann, dass die weitere Zusammenarbeit mit dem Arbeitnehmer gefährdet ist.[1107]

Maßgeblich ist der Zeitpunkt der letzten mündlichen Verhandlung. Daher kann das Verhalten des Arbeitnehmers während des Kündigungsschutzprozesses Berücksichtigung finden.[1108] Eine Auflösung kommt in der Praxis vor allem in Betracht, wenn während eines Kündigungsschutzprozesses zusätzliche Spannungen zwischen den Parteien auftreten, die dem Arbeitgeber eine Fortsetzung des Arbeitsverhältnisses unzumutbar machen.[1109]

10.1.3.6.3 Der Abfindungsanspruch

Im Fall einer Auflösung des Arbeitsverhältnisses nach § 9 KSchG steht dem Arbeitnehmer ein Anspruch auf eine angemessene Abfindung zu. Die Höhe der Abfindung berechnet sich nach § 10 KSchG. Die Norm enthält Höchstgrenzen und Bemessungsfaktoren.

1101 *Kiel*, in: APS, § 9 KSchG Rn. 11.
1102 BAG, NZA 2009, 1376.
1103 BAG, NZA 2010, 1123 (1125).
1104 BAG, NZA 2010, 1123 (1125).
1105 Zur Verfassungsgemäßheit: BAG, NZA 2016, 540 (546).
1106 BAG, NJW 2010, 3798; BAG, NZA 2018, 1131 (1133).
1107 BAG, NZA 2013, 1259 (1262).
1108 BAG, NZA 2018, 1131 (1132).
1109 BAG, NZA 2010, 698 (701).

§ 9 Abs. 1 KSchG geht von der Höchstgrenze von zwölf Monatsverdiensten aus. Diese Höhe kann nur im Fall von Abs. 2 überschritten werden. § 9 Abs. 2 KSchG orientiert sich am Lebensalter und am Bestand des Arbeitsverhältnisses.

§ 10 Abs. 3 KSchG benennt als Monatsverdienst das, was dem Arbeitnehmer bei der für ihn maßgebenden regelmäßigen Arbeitszeit in dem Monat, in dem das Arbeitsverhältnis endet (§ 9 Abs. 2), an Geld und Sachbezügen zusteht. Zu diesen sind neben (Brutto-)Lohn oder Gehalt auch Zulagen, der Wert von Naturalleistungen, Tantiemen, Gratifikationen und Urlaubsgeld zu zählen, wobei die zuletzt genannten im Einzelfall umstritten sind.[1110]

Was die Bemessung der konkreten Höhe angeht, so hat das Arbeitsgericht ein pflichtgemäßes Ermessen.[1111] Die wichtigsten Faktoren sind die Dauer der Betriebszugehörigkeit und das Lebensalter. Das Gericht kann weitere Sozialdaten wie Familienstand, die Anzahl der unterhaltspflichtigen Personen, den Gesundheitszustand des Arbeitnehmers in die Bemessung der Abfindung einbeziehen.[1112] Das Bundesarbeitsgericht spricht der Abfindung einen Sanktionscharakter zu, daher muss der Grad der Sozialwidrigkeit Berücksichtigung finden.[1113]

10.1.3.7 Die Anrechnung von Zwischenverdienst gem. § 11 KSchG

Jeder während der Zeit des Prozesses eingenommene Verdienst muss auf den Verzugslohn nach §§ 611, 615 S. 1 BGB angerechnet werden. § 11 KSchG ist keine eigenständige Anspruchsgrundlage, sondern *lex specialis* zu § 615 S. 2 BGB.[1114] Nach § 13 Abs. 1 S. 5 KSchG findet die Norm auch bei einem Prozess über die Wirksamkeit einer außerordentlichen Kündigung Anwendung.

Neben dem, was der Arbeitnehmer durch anderweitige Arbeit verdient hat und dem, was er hätte verdienen können, wenn er es nicht böswillig unterlassen hätte, eine ihm zumutbare Arbeit anzunehmen, muss sich der Arbeitnehmer nach Nr. 3 auch das anrechnen lassen, was ihm an öffentlich-rechtlichen Leistungen infolge Arbeitslosigkeit aus der Sozialversicherung, der Arbeitslosenversicherung, der Sicherung des Lebensunterhalts nach dem SGB XII oder der Sozialhilfe für die Zwischenzeit gezahlt worden ist. Diese Beträge hat der Arbeitgeber der Stelle zu erstatten, die sie geleistet hat (Nr. 3 S. 2). Für Nr. 1 und Nr. 2 kann auf die Ausführungen zu § 615 S. 2 BGB ver-

1110 Im Detail sehr str., vgl. *Kiel*, in: APS, § 10 KSchG Rn. 2.

1111 BAG, AP BGB § 626 Nr. 68.

1112 BAG, AP KSchG 1969 § 9 Nr. 10.

1113 BAG, AP KSchG 1969 § 9 Nr. 2; BAG, NZA 2010, 1123 (1125).

1114 BAG, NZA 2012, 793 (795).

wiesen werden.[1115] § 11 Nr. 3 KSchG ist de facto klarstellender Natur. Die Norm stellt klar, was sowieso schon nach § 115 SGB X gilt.[1116]

Nach § 74c Abs. 2 HGB analog muss der Arbeitnehmer Auskunft über seine Einkünfte erteilen.[1117]

10.1.4 Die Kündigungsschutzklage

10.1.4.1 Der Aufbau

In Klausuren kann die Prüfung einer Kündigungsschutzklage der Einstieg für die Fallbearbeitung sein. Folgendes Aufbauschema hat sich bewährt:

Abbildung 31: Die Kündigungsschutzklage

I. **Zulässigkeit**
   1. Rechtsweg, § 2f. ArbGG
   2. Sachliche Zuständigkeit (§ 8 ArbGG)
   3. Örtliche Zuständigkeit (§ 46 Abs. 2 S. 1 ArbGG i. V. m. §§ 12 ZPO ff.)
   4. Ordnungsgemäßer Antrag (§§ 46 Abs. 2 i. V. m. § 253 Abs. 2 Nr. 2 ZPO)
   5. Statthafte Verfahrensart (§ 2 ArbGG)
   6. Parteifähigkeit (§§ 50 ZPO, 10 ArbGG)
   7. Prozessfähigkeit (§ 11 ArbGG)
   8. Feststellungsinteresse (§ 46 Abs. 2 ArbGG i. V. m. § 256 ZPO)
   9. Keine Prozesshindernisse

II. **Begründetheit**
   1. Bestehen des Arbeitsverhältnisses
   2. Unwirksamkeit der Kündigung
   3. Einhalten der Kündigungsfrist

10.1.4.2 Die Zulässigkeit

Die Zuständigkeit des Arbeitsgerichts wird nur selten Probleme bereiten. § 17 GVG nimmt die Zuständigkeit der ordentlichen Gerichtsbarkeit an und § 2 ArbGG ordnet die Zuständigkeit der Arbeitsgerichtsbarkeit zu. Die sachliche Zuständigkeit folgt dem Instanzenzug nach § 3 ArbGG. Die örtliche Zuständigkeit folgt prinzipiell den §§ 12 ff. ZPO. § 48 Abs. 1a) begründet eine örtliche Zuständigkeit am Arbeitsort.

Der ordnungsgemäße Antrag wird durch § 4 S. 1 KSchG vorgegeben. Der Antrag ist darauf gerichtet, dass das Arbeitsverhältnis nicht durch eine bestimmte Kündigung aufgelöst wurde. Untersucht wird immer nur die Wirksamkeit einer Kündigungserklärung. Der Antrag, deren Unwirksamkeit in

1115 Vgl. Teil 7 Kapitel 2 III.

1116 *Maul-Sartori*, NZA 2017, 91 (92).

1117 LAG Hessen, BeckRS 2012, 68412.

Verbindung mit dem Lebenssachverhalt festzustellen, begründet den sog. punktuellen Streitgegenstand der Kündigungsschutzklage.[1118]

Nach § 2 Abs. 1 Nr. 3 lit. b) ArbGG handelt es sich bei der Kündigungsschutzklage um eine bürgerliche Rechtsstreitigkeit zwischen Arbeitnehmer und Arbeitgeber über das Bestehen oder Nichtbestehen eines Arbeitsverhältnisses. Statthafte Verfahrensart ist somit nach § 2 Abs. 5 ArbGG das Urteilsverfahren.

Die Parteifähigkeit folgt der Rechtsfähigkeit (§ 50 ZPO i. V. m. § 46 Abs. 2 ArbGG). § 10 ArbGG erweitert den Kreis klarstellend für die zentralen kollektiv-rechtlichen Akteure. Vor dem Bundesarbeitsgericht und dem Landesarbeitsgericht müssen sich die Parteien grundsätzlich vertreten lassen (§ 11 Abs. 5 ArbGG). Ansonsten können sie sich selbst vertreten (§ 11 Abs. 1 ArbGG).

Das Feststellungsinteresse folgt bei einer Kündigungsschutzklage bereits aus der drohenden Präklusion nach §§ 4, 7 KSchG.

10.1.4.3 Die Begründetheit

Die Begründetheit setzt in einem ersten Schritt voraus, dass zwischen Arbeitgeber und Arbeitnehmer ein Arbeitsverhältnis bestand. Fehlt es hieran, ist die Kündigungsschutzklage unbegründet und der Arbeitnehmer verliert.

Hieran schließt sich die Prüfung der Kündigung i. e. S. an. Es empfiehlt sich wiederum ein schematischer Aufbau anhand der Strukturen des 10. Teils.

Schließlich prüfen die Arbeitsgerichte in der Regel auch die korrekte Kündigungsfrist. Das hat seinen Grund darin, dass auch hier der Arbeitnehmer zumindest für einen Monat ein längeres Arbeitsverhältnis erhält und zum Teil gewinnt, was für die Kostenentscheidung des Gerichts Bedeutung haben kann.

10.1.4.4 Der allgemeine Feststellungsantrag

Grundsätzlich ist die Kündigungsschutzklage der spezielle Rechtsbehelf. Einer allgemeinen Feststellungsklage, die darauf ausgerichtet ist, dass das Arbeitsverhältnis weiterhin besteht, fehlt grundsätzlich das Feststellungsinteresse. Vielmehr bedarf es eines über die §§ 4, 7 KSchG hinausgehenden Feststellungsinteresses.[1119]

1118 Hierzu: *Feldmann/Schuhmann*, JuS 2017, 214 (214).

1119 *Niemann*, NZA 2019, 65 (71).

Häufig wird der sog. Schleppnetzantrag „und fortbesteht“ gestellt.[1120] Der Antrag wird benutzt, um übersehene Kündigungen einzufangen.[1121] Das Bundesarbeitsgericht geht davon aus, dass diesem Antrag grundsätzlich kein weiterer Erklärungswert innewohnt („Floskel“).[1122]

Ohne Probleme zulässig ist die allgemeine Feststellungsklage, wenn kein Fall von § 4 KSchG vorliegt. Dann ist die Kündigungsschutzklage nicht einschlägig.

10.1.5 Die fristlose Kündigung/die außerordentliche Kündigung

Die außerordentliche Kündigung ist in den §§ 13 KSchG, 626 BGB geregelt, wobei in der Regel auch nur § 626 BGB geprüft werden kann. Im Ausgangspunkt geht es bei der außerordentlichen Kündigung weniger um die wirksame Beendigung des Arbeitsverhältnisses: Dieses Ergebnis könnte auch über eine ordentliche Kündigung erreicht werden. Vielmehr soll das Arbeitsverhältnis fristlos enden. Hierzu bedarf es grundsätzlich einer weiteren Abwägung.

Abbildung 32: Die außerordentliche Kündigung

1. Erklärung einer außerordentlichen Kündigung
2. Wahrung der Frist nach §§ 13 Abs. 1 S. 2, 4, 7 KSchG
   a) Wichtiger Grund (§ 626 Abs. 1 BGB)
      aa) wichtiger Grund „an sich“
      bb) umfassende Interessenabwägung
   b) Kündigungserklärungsfrist (§ 626 Abs. 2 BGB)

10.1.5.1 Voraussetzungen von § 626 Abs. 1 BGB

Nach § 626 Abs. 1 BGB ist Voraussetzung der außerordentlichen Kündigung, dass Tatsachen vorliegen, aufgrund derer dem Kündigenden unter Berücksichtigung aller Umstände des Einzelfalls und unter Abwägung der Interessen beider Vertragsteile die Fortsetzung des Arbeitsverhältnisses selbst bis zum Ablauf der Kündigungsfrist nicht zugemutet werden kann. § 626 Abs. 1 BGB indiziert ein zweistufiges Prüfungsschema.

Zunächst ist zu prüfen, ob der Sachverhalt ohne seine besonderen Umstände „an sich“, und damit typischerweise als wichtiger Grund geeignet ist. Alsdann bedarf es der weiteren Prüfung, ob dem Kündigenden die Fortsetzung des Arbeitsverhältnisses unter Berücksichtigung der konkreten Umstände des Falls und unter Abwägung der Interessen beider Vertragsteile –

1120 *Grimm*, NJW 2008, 3235 (3237).

1121 *Reinartz*, NZA 2020, 215 (215).

1122 BAG, AP KSchG 1969 § 4 Nr. 77.

jedenfalls bis zum Ablauf der (fiktiven) Kündigungsfrist – zumutbar ist oder nicht.[1123]

Über dieses Schema kann man streiten. Die beiden Prüfungspunkte lassen sich im Detail oftmals nicht wirklich trennen, so dass manch eine Entscheidung des Bundesarbeitsgerichts auch zu Redundanzen neigt. Die Funktion der Prüfung an sich lässt sich am besten mit einem Trichter vergleichen. Ist der Grund schon an sich nicht geeignet, bedarf es keiner umfassenden Prüfung.

10.1.5.2 Insbesondere: Die außerordentliche verhaltensbedingte Kündigung

Ein vorsätzlicher Verstoß eines Arbeitnehmers gegen seine Verpflichtungen ist grundsätzlich an sich geeignet, einen wichtigen Grund zur außerordentlichen Kündigung i. S. v. § 626 Abs. 1 BGB darzustellen.[1124] Man wird dies im Einzelfall im Hinblick auf die jeweilige Pflichtverletzung prüfen müssen. Auszuschließen ist die Eignung aber allenfalls über unbedeutende Pflichten, deren Verletzung im Rahmen des Arbeitsverhältnisses oftmals geschieht.

Bei der Interessenbewertung auf der zweiten Stufe ist in einer Gesamtwürdigung das Interesse des Arbeitgebers an der sofortigen Beendigung des Arbeitsverhältnisses gegen das Interesse des Arbeitnehmers an dessen Fortbestand abzuwägen. Das erfordert eine Bewertung des Einzelfalls unter Beachtung des Verhältnismäßigkeitsgrundsatzes.[1125]

Auch eine außerordentliche Kündigung setzt daher grundsätzlich eine Abmahnung voraus. Sie ist nur dann entbehrlich, wenn bereits im Vorhinein erkennbar ist, dass eine Verhaltensänderung in Zukunft auch nach Abmahnung nicht zu erwarten steht, oder es sich um eine so schwere Pflichtverletzung handelt, dass selbst deren erstmalige Hinnahme dem Arbeitgeber nach objektiven Maßstäben unzumutbar und damit offensichtlich – auch für den Arbeitnehmer erkennbar – ausgeschlossen ist.[1126]

10.1.5.3 Die Frist des § 626 Abs. 2 BGB

Nach § 626 Abs. 2 BGB kann eine außerordentliche Kündigung nur binnen zwei Wochen erfolgen.[1127] Das Bundesarbeitsgericht betrachtet die Norm als einen gesetzlich konkretisierten Verwirkungstatbestand.[1128] Sinn und Zweck

---

1123 BAG, NZA 2019, 445 (447).

1124 Zu illoyalem Verhalten: BAG, NZA 2017, 1332.

1125 Vgl. zu den nachfolgenden Grundsätzen, BAG, NZA 2019, 445 (448).

1126 BAG, NZA 2019, 445 (448).

1127 *Vossen*, in: APS § 626 Rn. 121.

1128 BAG, NZA 2014, 529 (531); *Naber/Schulte*, NZA 2019, 1626.

der Frist bestehen darin, dass nach Ablauf dieser Frist Klarheit herrschen soll, ob eine fristlose Kündigung erfolgen wird.[1129]

10.1.5.3.1 Die Sachverhaltsermittlungspflicht

Die Frist fängt nach § 626 Abs. 2 S. 2 BGB erst mit dem Zeitpunkt zu laufen an, in dem der Kündigungsberechtigte von den für die Kündigung maßgebenden Tatsachen Kenntnis erlangt hat. Das Bundesarbeitsgericht verlangt, dass der Arbeitgeber in zuverlässiger Weise und möglichst vollständig positive Kenntnis der für die Kündigung maßgebenden Tatsachen haben muss, die die Entscheidung ermöglichen, ob die Fortsetzung des Arbeitsvertrags zumutbar ist.[1130]

Die Aufklärung des Sachverhalts ist aus verständigen Gründen mit gebotener Eile durchzuführen.[1131] Der Kündigungsberechtigte, der nur Anhaltspunkte für einen Sachverhalt hat, kann daher weitere Ermittlungen grundsätzlich anstellen und den Betroffenen anhören, ohne dass die Frist zu laufen beginnt. Soll aber etwa der Kündigungsgegner angehört werden, verlangt das Bundesarbeitsgericht, dass dies grundsätzlich binnen einer Woche erfolgen soll.[1132]

In allen anderen Fällen ist zu prüfen, ob die Sachverhaltsermittlung hinreichend zügig erfolgte. Dabei kommt das Gericht dem Arbeitgeber sehr entgegen. Unbeachtlich ist, ob die konkreten Ermittlungsmaßnahmen tatsächlich zur Aufklärung des Sachverhalts beigetragen haben oder überflüssig waren.[1133]

Besteht ein sog. Dauertatbestand, beginnt die Frist erst mit Ende des Dauertatbestands.[1134] Dauertatbestände sind dadurch gekennzeichnet, dass sich der Kündigungssachverhalt und seine betrieblichen Auswirkungen fortwährend neu verwirklichen. In diesen Fällen lässt sich der Fristbeginn i. S. v. § 626 Abs. 2 BGB nicht wirklich klar bestimmen. Das Bundesarbeitsgericht lässt es daher genügen, dass die Kündigung in einem Zeitpunkt zugeht, zu dem der Umstand mindestens zwei Wochen zuvor gegeben war.[1135]

Bei Pflichtverletzungen, die zu einem Gesamtverhalten zusammengefasst werden können, beginnt die Ausschlussfrist erst mit Kenntnis des letzten Vorfalls, der ein weiteres und letztes Glied in der Kette der Ereignisse bil-

1129 *Eylert*, NZA-RR 2014, 393 (405).
1130 BAG, NZA 2019, 1415 (1416).
1131 BAG, NZA 2019, 1415 (1417).
1132 BAG, NZA 2019, 1415 (1417).
1133 BAG, NZA 2019, 1415 (1417).
1134 *Niemann*, in: ErfK, § 626 Rn. 212.
1135 BAG, NZA 2014, 962 (963).

det, die in ihrer Gesamtheit zum Anlass für eine Kündigung genommen werden.[1136]

Bleibt der Arbeitgeber ohne Grund untätig, beginnt die Frist des § 626 Abs. 2 S. 2 BGB zu laufen. Oftmals liegt die Aufklärung des Sachverhalts aber nicht allein in der Hand des Arbeitgebers. Dann stellt sich die Frage, inwieweit der Arbeitgeber abwarten darf, bis eine andere Person entsprechende Ergebnisse ermittelt hat. In diesem Fall schadet dem Arbeitgeber die Untätigkeit nicht.[1137]

Das gleiche gilt bei Pflichtenkollisionen. Die Pflicht, die Kündigung binnen zwei Wochen zu erklären, kann mit anderen Pflichten kollidieren, deren Einhaltung für die Wirksamkeit der Kündigung erheblich ist.[1138]

10.1.5.3.2 Die Kenntniszurechnung

Handelt es sich bei dem Arbeitgeber um eine juristische Person, ist grundsätzlich die Kenntnis des gesetzlich oder satzungsgemäß für die Kündigung zuständigen Organs maßgeblich.[1139] Sind für den Arbeitgeber mehrere Personen gemeinsam vertretungsberechtigt, genügt grundsätzlich die Kenntnis schon eines der Gesamtvertreter.[1140] Neben den Mitgliedern der Organe von juristischen Personen und Körperschaften gehören zu den Kündigungsberechtigten auch die Mitarbeiter, denen der Arbeitgeber das Recht zur außerordentlichen Kündigung übertragen hat.[1141]

Die Kenntnis anderer Personen ist grundsätzlich unbeachtlich. Etwas anderes gilt nur gemäß § 242 BGB für Personen mit einer herausgehobenen Position und Funktion im Betrieb oder in der Verwaltung. Diese müssen tatsächlich und rechtlich in der Lage sein, einen Sachverhalt, der Anhaltspunkte für eine außerordentliche Kündigung bietet, so umfassend zu klären, dass mit ihrer Mitteilung der Kündigungsberechtigte ohne weitere eigene Nachforschungen seine (Kündigungs-)Entscheidung abgewogen treffen kann.[1142]

10.1.5.3.3 Die Fristwahrung

Nach § 626 Abs. 2 S. 1 BGB muss die Kündigung binnen zwei Wochen „erfolgen". Die Frist nach § 626 Abs. 2 BGB berechnet sich nach §§ 187 ff. BGB. Der Tag der Kenntniserlangung wird gemäß § 187 Abs. 1 BGB nicht mitgezählt. Die Frist endet nach § 188 Abs. 1 S. 1 BGB zwei Wochen später mit Ablauf desjenigen Tags der zweiten Woche, der durch seine Benennung dem

1136 BAG, NZA 2017, 1332 (1339).
1137 BAG, NZA 2019, 1415 (1417).
1138 BAG, NZA 2019, 1415; hierzu: *Naber/Schulte*, NZA 2019, 1626.
1139 BAG, NZA 2019, 1414 (1417).
1140 BAG, NZA 2017, 1332 (1338).
1141 BAG, AP BGB § 626 Nr. 217.
1142 BAG, NZA-RR 2013, 515 (517).

Tag der Kenntniserlangung entspricht. Die Frist ist nicht von einem fehlenden Verschulden abhängig. Eine Wiedereinsetzung ist nicht vorgesehen.[1143]

„Erfolgen" i. S. v. § 626 Abs. 2 S. 1 BGB ist unbestimmt formuliert. Entsprechend den allgemeinen Grundsätzen ist für die Wahrung der Frist der rechtzeitige Zugang der Kündigung erforderlich.[1144] Die Absendung innerhalb der zwei Wochen ist grundsätzlich unerheblich,[1145] da die Kündigung noch keinen Erfolg herbeigeführt hat.

10.1.5.4 Das Verhältnis zu einer ordentlichen Kündigung

Oftmals stellt sich die Frage, ob die Kündigung ordentlich oder außerordentlich erklärt wurde. Ist die Erklärung in dieser Hinsicht unbestimmt, ist sie grundsätzlich unwirksam. Davor kommt jedoch immer eine Auslegung in Betracht. Der Ausspruch einer außerordentlichen Kündigung setzt nach §§ 133, 157 BGB voraus, dass der Arbeitgeber deutlich macht, das Arbeitsverhältnis außerordentlich aus wichtigem Grund beenden zu wollen.[1146]

Nach der Rechtsprechung des Bundesarbeitsgerichts ist eine Umdeutung einer fristlosen Kündigung in eine ordentliche Kündigung nach § 140 BGB möglich. Eine außerordentliche Kündigung enthalte alle Elemente einer ordentlichen Kündigung.[1147] Dazu muss die ordentliche Kündigung dem mutmaßlichen Willen des Kündigenden entsprechen und dieser Wille muss dem Kündigungsempfänger im Zeitpunkt des Zugangs der Kündigung erkennbar gewesen sein.[1148]

Problematisch ist die Umdeutung, wenn ein Betriebsrat besteht (§ 102 BetrVG). Grundsätzlich hätte der Betriebsrat zu der ordentlichen Kündigung angehört werden müssen. In diesem Fall ist eine Umdeutung daher nur möglich, wenn der Betriebsrat einer Kündigung vorbehaltslos zugestimmt hat und nicht erkennbar war, dass für den Fall der Unwirksamkeit der außerordentlichen Kündigung Einwände gegen den Ausspruch einer ordentlichen Kündigung erhoben worden wären.[1149]

Eine Umdeutung in eine Anfechtung ist hingegen ausgeschlossen, da die Anfechtung wegen ihrer zeitlichen Reichweite in ihren Rechtsfolgen über die Kündigung hinausgeht.[1150]

1143 BAG, AP BGB § 626 Ausschlussfrist Nr. 1.

1144 BAG, NJW 1978, 2168 (2168); *Niemann*, in: ErfK, § 626 Rn. 219.

1145 BAG, NJW 1978, 2168 (2168).

1146 *Henssler*, in MüKoBGB, § 626 Rn. 68 u 370.

1147 BAG, NJW 2002, 2972.

1148 BAG, NJW 2002, 2972 (2973).

1149 So BAG, NJW 1979, 76.

1150 BAG, NJW 1976, 592.

10.1.5.5 Insbesondere: Die Verdachtskündigung

Die Verdachtskündigung stellt in der Praxis einen Sonderfall der außerordentlichen Kündigung dar, wobei eine ordentliche Verdachtskündigung nicht auszuschließen ist.[1151] In diesen Fällen hat der Verdacht eines nicht nachweisbaren strafbaren Verhaltens das Vertrauensband zwischen Arbeitgeber und Arbeitnehmer zerstört.

10.1.5.5.1 Die Einordnung der Verdachtskündigung

Obgleich eine Vertragsverletzung nicht nachgewiesen ist, kann der Verdacht zur Kündigung des Arbeitsverhältnisses herangezogen werden. Es handelt sich nicht um eine verhaltensbedingte Kündigung, sondern um eine personenbedingte Kündigung. Der Verdacht gegen die Person ist nicht von der Person steuerbar.[1152]

Die Verdachtskündigung ist von der sog. Tatkündigung abzugrenzen. Insoweit handelt es sich um zwei voneinander abzugrenzende Kündigungssachverhalte.[1153] Bei der Tatkündigung steht zur Überzeugung des Arbeitgebers fest, dass der Arbeitnehmer eine Pflichtverletzung begangen hat. Die Tatkündigung ist somit eine verhaltensbedingte Kündigung. Eine Verdachtskündigung liegt nur vor, wenn der Arbeitgeber seine Kündigung damit begründet, gerade der Verdacht eines von ihm nicht für sicher gehaltenen oder erwiesenen strafbaren bzw. vertragswidrigen Verhaltens habe das für die Fortsetzung des Arbeitsverhältnisses nötige Vertrauen zerstört.[1154]

10.1.5.5.2 Die Zulässigkeit der Verdachtskündigung

Die Zulässigkeit der Verdachtskündigung ist umstritten. Zum Teil wird sie mit der Unschuldsvermutung für unvereinbar gehalten.[1155] Das zentrale Problem liegt darin, dass das zerstörte Vertrauen allein für die Kündigung ausreichen soll und somit der Nachweis der Tat umgangen wird.

Das Bundesarbeitsgericht[1156] und auch der Europäische Gerichtshof für Menschenrechte[1157] erkennen sie an. Die Rechtsprechung stellt allerdings hohe Anforderungen. Auf diesem Weg können die Gerichte die Implikationen der EMRK im Wege der völkerrechtsfreundlichen Auslegung bei der Anwendung des § 626 BGB berücksichtigen. Für die Zulassung der Verdachtskündigung spricht insbesondere der auf die Zukunft des Arbeitsverhältnisses gerichtete Charakter. Beseitigt der Verdacht das Vertrauen, ver-

1151 BAG, NZA 2019, 893.
1152 BAG, NZA 2019, 893 (895).
1153 BAG, NZA 2000, 421 (423).
1154 Zur Abgrenzung: *Eylert*, NZA-RR 2014, 393 (397).
1155 Vgl. die Kritik bei *Deinert*, AuR 2005, 285.
1156 BAG, NZA 1995, 269 (270 f.).
1157 EGMR, AuR 2017, 259 m. Anm. *Klocke*.

liert das Arbeitsverhältnis seine Grundlage. Geschützt wird der Arbeitnehmer dann durch eine umfassende Verhältnismäßigkeitsprüfung.

10.1.5.5.3 Die Voraussetzungen der Verdachtskündigung

Nach der Rechtsprechung des Bundesarbeitsgerichts hat die Verdachtskündigung im Wesentlichen drei Voraussetzungen:

10.1.5.5.3.1 Dringender Tatverdacht

Zunächst muss ein dringender Tatverdacht bestehen. Das Bundesarbeitsgericht lässt es genügen, wenn starke auf objektiven Tatsachen gründende Verdachtsmomente vorliegen, die geeignet sind, das für die Fortsetzung erforderliche Vertrauen zu verstören.[1158] Dringend ist der Tatverdacht, wenn eine große Wahrscheinlichkeit dafür besteht, dass der Verdacht zutrifft.[1159]

Dieser dringende Verdacht muss hinsichtlich einer Pflichtverletzung bestehen, die, läge sie vor, eine außerordentliche Kündigung rechtfertigen würde. Würden die vermuteten Tatsachen keine Kündigung rechtfertigen, darf eine Verdachtskündigung hierüber nicht hinausgehen.[1160]

10.1.5.5.3.2 Hinreichende Sachverhaltsaufklärung

Der Arbeitgeber hat alle zumutbaren Anstrengungen unternommen, den Sachverhalt aufzuklären. Die Sachverhaltsaufklärung erstreckt sich insbesondere auf die Anhörung des Arbeitnehmers. Nach der Rechtsprechung des Bundesarbeitsgerichts begründet diese eine Wirksamkeitsvoraussetzung der Verdachtskündigung.[1161] Das Erfordernis der Anhörung und ihre Ausgestaltung im Einzelfall folgen dem Grundsatz der Verhältnismäßigkeit.[1162] Grundsätzlich muss der Arbeitgeber dem Arbeitnehmer den (Verdachts-)Sachverhalt so konkret darlegen, dass dieser sich einlassen kann.[1163] Ist der Verdacht noch nicht ausgeprägt, muss der Arbeitgeber erklären, welchen Sachverhalt er für aufklärungsbedürftig hält.[1164]

Außerdem darf der Arbeitgeber dem Arbeitnehmer keine Erkenntnisse vorenthalten. Anderenfalls würde dies die Verteidigungsmöglichkeiten des Arbeitnehmers beschränken.[1165]

1158 BAG, AP BGB § 626 Verdacht strafbarer Handlung Nr. 55.

1159 BAG, AP BGB § 626 Verdacht strafbarer Handlung Nr. 55.

1160 *Eylert*, NZA-RR 2014, 393 (398).

1161 BAG, NZA 2018, 1405 (1407). Bei der Tatkündigung ist die vorherige Anhörung keine Wirksamkeitsvoraussetzung.

1162 BAG, NZA 2018, 1405 (1407).

1163 BAG, NZA 2018, 1405 (1408).

1164 BAG, NZA 2018, 1405 (1408).

1165 BAG, NZA 1996, 81 (83).

10.1.5.5.3.3 Unzumutbarkeit der Fortführung des Arbeitsverhältnisses.

Der Verdacht einer Pflichtverletzung allein rechtfertigt keine Kündigung. Es bleibt beim Grundsatz, dass das deutsche Recht keine absoluten Kündigungsgründe kennt, sondern eine Interessenabwägung verlangt.[1166] Entscheidend ist wiederum, ob bei Vorliegen des Verdachts dem Arbeitgeber eine Weiterbeschäftigung zugemutet werden kann oder sein Lösungsinteresse überwiegt. Insbesondere die Dauer des Beschäftigungsverhältnisses und dessen störungsfreier Verlauf sind zu berücksichtigen.[1167]

10.1.5.5.3.4 Die Frist nach § 626 Abs. 2 BGB

Für den Beginn der Frist ist wie oben dargestellt die Kenntnis des Arbeitgebers erforderlich. § 626 Abs. 2 BGB erlaubt grundsätzlich, dass der Sachverhalt ermittelt wird, ohne dass die Frist zu laufen beginnt. Im Falle eines Verdachts darf der Arbeitgeber nach Ansicht des Bundesarbeitsgerichts das Ermittlungs- und das Strafverfahren abwarten[1168]

Da dieser Zeitraum sehr lang sein kann, verlangt das Bundesarbeitsgericht, dass währenddessen eine Kündigung nicht zu einem willkürlichen Zeitpunkt erfolgen soll und daher einen sachlichen Grund voraussetzt.[1169] Während die Einleitung des Ermittlungsverfahrens lediglich einen Anfangsverdacht voraussetzt, ist die Erhebung der öffentlichen Klage nach § 170 StPO an das Bestehen eines „hinreichenden" Verdachts gebunden. Die Erhebung der öffentlichen Klage ist daher ein Umstand, bei dessen Eintritt der Arbeitgeber einen sachlichen Grund hat, das Kündigungsverfahren einzuleiten.[1170]

10.1.5.5.4 Der Beweis der Unschuld

Die Unschuld des Verdächtigten kann an unterschiedlichen Stellen Bedeutung haben. Ist noch vor Abschluss der Kündigungsfrist die Unschuld erwiesen, bietet sich eine Korrektur des Prognoseprinzips an.[1171] Die Kündigung wäre dann unwirksam. Nach Ablauf der Kündigungsfrist kommt wegen der Beendigung des Arbeitsverhältnisses ein Wiedereinstellungsanspruch in Betracht.[1172]

1166 Hierzu: *Eylert*, NZA-RR 2014, 393 (404).

1167 Es bleibt insofern bei den allgemeinen Grundsätzen: vgl. BAG, NZA 2014, 243 (244).

1168 BAG, NZA 2018, 1405 (1410).

1169 BAG, NZA 2018, 1405 (1410)

1170 BAG, NZA 2011, 798 (801).

1171 Vgl. BAG, NJW 1964, 1918 (1919).

1172 BAG, NZA 1997, 1340 (1343), die Einstellung des Ermittlungsverfahrens genügt hierfür aber nicht.

10.1.5.6 Insbesondere: Der unkündbare Arbeitnehmer

§ 626 BGB erlangt auch in Fällen Bedeutung, in denen Arbeitnehmer (ordentlich) unkündbar sind. Einen „absolut unkündbaren Arbeitnehmer" gibt es nicht. § 626 BGB ist nicht abdingbar. Vielmehr folgt aus den §§ 314, 626 BGB, dass eine Kündigung möglich bleiben muss.[1173]

Die wichtigste Annahme liegt darin, dass dem Arbeitnehmer aus seiner Unkündbarkeit kein Nachteil im Rahmen von § 626 BGB erwachsen darf. Materiell ist daher Mindestvoraussetzung, dass die Kündigung eines ordentlich kündbaren Arbeitnehmers auf diesem Arbeitsplatz zulässig wäre.[1174] Bei unkündbaren Arbeitnehmern ist daher eine soziale Auslauffrist obligatorisch, die sich an den Kündigungsfristen orientiert. Anderenfalls würde sich ein stärkerer Kündigungsschutz in sein Gegenteil verkehren.[1175]

Die erste Frage für den unkündbaren Arbeitnehmer besteht darin, ob er die §§ 4, 7 KSchG einhalten muss. Dies ließe sich wegen der besonderen Bedeutung der Zusage der Unkündbarkeit gut verneinen. Gleichwohl entnimmt die herrschende Meinung § 13 KSchG das Erfordernis auch bei einem unkündbaren Arbeitnehmer.[1176]

Was zweitens die Kündigungsgründe angeht, so stellt die Rechtsprechung sowohl an die personen-, als auch an die verhaltens- und die betriebsbedingte Kündigung hohe Anforderungen:

Eine außerordentliche personenbedingte Kündigung kann unter Umständen bei einer langjährigen Haftstrafe in Betracht kommen.[1177] Bei verhaltensbedingten Gründen werden sich allerdings nur selten Probleme ergeben, wenn auch ein ordentlicher Arbeitnehmer kündbar wäre. Die Unkündbarkeit gibt keine Befugnis zu Vertragsverletzungen.[1178] Das führt zwar dazu, dass der Unkündbare grundsätzlich ohne Frist, der Kündbare in aller Regel mit Kündigungsfrist ausscheidet. Dieser Benachteiligung des Unkündbaren wirkt das Bundesarbeitsgericht aber in der Form entgegen, dass es eine soziale Auslauffrist verlangt, die der Kündigungsfrist entspricht.[1179]

Besonders häufig enden betriebsbedingte außerordentliche Kündigungen unkündbarer Arbeitnehmer bei Gericht. Hier vertritt das Bundesarbeitsgericht, dass eine solche zulässig ist, wenn durch die Unkündbarkeit ein langfristiges Arbeitsverhältnis inklusive Vergütungspflicht entstehen würde,

1173 BAG, NZA 1998, 771 (773).

1174 BAG, AP BGB § 626 Unkündbarkeit Nr. 15.

1175 BAG, AP BGB § 626 Unkündbarkeit Nr. 12; BAG, AP BGB § 626 Unkündbarkeit Nr. 15.

1176 BAG, NZA 2008, 936 (938).

1177 BAG, AP BGB § 626 Unkündbarkeit Nr. 12.

1178 Hierzu: BAG, AP BGB § 626 Unkündbarkeit Nr. 15.

1179 BAG, AP BGB § 626 Unkündbarkeit Nr. 15.

ohne dass der Arbeitgeber Früchte aus der Arbeitsleistung ziehen kann.[1180] Im Rahmen der Interessenabwägung ist dann insbesondere und mit hohen Anforderungen nach einer Weiterbeschäftigungsmöglichkeit zu suchen. Der Arbeitgeber ist gerade wegen des Ausschlusses der ordentlichen Kündigung in einem besonderen Maß verpflichtet zu versuchen, die Kündigung durch geeignete andere Maßnahmen zu vermeiden. Besteht *irgendeine Möglichkeit*, das Arbeitsverhältnis sinnvoll fortzusetzen, wird er den Arbeitnehmer in der Regel entsprechend einzusetzen haben.[1181]

Was die Zwei-Wochen-Frist nach § 626 Abs. 2 BGB angeht, so nimmt die Rechtsprechung an, dass die Unzumutbarkeit der Weiterbeschäftigung einen Dauertatbestand begründet.[1182]

10.1.6 Die Beteiligung des Betriebsrats an der Kündigung

Besteht ein Betriebsrat, kommt diesem nach dem Konzept des deutschen Rechts gerade im Hinblick auf die Prävention eine Schlüsselrolle zu. Für den Arbeitnehmer ist denn auch der Betriebsrat oftmals die erste Anlaufstelle.

10.1.6.1 Der Kündigungseinspruch nach § 3 KSchG

Erhält der Arbeitnehmer eine Kündigung, kann er gemäß § 3 KSchG binnen einer Woche nach Zugang der Kündigung beim Betriebsrat formlos[1183] Einspruch einlegen. § 3 KSchG soll die Vermittlerrolle des Betriebsrats stärken. Weder hat der Kündigungseinspruch suspendierende Wirkung für die Kündigungsfrist nach §§ 4, 7 KSchG, noch ist die Beifügung der Stellungnahmen des Betriebsrats zur Erhebung der Klage obligatorisch (vgl. § 4 S. 3 KSchG). Die Norm ist daher nur von begrenzter Bedeutung für den Rechtsschutz.

10.1.6.2 Die Beteiligung nach § 102 BetrVG

Nach § 102 Abs. 1 BetrVG ist der Betriebsrat vor jeder Kündigung anzuhören. Eine Kündigungserklärung ist nach § 102 Abs. 1 S. 3 BetrVG anderenfalls unwirksam. Ist die Kündigung nach § 102 BetrVG mangels Anhörung unwirksam, kann eine weitere Kündigung gleichwohl grundsätzlich auf die gleichen Gründe gestützt werden (keine Präklusion der Kündigungsgründe).[1184]

1180 BAG, AP BGB § 626 Unkündbarkeit Nr. 18.

1181 BAG, AP BGB § 626 Unkündbarkeit Nr. 18.

1182 BAG, NJOZ 2006, 1690 (1693).

1183 *Kiel*, in: ErfK, § 3 KSchG Rn. 1.

1184 *Thüsing*, in: Richardi, § 102 Rn. 125.

Abbildung 33: Die Beteiligung des Betriebsrats

1. Bestehen eines Betriebsrats
2. Kündigung
3. Ordnungsgemäße Information
4. Ordnungsgemäße Anhörung

10.1.6.2.1 Die subjektiv determinierte Mitteilungspflicht

Im Zentrum der Anhörung steht die Mitteilung der Gründe gemäß § 102 Abs. 1 S. 2 BetrVG. Hat der Betriebsrat schon Kenntnis von allen Umständen, ist eine rein formale Mitteilung nicht erforderlich (Zweckerreichung).[1185]

Der Arbeitgeber muss schriftlich oder mündlich dem Betriebsrat neben näheren Informationen über die Person des betroffenen Arbeitnehmers die Art und den Zeitpunkt der Kündigung und die seiner Ansicht nach maßgeblichen Kündigungsgründe mitteilen.[1186] Diese Mitteilung ist subjektiv determiniert. Es müssen dem Betriebsrat also nicht alle objektiv kündigungsrechtlich erheblichen Tatsachen, sondern nur die vom Arbeitgeber für die Kündigung als ausschlaggebend angesehenen Umstände mitgeteilt werden.[1187] Eine zwar vermeidbare, aber unbewusst und damit gutgläubig erfolgte objektive Fehlinformation stellt für sich genommen keinen Verstoß gegen § 102 Abs. 1 BetrVG dar.[1188]

Die subjektive Überzeugung des Arbeitgebers von der Relevanz oder Irrelevanz bestimmter Umstände ist für den Umfang der Unterrichtung nach § 102 Abs. 1 Satz 2 BetrVG nicht maßgeblich, wenn dadurch der Zweck der Betriebsratsanhörung verfehlt würde.[1189] Der Arbeitgeber darf ihm bekannte Umstände, die sich bei objektiver Betrachtung zugunsten des Arbeitnehmers auswirken können, dem Betriebsrat nicht deshalb vorenthalten, weil sie für seinen eigenen Kündigungsentschluss nicht von Bedeutung waren.

Dieser Gedanke trifft insbesondere auf Punkte zu, die für die Bewertung der Kündigung Bedeutung haben können, vor allem für Sozialdaten.[1190] Bei den „Sozialdaten“ handelt es sich zwar um Umstände, die etwa nicht das beanstandete Verhalten des Arbeitnehmers selbst betreffen. Nach Sinn und Zweck der Anhörung darf der Arbeitgeber dem Betriebsrat aber keine persönlichen Umstände des Arbeitnehmers vorenthalten, die sich bei objektiver Betrachtung entscheidend zu seinen Gunsten auswirken und deshalb

1185 BAG, AP KSchG 1969 § 1 Namensliste Nr. 18.
1186 BAG, NZA 2009, 1136 (1140).
1187 BAG, AP BetrVG 1972 § 102 Nr. 169.
1188 BAG, AP BetrVG 1972 § 102 Nr. 169.
1189 BAG, AP BetrVG 1972 § 102 Nr. 169.
1190 BAG, AP BetrVG 1972 § 102 Nr. 168.

schon für die Stellungnahme des Betriebsrats bedeutsam sein können. [1191] Etwas anders gilt nur dann, wenn diese offensichtlich für den Entschluss des Arbeitgebers keine Rolle spielten, weil es auf sie nicht ankam.[1192]

10.1.6.2.2 Das Anhörungsverfahren

Hat der Betriebsrat gegen die Kündigung Bedenken, muss er dies unter Angabe der Gründe dem Arbeitgeber spätestens innerhalb einer Woche schriftlich mitteilen (§ 102 Abs. 2 S. 1 BetrVG). Unterlässt er dies, gilt seine Zustimmung als erteilt (S. 2). Die Gründe für einen Widerspruch des Betriebsrats sind in § 102 Abs. 3 Nr. 1-5 BetrVG aufgelistet. Im Fall einer außerordentlichen Kündigung muss der Betriebsrat nach § 102 Abs. 2 S. 3 BetrVG sogar unverzüglich tätig werden, spätestens binnen drei Tagen.

10.1.6.3 Der Sonderkündigungsschutz nach § 15 KSchG und § 103 BetrVG

Für aktive und werdende Betriebsratsmitglieder besteht nach § 15 KSchG und § 103 BetrVG ein besonderer Kündigungsschutz. Hintergrund dieser Regelung ist der Schutz der ungestörten Betriebsratsarbeit.[1193] Eine drohende Kündigung könnte die Betriebsratsarbeit beeinflussen. Beide Normen bilden eine Einheit.

10.1.6.3.1 Der Schutz nach § 103 BetrVG

Nach § 103 Abs. 1 BetrVG bedarf die außerordentliche Kündigung von Mitgliedern des Betriebsrats der Zustimmung des Betriebsrats. Der Betriebsrat kann seine Zustimmung grundsätzlich verweigern. Dann liegt es am Arbeitgeber, die Zustimmung gerichtlich nach § 103 Abs. 2 BetrVG ersetzen zu lassen. Die Amtsinhaber sollen über § 103 BetrVG dergestalt geschützt werden, dass gegebenenfalls die Organmitglieder ihre betriebsverfassungsrechtlichen Ämter bis zu einer gerichtlichen Klärung ausüben können.[1194]

Eine Kündigung ohne Zustimmung des Betriebsrats ist unwirksam. Das Bundesarbeitsgericht vertritt die Ansicht, dass die drei-Tages-Frist des § 102 Abs. 2 S. 3 BetrVG analog auch im Verfahren des § 103 BetrVG gelten soll, allerdings wird dies zu Recht dahingehend eingeschränkt, dass das Schweigen nicht als Zustimmung gewertet werden darf. [1195]

Dieser Antrag ist begründet, wenn die Kündigung unter Berücksichtigung aller Umstände gerechtfertigt ist. Hieraus folgert die herrschende Meinung, dass die Zustimmung nur mit der Begründung verweigert werden darf, die Kündigung sei unwirksam, weil entweder ein wichtiger Grund fehlt oder

1191 BAG, AP BetrVG 1972 § 102 Nr. 168.

1192 BAG, AP BetrVG 1972 § 102 Nr. 168.

1193 *Kania*, in: ErfK, § 103 Rn. 1.

1194 *Kania*, in: ErfK, § 103 Rn. 1.

1195 Vgl. die Nachweise bei *Raab*, in: GK, § 103 Rn. 65.

die Kündigung aus anderen Gründen, etwa wegen Nichteinhaltung der Zwei-Wochen-Frist des § 626 Abs. 2 BGB, nichtig ist.[1196]

10.1.6.3.2 Der Schutz nach § 15 KSchG

Die Kündigung eines Betriebsratsmitglieds[1197] ist nach § 15 Abs. 1 KSchG unzulässig. Eine Ausnahme gilt nur dann, wenn ein wichtiger Grund i. S. v. § 626 BGB und die Zustimmung des Betriebsrats zur Kündigung nach § 103 BetrVG vorliegen. Nach Beendigung der Amtszeit erhält das Mitglied grundsätzlich einen sog. nachwirkenden Kündigungsschutz für ein Jahr. In diesem Zeitraum darf nur wegen eines wichtigen Grundes i. S. v. § 626 BGB gekündigt werden. Wurde die Mitgliedschaft etwa nach § 23 Abs. 1 BetrVG beendet, erhält das Mitglied keinen nachwirkenden Schutz (HS 2). § 15 Abs. 3 KSchG verlagert den Schutz des § 15 Abs. 1 KSchG dann nach vorne, indem die Norm bereits bei Einleitung und während des Wahlverfahrens den Wahlakteuren Schutz zukommen lässt.

10.1.7 Der allgemeine Weiterbeschäftigungsanspruch

Ein Kündigungsschutzverfahren kann lange Zeit dauern, insbesondere wenn es den Instanzenzug durchläuft. In dieser Zeit kann ein Arbeitnehmer ein Interesse daran haben, beschäftigt zu werden. Der allgemeine Beschäftigungsanspruch aus § 611a BGB, Art. 2, 1 GG nutzt hier wenig, weil er voraussetzt, das ein Arbeitsvertrag besteht. Wird nun gerade dieser Punkt bestritten, vermag der Anspruch keine rasche Lösung zu begründen. Vielmehr reagiert die Rechtsordnung auf das Problem mit sog. Weiterbeschäftigungsansprüchen.

10.1.7.1 Der betriebsverfassungsrechtliche Weiterbeschäftigungsanspruch

Zuvorderst besteht der sog. betriebsverfassungsrechtliche Weiterbeschäftigungsanspruch. Nach § 102 Abs. 5 S. 1 BetrVG muss der Arbeitgeber auf Verlangen des Arbeitnehmers diesen nach Ablauf der Kündigungsfrist bis zum rechtskräftigen Abschluss des Rechtsstreits zu unveränderten Arbeitsbedingungen weiterbeschäftigen, wenn der Betriebsrat einer ordentlichen Kündigung nach § 102 Abs. 3 BetrVG frist- und ordnungsgemäß widersprochen und der Arbeitnehmer nach dem Kündigungsschutzgesetz Klage auf Feststellung erhoben hat, dass das Arbeitsverhältnis durch die Kündigung nicht aufgelöst sei. Der Anspruch auf Weiterbeschäftigung kann sogar ohne

1196 BAG, AP BetrVG 1972, § 103 Rn. 6.

1197 Sowie von Mitgliedern einer Jugend- und Auszubildendenvertretung, einer Bordvertretung oder eines Seebetriebsrats.

Geltendmachung eines Verfügungsgrundes[1198] im Wege der einstweiligen Verfügung durchgesetzt werden.

Oftmals kommt es zum Streit über die Ordnungsgemäßheit des Widerspruchs; sehr häufig über den § 102 Abs. 3 Nr. 3 BetrVG. Das Bundesarbeitsgericht lässt es nicht genügen, wenn der Betriebsrat einer ordentlichen Kündigung lediglich mit der Begründung widerspricht, der Arbeitnehmer könne an demselben Arbeitsplatz weiterbeschäftigt werden.[1199] Das Gericht folgert aus dem Wortlaut, dass der Betriebsrat mit seinem Widerspruch nicht die (mitbestimmungsfreie) wirtschaftlich-unternehmerische Entscheidung, dass der Arbeitsplatz des gekündigten Arbeitnehmers wegfällt, angreifen kann.

Der Arbeitgeber kann gemäß § 102 Abs. 5 S. 2 BetrVG in drei Fällen von der Weiterbeschäftigungspflicht entbunden werden. Nach Nr. 1 ist dieser Fall, wenn die Klage keine hinreichende Aussicht auf Erfolg hat. Nach Nr. 2 ist dies möglich, wenn die Weiterbeschäftigung den Arbeitgeber unzumutbar wirtschaftlich belasten würde. Nr. 3 schließt den Weiterbeschäftigungsanspruch aus, wenn der Widerspruch des Betriebsrats offensichtlich unbegründet ist.

10.1.7.2 Der sog. allgemeine Weiterbeschäftigungsanspruch

Den sog. allgemeinen Weiterbeschäftigungsanspruch hat das Bundesarbeitsgericht neben dem Anspruch aus § 102 BetrVG richterrechtlich aus Art. 1, 2 GG abgeleitet und unmittelbar von der Abwägung der beiderseitigen Interessen anhängig gemacht.[1200]

Hierbei sind aktuell zwei Fälle anerkannt, in denen der Anspruch praktische Bedeutung hat: Die offensichtliche Unwirksamkeit der Kündigung und wenn das erstinstanzliches Urteil die Unwirksamkeit der Kündigung ausspricht.[1201] Im letzten Fall kann das Gericht dann zeitgleich über den Weiterbeschäftigungsanspruch entscheiden. Urteile im Arbeitsrecht sind gemäß § 62 ArbGG grundsätzlich vorläufig vollstreckbar.

Auch hier kann sich die Frage nach der Rückabwicklung stellen, wenn die Beschäftigung im Fall einer unwirksamen Kündigung erfolgt ist. Zunächst ließe sich erwägen, auf die Grundsätze des faktischen Arbeitsvertrags abzustellen.[1202] Das Bundesarbeitsgericht greift hingegen unmittelbar auf § 812 Abs. 1 S. 1 Alt. 1 BGB zurück.[1203] Das bedeutet für den Wertersatz der Diens-

1198 *Kania*, in: ErfK, § 102 BetrVG Rn. 36.

1199 BAG, AP BetrVG 1972 § 102 Weiterbeschäftigung Nr. 13.

1200 Die Grundsätze zusammenfassend: BAG, NZA 2020, 1169 (1171).

1201 Vgl. BAG (GS), NZA 1985, 702.

1202 Hiergegen: BAG, NZA 2020, 1169 (1171).

1203 BAG, NZA 1993, 177; BAG, BeckRS 2000, 30788625.

te nach § 818 Abs. 2 BGB, dass zwar vom Wert der Dienstleistung auszugehen, dieser Wert aber nach der Höhe der üblichen oder mangels einer solchen nach der angemessenen Vergütung zu bestimmen ist.[1204]

10.1.8 Besonderer Kündigungsschutz

Im Folgenden sollen die wichtigsten[1205] Regelungen des sog. besonderen Kündigungsschutzes dargestellt werden. Die besonderen Regelungen für Betriebsratsmitglieder wurden schon dargestellt.

10.1.8.1 Kündigungsschutz im Falle der Schwerbehinderung

Nach den Daten des Statistischen Bundesamtes waren 2019 7,9 Millionen Menschen in Deutschland schwerbehindert.[1206] Das entspricht einer Schwerbehindertenquote von 9,5 %. Bereits diese Zahlen illustrieren den hohen Stellenwert des besonderen Kündigungsschutzes bei Schwerbehinderten.

10.1.8.1.1 Die Beteiligung des Integrationsamtes

Nach § 168 SGB IX bedarf die Kündigung des Arbeitsverhältnisses eines schwerbehinderten Menschen durch den Arbeitgeber der vorherigen Zustimmung des Integrationsamtes. Unterlässt der Arbeitgeber dies, ist die Kündigung gemäß § 134 BGB unwirksam.[1207] Die Norm unterwirft das Kündigungsrecht einer präventiven Kontrolle durch eine staatliche Stelle, um frühzeitig die besonderen Schutzinteressen des Schwerbehinderten zur Geltung zu bringen.[1208]

Für § 168 SGB IX ist grundsätzlich das objektive Vorliegen der Schwerbehinderung maßgebend.[1209] Der Bescheid über die Schwerbehinderung muss dem Arbeitgeber nicht ausgehändigt werden. Allerdings findet die Norm nach § 173 Abs. 3 SGB IX keine Anwendung, wenn zum Zeitpunkt der Kündigung die Eigenschaft als schwerbehinderter Mensch nicht nachgewiesen ist oder das Versorgungsamt nach Ablauf der Frist des § 152 Absatz 1 Satz 3 SGB IX eine Feststellung wegen fehlender Mitwirkung nicht treffen konnte.

1204 BAG, NZA 1993, 177 (178); BAG, NZA 2020, 1169.

1205 Weiterhin ist auf § 2 ArbPlSchG (Wehrpflicht) und auf Art. 48 Abs. 2 S. 2 GG hinzuweisen. Auf § 11 TzBfG wurde bereits eingegangen.

1206 https://www.destatis.de/DE/Themen/Gesellschaft-Umwelt/Gesundheit/Behinderte-Menschen/_inhalt.html

1207 BAG, NZA 2017, 304 (305); *Klein*, NJW 2017, 852 (853).

1208 *Rolfs*, in: ErfK, § 168 SGB IX Rn. 1.

1209 *Rolfs*, in: ErfK, § 168 SGB IX Rn. 4.

Als Reaktion auf eine Kündigung wird der Arbeitnehmer dem Arbeitgeber seine Schwerbehinderung mitteilen. Da § 168 SGB IX kenntnisunabhängig gilt, ist die Kündigung grundsätzlich unwirksam.[1210] Das Bundesarbeitsgericht unterwirft § 168 SGB IX aber dem Grundsatz von Treu und Glauben nach § 242 BGB und wendet das Rechtsinstitut der Verwirkung an. Erforderlich ist, dass der Vertrauensschutz auf Seiten des Verpflichteten das Interesse des Berechtigten derart überwiegt, dass ihm die Erfüllung des Anspruchs nicht mehr zuzumuten ist. Dies ist mit Blick auf den Sonderkündigungsschutz eines Schwerbehinderten der Fall, wenn der Arbeitgeber von der Eigenschaft als schwerbehinderter Mensch keine Kenntnis hatte und der Arbeitnehmer sich nicht innerhalb einer angemessenen Frist nach Zugang der Kündigung gegenüber dem Arbeitgeber auf seine bereits festgestellte oder zur Feststellung beantragte Schwerbehinderteneigenschaft beruft.[1211]

Das Bundesarbeitsgericht stellt auf die Frist nach §§ 4, 7 KSchG analog ab.[1212] Binnen dieser Frist muss der Arbeitnehmer entscheiden, ob er gegen die Kündigung vorgehen will. Dieser Zeitraum sollte ihm deshalb grundsätzlich auch für die Entscheidung zur Verfügung stehen, ob er sich auf eine dem Arbeitgeber noch nicht bekannte Schwerbehinderteneigenschaft berufen möchte. Hinzuzurechnen ist allerdings die Zeitspanne, innerhalb derer er den Zugang der Mitteilung über den bestehenden Sonderkündigungsschutz beim Arbeitgeber zu bewirken hat. Die drei Wochen werden daher nicht starr angewandt.[1213]

Erteilt das Integrationsamt die Zustimmung, kann der Arbeitgeber die Kündigung nach § 171 Abs. 3 KSchG nur binnen eines Monats erklären. Entscheidend ist der Zugang innerhalb dieser Zeit.[1214]

10.1.8.1.2 Die Beteiligung der Schwerbehindertenvertretung

Im Falle einer Kündigung muss vor Ausspruch der Kündigung die Schwerbehindertenvertretung nach § 178 Abs. 2 SGB IX angehört werden. Unterlässt der Arbeitgeber dies, ist die Kündigung nach § 178 Abs. 2 S. 3 SGB IX unwirksam.

Das Verfahren ist nur unvollständig geregelt.[1215] Entscheidend für das Verfahren ist der Sinn und Zweck der Anhörung. Die Schwerbehindertenvertretung soll auf die Willensbildung des Arbeitgebers einwirken können.[1216] Daher orientiert sich die Informationspflicht grundsätzlich an der Beteiligung des Betriebsrats nach § 102 BetrVG. Über die ausreichende Informa-

1210 BAG, NZA 2017, 304 (305).
1211 BAG, NZA 2017, 304 (305).
1212 BAG, NZA 2017, 304 (305).
1213 BAG, NZA 2017, 304 (305).
1214 *Rolfs*, in: ErfK, § 171 SGB IX, Rn. 3.
1215 Hierzu: *Mühlmann*, NZA 2017, 884.
1216 BAG, NZA 2019, 305 (307).

tion hinaus muss der Arbeitgeber der Schwerbehindertenvertretung auch ausreichend Zeit und Möglichkeit zur Stellungnahme geben.[1217]

10.1.8.1.3 Die außerordentliche Kündigung

Für die außerordentliche Kündigung enthält § 174 SGB IX eine Sonderregelung. Die Norm modifiziert die ohnehin strengen Vorgaben des § 626 BGB. In § 174 Abs. 1 SGB IX wird die Kündigungsfrist nach § 169 SGB IX ausgehebelt (§ 174 Abs. 1 SGB IX). Damit wird die fristlose Kündigung gegenüber Schwerbehinderten überhaupt erst ermöglicht.

Ferner muss die Zustimmung zur Kündigung binnen zwei Wochen beantragt werden. § 168 SGB IX verlangt für die ordentliche Kündigung lediglich, dass die Zustimmung vorher vorliegen muss. Zeitgebunden ist die Einholung nicht.

Die Zwei-Wochen-Frist des § 174 Abs. 2 SGB IX läuft parallel zur Frist für die Kündigungserklärung nach § 626 Abs. 2 BGB. Sie beginnt nach § 174 Abs. 2 S. 3 SGB IX ebenfalls mit dem Zeitpunkt, in dem der Arbeitgeber von den für die Kündigung maßgebenden Tatsachen Kenntnis erlangt.

Für die Entscheidung hat das Integrationsamt ebenfalls zwei Wochen Zeit. Wird innerhalb dieser Frist eine Entscheidung nicht getroffen, gilt die Zustimmung nach § 174 Abs. 3 S. 2 SGB IX als erteilt. Das Abwarten der Entscheidung des Integrationsamts kann seinerseits dazu führen, dass die Frist des § 626 Abs. 2 BGB nicht eingehalten wird. Das kann offensichtlich nicht gewollt sein. § 174 Abs. 5 SGB IX ermöglicht es daher dem Arbeitgeber, auch nach Ablauf der Frist des § 626 Abs. 2 S. 1 BGB die Kündigung zu erklären, wenn dies unverzüglich erfolgt.

10.1.8.1.4 Das System des Rechtsschutzes

Gegen eine Kündigung, die mit Zustimmung des Integrationsamtes ausgesprochen wurde, kann sich der Arbeitnehmer in doppelter Hinsicht wehren. Gegen die Kündigung kann Kündigungsschutzklage nach §§ 4, 7 KSchG erhoben werden. Gegen die Zustimmung kann nach § 201 f. SGB IX Widerspruch eingelegt werden. Der Widerspruch hat jedoch für den Arbeitgeber keine aufschiebende Wirkung (§ 171 Abs. 4 SGB IX).

10.1.8.2 Der Kündigungsschutz nach dem MuSchG

Nach § 17 Abs. 1 S. 1 Nr. 1 MuSchG ist die Kündigung durch den Arbeitgeber gegenüber einer Frau während der Schwangerschaft unzulässig, wenn dem Arbeitgeber zum Zeitpunkt der Kündigung die Schwangerschaft bekannt ist oder wenn sie ihm innerhalb von zwei Wochen nach Zugang der

---

1217 BAG, NZA 2019, 305 (307), zugleich eine analoge Anwendung von § 102 Abs. 2 BetrVG angenommen wird, hierzu auch: *Klein*, NJW 852 (855).

Kündigung mitgeteilt wird. Das Bundesarbeitsgericht verlangt, dass die Mitteilung die Information enthält, dass die Schwangerschaft schon bei Zugang der Kündigung bestand.[1218] Bei der First handelt es sich um eine Ausschlussfrist. Der Kündigungsschutz erlischt.[1219]

§ 17 Abs. 1 S. 2 MuSchG regelt den Fall der Fristüberschreitung. Die Fristversäumnis ist unschädlich, wenn die Überschreitung auf einem von der Frau nicht zu vertretenden Grund beruht und die Mitteilung unverzüglich nachgeholt wird. Ein Vertretenmüssen i. S. v. S. 2 liegt vor, wenn die Fristüberschreitung auf einem groben Verstoß gegen das von einem ordentlichen und verständigen Menschen im eigenen Interesse zu erwartenden Verhalten zurückzuführen ist.[1220] Wusste die Frau nicht, dass sie schwanger ist, hat sie die Fristversäumnis nicht zu vertreten. Ferner ist der Frau wegen Art. 6 Abs. 4 GG eine Überlegungsfrist einzuräumen.[1221]

Nach § 17 Abs. 1 S. 3 MuSchG sind sogar Vorbereitungsmaßnahmen unzulässig. Nicht erfasst wird hingegen der Ausspruch einer Abmahnung, da diese gerade auf eine Verhaltensänderung zwecks Fortführung des Arbeitsverhältnisses ausgerichtet ist.[1222]

§ 17 Abs. 1 S. 1 Nr. 2 und Nr. 3 erweitern den Kündigungsschutz im Falle der Fehlgeburt und für den Zeitraum der Schutzfrist nach der Geburt. § 17 Abs. 1 S. 1 Nr. 2 MuSchG bezieht nunmehr klarstellend auch solche Fehlgeburten ein, die nach dem Ablauf der 12. Schwangerschaftswoche auftreten. Dann tritt bei Fehlgeburten eine vergleichbare Belastung ein wie bei Totgeburten.[1223] § 17 S. 1 Nr. 3 KSchG bezieht sich wiederum auf die erfolgreiche Geburt. Oftmals wird die 4-Monatsfrist die Dauer der Schutzfrist übersteigen. Im Fall einer vorzeitigen Geburt in Kombination mit Mehrlingsgeburt oder einer Behinderung des Kindes kann das Beschäftigungsverbot länger dauern.[1224]

§ 17 Abs. 2 MuSchG lässt eine Kündigung *ausnahmsweise* zu. Dazu muss die für den Arbeitsschutz zuständige oberste Landesbehörde oder die von ihr bestimmte Stelle in besonderen Fällen die Kündigung für zulässig erklären. Die Zulässigkeitserklärung beseitigt dann die Kündigungssperre nach § 17 Abs. 1 MuSchG.[1225] Eine Erklärungsfrist und eine Zustimmungsfiktion enthält das MuSchG nicht. Die Kündigung kann daher stets nur im Fall einer ausdrücklichen Zustimmung erklärt werden.

1218 BAG, NZA 1991, 669.
1219 *Schlachter*, in: ErfK, § 18 MuSchG Rn. 9.
1220 BAG, BeckRS 2003, 40757.
1221 BAG, BeckRS 2003, 40757.
1222 *Schlachter*, in: ErfK, § 17 MuSchG Rn. 10.
1223 *Schlachter*, in: ErfK, § 17 MuSchG Rn. 4.
1224 *Schlachter*, in: ErfK, § 17 MuSchG Rn. 5.
1225 *Schlachter*, in: ErfK, § 17 MuSchG Rn. 14.

10.1.8.3 Der Kündigungsschutz nach dem BEEG

Für die Elternzeit enthalten die §§ 18 und 19 BEEG Sonderregelungen für die Kündigung. § 18 BEEG regelt die Arbeitgeber-, § 19 BEEG die Arbeitnehmerkündigung.

10.1.8.3.1 Der Kündigungsschutz während der Elternzeit

Nur § 18 BEEG stellt einen besonderen Kündigungsschutz dar. Die Norm enthält parallel zu § 17 MuSchG ein befristetes präventives Kündigungsverbot mit Erlaubnisvorbehalt (§ 18 Abs. 1 S. 4 BEEG).

Der Kündigungsschutz besteht grundsätzlich während der Elternzeit (S. 3). Das Kündigungsverbot folgt daher dem Anspruch auf Elternzeit aus § 15 BEEG. Darüber hinaus entfaltet das Kündigungsverbot Vorwirkung. Der Arbeitgeber darf das Arbeitsverhältnis nämlich bereits ab dem Zeitpunkt, von dem an Elternzeit verlangt worden ist, in zwei Fällen nicht kündigen. Im ersten Fall gilt die Vorwirkung frühestens acht Wochen vor Beginn einer Elternzeit bis zum vollendeten dritten Lebensjahr des Kindes (S. 1 Nr. 1); im zweiten Fall frühestens 14 Wochen vor Beginn einer Elternzeit zwischen dem dritten Geburtstag und dem vollendeten achten Lebensjahr des Kindes (S. 1 Nr. 2). Wird die Elternzeit aufgeteilt, werden beide Elternteile durch die Vorwirkung geschützt.

Nach § 18 Abs. 2 BEEG erhalten auch Arbeitnehmer Kündigungsschutz, die in Teilzeit arbeiten. Das gilt im Zeitraum während der Elternzeit (Abs. 2 Nr. 2) und selbst dann, wenn sie den Anspruch auf Elterngeld nicht realisieren, ihn aber dem Gesetz nach hätten (Abs. 2 Nr. 2).

10.1.8.3.2 Die Arbeitnehmerkündigung zum Ende der Elternzeit

§ 19 BEEG gewährt dem Arbeitnehmer ein Sonderkündigungsrecht zum Ende der Elternzeit nur unter Einhaltung einer Kündigungsfrist von drei Monaten. Die Regelung soll dem Arbeitnehmer die Möglichkeit gewähren, sich nach dem Ende der Elternzeit voll um das Kind zu kümmern.

10.1.8.4 Der Kündigungsschutz nach dem PflegZG und dem FPfZG

Nach § 5 PflegeZG darf der Arbeitgeber das Beschäftigungsverhältnis von der Ankündigung, höchstens jedoch zwölf Wochen vor dem angekündigten Beginn, bis zur Beendigung der kurzzeitigen Arbeitsverhinderung nach § 2 PflegeZG oder der Freistellung nach § 3 PflegeZG nicht kündigen. Wie schon nach dem MuSchG und dem BEEG besteht die Möglichkeit, die Kündigung für zulässig erklären zu lassen. Im Falle der Familienpflegezeit ordnet § 2 Abs. 3 FPflZG die entsprechende Geltung von § 5 PflegeZG an.

10.1.9 Kündigungsschutz bei Massenentlassungen

Das KSchG enthält in den §§ 17 ff. KSchG Sonderregelungen für Massenentlassungen. Herzstück der Regelung ist die Anzeigepflicht gegenüber der Agentur für Arbeit, flankiert von der selbstständigen Beteiligung des Betriebsrats.[1226] Die Regelungen gehen auf Unionsrecht zurück. Die Richtlinie 98/59/EG sieht spezifische Regelungen vor, die die §§ 17 ff. KSchG umsetzen sollen.

10.1.9.1 Der Begriff der Massenentlassung

§ 17 Abs. 1 S. 1 KSchG enthält drei betriebsbezogene Schwellenwerte, nach denen eine Massenentlassung anzunehmen ist. In Betrieben mit in der Regel mehr als 20 und weniger als 60 Arbeitnehmern[1227] stellt eine Entlassung von mehr als 5 Arbeitnehmern eine Massenentlassung dar. In Betrieben mit in der Regel mindestens 60 und weniger als 500 Arbeitnehmern ist dies der Fall bei 10 % der im Betrieb regelmäßig beschäftigten Arbeitnehmer oder aber mehr als 25 Arbeitnehmer. Auf der letzten Stufe liegt eine Massenentlassung in Betrieben mit in der Regel mindestens 500 Arbeitnehmern bei einer Entlassung von mindestens 30 Arbeitnehmern vor. Fristlose Entlassungen werden nach § 17 Abs. 4 S. 2 KSchG bei der Mindestzahl der Entlassungen nicht mitgezählt.

Seit der Entscheidung des EuGHs in der Rechtssache „Junk"[1228] interpretiert das Bundesarbeitsgericht den Begriff der Entlassung („*entläßt*") nicht mehr in dem Sinn, dass das tatsächliche Ausscheiden der Arbeitnehmer gemeint ist. Vielmehr geht das Gericht im Einklang der Rechtsprechung des EuGHs davon aus, dass die Entlassung die Kündigungserklärung in ihrer Gestalt als Willenserklärung erfasst.[1229]

Nach § 17 Abs. 1 S. 2 KSchG stehen Entlassungen andere Beendigungstatbestände gleich, die vom Arbeitgeber initiiert werden. Damit sind insbesondere auch Aufhebungsverträge erfasst.[1230]

1226 Zu den unterschiedlichen Zwecken nach der Rechtsprechung des BAG: NZA 2019, 1638 (1640 f.).

1227 Grundsätzlich gilt der allgemeine Arbeitnehmerbegriff. Nach § 17 Abs. 5 KSchG werden drei Gruppen klarstellend nicht als Arbeitnehmer eingeordnet. Die Ausnahme für Geschäftsführer in Nr. 3 ist in der neueren Entwicklung problematisch geworden, vgl. EuGH, NZA 2015, 861.

1228 EuGH, NZA 2005, 213.

1229 BAG, NZA 2019, 1638 (1640).

1230 BAG, AP BGB § 613a Nr. 464.

10.1.9.2 Das Anzeigeverfahren gegenüber der Agentur für Arbeit

Das Anzeigeverfahren nach § 17 Abs. 1 KSchG dient vornehmlich beschäftigungspolitischen Zwecken. Die Agentur für Arbeit soll über eine bevorstehende Massenentlassung unterrichtet werden, um sich auf die Entlassung einer größeren Anzahl von Arbeitnehmern vorbereiten und ihre Vermittlungsbemühungen darauf einstellen zu können.[1231] Die Agentur soll dann für andere Beschäftigungsmöglichkeiten sorgen können. Das setzt voraus, dass bereits feststeht, wie viele und welche Arbeitnehmer konkret entlassen werden sollen. Auf den Willensentschluss des Arbeitgebers zur Kündigung kann, soll und will die Agentur für Arbeit – anders als der Betriebsrat – keinen Einfluss mehr nehmen.[1232]

Unschädlich ist es nach Ansicht des Bundesarbeitsgerichts, wenn der Arbeitgeber vor der Anzeige bereits den Entschluss zur Kündigung gefasst hat.[1233] Vielmehr ist es gerade dieser Entschluss, der das Anzeigeverfahren auslöst. Das Gericht unterscheidet somit zwischen Entschluss und wirksamer Erklärung der Kündigung.

10.1.9.3 Das Beteiligungsverfahren des Betriebsrats

Das Konsultationsverfahren soll es dem Betriebsrat ermöglichen, konstruktive Vorschläge unterbreiten zu können, um die Massenentlassung zu verhindern oder zu beschränken bzw. ihre Folgen durch soziale Begleitmaßnahmen zu mildern.[1234] Daher erhält der Betriebsrat – anders als die Agentur für Arbeit – Einfluss auf die Willensbildung des Arbeitgebers.

§ 17 Abs. 2 Nr. 1-6 KSchG statuiert einen Katalog von Informationen, die der Arbeitgeber dem Betriebsrat zu übermitteln hat. Welche Informationen erforderlich sind, hängt vom konkreten Einzelfall ab. Die Unterrichtungspflicht kann flexibel gehandhabt werden, jedoch darf der Arbeitgeber noch keine unumkehrbaren Maßnahmen getroffen und damit noch keine vollendeten Tatsachen geschaffen haben.[1235] In der Praxis wird das Verfahren oftmals mit dem betriebsverfassungsrechtlichen Verfahren nach §§ 111 f. BetrVG kombiniert.

Über die Beteiligung ist dann wiederum die Agentur für Arbeit nach § 17 Abs. 3 KSchG zu unterrichten.

1231 BAG, NZA 2016, 490 (493).

1232 BAG, NZA 2019, 1638 (1641); *Holler*, NZA 2019, 291 (293).

1233 BAG, NZA 2019, 1638 (1640).

1234 BAG, NZA 2019, 1638 (1641).

1235 BAG, NZA 2019, 1638.

10.1.9.4 Rechtsfolgen der unterbliebenen Beteiligung

Unterbleibt die Anzeige gegenüber der Agentur für Arbeit, so ist die Kündigungserklärung unwirksam. Die herrschende Meinung erblickt in § 17 Abs. 1 KSchG ein Schutzgesetz i. S. v. § 134 BGB.[1236] Eine fehlerhafte Beteiligung des Betriebsrats führt ebenfalls nach § 134 BGB zur Unwirksamkeit der Kündigung.[1237]

10.1.10 Die Änderungskündigung

Schließlich ist noch auf die Änderungskündigung einzugehen. Das KSchG schützt nicht nur den Bestand des Arbeitsverhältnisses an sich, sondern auch dessen Inhalt.

10.1.10.1 Die Ausgangslage

Eine sog. Teilkündigung einzelner Vertragsbestandteile wird allgemein als mit dem Bestandsschutz des KSchG nicht vereinbar abgelehnt und muss besonders vereinbart werden.[1238] Will der Arbeitgeber den Inhalt des Arbeitsverhältnisses nachträglich ändern, bleibt ihm grundsätzlich nur die Möglichkeit eines Änderungsvertrags i. S. v. § 311 Abs. 1 BGB. Derartige Angebote kann ein Arbeitnehmer aber schlicht ablehnen. Um gleichwohl Druck auf den Arbeitnehmer auszuüben, kann der Arbeitgeber das Änderungsangebot mit einer umfassenden Kündigung verbinden. Daher bedarf der Arbeitnehmer dann aber auch des Bestandsschutzes durch das KSchG.[1239]

10.1.10.2 Die Elemente der Änderungskündigung in § 2 KSchG

Die sog. Änderungskündigung wird in § 2 KSchG nur unvollständig geregelt. Anders als die Teilkündigung enthält die Änderungskündigung zwei Bestandteile: Die (Beendigungs-) Kündigung des Arbeitsverhältnisses und das Angebot eines Arbeitsvertrags mit veränderten Vertragsinhalten.

10.1.10.2.1 Die Konstruktion der Änderungskündigung i. S. v. § 2 KSchG

Diese Vorgabe macht die Änderungskündigung zu einem zweigliedrigen Rechtsgeschäft.[1240] § 2 KSchG regelt vor diesem Hintergrund *nur* die Möglichkeit, dem Änderungsvertrag unter Vorbehalt zuzustimmen.

1236 BAG, NZA 2016, 1198 (1200).
1237 BAG, NZA 2019, 1638 (1642).
1238 BAG, NZA 2017, 1195.
1239 *Rolfs*, in: BeckOK ArbR, § 2 KSchG Rn. 2.
1240 *Rolfs*, in: BeckOK ArbR, § 2 KSchG Rn. 4.

§ 2 KSchG geht davon aus, dass die Kündigung unbedingt erfolgt. Die Änderungskündigung lässt sich aber auch dergestalt konstruieren, dass die Kündigung unter der Potestativbedingung ausgesprochen wird, dass die Änderung nicht angenommen wird.[1241] Für die Annahme einer Änderungskündigung i. S. v. § 2 KSchG ist diese Konstruktion daher unschädlich.

10.1.10.2.2 Das Angebot

Das Angebot muss der Schriftform nach § 623 BGB entsprechen[1242] und nach § 145 BGB hinreichend bestimmt sein. Das Bundesarbeitsgericht verlangt, dass das Änderungsangebot so konkret gefasst ist, dass es der Arbeitnehmer ohne weiteres annehmen kann.[1243] Hierzu muss ihm klar sein, welche Vertragsbedingungen künftig gelten sollen. Gerade die kurze Frist des § 4 S. 2 KSchG verlangt einen hohen Grad an Bestimmbarkeit. Der Arbeitgeber muss klarstellen, zu welchen Vertragsbedingungen das Arbeitsverhältnis künftig fortbestehen soll. Unklarheiten gehen zu seinen Lasten. Ein Änderungsangebot kann aber auch dann den Bestimmtheitserfordernissen genügen, wenn sich sein Inhalt erst durch Auslegung hinreichend sicher ermitteln lässt.[1244] Dabei können und müssen auch außerhalb des Kündigungsschreibens liegende, zur Erforschung seines Inhalts geeignete Umstände herangezogen und berücksichtigt werden.

Ist die Änderung nicht hinreichend bestimmt, ist die Änderungskündigung nach Ansicht des Bundesarbeitsgerichts unwirksam.[1245] Änderungsangebot und Kündigungserklärung bildeten bei § 2 KSchG eine innere Einheit.[1246]

10.1.10.2.3 Der Zusammenhang i. S. v. § 2 KSchG

Damit eine Änderungskündigung i. S. v. § 2 KSchG vorliegt, müssen Änderungsantrag und Kündigung in einem Zusammenhang stehen. Dieser Zusammenhang hat eine sachliche und eine zeitliche Komponente. Die herrschende Meinung nimmt einen Zusammenhang an, wenn sich aus den Gesamtumständen ergibt, dass der Arbeitgeber nicht die Beendigung, sondern die Abänderung anstrebt.[1247]

Grundsätzlich wird die Änderungskündigung einheitlich erklärt und gehen in der Regel einheitlich zu i. S. v. § 130 BGB. Dann besteht ohne weiteres ein Zusammenhang i. S. v. § 2 KSchG.[1248] Anerkannt ist auch, dass die Kündigung dem Angebot nachfolgen kann. Scheitern die Verhandlungen, kann

1241 BAG, AP KSchG 1969 § 9 Nr. 24.
1242 BAG, NZA 2010, 333 (335).
1243 BAG, NJOZ 2016, 866 (868).
1244 BAG, NZA 2012, 628 (632).
1245 BAG, NZA 2012, 628 (632).
1246 BAG, NZA 2010, 333 (336).
1247 *Rolfs*, in: BeckOK ArbR, § 2 KSchG Rn. 18.
1248 *Rolfs*, in: BeckOK ArbR, § 2 KSchG Rn. 24.

der Arbeitgeber immer noch auf das Mittel der Änderungskündigung auf der Grundlage des Angebots zurückgreifen. Dazu muss aber aus Sicht des Arbeitnehmers das Angebot weiter Bestand haben.[1249]

An einem Zusammenhang fehlt es hingegen, wenn der Arbeitgeber zunächst kündigt und erst später in Verhandlungen eintritt.[1250] Das lässt sich aus § 2 S. 2 KSchG ablesen. Denn einen Vorbehalt zur Änderung kann nur innerhalb der Kündigungsfrist erklären, wer das Änderungsangebot vorliegen hat.

10.1.10.3 Die Reaktionsmöglichkeit des Arbeitnehmers

Der Arbeitnehmer hat mehrere Möglichkeiten, auf eine Änderungskündigung zu reagieren.

Zuallererst kann der Arbeitnehmer das Angebot einfach annehmen. Dann gelten die neuen Arbeitsbedingungen zum vereinbarten Zeitpunkt.

Ferner kann der Arbeitnehmer ablehnen. Dann tritt die Kündigung in Kraft. Der Arbeitnehmer kann sich gegen diese mit der normalen Kündigungsschutzklage wehren (sog. Änderungsschutzklage[1251]). Allerdings prüft das Gericht hier nur die Voraussetzungen der sozialen Rechtfertigung der Änderung, nicht der Beendigung; dazu mehr unten.

Schließlich kann der Arbeitnehmer das Angebot unter dem Vorbehalt annehmen, dass die Änderung der Arbeitsbedingungen nicht sozial ungerechtfertigt ist (§ 1 Abs. 2 Satz 1 bis 3, Abs. 3 Satz 1 und 2). Sinn und Zweck dieser Möglichkeit besteht darin, dass der Arbeitnehmer sich gegen die Kündigung wehren dürfen soll und nicht am Ende ohne ein Arbeitsverhältnis dasteht. [1252]

Der Vorbehalt stellt eine Willenserklärung dar.[1253] Gemäß der Rechtsgeschäftslehre ist sie als Annahme des Angebots des Arbeitgebers unter der rückwirkend auflösenden Bedingung der gerichtlichen Feststellung der Sozialwidrigkeit der geänderten Arbeitsbedingungen zu verstehen (§ 158 Abs. 2 BGB).[1254] Die Erklärung des Vorbehalts ist nicht formgebunden. Jedoch muss der Arbeitnehmer nach § 2 S. 2 KSchG den Vorbehalt dem Arbeitgeber gegenüber innerhalb der Kündigungsfrist, spätestens jedoch innerhalb von drei Wochen nach Zugang der Kündigung erklären. Ohne besondere Bestimmung ist §§ 622 Abs. 1, Abs. 2 BGB maßgeblich.

1249 BAG, AP KSchG 1969 § 2 Nr. 79.

1250 BAG, AP KSchG 1969 § 2 Nr. 79.

1251 BAG, NZA 2018, 1127 (1130); zum Begriff: *Hergenröder*, MüKoBGB § 2 KSchG Rn. 67 ff.

1252 *Rolfs*, in: BeckOK Arbeitsrecht § 2 KSchG Rn. 2.

1253 BAG, NZA 1985, 455 (458).

1254 BAG, AP EntgeltFG § 3 Nr. 22.

Das allein genügt aber noch nicht. Nach § 4 S. 2 i. V. m. S. 1 KSchG muss der Arbeitnehmer binnen drei Wochen Klage auf Feststellung erheben, dass die Änderung der Arbeitsbedingungen sozial ungerechtfertigt oder aus anderen Gründen rechtsunwirksam ist. Anderenfalls erlischt der Vorbehalt nach § 7 HS 2 KSchG. Die Änderung ist endgültig angenommen.

Stellt das Gericht später fest, dass die Änderung der Arbeitsbedingungen sozial ungerechtfertigt ist, gilt die Änderungskündigung gemäß § 8 KSchG als von Anfang an rechtsunwirksam (§ 8 KSchG). Nach § 159 BGB sind die Parteien verpflichtet, einander zu gewähren, was sie sich schulden würden.[1255]

10.1.10.4 Die Prüfung der Änderungsschutzklage

Gegen die Änderungskündigung kann dann Änderungsschutzklage erhoben werden. § 4 S. 2 KSchG verlangt, dass Klage auf Feststellung erhoben wird, dass die Änderung der Arbeitsbedingungen sozial ungerechtfertigt oder aus anderen Gründen rechtsunwirksam ist.

10.1.10.4.1 Die zweistufige Prüfung

Das Bundesarbeitsgericht prüft zweistufig.[1256] Zunächst ist zu prüfen, ob Person, Verhalten oder ein betriebliches Erfordernis die Änderung der Arbeitsbedingungen begründen. Danach ist zu prüfen, ob die Annahme der Änderung billigerweise hingenommen werden muss.

10.1.10.4.2 Die personenbedingte Änderungskündigung

Eine personenbezogene Änderungskündigung kommt insbesondere bei krankheitsbedingten Leistungsminderungen in Betracht. Hier bleibt es bei den drei Stufen der krankheitsbedingten Kündigung.[1257] Ob der Arbeitnehmer dann eine ihm vorgeschlagene Änderung billigerweise akzeptieren muss, ist nach dem Verhältnismäßigkeitsgrundsatz zu beurteilen. Die Änderungen müssen geeignet und erforderlich sein, um den Inhalt des Arbeitsvertrags den geänderten Beschäftigungsmöglichkeiten anzupassen.[1258]

10.1.10.4.3 Die verhaltensbedingte Änderungskündigung

Eine verhaltensbedingte Änderungskündigung kann Sinn ergeben, wenn durch die Veränderung der Arbeitsbedingungen ein vertragswidriges Verhalten abgestellt werden kann.[1259] Gegenüber der Änderungskündigung stellt die Abmahnung in aller Regel das mildere Mittel dar.[1260]

1255 BAG, NZA 2014, 486 (487); *Kiel*, in: ErfK, § 8 KSchG Rn. 1.

1256 BAG, AP KSchG 1969 § 2 Nr. 53; *Hergenröder*, MüKoBGB § 2 KSchG Rn. 83.

1257 BAG, NZA-RR 2016, 243 (246).

1258 BAG, NZA-RR 2016, 243 (245).

1259 *Oetker*, in: ErfK, § 2 KSchG RN. 46.

1260 *Oetker*, in: ErfK, § 2 KSchG RN. 46.

10.1.10.4.4 Die betriebsbedingte Änderungskündigung

Vergleichbar vollzieht sich auch die Prüfung der betriebsbedingten Kündigung. Der Unternehmer muss eine unternehmerische Entscheidung entweder auf der Grundlage von außer- oder innerbetrieblichen Gründen getroffen haben. Diese Gründe müssen dann aber die *Änderung* der Arbeitsbedingungen erforderlich machen. Dabei betont das Bundesarbeitsgericht, dass auch die Festlegung des Stellenprofils in die freie unternehmerische Tätigkeit fällt und daher nur auf Willkür überprüft werden darf.[1261] Davon losgelöst, muss der Arbeitgeber weiterhin darlegen, welche Gründe zu der Neuausrichtung der Stelle geführt haben. Eine „wünschenswerte Voraussetzung" soll nicht genügen. Voraussetzung ist vielmehr ein nachvollziehbares arbeitsplatzbezogenes Kriterium.[1262] Die Rechtsprechung überzeugt. Denn anderenfalls wäre die Veränderung des Arbeitsvertrags allzu stark den realen und dynamischen Wünschen des Arbeitgebers unterworfen und würde den Änderungskündigungsschutz entwerten.

Beim zweiten Punkt soll entscheidend sein, ob der Arbeitnehmer eine ihm vorgeschlagene Änderung billigerweise hinnehmen muss.[1263] Die Änderung der Vertragsbedingungen muss daher insbesondere erforderlich und geeignet sein, den Arbeitsvertrag an neue Beschäftigungsmöglichkeiten anzupassen. Die Rechtsprechung ist hier streng, die Änderung darf sich nicht weiter vom bisherigen Arbeitsverhältnis entfernen als zur Erreichung des angestrebten Ziels erforderlich.[1264]

10.1.10.5 Die Änderungskündigung im System des Kündigungsschutzes

Die Änderungskündigung stellt im Verhältnis zur Beendigungskündigung das mildere Mittel dar.[1265] Im Rahmen der Verhältnismäßigkeit wird daher oftmals zu erörtern sein, warum eine Änderungskündigung entbehrlich war. Das ist nicht schon dann der Fall, wenn der Arbeitnehmer zuvor ein Änderungsangebot ausgeschlagen hat. Denn anderenfalls würde ihm die Möglichkeit des § 2 KSchG genommen werden.[1266] Die Ablehnung der einverständlichen Abänderung schließt nicht aus, dass der Arbeitnehmer bereit ist, zu den geänderten Bedingungen weiterzuarbeiten, wenn sich in einem Änderungsschutzverfahren die Berechtigung der Änderung herausstellt. Etwas anderes gilt nur dann, wenn der Arbeitnehmer zuvor unmiss-

1261 BAG, NZA 2017, 905 (907).
1262 BAG, NZA 2017, 905 (907).
1263 BAG, NZA 2017, 905 (907).
1264 BAG, NZA 2017, 905 (907).
1265 BAG, NZA 2005, 1294.
1266 BAG, NZA 2005, 1294 (1297).

verständlich erklärt hat, auch eine Änderungskündigung, nicht einmal unter Vorbehalt, zu akzeptieren.[1267]

10.1.10.6 Die außerordentliche Änderungskündigung

Obwohl § 13 Abs. 1 S. 2 KSchG keine Aussage über die Änderungskündigung trifft, folgert die herrschende Meinung die Zulässigkeit der außerordentlichen Änderungskündigung aus dem argumentum a maiore ad minus. Es handelt sich um ein offensichtliches Redaktionsversehen. Dem Arbeitnehmer steht daher nach § 2 KSchG analog auch die Möglichkeit offen, die Kündigung unter Vorbehalt zu akzeptieren.[1268]

10.2 Der Aufhebungsvertrag

In der Praxis stellt der Aufhebungsvertrag die schnellste bzw. effizienteste Möglichkeit dar, ein Arbeitsverhältnis zu beenden. Weder gelten Kündigungsfristen, noch ist der Betriebsrat anzuhören, noch bestehen materielle Begründungserfordernisse. Die Befugnis zum Abschluss eines Aufhebungsvertrags resultiert aus der Privatautonomie (§ 311 Abs. 1 BGB).

Abbildung 34: Der Aufhebungsvertrag

1. Vertragsschluss
2. Schriftform nach § 623 BGB
3. Kein Unwirksamkeitsgründe
   a) Nicht: § 355 BGB (h. M.)
   b) Nicht: § 307 Abs. 1 BGB, da § 307 Abs. 3 BGB.
   c) §§ 142, 123 BGB
   d) § 280 BGB (BAG)

10.2.1 Die Schriftform nach § 623 BGB

Der Aufhebungsvertrag wurde im BGB nur unzureichend gesetzlich geregelt. Nach § 623 BGB bedarf er der Schriftform. Aufhebungsverträge müssen daher jedenfalls eine Andeutung in der Urkunde erfahren haben.[1269]

1267 BAG, NZA 2005, 1294 (1297).

1268 BAG, NZA 2018, 440 (443).

1269 *Müller-Glöge*, in: ErfK, § 623 Rn. 10.

10.2.2 Die Wirksamkeit des Aufhebungsvertrags i.Ü.

Die Wirksamkeit von Aufhebungsverträgen wirft in der Regel vier Problembereiche auf:

10.2.2.1 Die AGB-Kontrolle

Ist der Aufhebungsvertrag vorformuliert, sind die §§ 305 ff. BGB zu prüfen. Insbesondere für die Interpretation des Vertrags gelten die Auslegungsgrundsätze für AGB.

Ein Aufhebungsvertrag kann nicht nach § 307 Abs. 1 S. 1 BGB kontrolliert werden. Sein Inhalt bezieht sich auf die Aufhebung und auf eine Regelung der Hauptleistungspflicht. § 307 Abs. 3 S. 1 BGB sperrt daher die Angemessenheitskontrolle i. w. S.[1270] Daher bleibt allein die Möglichkeit einer Prüfung des Transparenzgebots nach §§ 307 Abs. 3 S. 2, 307 Abs. 1 S. 2 BGB. Enthält der Aufhebungsvertrag Nebenbestimmungen, sind diese hingegen nach § 307 Abs. 1 BGB umfassend überprüfbar, das gilt insbesondere für einen vorformulierten Klageverzicht.[1271]

10.2.2.2 Die Widerrufbarkeit

Aufhebungsverträge können immer dann für beide Parteien des Arbeitsverhältnisses von Interesse sein, wenn es um eine schnelle und einvernehmliche Auflösung des Arbeitsverhältnisses geht. Allerdings kommen sie gelegentlich unter erheblichem Druck des Arbeitnehmers zustande.

Nach altem Recht war lange umstritten, ob Arbeitnehmern ein Widerrufsrecht zustand. Das hat das Bundesarbeitsgericht mit dem Argument abgelehnt, dass der Arbeitnehmer am Arbeitsplatz typischerweise mit dem Angebot eines Aufhebungsvertrags rechnen müsse.[1272] Auf der Grundlage des geltenden Rechts kommt ein Widerrufsrecht aber in Betracht, wenn der Aufhebungsvertrag außerhalb des Arbeitsplatzes geschlossen wurde,[1273] weil dann in der Regel ein Vertrag außerhalb der Geschäftsräume geschlossen wurde, etwa beim Arbeitnehmer zuhause (§ 312b i. V. m. § 312g BGB).

Das Bundesarbeitsgericht hat die Anwendung der §§ 355, 312g, 312b BGB hingegen verneint.[1274] Nach Ansicht des Gerichts spricht der systematische Gesamtzusammenhang der §§ 312 ff. BGB entscheidend dagegen.

1270 BAG, NZA 2019, 688 (689).

1271 BAG, NZA 2015, 676.

1272 BAG, NZA 2004, 597.

1273 *Fischinger/Werthmüller*, NZA 2016, 193.

1274 BAG, NZA 2019, 688 (689).

10.2.2.3 Das Gebot fairen Verhandelns

Gleichwohl erkennt das Gericht die Notwendigkeit weitergehenden Schutzes an und statuiert das Gebot fairen Verhandelns. Bei Verhandlungen über den Abschluss eines Aufhebungsvertrags könne eine Seite gegen ihre Verpflichtungen aus § 241 Abs. 2 BGB verstoßen, wenn sie eine Verhandlungssituation herbeiführt oder ausnutzt, die eine unfaire Behandlung des Vertragspartners darstellt.[1275]

Diese Ansicht trifft im Grundsatz zu. Wenn sie aber aus § 280 BGB die Unwirksamkeit des Vertrags folgert, stehen dahinter praktische Erwägungen. Dogmatisch kann der Schadensersatz i. S. v. § 249 BGB nur auf Aufhebung des Aufhebungsvertrags gerichtet sein. Das Gericht folgert hingegen aus dem Zweck des Gebots fairen Verhandelns, dass diesem nur Genüge getan wird, wenn dem Vertrag im Wege der Naturalrestitution die Rechtswirkungen genommen werden.

10.2.2.4 Die Anfechtbarkeit

Es kann darüber hinaus vorkommen, dass der Verstoß gegen das Gebot fairen Verhandelns die Schwelle des § 123 BGB erreicht. Das Inaussichtstellen einer Kündigung kann insoweit eine rechtswidrige Drohung darstellen, wenn ein verständiger Arbeitgeber unter Abwägung aller Umstände des Einzelfalls davon ausgehen muss, die Kündigung werde im Falle ihres Ausspruchs einer gerichtlichen Kontrolle nicht standhalten (sog. reduzierter Maßstab).[1276]

Ob der Arbeitgeber zuvor eine Bedenkfrist für den Arbeitnehmer abgelehnt hat, ist nach dem Bundesarbeitsgericht unerheblich.[1277] Allerdings kann eine Bedenkzeit Auswirkung auf die Kausalität von Drohung und Abgabe der Willenserklärung des Arbeitnehmers haben.[1278] Denn die Ursächlichkeit der Drohung kann nicht schon dann ohne weiteres bejaht werden, wenn die widerrechtliche Drohung eine nicht wegzudenkende Ursache für die angefochtene Willenserklärung ist. Nach § 123 Abs. 1 BGB muss der Anfechtende vielmehr durch die Drohung zur Abgabe der Willenserklärung „bestimmt" worden sein. Er muss noch bei der Abgabe der Willenserklärung unter dem Eindruck der Drohung gehandelt haben und nicht auf Grund einer davon nicht mehr maßgeblich beeinflussten autonomen Willensbildung. Das soll nach Ansicht des Bundesarbeitsgerichts der Fall sein, wenn dem widerrechtlich Bedrohten eine Bedenkzeit eingeräumt wurde.[1279]

1275 BAG, NZA 2019, 688 (691).
1276 BAG, NJOZ 2003, 2491 (2493).
1277 BAG, NZA 1994, 209.
1278 BAG, NZA 2008, 348 (354).
1279 BAG, NZA 2008, 348 (354).

10.2.3 Prozessuale Durchsetzung der Unwirksamkeit

Will der Arbeitnehmer die Unwirksamkeit geltend machen, richtet sich die Zuständigkeit nach § 2 Abs. 1 Nr. 3b ArbGG. Statthaft ist die allgemeine Feststellungsklage.[1280] Begründet ist sie, wenn im Zeitpunkt der letzten mündlichen Verhandlung ein Arbeitsverhältnis noch besteht.

10.2.4 Die sozialrechtliche Konsequenz eines Aufhebungsvertrags

Nach § 159 Abs. 1 Nr. 1 SGB III ruht der Anspruch auf Arbeitslosengeld für die Dauer einer Sperrzeit, wenn die oder der Arbeitslose das Beschäftigungsverhältnis gelöst oder durch ein arbeitsvertragswidriges Verhalten Anlass für die Lösung des Beschäftigungsverhältnisses gegeben und dadurch vorsätzlich oder grob fahrlässig die Arbeitslosigkeit herbeigeführt hat (Sperrzeit bei Arbeitsaufgabe).

Problematisch ist, ob eine Hinweispflicht des Arbeitgebers auf diese Gefahr besteht. Grundsätzlich muss sich der Arbeitnehmer selbst erkundigen. Die erkennbaren Informationsbedürfnisse des Arbeitnehmers einerseits und die Beratungsmöglichkeiten des Arbeitgebers andererseits müssen jedoch wegen § 241 Abs. 2 BGB im Einzelfall in Ausgleich gebracht werden. Gesteigerte Hinweispflichten können den Arbeitgeber vor allem dann treffen, wenn die zur Beendigung des Arbeitsverhältnisses führende Vereinbarung auf seine Initiative hin und in seinem Interesse zustande kommt.[1281] Gleiches kann gelten, wenn sich aus den Umständen ergibt, dass der Arbeitnehmer durch eine sachgerechte und vom Arbeitgeber redlicherweise zu erwartende Aufklärung vor der Aufhebung des Arbeitsverhältnisses bewahrt werden muss, weil er sich durch sie aus Unkenntnis selbst schädigen würde.[1282]

10.3 Die Befristung (und die Bedingung)

Ca 7,5 % der Arbeitnehmer waren 2019 in Deutschland befristet beschäftigt.[1283] Nach der allgemeinen Rechtsgeschäftslehre kann jedes Rechtsgeschäft bedingt oder befristet werden (§§ 158ff, 163 BGB). Da hierüber die Möglichkeit besteht, jeglichen Kündigungsschutz zu umgehen, bedarf die Befristung grundsätzlich eines sachlichen Grundes (§ 14 Abs. 1 TzBfG).[1284]

1280 *Fischinger*, NZA 2019, 729 (733).

1281 BAG, NZA 2006, 535 (538).

1282 BAG, NZA 1997, 390 (392); BAG, NZA 2006, 535 (538).

1283 https://www.destatis.de/DE/Themen/Arbeit/Arbeitsmarkt/Qualitaet-Arbeit/Dimension-4/befristet-beschaeftigte.html

1284 BAG, AP BGB § 620 Befristeter Arbeitsvertrag Nr. 16.

Das TzBfG dient aktuell der Umsetzung der Richtlinie 99/77/EG. Daher hat bei den meisten Rechtsfragen der EuGH das letzte Wort.

10.3.1 Das befristete Arbeitsverhältnis

Nach § 3 Abs. 1 S. 1 TzBfG ist ein Arbeitnehmer befristet beschäftigt, wenn er einen Arbeitsvertrag auf bestimmte Zeit schließt. Das Gesetz nennt zwei Unterformen: Die kalendermäßige Befristung und die Zweckbefristung. Die Dauer folgt bei dem zweiten Grund aus Art, Zweck oder Beschaffenheit der Arbeitsleistung.

Diese Formen werden in der sog. Doppelbefristung zusammengeführt. Dann liegt eine Zweckbefristung mit maximaler Laufzeit vor. Ist die Zweckbefristung unwirksam, gilt die kalendermäßige Befristung gleichwohl.[1285]

Neben § 14 TzBfG treten zahlreiche gesetzliche Sondertatbestände, die eine Befristung zulassen. Für den Bereich der Wissenschaft hält das WissZVG sogar ein eigenes Gesetz parat.

10.3.1.1 Verhältnis zum Kündigungsrecht

Nach § 15 Abs. 3 TzBfG ist eine ordentliche Kündigung nur dann zulässig, wenn dies vereinbart wurde. § 15 Abs. 4 TzBfG macht hiervon eine Ausnahme für langfristige befristete Arbeitsverhältnisse, die nur zugunsten des Arbeitnehmers gilt. § 15 Abs. 3 TzBfG lässt sich ferner im Umkehrschluss entnehmen, dass eine außerordentliche Kündigung stets zulässig ist, wenn die Voraussetzungen des § 626 BGB erfüllt sind.

10.3.1.2 Die Wirksamkeit der Befristung

Wann eine Befristung zulässig ist, ergibt sich aus § 14 TzBfG. Die Norm trennt Befristungen mit Sachgrund (§ 14 Abs. 1 TzBfG) von Befristungen ohne Sachgrund (§ 14 Abs. 2 TzBfG).

10.3.1.2.1 Die Befristung mit Sachgrund

§ 14 Abs. 1 S. 2 TzBfG sieht acht Regelbeispiele vor, in denen ein sachlicher Grund für die Befristung besteht:

10.3.1.2.1.1 Der vorübergehende Bedarf (Nr. 1)

Gemäß § 14 Abs. 1 S. 2 Nr. 1 TzBfG liegt ein sachlicher Grund für die Befristung eines Arbeitsvertrags vor, wenn der betriebliche Bedarf an der Arbeitsleistung nur vorübergehend besteht. Das kann viele Gründe haben.

1285 BAG, AP BGB § 620 Befristeter Arbeitsvertrag Nr. 87; *Müller-Glöge*, in: ErfK, § 3 TzBfG Rn. 13.

Ein vorübergehender Beschäftigungsbedarf kann etwa durch einen vorübergehenden Anstieg des Arbeitsvolumens im Bereich der Daueraufgaben des Arbeitgebers entstehen oder durch die Übernahme eines Projekts oder einer Zusatzaufgabe, für deren Erledigung das vorhandene Stammpersonal nicht ausreicht.[1286] Eine Befristung nach § 14 Abs. 1 S. 2 Nr. 1 TzBfG kommt aber auch in Betracht, wenn absehbar ist, dass sich der Arbeitskräftebedarf künftig verringern wird, er aktuell aber noch besteht.[1287]

Dieser Sachgrund darf dem Arbeitgeber aber nicht die Freiheit geben, allgemeine Bedarfsschwankungen über Arbeitsbedingungen abzuwälzen. Hierbei handelt es sich um sein unternehmerisches Risiko.[1288]

§ 14 Abs. 1 S. 2 Nr. 1 TzBfG setzt vielmehr eine Prognose voraus. Im Zeitpunkt des Vertragsschlusses muss mit hinreichender Sicherheit zu erwarten sein, dass nach dem vorgesehenen Vertragsende in dem Betrieb kein dauerhafter Bedarf mehr besteht.[1289] Der Prognose müssen konkrete Anhaltspunkt zugrunde liegen, die der Arbeitgeber im Fall des Falles vor Gericht darzulegen und zu beweisen hat.[1290]

Besteht im Zeitpunkt der Prognose Ungewissheit über den fehlenden Bedarf, darf dies nicht zulasten des Arbeitnehmers gehen. Diese Unsicherheit rechnet das Bundesarbeitsgericht dem unternehmerischen Risiko zu.[1291]

In steter Regelmäßigkeit ist ein vorübergehender Bedarf von sog. Zusatzaufgaben bzw. Daueraufgaben abzugrenzen. Daueraufgaben des Arbeitgebers sind Tätigkeiten, die im Rahmen seiner unternehmerischen Ausrichtung ständig und im Wesentlichen unverändert anfallen.[1292] Sie rechtfertigen offensichtlich keine Befristung nach § 14 Abs. 1 S. 2 Nr. 1 TzBfG. Schwieriger sieht es bei Zusatzaufgaben aus: Zusatzaufgaben sind nur für eine begrenzte Zeit durchzuführen und bringen keinen auf längere Zeit planbaren Personalbedarf mit sich.[1293] Zusatzaufgaben können den Daueraufgaben zuzurechnen sein, wenn die in diesen Vorhaben zu verrichtenden Tätigkeiten im Rahmen des von dem Arbeitgeber verfolgten Betriebszwecks ihrer Art nach im Wesentlichen unverändert und kontinuierlich anfallen und einen planbaren Beschäftigungsbedarf verursachen. Verursachen die Aufgaben hingegen sowohl in quantitativer Hinsicht als auch in Bezug auf die Quali-

1286 BAG, NZA 2018, 663 (664).
1287 So BT-Drs. 14/4274 S. 19.
1288 *Backhaus*, in: APS § 14 TzBfG Rn. 139.
1289 BAG, NZA 2019, 1709 (1711).
1290 BAG, NZA 2017, 631 (633).
1291 BAG, NZA 2017, 631 (633).
1292 BAG, NZA 2019, 1709 (1711)
1293 BAG, NZA 2019, 1709 (1711).

fikation des benötigten Personals keinen vorhersehbaren Personalbedarf, liegt eine einfache Zusatzaufgabe vor.[1294]

10.3.1.2.1.2 Die Anschlussbeschäftigung an eine Ausbildung oder ein Studium (Nr. 2)

Einen weiteren Grund stellt die Anschlussbefristung nach § 14 Abs. 1 Nr. 2 TzBfG dar. Wegen der Verwendung des bestimmten Artikels kann nur die Befristung des ersten Arbeitsvertrags auf die Norm gestützt werden, den der Arbeitnehmer im Anschluss an seine Ausbildung oder sein Studium abschließt.[1295] Eine Vertragsverlängerung ist mit dem in dieser Vorschrift normierten Sachgrund nicht möglich. Die Befristung muss ferner eingesetzt werden, „um den Übergang des Arbeitnehmers in eine Anschlussbeschäftigung zu erleichtern". Hierfür genügt es aber, wenn eine Chance auf eine Anschlussbeschäftigung besteht.[1296]

10.3.1.2.1.3 Die Vertretung (Nr. 3)

§ 14 Abs. 1 Nr. 3 TzBfG enthält einen zentralen Befristungstatbestand: Die Vertretung. Erfasst wird insbesondere die Vertretung wegen Krankheit, Erholungsurlaub, Mutterschutz, Elternzeit (beachte aber: § 21 BEEG[1297]), Wehrdienst etc. Die Befristung muss zur Vertretung eines anderen Arbeitnehmers erfolgen.

Der Sachgrund nach § 14 Abs. 1 Nr. 3 TzBfG setzt eine Prognose voraus, dass der Wegfall des Vertretungsbedarfs durch die Rückkehr des Arbeitnehmers eintreten wird.[1298]

Zudem verlangt § 14 Abs. 1 Nr. 3 TzBfG einen Kausalzusammenhang von Arbeitsausfall und der Einstellung der Vertretungskraft („zur").[1299] Der Arbeitgeber muss sicherstellen, dass die Vertretungskraft gerade wegen des durch den zeitweiligen Ausfall des zu vertretenden Mitarbeiters entstandenen vorübergehenden Beschäftigungsbedarfs eingestellt worden ist.

Der Kausalzusammenhang besteht nicht nur, wenn der befristet zur Vertretung eingestellte Arbeitnehmer die vorübergehend ausfallende Stammkraft unmittelbar vertritt und die von ihr bislang ausgeübten Tätigkeiten erledigt (unmittelbare Vertretung).[1300]

Auch eine mittelbare Vertretung ist von § 14 Abs. 1 Nr. 3 TzBfG gedeckt.[1301] Die befristete Beschäftigung zur Vertretung lässt die Versetzungs- und Um-

1294 BAG, NZA 2019, 611 (613).
1295 BAG; NZA 2008, 295 (296).
1296 *Müller-Glöge*, in: ErfK, § 14 TzBfG Rn. 33.
1297 Hierzu: BAG, NZA 2016, 169 (171).
1298 BAG, NZA 2017, 1253.
1299 BAG, NZA 2017, 1253.
1300 BAG; NZA 2017, 1253 (1255).
1301 BAG, NZA 2017, 1253 (1255).

setzungsbefugnisse des Arbeitgebers unberührt. Wird die Tätigkeit des Arbeitnehmers nicht von dem Vertreter, sondern von einem anderen Arbeitnehmer oder von mehreren anderen Arbeitnehmern ausgeübt und deren Tätigkeit dem Vertreter übertragen, hat der Arbeitgeber die Vertretungskette zwischen dem Vertretenen und dem Vertreter darzulegen.

Werden dem befristet beschäftigten Arbeitnehmer Aufgaben übertragen, die der vertretene Mitarbeiter nie ausgeübt hat, besteht ein Kausalzusammenhang sogar dann, wenn der Arbeitgeber rechtlich und tatsächlich in der Lage wäre, dem vorübergehend abwesenden Arbeitnehmer im Falle seiner Anwesenheit die dem Vertreter zugewiesenen Aufgaben zu übertragen.[1302] In diesem Fall ist allerdings zur Gewährleistung des Kausalzusammenhangs zwischen der zeitweiligen Arbeitsverhinderung der Stammkraft und der Einstellung der Vertretungskraft erforderlich, dass der Arbeitgeber bei Vertragsschluss mit dem Vertreter dessen Aufgaben einem oder mehreren vorübergehend abwesenden Beschäftigten nach außen erkennbar gedanklich zuordnet, was durch eine entsprechende Angabe im Arbeitsvertrag geschehen kann.[1303]

10.3.1.2.1.4 Die Eigenart der Beschäftigung (Nr. 4)

Der Sachgrund der Eigenart der Beschäftigung bezieht sich in erster Linie auf Arbeitsverhältnisse in Presse, Rundfunk und Fernsehen.[1304] Grundlage ist eine wichtige Entscheidung des Bundesverfassungsgerichts.[1305] Danach müssen Medien zur Qualitätssicherung und Vielfalt des Programms auf einen breit gestreuten Kreis von Mitarbeitern zurückgreifen können.

Der Sachgrund der Eigenart der Arbeitsleistung ist jedoch nach dem Willen des Gesetzgebers nicht auf diese Fallgruppen beschränkt[1306] und verlangt eine Abwägung der beiderseitigen Interessen.[1307]

10.3.1.2.1.5 Die Erprobung (Nr. 5)

Die Erprobung stellt den Schuldfall des Zeitvertrags dar.[1308] § 14 Abs. 1 Nr. 5 TzBfG trägt dem Bedürfnis Rechnung, auf Probleme am Anfang des Arbeitsverhältnisses reagieren zu können. Wegen § 1 Abs. 1 KSchG und § 622 BGB ist ein befristetes Arbeitsverhältnis nur dann anzunehmen, wenn es zweifelsfrei vereinbart wurde: Der Erprobungszweck muss Ver-

1302 BAG, NZA 2017, 1253 (1255).
1303 BAG, NZA 2017, 1253 (1255).
1304 BT-Drs. 14/4374, 19; vgl. dazu BAG, NZA 2014, 1018.
1305 BVerfG, AP GG Art. 5 Abs. 1 Rundfunkfreiheit Nr. 1.
1306 Vgl. auch BAG, NZA 2016, 1276 (1278).
1307 *Müller-Glöge*, in: ErfK, § 14 Rn. 44.
1308 BAG, AP BGB § 620 Befristeter Arbeitsvertrag Nr. 45.

tragsgegenstand werden.[1309] Ist die Erprobung nur ein Motiv des Arbeitgebers, genügt dies nicht.[1310]

Der Sachgrund der Erprobung ist auch nicht gegeben, wenn der Arbeitnehmer bereits ausreichend Zeit bei dem Arbeitgeber mit den von ihm zu erfüllenden Aufgaben beschäftigt war und der Arbeitgeber infolgedessen die Fähigkeiten des Arbeitnehmers hinreichend beurteilen kann.[1311]

Neben dem Bestehen des Sachgrundes, stellt sich für § 14 Abs. 1 Nr. 5 TzBfG die Frage, wie lange das Arbeitsverhältnis befristet werden kann. Die Erprobungszeit muss in einem angemessenen Verhältnis zum Erprobungszweck stehen. Macht man § 622 Abs. 3 BGB zum Ausgangspunkt, sind 6 Monate in der Regel zulässig.[1312]

10.3.1.2.1.6 In der Person des Arbeitnehmers liegende Gründe (Nr. 6)

§ 14 Abs. 1 Nr. 6 TzBfG stellt den Befristungsgrund dar, der sich auf den Arbeitnehmer bezieht. Der Befristungsgrund ist nur schwer zu überblicken.[1313] Der wohl wichtigste Fall ist der eigene Wunsch des Arbeitnehmers nach einer zeitlich befristeten Beschäftigung.[1314] Allein aus dem durch Unterzeichnung des Arbeitsvertrags dokumentierten Einverständnis des Arbeitnehmers mit dem befristeten Vertragsschluss kann allerdings nicht auf einen entsprechenden Wunsch geschlossen werden. Anderenfalls wäre bei keiner Befristung eine Sachgrundkontrolle erforderlich.

Daher verlangt das Bundesarbeitsgericht, dass zum Zeitpunkt des Vertragsschlusses objektive Anhaltspunkte vorliegen müssen, aus denen ein Interesse des Arbeitnehmers gerade an einer befristeten Beschäftigung folgt. Entscheidend ist, ob der Arbeitnehmer auch bei einem Angebot auf Abschluss eines unbefristeten Vertrags nur ein befristetes Arbeitsverhältnis vereinbart hätte.[1315]

10.3.1.2.1.7 Die Vergütung aus Haushaltsmitteln (Nr. 7)

Nach § 17 Abs. 1 Nr. 7 TzBfG ist eine Befristung zulässig, wenn der Arbeitnehmer aus Haushaltsmitteln vergütet wird, die haushaltsrechtlich für eine befristete Beschäftigung bestimmt sind, und er entsprechend beschäftigt wird.

1309 BAG, AP BGB § 620 Befristeter Arbeitsvertrag Nr. 61.
1310 BAG, AP BGB § 620 Befristeter Arbeitsvertrag Nr. 61.
1311 BAG, NZA-RR 2018, 180 (181).
1312 BAG, NZA 2010, 1293.
1313 Vgl. die Zusammenstellung bei *Müller-Glöge*, in: ErfK, § 14 Rn. 51.
1314 BAG, NZA 2017, 849 (852).
1315 BAG, NZA 2017, 849.

Nr. 7 enthält ein Sonderbefristungsrecht für den öffentlichen Dienst und ist deshalb unionsrechtlich sehr bedenklich[1316]. Daher legt das Bundesarbeitsgericht § 14 Abs. 1 Nr. 7 TzBfG restriktiv aus. Die Haushaltsmittel müssen im Haushaltsplan mit einer konkreten Sachregelung auf der Grundlage einer nachvollziehbaren Zwecksetzung für eine befristete Beschäftigung ausgewiesen sein.[1317]

Es genügt hingegen nicht, wenn Haushaltsmittel lediglich allgemein für die Beschäftigung von Arbeitnehmern im Rahmen von befristeten Arbeitsverhältnissen bereitgestellt werden. Bei Vertragsschluss muss die Prognose gerechtfertigt sein, dass der befristet Beschäftigte überwiegend entsprechend der Zwecksetzung der bereitstehenden Haushaltsmittel eingesetzt wird.[1318]

10.3.1.2.1.8 Der gerichtliche Vergleich (Nr. 8)

Ein gerichtlicher Vergleich beruht oftmals auf dem Vorschlag des Arbeitsgerichts. Da das Gericht nach Art. 1 Abs. 3 GG im Rahmen der Vergleichsverhandlung einen ausgewogenen Ausgleich anstreben muss, kann die Befristung als interessengerecht angesehen werden.[1319] Ein außergerichtlicher Vergleich genügt nicht.

Neben der gerichtlichen Mitwirkung setzt der Sachgrund das Bestehen eines offenen Streits der Parteien über die Rechtslage hinsichtlich des zwischen ihnen bestehenden Rechtsverhältnisses im Zeitpunkt des Vergleichsschlusses voraus.[1320]

10.3.1.2.1.9 Unbenannte Gründe

Da die Nr. 1-8 nur Regelbeispiele darstellen („insbesondere"), können weitere Sachgrunde für § 14 Abs. 1 TzBfG angeführt werden.[1321] Nach h. M. müssen diese sich jedoch an der Qualität der Nr. 1-8 orientieren.[1322] Das heißt, sie müssen den in § 14 Abs. 1 TzBfG zum Ausdruck kommenden Wertungsmaßstäben entsprechen und den in dem Sachgrundkatalog der Nr. 1-8 genannten Sachgründe von ihrem Gewicht her gleichwertig sein. Für die Befristungstatbestände ist kennzeichnend, dass der Arbeitgeber ein berechtigtes Interesse an einer nur zeitlich begrenzten Beschäftigung hat, weil er im Zeitpunkt des Vertragsschlusses mit dem befristet eingestellten Arbeitnehmer auf Grund konkreter Tatsachen damit rechnen muss, dass er diesen nur für eine vorübergehende Zeit beschäftigen kann.[1323]

1316 Vgl. auch BAG, NZA 2018, 1549.
1317 BAG, NZA 2018, 1549 (1550).
1318 BAG, NZA 2018, 1549 (1550).
1319 BAG, NZA 2012, 919 (920).
1320 BAG, NZA 2012, 919 (920).
1321 BAG, NZA 2005, 401.
1322 BAG, NZA-RR 2015, 569 (570).
1323 BAG, NZA-RR 2015, 569 (571).

10.3.1.2.1.10 Insb.: Das Erreichen des Renteneintrittsalters

Ein früherer Streitpunkt hinsichtlich eines unbenannten Grundes war das Erreichen des Renteneintrittsalters. Durch die Schaffung des § 41 S. 3 SGB VI hat dieses Problem aber an Bedeutung verloren. Nach § 41 S. 3 SGB VI können die Arbeitsvertragsparteien, die die Beendigung des Arbeitsverhältnisses mit dem Erreichen der Regelaltersgrenze vereinbart haben, den Beendigungszeitpunkt durch Vereinbarung während des Arbeitsverhältnisses, gegebenenfalls auch mehrfach, hinausschieben. Für eine solche Befristungsabrede bedarf es dann keines Sachgrunds nach § 14 Abs. 1 TzBfG.[1324]

Umstritten ist aktuell, ob § 41 S. 3 SGB VI voraussetzt, dass der Vertrag inhaltlich nicht verändert wird oder Änderungen erlaubt.[1325] Da es in § 41 S. 3 SGB VI darum geht, die Altersgrenzen flexibler zu gestalten, kann die Norm keine Veränderung der Arbeitsbedingungen über diesen zeitlichen Aspekt hinaustragen. Für ein solches Arbeitsverhältnis bedarf es eines Sachgrunds nach § 14 Abs. 1 TzBfG.

10.3.1.2.1.11 Der Zeitpunkt der Sachgrundkontrolle

Die Wirksamkeit der Befristung bemisst sich grundsätzlich nach dem Zeitpunkt des Abschlusses des Arbeitsvertrags. Spätere Tatsachen werden nicht berücksichtigt.[1326] Entscheidend ist in aller Regel die Prognoseentscheidung des Arbeitgebers zu diesem Zeitpunkt.[1327] Nach der ständigen Rechtsprechung des Bundesarbeitsgerichts unterliegt bei mehreren aufeinanderfolgenden befristeten Arbeitsverträgen grundsätzlich nur der letzte Arbeitsvertrag der Befristungskontrolle.[1328]

10.3.1.2.1.12 Die Kontrolle bei wiederholter Befristung

Im Arbeitsleben stellt ein einziger befristeter Vertrag in aller Regel die Ausnahme dar. Vielmehr reihen sich oftmals Befristungen aneinander. In diesen Fällen nur den letzten Arbeitsvertrag zu überprüfen, kann schnell zu Unbilligkeiten führen.

10.3.1.2.1.12.1 Der Grundsatz

Das Bundesarbeitsgericht stand und steht gleichwohl auf den Standpunkt, dass auch bei mehreren aufeinander folgenden Verträgen immer nur die letzte Befristung überprüft werden darf.[1329]

Ausnahmsweise kann der vorletzte Arbeitsvertrag der Befristungskontrolle unterzogen werden, wenn es sich bei dem späteren Arbeitsvertrag um einen

1324 BAG, NZA 2019, 523.
1325 Zum Streitstand: BAG, NZA 2019, 523 (525).
1326 BAG, NZA 2021, 786 (791).
1327 BAG, NZA 2019, 611 (613).
1328 BAG, NZA 2019, 1709 (1710 f.).
1329 BAG, NZA 2019, 1709 (1710 f.).

unselbstständigen Annex zum vorherigen Vertrag handelt. Von einem Annex ist allerdings nicht schon dann auszugehen, wenn die Verträge in den Vertragsbedingungen übereinstimmen. Es müssen vielmehr besondere Umstände hinzutreten. Diese liegen vor, wenn sich der Anschlussvertrag am Sachgrund für die Befristung des früheren Vertrags orientiert und sich allein in der Anpassung der ursprünglich vereinbarten Vertragszeit an später eintretende, zum Zeitpunkt des vorangegangenen Vertragsabschlusses nicht vorhersehbare Umstände erschöpft.[1330] Es muss den Parteien darum gegangen sein, die Laufzeit des alten Vertrags mit dem Sachgrund der Befristung in Einklang zu bringen.[1331]

10.3.1.2.1.12.2 Die Missbrauchskontrolle bei Kettenbefristungen

Um einem Missbrauch der Befristung mit Sachgrund vorzubeugen, hat das Bundesarbeitsgericht in Anschluss an die Vorgaben des EuGHs[1332] eine Missbrauchskontrolle nach § 242 BGB entwickelt.[1333] Verboten ist hiernach ein institutioneller Rechtsmissbrauch.

Ein institutioneller Rechtsmissbrauch setzt voraus, dass ein Vertragspartner eine an sich rechtlich mögliche Gestaltung in einer mit Treu und Glauben unvereinbaren Weise nur dazu verwendet, sich zum Nachteil des anderen Vertragspartners Vorteile zu verschaffen, die nach dem Zweck der Norm und des Rechtsinstituts nicht vorgesehen sind. Die institutionelle Rechtsmissbrauchskontrolle verlangt weder ein subjektives Element noch eine Umgehungsabsicht.[1334]

Die Bestimmung der Schwelle eines institutionellen Rechtsmissbrauchs hängt zum einen von der Gesamtdauer der befristeten Verträge und zum anderen von der Anzahl der Vertragsverlängerungen ab.[1335] Da aber stets eine Gesamtwürdigung des Einzelfalles erforderlich ist, können weitere Umstände hinzutreten.[1336] Um die Prüfung in der Praxis zu vereinfachen, hat das Bundesarbeitsgericht nach anfänglicher Zurückhaltung nunmehr ein Raster entwickelt (sog. Befristungsampel).[1337]

Völlig unproblematisch im Lichte des § 242 BGB ist eine totale Dauer von zwei Jahren. Das folgt bereits aus der Wertung des § 14 Abs. 2 TzBfG. Die Vorschrift erleichtert den Abschluss von befristeten Verträgen bis zu der festgelegten Höchstdauer von zwei Jahren bei maximal dreimaliger Verlängerungsmöglichkeit.

1330 BAG, NZA 2019, 1709 (1711).
1331 BAG, NZA 2019, 1709 (1711).
1332 EuGH, NZA 2012, 135.
1333 BAG, NZA 2012, 1351 (1356).
1334 BAG, NZA 2012, 1351 (1356 f.).
1335 BAG, NZA 2017, 382 (386).
1336 BAG, NZA 2015, 928.
1337 BAG, NZA 2017, 382 (383); *Schwarze*, RdA 2017, 302.

Liegt ein Sachgrund vor, besteht kein gesteigerter Anlass zur Missbrauchskontrolle, wenn die für die sachgrundlose Befristung bezeichneten Grenzen nicht um ein Mehrfaches überschritten sind. Davon ist auszugehen, wenn nicht mindestens das Vierfache eines der in § 14 Abs. 2 S. 1 TzBfG bestimmten Werte oder das Dreifache beider Werte überschritten ist. Solange das Arbeitsverhältnis nicht die Gesamtdauer von sechs Jahren überschreitet und nicht mehr als neun Vertragsverlängerungen vereinbart wurden, ist die Gestaltung unproblematisch; es sei denn, die Gesamtdauer übersteigt bereits acht Jahre oder es wurden mehr als zwölf Vertragsverlängerungen vereinbart.[1338]

Von einem Missbrauch ist in der Regel auszugehen, wenn einer der Werte des § 14 Abs. 2 TzBfG mehr als das Vierfache beträgt oder beide Werte das Dreifache übersteigen.[1339]

Werden die in § 14 Abs. 2 TzBfG genannten Grenzen alternativ oder kumulativ in besonders gravierendem Ausmaß überschritten, kann eine missbräuchliche Ausnutzung der an sich eröffneten Möglichkeit zur Sachgrundbefristung indiziert sein. Das ist der Fall, wenn die Zahl oder Dauer der befristeten Verträge einen der Werte des § 14 Abs. 2 TzBfG um mehr als das Fünffache überschreitet oder beide Werte mehr als das jeweils Vierfache betragen; m. a. W.: wenn die Gesamtdauer des Arbeitsverhältnisses zehn Jahre überschreitet oder mehr als 15 Vertragsverlängerungen vereinbart wurden oder wenn mehr als zwölf Vertragsverlängerungen bei einer Gesamtdauer von mehr als acht Jahren vorliegen.[1340]

In einem solchen Fall hat allerdings der Arbeitgeber die Möglichkeit, die Annahme des indizierten Gestaltungsmissbrauchs durch den Vortrag besonderer Umstände zu entkräften.[1341]

10.3.1.2.2 Die sachgrundlose Befristung

In Zeiten gestiegener Arbeitslosigkeit erhoffte man sich durch den Ausbau der befristeten Beschäftigung einen Aufschwung am Arbeitsmarkt. In den Achtziger Jahren des letzten Jahrhunderts wurde daher die sachgrundlose Befristung durch das 1. Beschäftigungsförderungsgesetz eingeführt.[1342]

10.3.1.2.2.1 Der Tatbestand des § 14 Abs. 2 S. 1 TzBfG

Ohne Sachgrund darf ein Arbeitsvertrag nach § 14 Abs. 2 S. 1 TzBfG auf zwei Jahre befristet werden. Nach S. 1 HS. 2 ist eine dreimalige Verlänge-

1338 BAG, NZA 2017, 382 (383).
1339 BAG, NZA 2017, 382 (383).
1340 BAG, NZA 2017, 382 (383).
1341 BAG, NZA 2017, 382 (383).
1342 BGBl. 1985 I S. 710.

rung innerhalb dieser Zeit möglich. Diese Möglichkeit gilt allerdings nur für die kalendermäßige Befristung.

Eine Verlängerung ist nur bis zu dem letzten Tag des ersten Arbeitsverhältnisses möglich. Anderenfalls kann nichts mehr *verlängert* werden. Eine Unterbrechung von einem Tag kann dazu führen, dass das Arbeitsverhältnis nicht fortgesetzt wird.[1343] Nach der Rechtsprechung des Bundesarbeitsgerichts setzt eine Verlängerung i. S. d. § 14 Abs. 1 HS 2 TzBfG daher voraus, dass sie noch während der Laufzeit des zu verlängernden Vertrags schriftlich vereinbart und nur die Vertragsdauer geändert wird, nicht aber die übrigen Arbeitsbedingungen.

Anderenfalls liegt der Neuabschluss eines befristeten Arbeitsvertrags vor, der nach § 14 Abs. 2 S. 2 TzBfG ohne Sachgrund unzulässig ist, da zwischen den Parteien bereits ein Arbeitsverhältnis bestanden hat.[1344] Dass die neuen Arbeitsbedingungen unter Umständen günstiger sind, bleibt hierbei außer Betracht.[1345]

Anpassungen an die zum Zeitpunkt der Verlängerung geltende Rechtslage oder die Vereinbarung von Arbeitsbedingungen, auf die der befristet beschäftigte Arbeitnehmer einen Anspruch hat, werden von dem Verbot hingegen nicht erfasst.[1346]

Eine Änderung ist im Lichte des § 311 Abs. 1 BGB hingegen möglich, wenn sie vor der Verlängerung vereinbart wurde und somit unabhängig von der Verlängerung erfolgte.[1347]

10.3.1.2.2.2 Die vorangegangene Beschäftigung (Abs. 2 S. 2)

§ 14 Abs. 2 S. 2 TzBfG schließt die Möglichkeit der sachgrundlosen Befristung aus, wenn zuvor ein befristetes oder unbefristetes AV bestanden hat. Ein vorheriger Dienstvertrag ist aber unschädlich.[1348]

Diese scheinbar klare Anordnung war zuletzt Schauplatz einer bemerkenswerten Kontroverse zwischen Bundesarbeitsgericht und Bundesverfassungsgericht. Das Bundesarbeitsgericht legte die Norm seiner Meinung nach verfassungskonform im Lichte des Art. 12 GG so aus, dass einer erneuten sachgrundlosen Befristung nur ein Zeitraum von drei Jahren entgegenstand. Anderenfalls wäre dies eine unverhältnismäßige Beschränkung der Berufsfreiheit.[1349] Diese Rechtsprechung wurde von der Literatur als un-

1343 BAG, NZA 2018, 999 (1002).

1344 BAG, NZA 2018, 999 (1002).

1345 BAG, NZA 2007, 204.

1346 BAG, NZA 2014, 623 (624).

1347 Hierzu: *Müller-Glöge*, in: ErfK, § 14 TzBfG Rn. 91.

1348 *Backhaus*, in: APS § 14 TzBfG Rn. 393.

1349 BAG, NZA 2012, 255.

zulässige Rechtsfortbildung überwiegend abgelehnt.[1350] Das Bundesverfassungsgericht entschied ebenso.[1351]

Hierauf reagierte das Bundesarbeitsgericht[1352], nahm die Hinweise des BVerfG auf und korrigierte seine Rechtsprechung dahingehend, dass eine verfassungskonforme Interpretation des § 14 Abs. 2 S. 2 TzBfG dann in Betracht komme, wenn die Anwendung der Norm für die Parteien unzumutbar wäre. Von Unzumutbarkeit sei auszugehen, wenn eine Gefahr der Kettenbefristung in Ausnutzung der strukturellen Unterlegenheit der Beschäftigten nicht bestehe und das Verbot der sachgrundlosen Befristung nicht erforderlich sei, um das unbefristete Arbeitsverhältnis als Regelbeschäftigungsform zu erhalten. Das könne insbesondere dann der Fall sein, wenn eine Vorbeschäftigung sehr lang zurückliege, ganz anders geartet oder von sehr kurzer Dauer gewesen sei. Nach Ansicht des Gerichts können geringfügige Nebenbeschäftigungen während der Schul-, Studien- oder Ausbildungszeit hierunter fallen.

10.3.1.2.2.3 Der Tatbestand des § 14 Abs. 2a TzBfG

§ 14 Abs. 2a TzBfG ermöglicht sachgrundlose Befristungen in den ersten vier Jahren einer Unternehmensgründung. Grundgedanke der Regelung ist, dass im Anfangsstadium der Unternehmensneugründung der Personalbedarf kaum absehbar ist. Die Existenzgründung sollte daher erleichtert werden.[1353]

Der Zeitraum des § 14 Abs. 2a TzBfG beginnt mit der faktischen Aufnahme der Erwerbstätigkeit (S. 4).[1354] Vorher greift die Norm nicht.[1355] Nach dem Wortlaut kann daher am letzten Tag des vierjährigen Bestehens des Unternehmens noch eine vierjährige Befristung mit einem Arbeitnehmer vereinbart werden. Eine Verlängerung innerhalb der vier Jahre ist möglich (S. 1 HS 2).

10.3.1.2.2.4 Der Tatbestand des § 14 Abs. 3 TzBfG

§ 14 Abs. 3 TzBfG trägt dem Problem Rechnung, dass ältere Menschen oftmals Schwierigkeiten haben, eine Beschäftigung zu finden. Daher soll die Befristungsmöglichkeit die Beschäftigung von älteren Menschen fördern und den (Wieder-)Einstieg in den Beruf ermöglichen.[1356]

Ein Arbeitnehmer kann nach § 14 Abs. 3 TzBfG für die Dauer von fünf Jahren befristet beschäftigt werden, wenn er das 52. Lebensjahr vollendet hat und unmittelbar vor Beginn des befristeten AV vier Monate beschäftigungs-

---

1350 Vgl. die Nachweise bei *Backhaus*, in: APS, § 14 TzBfG Rn. 381d.

1351 BVerfG, NZA 2018, 774.

1352 BAG, NZA 2019, 1563.

1353 BT-Drs. 15/1204, 10.

1354 *Lipinski*, BB 2004, 1221.

1355 BT-Drs. 15/1204 S. 14.

1356 *Hesse*, in: MüKoBGB, § 14 TzBfG Rn. 108.

los etc. war. Die strengen Anforderungen erklären sich historisch. Die Vorgängerregelung wurde durch den EuGH in der Rechtssache „Mangold“ wegen eines offensichtlichen Verstoßes gegen das Verbot der Diskriminierung wegen Alters für unanwendbar erklärt.[1357]

10.3.1.2.3 Das Schriftformerfordernis

Nach § 14 Abs. 4 TzBfG bedarf die Befristungsabrede der Schriftform i. S. v. § 126 BGB. Fehlt sie, ist die Befristung unwirksam (§ 125 BGB).

10.3.1.2.3.1 Der Zweck der Schriftform

Das Schriftformerfordernis dient mehreren Zwecken:[1358] Angesichts der besonderen Bedeutung der Befristung, die ohne weitere Erklärungen zur Beendigung des Arbeitsverhältnisses führt, soll das Schriftformerfordernis größtmögliche Rechtssicherheit gewährleisten. Der Arbeitnehmer soll sehen können, dass das Arbeitsverhältnis automatisch enden wird und daher keine dauerhafte Existenzgrundlage bilden kann. Insofern dient die Norm dem Schutz vor übereilten Entscheidungen (Warnfunktion)[1359] und der Dokumentation der Befristung (Beweisfunktion).

10.3.1.2.3.2 Der Umfang des Schriftformerfordernisses

Die gesamte Befristungsabrede muss in Schriftform zum Zeitpunkt des Vertragsschlusses vorliegen. Schriftlich abgefasst sein müssen: Beendigungszeitraum bzw. Vertragsdauer; der Grund muss hingegen nicht benannt sein.[1360] Bei einer Zweckbefristung muss eine eindeutige Vereinbarung über den Befristungszweck bestehen. Die Vereinbarung des Zwecks bedarf daher der Schriftform.[1361]

10.3.1.2.3.3 Die Anforderungen an die schriftliche Urkunde

Die Anforderungen an die Erstellung der schriftlichen Befristungsabrede folgen unmittelbar aus § 126 BGB. Nach § 126 Abs. 1 BGB ist eine eigenhändig vom Aussteller mit Namensunterschrift oder mittels notariell beglaubigten Handzeichens unterzeichnete Urkunde erforderlich. Als Vertrag muss nach § 126 Abs. 2 S. 1 BGB die Unterzeichnung der Parteien auf derselben Urkunde erfolgen, wobei es bei mehreren gleichlautenden Urkunden nach § 126 Abs. 2 S. 2 BGB genügt, wenn jede Partei die für die andere Partei bestimmte Urkunde unterzeichnet.

1357 EuGH, NZA 2005, 1345.
1358 BAG, NZA 2018, 507 (513).
1359 Hierzu: *Bayreuther*, in: BeckOK, § 14 TzBfG Rn. 133.
1360 BAG, NZA 2006, 858 (860).
1361 BAG, NZA 2006, 321.

Über die beiderseitige Unterschrift hinaus verlangt die Rechtsprechung, dass die Annahmeerklärung dem Arbeitnehmer auch zugeht.[1362] Wegen der gesetzlich vorgegebenen Form steht die Rechtsprechung der Anwendung von § 151 BGB zurückhaltend gegenüber.[1363] Ansonsten könnten die Parteien über die Reichweite von § 623 BGB entscheiden.

Wird ein Arbeitsverhältnis zunächst unbefristet vereinbart und später schriftlich eine Befristung vereinbart, die den Voraussetzungen der Abs. 1-3 genügt, führt dies nach Ansicht des Bundesarbeitsgerichts zu einer wirksamen Befristung. Die Beurkundung einer formlos geschlossenen Befristungsabrede kann hingegen nicht ohne weiteres nachgeholt werden. Die Parteien können allenfalls das bei Vertragsbeginn nach § 16 S. 1 TzBfG entstandene unbefristete Arbeitsverhältnis nachträglich befristen.

Wenn der Arbeitnehmer vor seiner Unterschrift mit der Arbeit beginnt, kommt hierdurch kein Vertrag zustande, weil nach §§ 133, 157, 242 BGB der Vertragsschluss gerade von der Unterschrift abhängig ist.[1364] Obwohl der Abschluss eines Arbeitsvertrags als solcher formfrei möglich ist, können die Parteien den Abschluss eines befristeten Arbeitsvertrags von der Unterzeichnung der Vertragsurkunde abhängig machen. In diesem Fall kann ein vor der Arbeitsaufnahme abgegebenes schriftliches Vertragsangebot des Arbeitgebers vom Arbeitnehmer nur durch eine den Anforderungen des § 126 Abs. 2 BGB genügende Annahmeerklärung angenommen werden.

10.3.1.2.3.4 Rechtsfolgen eines Verstoßes gegen § 14 Abs. 4 TzBfG

Ein Verstoß gegen die Schriftform führt nicht zur Unwirksamkeit des gesamten Arbeitsvertrags, sondern zur Unwirksamkeit der Befristungsabrede. Dies führt nach § 16 TzBfG zu einem auf unbestimmte Zeit geschlossenen Arbeitsvertrag.

Eine Bestätigung des Rechtsgeschäfts i. S. v. § 141 BGB wird den Formverstoß nicht heilen. [1365] Die Rückwirkung des § 141 Abs. 2 BGB findet keine Anwendung, auch nicht analog. Sie ist mit der Zwecksetzung des § 14 Abs. 4 TzBfG nicht vereinbar. Der Arbeitnehmer soll bei Vertragsbeginn durch das Lesen der Vereinbarungen erkennen können, dass er keinen Dauerarbeitsplatz erhält, um gegebenenfalls den Vertragsschluss zu Gunsten anderer Angebote ablehnen zu können. Genau dieser Zweck würde durch die Anwendung des § 141 Abs. 2 BGB unterlaufen.[1366]

1362 BAG; NZA 2018, 507 (513).

1363 BAG, NZA 2017, 638 (643).

1364 BAG, BeckRS 2016, 118459.

1365 BAG, NZA 2005, 575 (575).

1366 BAG, NZA 2005, 575 (575).

10.3.1.2.4 Das Ende von befristeten Verträgen

Das Arbeitsverhältnis endet dann nach § 15 Abs. 1 TzBfG mit Ablauf der vereinbarten Zeit. Ein zweckbefristeter Arbeitsvertrag endet mit Erreichen des Zwecks, frühestens jedoch zwei Wochen nach Zugang der schriftlichen Unterrichtung des Arbeitnehmers durch den Arbeitgeber über den Zeitpunkt der Zweckerreichung (§ 15 Abs. 2 TzBfG).

Wird das Arbeitsverhältnis trotz Ablauf der Befristung mit Wissen des Arbeitgebers fortgesetzt, so gilt das Arbeitsverhältnis nach § 15 Abs. 5 S. 1 TzBfG auf unbestimmte Zeit hin geschlossen. Die Fortsetzung des Arbeitsverhältnisses durch die Vertragsparteien ist ein Tatbestand schlüssigen Verhaltens kraft gesetzlicher Fiktion, durch die ein unbefristetes Arbeitsverhältnis zu den Bedingungen des vorangegangenen befristeten Arbeitsvertrags zustande kommt.[1367]

Was die Kenntnis angeht, so gelten die Grundsätze der Zurechnung von Wissen. Daher genügt auch die Kenntnis eines zum Abschluss von Arbeitsverträgen berechtigten Vertreters.[1368]

Im Hochschulbereich ist nach Ansicht des Bundesarbeitsgerichts Arbeitgeber i. S. d. § 15 Abs. 5 TzBfG nicht etwa der Institutsleiter oder ein sonstiger Vorgesetzter des Arbeitnehmers, sondern der Rektor der Universität als Behördenleiter der allgemeinen Hochschulverwaltung.[1369]

Die Rechtsfolge tritt nur nicht ein, wenn der Arbeitgeber unverzüglich widerspricht (S. 2). Der Widerspruch stellt eine empfangsbedürftige Willenserklärung dar und kann bereits kurz vor dem Ablauf der vereinbarten Befristung ausdrücklich oder durch schlüssiges Verhalten erklärt werden.[1370]

10.3.1.2.5 Die Folgen der unwirksamen Befristung

Ist die Befristung unwirksam, ist nach § 16 TzBfG der Vertag ist für unbestimmte Zeit geschlossen. Die Unwirksamkeit erfasst lediglich die Befristungsvereinbarung. Die Vertragsinhalte werden ansonsten nicht angerührt. § 139 BGB findet insofern keine Anwendung.[1371]

10.3.1.2.6 Die Wirksamkeit nach § 17 TzBfG

Will der Arbeitnehmer geltend machen, dass die Befristung eines Arbeitsvertrages rechtsunwirksam ist, so setzt ihm § 17 TzBfG eine § 4 KSchG vergleichbare Frist. Der Arbeitnehmer muss innerhalb von drei Wochen nach dem vereinbarten Ende des befristeten Arbeitsvertrages Klage beim Arbeits-

1367 BAG, NZA 2016, 358 (361).
1368 BAG, AP HRG § 57a Nr. 12.
1369 BAG, AP HRG § 57a Nr. 12.
1370 BAG, NZA 2016, 358 (361).
1371 BAG; NZA 2009, 425 (427).

gericht erheben. Ansonsten gilt § 7 KSchG entsprechend. Die Befristung gilt dann als wirksam, das Arbeitsverhältnis endet.

Das Bundesarbeitsgericht klassifiziert § 17 TzBfG als Klageerhebungsfrist. Werde die Klage nicht innerhalb von drei Wochen erhoben, sei die Klage zwar wegen § 17 S. 2 TzBfG i. V. m. § 7 KSchG als unbegründet abzuweisen. Das bedeute aber nicht, dass § 17 S. 1 TzBfG dem materiellen Recht zuzuordnen sei. Dem Arbeitnehmer werde nur befristet ermöglicht, Rechtsschutz wegen der offenen materiellen Rechtslage zu erlangen. Die Versäumung der Frist führe unmittelbar zum Verlust des Klagerechts.[1372]

10.3.1.2.7 Die Entfristungsklage

Die sog. Entfristungsklage richtet sich gegen die Befristung. Der Arbeitnehmer muss nach § 17 S. 1 TzBfG Feststellung beantragen, dass die Befristung eines Arbeitsvertrages rechtsunwirksam ist. Die Parallele zur Kündigungsschutzklage ist offensichtlich. Man spricht auch von einer punktuellen Befristungsschutzklage.[1373] Das Feststellungsinteresse ist bereits wegen der Gefahr der Präklusion nach § 17 S. 2 TzBfG i. V. m. §§ 4, 7 KSchG gegeben.

Abbildung 35: Die Entfristungsklage

I. **Zulässigkeit**
   1. Rechtsweg, § 2 ArbGG
   2. Sachliche Zuständigkeit (§ 8 ArbGG)
   3. Örtliche Zuständigkeit (§ 46 Abs. 2 S. 1 ArbGG i. V. m. §§ 12 ZPO ff.)
   4. Ordnungsgemäßer Antrag (§§ 46 Abs. 2 i. V. m. § 253 Abs. 2 Nr. 2 ZPO)
   5. Statthafte Verfahrensart (§ 2 ArbGG)
   6. Parteifähigkeit (§§ 50 ZPO, 10 ArbGG)
   7. Prozessfähigkeit (§ 11 ArbGG)
   8. Feststellungsinteresse (§ 46 Abs. 2 ArbGG i. V. m. § 256 ZPO)
   9. Keine Prozesshindernisse

II. **Begründetheit**
   1. Bestehen des Arbeitsverhältnisses
   2. Unwirksamkeit der Befristung

10.3.1.2.8 Die Befristung einzelner Arbeitsbedingungen

Werden einzelne Arbeitsvertragsbestandteile befristet, könnte diese Befristung mit Vorliegen eines Sachgrundes i. S. v. § 14 Abs. 1 TzBfG oder gar nach § 14 Abs. 2 TzBfG ohne Sachgrund für zwei Jahre vorgenommen werden. Das Bundesarbeitsgericht misst die Befristung nicht an § 14 TzBfG, sondern stellt auf §§ 138, 242 BGB und regelmäßig auf § 307 BGB ab.[1374] Daher gilt ein anderer Maßstab. Geboten ist nunmehr eine Angemessen-

1372 BAG, NZA 2012, 691 (692 f.)

1373 LAG Baden-Württemberg, BeckRS 2010, 73073.

1374 BAG, NZA 2018, 1061 (1064).

heitskontrolle, die anhand einer Berücksichtigung und Bewertung rechtlich anzuerkennender Interessen beider Vertragsparteien vorzunehmen ist.[1375]

Das Vorliegen eines Sachgrunds i. S. v. § 14 Abs. 1 TzBfG kann aber gleichwohl bei der Interessenabwägung Berücksichtigung finden. Liegt der Befristung ein Sachverhalt zugrunde, der die Befristung eines Arbeitsvertrags insgesamt mit einem Sachgrund rechtfertigen könnte, überwiegt in aller Regel das Interesse des Arbeitgebers an der nur befristeten Vereinbarung der Vertragsbedingung dem Interesse des Arbeitnehmers an deren unbefristeter Vereinbarung. Nur bei Vorliegen außergewöhnlicher Umstände aufseiten des Arbeitnehmers kann in Ausnahmefällen eine andere Beurteilung in Betracht kommen.[1376]

Konsequenterweise findet auch § 17 TzBfG keine Anwendung. Statthaft ist die allgemeine Feststellungsklage i. S. v. § 256 ZPO.[1377]

10.3.1.3 Das Diskriminierungsverbot

Befristet Beschäftigte dürfen nach § 4 Abs. 2 TzBfG nicht schlechter behandelt werden als unbefristet Beschäftigte. Die Norm gilt für alle Formen der Befristung, insbesondere auch solche, die auf Sonderregelungen fußen wie etwa dem WissZVG.[1378]

Grundsätzlich sollen daher alle Arbeitnehmer die gleichen Arbeitsbedingungen im Betrieb erhalten.[1379] Die Norm untersagt eine Ungleichbehandlung des mit einem unbefristet Beschäftigten vergleichbaren befristet Beschäftigten.[1380]

§ 4 Abs. 2 S. 2 TzBfG enthält den Pro-Rata-Temporis-Grundsatz.[1381] Danach ist einem befristet beschäftigten Arbeitnehmer das Arbeitsentgelt oder eine andere teilbare geldwerte Leistung, die für einen bestimmten Bemessungszeitraum gewährt wird, mindestens in dem Umfang zu gewähren, der dem Anteil seiner Beschäftigungsdauer am Bemessungszeitraum entspricht.

10.3.2 Bedingungen

Wird der Arbeitsvertrag unter einer auflösenden Bedingung geschlossen, gelten § 4 Abs. 2, § 5, § 14 Abs. 1 und 4, § 15 Abs. 2, 3 und 5 sowie die §§ 16 bis 20 TzBfG entsprechend. Damit ist eine sachgrundlose Bedingung nicht

1375 BAG, NZA 2018, 1061 (1064).
1376 BAG, NZA 2018, 1061 (1064).
1377 BAG, NZA 2018, 1061 (1062).
1378 *Preis*, in: ErfK, § 4 TzBfG Rn. 61.
1379 *Preis*, in: ErfK, § 4 TzBfG Rn. 62.
1380 BAG, NZA 2013, 625.
1381 *Preis*, in: ErfK, § 4 TzBfG Rn. 63.

zulässig. Das macht eine Abgrenzung zur Zweckbefristung notwendig. Bei einer Bedingung ist der Eintritt des Ereignisses ungewiss, bei einer Zweckbefristung steht der Eintritt fest.

Diskutiert wird, ob bei der Prüfung des Sachgrundes der höheren Ungewissheit des Arbeitnehmers Rechnung zu tragen ist. Da es um unsichere Umstände geht, besteht die Gefahr, dass über die Bedingungsvereinbarung unternehmerische Risiken auf den Arbeitnehmer abgewälzt werden.[1382] In der Rechtsprechung wird soweit ersichtlich aktuell nur die Verbindung zu § 14 TzBfG nachvollzogen.[1383]

10.4 Pflichten bei bzw. nach Beendigung des Arbeitsverhältnisses

Ist die Beendigung des Arbeitsverhältnisses absehbar, können gerade aus diesem Grund neue Pflichten des Arbeitgebers entstehen.

10.4.1 Zeit für die Stellensuche

Nach § 629 BGB ist der Arbeitgeber verpflichtet, dem Arbeitnehmer eine angemessene Zeit zur Stellensuche zu geben. Der Sinn und Zweck der Regelung besteht darin, nach Beendigung des alten Arbeitsvertrags eine neue Stellung antreten zu können.[1384] Für den Zeitraum der Stellensuche gilt § 616 BGB, so dass der Arbeitnehmer seinen Entgeltanspruch nicht verliert.[1385]

Der Arbeitnehmer darf nicht von sich aus fernbleiben, sondern muss vorher mit seinem Arbeitgeber in Kontakt treten. Der Arbeitgeber ist aber in der Regel zur Gewährung der Freizeit verpflichtet. Mit dem Freizeitverlangen des Arbeitnehmers wird der Freistellungsanspruch gemäß § 629 BGB fällig.[1386]

10.4.2 Arbeitspapiere und Ausgleichsquittung

Gegen Ende der Beschäftigung erhalten die sog. Arbeitspapiere eine große Bedeutung. Insbesondere sozialrechtliche Pflichten verlangen den Arbeitsparteien einiges ab.

1382 *Müller-Glöge*, in: ErfK, § 21 TzBfG Rn. 3.
1383 BAG, AP TzBfG § 21 Nr. 17.
1384 *Müller-Glöge*, in: ErfK, § 629 Rn. 1.
1385 BAG, NJW 1957, 1292.
1386 *Müller-Glöge*, in: ErfK, § 629 Rn. 8.

10.4.2.1 Arbeitsbescheinigung

Hat der Arbeitnehmer nach dem Ende des Arbeitsverhältnisses keine neue Stelle gefunden, wird er in aller Regel auf Arbeitslosengeld I angewiesen sein. Hierzu benötigt er eine sog. Arbeitsbescheinigung von seinem bisherigen Arbeitgeber. Nach § 312 Abs. 1 S. 1 SGB III muss der Arbeitgeber diese Arbeitsbescheinigung ausstellen. In der Arbeitsbescheinigung sind gemäß § 312 Abs. 1 S. 2 SGB III insbesondere die Art der Tätigkeit, Beginn, Ende, Unterbrechung und Grund für die Beendigung des Beschäftigungsverhältnisses und das Arbeitsentgelt und die sonstigen Geldleistungen anzugeben.

10.4.2.2 Elektronische Lohnsteuerbescheinigung

Nach § 41 Abs. 1 S. 1 EStG hat der Arbeitgeber für jeden Arbeitnehmer ein Lohnkonto zu führen. Bei Beendigung eines Dienstverhältnisses (oder am Ende des Kalenderjahres) hat der Arbeitgeber das Lohnkonto des Arbeitnehmers abzuschließen und dann für jeden Arbeitnehmer der zuständigen Finanzbehörde die sog. elektronische Lohnsteuerbescheinigung zu übermitteln. Der Arbeitnehmer hat nach § 41b Abs. 1 S. 3 EStG ebenfalls Anspruch auf Bereitstellung der elektronischen Lohnsteuerbescheinigung. Diese dient als Beweismittel für den Lohnsteuerabzug, wie er tatsächlich stattgefunden hat.[1387]

10.4.2.3 Urlaubsbescheinigung

Nach § 6 Abs. 2 BUrlG ist der Arbeitgeber – ohne dass es der Geltendmachung durch den Arbeitnehmer bedarf – verpflichtet, bei Beendigung des Arbeitsverhältnisses dem Arbeitnehmer eine Bescheinigung über den im laufenden Kalenderjahr gewährten oder abgegoltenen Urlaub auszuhändigen. Die Bescheinigung ist schriftlich zu erstellen.[1388] Der Zusammenhang mit dem Ausschluss von Doppelansprüchen insbesondere bei einem neuen Arbeitgeber ist offensichtlich. Nach herrschender Meinung darf der neue Arbeitgeber gegenüber dem Arbeitnehmer, der sich weigert, eine Urlaubsbescheinigung vorzulegen, die Erfüllung des bei ihm entstehenden Urlaubsanspruchs verweigern.[1389] In der Literatur wird aus § 241 Abs. 2 BGB auch ein Anspruch des neuen Arbeitgebers auf Aushändigung der Urlaubsbescheinigung abgeleitet.[1390]

1387 BAG, NZA 2013, 862 (863): etwaige Fehler beim Lohnsteuerabzug können im Rahmen der Einkommensteuerveranlagung berichtigt werden.

1388 *Lampe*, in: BeckOK, § 6 BurlG Rn. 7.

1389 *Gallner*, in: ErfK, § 6 BurlG, § 6 Rn. 6.

1390 *Lampe*, in: BeckOK, § 6 Rn. 10.

10.4.2.4 Die Ausgleichsquittung

Oftmals verlangt der Arbeitgeber vom Arbeitnehmer die Bestätigung, dass keine weiteren Ansprüche gegen den Arbeitgeber mehr bestehen (sog. Ausgleichsquittung).

Ohne entsprechende Vereinbarung hat der Arbeitgeber keinen Anspruch auf die Abgabe einer derartigen Erklärung.[1391] In aller Regel werden die Ausgleichsquittungen vom Arbeitgeber vorformuliert. Dann ist ihre Wirksamkeit anhand der §§ 305 ff. BGB zu prüfen. Ein Verzicht ohne Gegenleistung des Arbeitgebers ist dabei in aller Regel unangemessen i. S. v. § 307 Abs. 1 BGB.[1392] Wenig beachtet wurde bislang das Transparenzgebot i. S. v. § 307 Abs. 1 S. 2 BGB. Bereits der Begriff „Ausgleichsquittung" lädt zu Missverständnissen ein.[1393]

Welche Rechtsqualität und welchen Umfang die in einer Ausgleichsquittung abgegebenen Erklärungen haben, ist nach den Regeln der §§ 133, 157 BGB durch Auslegung zu ermitteln.[1394] Als rechtstechnische Mittel für den Willen der Parteien, ihre Rechtsbeziehung zu bereinigen, kommen insbesondere der Erlassvertrag, das konstitutive und das deklaratorische Schuldanerkenntnis in Betracht.

Ein Erlassvertrag i. S. v. § 397 Abs. 1 BGB ist nach der Rechtsprechung des Bundesarbeitsgerichts anzunehmen, wenn die Parteien vom Bestehen einer bestimmten Schuld ausgehen, diese aber übereinstimmend als nicht mehr zu erfüllen betrachten. Ein konstitutives negatives Schuldanerkenntnis i. S. v. § 397 Abs. 2 BGB liegt vor, wenn der Wille der Parteien darauf gerichtet ist, alle oder eine bestimmte Gruppe von bekannten oder unbekannten Ansprüchen zum Erlöschen zu bringen. Ein deklaratorisches negatives Schuldanerkenntnis ist anzunehmen, wenn die Parteien nur die von ihnen angenommene Rechtslage eindeutig dokumentieren und damit fixieren wollen.[1395]

10.4.3 Insbesondere: Das Zeugnis

Sehr häufig kommt es im Zusammenhang mit der Beendigung von Arbeitsverhältnissen zum Streit über die Ausstellung und den Inhalt des Zeugnisses.

1391 Schaub/Koch, „Ausgleichsquittung".

1392 BAG, NZA 2015, 350 (352).

1393 BAG, NZA 2014, 200 (202).

1394 BAG, NZA 2013, 1098 (1099).

1395 Vgl. zu diesen Grundsätzen: BAG, NZA 2008, 355 (356).

10.4.3.1 Der Anspruch auf ein Zeugnis

§ 630 S. 1, S. 4 BGB i. V. m. § 109 Abs. 1 S. 1 GewO gewährt dem Arbeitnehmer einen Anspruch auf Zeugniserteilung. Das Gesetz unterscheidet zwischen einem einfachen Zeugnis, das Auskunft über die Art und Dauer der Tätigkeit gibt (§ 109 Abs. 1 S. 2 GewO), und einem qualifizierten Zeugnis, welches darüber hinaus Angaben zur Leistung und zum Verhalten des Arbeitnehmers enthält (§ 109 Abs. 1 S. 3 GewO). Das einfache Zeugnis muss ausgestellt werden, das qualifizierte Zeugnis wird nur auf Verlangen des Arbeitnehmers erteilt.

10.4.3.2 Die Zeugnisgrundsätze

Welchen Inhalt ein Zeugnis i. S. v. § 109 GewO haben muss, kann aus den sog. Zeugnisgrundsätzen bzw. Zeugniszwecken abgeleitet werden.

Das Zeugnis dient dem Arbeitnehmer regelmäßig als Bewerbungsunterlage und künftigen Arbeitgebern als Grundlage für ihre Personalauswahl; dem Arbeitnehmer gibt es zugleich Aufschluss darüber, wie der Arbeitgeber seine Leistung beurteilt.[1396] Daraus ergeben sich als inhaltliche Anforderungen das Gebot der Zeugniswahrheit und das in § 109 Abs. 2 GewO auch ausdrücklich normierte Gebot der Zeugnisklarheit.[1397]

Aus dem Gebot der Klarheit kann gemäß § 109 Abs. 2 S. 2 GewO gefolgert werden, dass ein Zeugnis keine Formulierungen enthalten darf, die den Zweck haben, eine andere als aus der Wortwahl ersichtliche Aussage über den Arbeitnehmer zu treffen (sog. Geheimcode[1398]). Daher ist es unzulässig, ein Zeugnis mit unklaren Formulierungen zu versehen, durch die der Arbeitnehmer anders beurteilt werden soll, als dies aus dem Zeugniswortlaut ersichtlich ist. Denn inhaltlich „falsch" ist ein Zeugnis auch dann, wenn es eine Ausdrucksweise enthält, der entnommen werden muss, der Arbeitgeber distanziere sich vom buchstäblichen Wortlaut seiner Erklärungen und der Arbeitnehmer werde in Wahrheit anders beurteilt, nämlich ungünstiger als im Zeugnis bescheinigt.[1399]

Welchen Inhalt das Zeugnis hat, folgt aus dem objektiven Empfängerhorizont.[1400] Zur Beurteilung der beanstandeten Formulierung ist auf die Sicht eines objektiven und damit unbefangenen Arbeitgebers mit Berufs- und Branchenkenntnissen abzustellen. Entscheidend ist, wie ein solcher Zeugnisleser das Zeugnis und die enthaltenen Formulierungen auffassen muss.

1396 BAG, NZA 2012, 448 (448).

1397 BAG, NZA 2012, 448 (448).

1398 BAG, NZA 2012, 448.

1399 BAG, NZA 2012, 448 (449).

1400 BAG, NZA 2012, 448 (450).

Es ist grundsätzlich Sache des Arbeitgebers, das Zeugnis im Einzelnen zu verfassen. Die Formulierung und Ausdrucksweise stehen in seinem pflichtgemäßen Ermessen. Maßstab ist dabei ein wohlwollender verständiger Arbeitgeber[1401] (Grundsatz der wohlwollenden Bewertung). Solange das Zeugnis allgemein verständlich ist und nichts Falsches enthält, kann der Arbeitnehmer daher keine abweichende Formulierung verlangen.[1402]

Der Grundsatz der wohlwollenden Bewertung bezieht sich nur auf das Wie der Erfüllung des § 109 GewO. Eine eigenständige inhaltliche Bedeutung hat er nicht.[1403] Das gilt insbesondere für dankende Worte und/oder gute Wünsche.[1404] Ein Zeugnis muss daher nur im Rahmen der Wahrheit verständig wohlwollend sein.

10.4.3.3 Insbesondere: Die Leistungsbewertung

Bei einem qualifizierten Zeugnis nach § 109 Abs. 1 S. 3 GewO hat der Arbeitnehmer einen Anspruch auf ein leistungsgerechtes Zeugnis. Ein Anspruch auf ein gutes oder sehr gutes Zeugnis besteht nicht.[1405]

In der Zeugnissprache hat sich die Verwendung von „zur vollen Zufriedenheit", „stets zur vollen Zufriedenheit" und „stets zur vollsten Zufriedenheit" für die Noten befriedigend, gut und sehr gut eingebürgert.[1406]

Über die Qualität der Arbeitsleistung werden die Meinungen oftmals auseinander gehen. Das Bundesarbeitsgericht löst die Fälle über die Darlegungs- und Beweislast. Ausgangspunkt ist die Note „befriedigend". Eine bessere Note muss vom Arbeitnehmer dargelegt und bewiesen werden.[1407] Erst wenn der Arbeitnehmer dargelegt hat, leistungsgerecht sei ausschließlich eine überdurchschnittliche Beurteilung, hat der Arbeitgeber die Tatsachen vorzutragen, die dem entgegenstehen sollen.[1408]

10.4.3.4 Die Form des Zeugnisses

Das Zeugnis muss schriftlich erteilt werden. Die elektronische Form ist nach § 109 Abs. 3 GewO ausgeschlossen. Das Erfordernis der eigenhändigen Unterschrift i. S. v. § 126 BGB folgt den allgemeinen Grundsätzen. Der Arbeitgeber ist nicht verpflichtet, das Arbeitszeugnis selbst oder durch sein gesetzliches Vertretungsorgan auszustellen. Es genügt die Unterzeichnung

---

1401 BAG, NZA 2012, 448 (448).
1402 BAG, NZA 2012, 448 (448).
1403 BAG, NZA 2013, 324 (325 f.).
1404 BAG, NZA 2013, 324.
1405 BAG, NZA 2015, 435 (435).
1406 differenzierter: BAG, NZA 2015, 435 (436).
1407 BAG, NZA 2015, 435.
1408 BAG, NZA 2015, 435 (435).

durch einen unternehmensangehörigen Vertreter des Arbeitgebers. Im Zeugnis ist dann aber deutlich zu machen, dass dieser Vertreter dem Arbeitnehmer gegenüber weisungsbefugt bzw. ranghöher war.[1409]

Das Zeugnis muss weiterhin in deutscher Sprache abgefasst werden[1410] und die äußere Form muss der üblichen Kommunikationsform des Unternehmens entsprechen (Briefbögen etc.).[1411]

10.4.3.5 Der Zeugnisberichtigungsanspruch

Vor Gericht kann es im Falle der Meinungsverschiedenheit zu der Frage nach der Zeugnisberichtigung kommen.

Der sog. Zeugnisberichtigungsanspruch wird nach herrschender Meinung nicht aus § 1004 BGB analog i. V. m. dem Allgemeinen Persönlichkeitsrecht gewonnen, sondern aus § 109 GewO.[1412] Das Gesetz kenne keinen Berichtigungsanspruch, sondern nur den Zeugnisanspruch an sich. Der Zeugnisanspruch ist daher erst erfüllt, wenn der Arbeitnehmer ein Zeugnis hat, das den Anforderungen des § 109 GewO entspricht.

Wichtig ist, dass der Arbeitgeber an den Inhalt eines erteilten Zeugnisses grundsätzlich gebunden ist. Die Bindung kann sich aus den Grundsätzen von Treu und Glauben ergeben und beruht darauf, dass das Zeugnis Wissenserklärungen des Arbeitgebers zum Verhalten oder der Leistung des Arbeitnehmers enthält, von denen er nur dann abrücken kann, wenn ihm nachträglich Umstände bekannt werden, die eine abweichende Beurteilung rechtfertigen.[1413] Ausgangspunkt des Zeugnisberichtigungsprozesses ist daher stets das erteilte Zeugnis.

Der Arbeitgeber ist dabei nicht nur an erteilte Endzeugnisse gebunden. Auch ein Zwischenzeugnis dient wie ein Endzeugnis regelmäßig dazu, Dritte über die Tätigkeit des Arbeitnehmers zu unterrichten. Der Arbeitgeber kann vom Zwischenzeugnis nur abweichen, wenn die späteren Leistungen und das spätere Verhalten des Arbeitnehmers dies rechtfertigen.[1414]

1409 BAG, NZA 2002, 34.

1410 *Müller-Glöge*, in: ErfK, § 109 GewO Rn. 10b.

1411 BAG, AP BGB § 630 Nr. 20.

1412 BAG, AP BGB § 630 Nr. 33.

1413 BAG, NZA 2006, 104 (105).

1414 BAG, AP BGB § 630 Nr. 33.

Literaturverzeichnis

Adam, Roman; Abschied vom „Unkündbaren“? NZA 1999, S. 846.

Aligbe, Patrick; Die Mitwirkungspflichten des Arbeitnehmers bei Einstellungs- und Eignungsuntersuchungen; ArbRAktuell 2015, S. 115.

Annuß, Georg; Der Arbeitnehmer als solcher ist kein Verbraucher! NJW 2002, S. 2844.

Arnold, Stefan; Die arglistige Täuschung im BGB; JuS 2013, S. 865.

Backhaus, Ludger; Die arbeitnehmerbegünstigende betriebliche Übung in der Rechtsprechung des BAG; AuR 1983, S. 65.

Baeck, Ulrich; Deutsch, Markus; Winzer, Thomas; Arbeitszeitgesetz – Kommentar, 4. Aufl. 2020.

Bauer, Jobst-Hubertus; Opolony, Bernhard; Arbeitsrechtliche Fragen bei Katastrophen, NJW 2002, S. 3503.

Bayreuther, Frank; Rufbereitschaft als Arbeitszeit? NZA 2018, S. 348.

Benkert, Daniel; Arbeitsrechtliche Aspekte einer Tätigkeit im Home-Office; NJW-Spezial 2019, S. 306.

Bieder, Marcus; Richterliche Vertragshilfe durch ergänzende Auslegung vorformulierter Arbeitsvertragsbestimmungen; NZA-Beil. 2011, S. 142.

Birk, Rolf; Das Nachweisgesetz zur Umsetzung der Richtlinie 91/533/EWG in das deutsche Recht; NZA 1996, S. 281.

Bepler, Klaus; Die „zweifelhafte Rechtsquelle“ der betrieblichen Übung – Beharrungen und Entwicklungen; RdA 2005, S. 323.

Berkowsky, Wilfried; Die personenbedingte Kündigung – Teil 1; NZA-RR 2001, S. 393.

Boemke, Burkhard; Kontrahierungszwang im Arbeitsrecht wegen Grundrechtsverletzung? NJW 1993, S. 2083.

Boemke, Burkhard; Lohnanspruch (§ 611 I BGB) und Mindestlohn (§ 1 MiLoG); JuS 2015, S. 385.

Boemke, Burkhard; Eine zur Arbeitsunfähigkeit führende Erkrankung, die durch eine lege artis ausgeführte In-vitro-Fertilisation verursacht wurde, ist nicht verschuldet iSv § 3 I 1 EFZG; JuS 2017, S. 557.

Boemke, Burkhard; Aktuelles zum GmbH-Geschäftsführer aus arbeitsrechtlicher Sicht; RdA 2018, S. 1.

Brinkmann, Jonas; Ludwigkeit, Julia; Neuerungen des situativen Anwendungsbereichs besonderer Vertriebsformen; NJW 2014, S. 3270.

Buschbaum, Jörg; Die Herausnahme von Leistungsträgern aus der Sozialauswahl; BB 2011, S. 309.

Däubler, Wolfgang; Arbeitskampfrecht, 4. Aufl. 2018.

Däubler, Wolfgang; Weltanschauung auf europäisch; NJW 2006, S. 2608.

Däubler, Wolfgang; Die Auswirkungen der Schuldrechtsmodernisierung auf das Arbeitsrecht; NZA 2001, S. 1329.

Deinert, Olaf; Internationales Arbeitsrecht, 2013.

Deinert, Olaf; die Verdachtskündigung – Neues zu einem alten Thema? AuR 2005, S. 285.

Deinert, Olaf; Die Druckkündigung im Lichte der Diskriminierungsverbote; RdA 2007, S. 275.

Deinert, Olaf; Kündigungsprävention und betriebliches Eingliederungsmanagement; NZA 2010, S. 969.

Deinert, Olaf; Heuschmid, Johannes; Zwanziger, Bertram; Arbeitsrecht, 10. Aufl. 2019.

Dütz, Wilhelm; Thüsing, Gregor; Arbeitsrecht, 25. Aufl. 2020.

Drescher, Ingo; Fleischer, Holger; Schmidt, Karsten; Münchener Kommentar zum Handelsgesetzbuch, Band 1, 5. Aufl. 2021 (zitiert: Bearbeiter, in: MüKoHGB).

Eylert, Mario; Die Verdachtskündigung, NZA-RR 2014, S. 393.

Feldmann, Riccarda; Schuhmann, Alexander; Überflüssiges „Schleppnetz"? – Zum Streitgegenstand der Kündigungsschutzklage; JuS 2017, S. 214.

Fischinger, Philipp; Arbeitsrecht, 2. Aufl. 2021.

Fischinger, Philipp; Staub, Christine; Ohne Arbeit kein Lohn? JuS 2016, S. 208.

Francken, Johannes Peter; Das Geschäftsgeheimnisgesetz und der Rechtsweg zu den Gerichten für Arbeitssachen; NZA 2019, S. 1665.

Franzen, Martin; Rechtsangleichung der Europäischen Union im Arbeitsrecht; ZeuP 1995, S. 796.

Fuhltrott, Michael; Fischer, Katharina; Corona: Virale Anpassungen des Arbeitsrechts; NZA 2020, S. 345.

Gamillscheg, Franz; Kollektives Arbeitsrecht, Band 1, 1997.

Gamillscheg, Franz; Betriebliche Übung, Festschrift für Marie Luise Hilger und Hermann Stumpf, 1983, S. 226.

Germelmann, Claas-Hinrich; Matthes, Hans-Christoph; Prütting, Hanns; Arbeitsgerichtsgesetz; 9. Auflage 2017 (zitiert: Bearbeiter, in: GMP).

Giesen, Richard; Frage nach der Schwerbehinderung im Arbeitsverhältnis – Besprechung des Urteils BAG v. 16.2.2012; RdA 2013, S. 47.

Grimm, Detlef; Rechtskraft eines der Kündigungsschutzklage stattgebenden Urteils; NJW 2008, S. 3235.

Greiner, Stefan; Kündigungsschutzklage und Arbeitnehmerbegriff im gutachterlichen Fallaufbau – ein unlösbares Problem? JurA 2014, S. 273.

Greiner Stefan; Störungen des Austausch- und Äquivalenzverhältnisses als Kündigungstatbestand, RdA 2007, S. 22.

Grunewald, Barbara; Maier-Reimer, Georg; Westermann, Harm-Peter; Erman BGB, Kommentar (zitiert: Bearbeiter, in: Erman).

Hattenhauer, Hans; Das Wort „Arbeitsrecht"; Festschrift für Dieter Reuter, 2010.

Hamacher, Arno; Neues zur betriebsbedingten Druckkündigung – Bedrückend? NZA 2014, S. 134.

Hanau, Peter; Rolfs; Christian; Abschied von der gefahrgeneigten Arbeit; NJW 1994, S. 1439.

Hansmann, Uwe; Die Nürnberger Rassengesetze vom 15. September 1935 – Den Opfern zur Erinnerung, den Lebenden zur Mahnung; NJW 2005, S. 2648.

Hau, Wolfgang; Poseck, Roman; BeckOK BGB, Stand: 59. Edition (zitiert: Bearbeiter, in: BeckOK).

Henssler, Martin; Arbeitsrecht und Schuldrechtsreform; RdA 2002, S. 129.

Henssler, Martin; Willemsen, Heinz Josef; Kalb, Heinz-Jürgen; Arbeitsrecht Kommentar, 8. Aufl. 2020 (zitiert: Bearbeiter, in: HWK).

Herrlein, Jürgen; Das Mietrecht als „Baustein am Unrechtsgebäude" des Nationalsozialismus; NZM 2015, S. 641.

Hofmann, Tobias; Der Grundsatz der völkerrechtsfreundlichen Auslegung; Jura 2013, S. 326.

Hohmeister, Frank; BB-Rechtsprechungsreport: Die Rechtsprechung des Bundesarbeitsgerichts zum Urlaubsrecht im Jahr 2015; BB 2016, S. 1525.

Horcher, Michael; Kontrahierungszwang im Arbeitsrecht – unter besonderer Berücksichtigung von § 15 Absatz 6 AGG; RdA 2014, S. 93.

Hueck, Alfred; Nipperdey, Hans Carl; Lehrbuch des Arbeitsrechts, 6. Aufl. 1959.

Hunold, Wolf; Die Rechtsprechung zum Direktionsrecht des Arbeitgebers; NZA-RR 2001, S. 337.

Hunold, Wolf; Unzureichende Arbeitsleistung als Abmahn- und Kündigungsgrund; BB 2003, S. 2345.

Husemann, Tim; Die Information über die Schwerbehinderung im Arbeitsverhältnis; RdA 2014, S. 16.

Jerger, Christoph; Kontrolle und Unwirksamkeit von Preisnebenabreden; NJW 2019, S. 3752.

Joussen, Jacob; Si tacuisses – Der aktuelle Stand zum Fragerecht des Arbeitgebers nach einer Schwerbehinderung; NJW 2003, S. 2857.

Junker, Abbo; Grundkurs Arbeitsrecht, 20. Aufl. 2021.

Keiser, Thorsten; Die vorläufige Landarbeiterordnung vom 24. Januar 1919 und das Landarbeiterrecht; AuR 2021, S. 97.

Karb, Svenja; Das Elternzeitrecht im Überblick; öAT 2019, S. 111.

Kiel, Heinrich; Lunk, Stefan; Oetker, Hartmut; Münchener Handbuch zum Arbeitsrecht, 5. Aufl. 2021 (zitiert: Bearbeiter, in: MünchArbR).

Kittner, Michael; Arbeitskampf – Geschichte, Recht, Gegenwart, 2005.

Klein, Thomas; Der Kündigungsschutz schwerbehinderter Arbeitnehmer nach dem Bundesteilhabegesetz; NJW 2017, S. 852.

Klocke, Daniel; Hautkappe, Christoph; Prüfungsumfang bei Sic-non-Fall – Anmerkung zu LAG Nürnberg, Beschl. v. 28.12.2018 – 2 Ta 142/18, juris PR-ArbR 12/2019 Anm. 6.

Klocke, Daniel; Hautkappe, Christoph; Die Auswirkung des Mindestlohngesetzes auf die Kontrollfähigkeit von Entgeltklauseln, NZA 2020, S. 1288.

Klocke, Daniel; Die Zulässigkeit von Kurzarbeitsklauseln im Arbeitsvertrag – Die Grundlagen der Kontrolle nach §§ 305 ff. BGB, RdA 2020, S. 331.

Klocke, Daniel; Was von einem verständigen und redlichen Arbeitnehmer alles erwartet werden kann, AuR 2019, S. 443.

Klocke, Daniel; Die unmittelbare Drittwirkung der kollektiven Koalitionsfreiheit nach Art. 9 Abs. 3 GG, SR 2020, S. 17.

Klocke, Daniel; Insolvenz des Arbeitnehmers, Verzugsschadenpauschale und Fälligkeitsklausel, Anmerkung zu: LArbG Stuttgart, Urteil vom 09.10.2017 – 4 Sa 8/17, jurisPR-ArbR 1/2018 Anm. 5.

Kloepfer, Michael; Veit, Günther; Grundstrukturen des technischen Arbeitsschutzrechts; NZA 1990, S. 121.

Kocher, Eva; Europäisches Arbeitsrecht, 2. Auf. 2020.

Kohte, Wolfhard; Arbeitsschutz in der digitalen Arbeitswelt; NZA 2015, S. 1417.

Kohte, Wolfhard; Faber, Ulrich; Feldhoff, Kerstin; Gesamtes Arbeitsschutzrecht, 2. Aufl. 2018 (Bearbeiter, in: HK-ArbSchR).

Körlings, Peter; Das dritte Geschlecht und die diskriminierungsfreie Einstellung; NZA 2018, S. 282.

Körner, Anne; Leitherer, Stephan; Mutschler, Bernd; Rolfs, Christian; Kasseler Kommentar Sozialversicherungsrecht; Stand: 1. Mai, 2021; (zitiert: Bearbeiter, in: KK).

Krause, Rüdiger; Freiheit und Bindung des Arbeitgebers bei der außerordentlichen betriebsbedingten Kündigung; RdA 2016, S. 49.

Krause, Rüdiger; Arbeitsrecht, 4. Aufl. 2020.

Krieger, Steffen; Rudnik, Tanja; Povedano Peramato, Alberto; Homeoffice und Mobile Office in der Corona-Krise; NZA 2020, S. 473.

Lingemann, Stefan; Gotham, Meike; Doppelte Schriftformklausel – gar nicht einfach! NJW 2009, S. 268.

Linck, Rüdiger; Preis, Ulrich; Schmidt, Ingrid; Kündigungsrecht, 6. Aufl. 2021 (zitiert: Bearbeiter, in: APS).

Linsenmaier, Wolfgang; „Das Richterrecht bleibt unser Schicksal" – Zur Rechtsfortbildung durch das BAG; RdA 2019, S. 157.

Lipinski, Wolfgang; Der neue § 14 Absatz 2a TzBfG: sachgrundlose kalendermäßige Befristung eines Arbeitsvertrags nach der Gründung eines Unternehmens; BB 2004, S. 1221.

Löwisch, Manfred; Caspers, Georg; Klumpp, Steffen; Arbeitsrecht – ein Studienbuch, 11. Aufl. 2017.

Lunk, Stefan; Seidler, Christoph; Neue Formvorschriften für Anzeigen und Erklärungen – (ungewollte?) Auswirkungen im Arbeitsrecht; NJW 2016, S. 2153.

Maier-Reimer, Georg; Das Allgemeine Gleichbehandlungsgesetz im Zivilrechtsverkehr; NJW 2006, S. 2577.

Mankowski, Peter; Die Unionsrechtskonformität des Mindestlohngesetzes – unter besonderer Berücksichtigung des grenzüberschreitenden Straßenverkehrs; RdA 2017, S. 273.

Maschmann, Frank; Die mangelhafte Arbeitsleistung; NZA-Beil. 1/2006, S. 13.

Maul-Sartori, Matthias; Arbeitslosengeld II und arbeitsgerichtliche Praxis; NZA 2017, S. 91.

Moll, Wilhelm; Münchener Anwaltshandbuch Arbeitsrecht; 5. Aufl. 2021 (zitiert: Bearbeiter, in: MAH Arbeitsrecht).

Mühlmann, Manuela; Beteiligung der Schwerbehindertenvertretung bei Kündigungen durch den Arbeitgeber; NZA 2017, S. 884.

Naber, Sebastian; Peukert, Matthias; Seeger, Börge; Arbeitsrechtliche Aspekte des Geschäftsgeheimnisgesetzes; NZA 2019, S. 583.

Naber, Sebastian; Schulte, Willem; § 626 II BGB: Fristenwahrende Ermittlungen bei Pflichtenkollision NZA 2019, S. 1626.

Nebe, Katja; die stufenweise Wiedereingliederung, SGb 2015, S. 125.

Niemann, Jan-Malte; Antragstellung und Tenorierung im Kündigungsschutzprozess; NZA 2019, S. 65.

Nikisch, Arthur; Arbeitsrecht. Band 1: Allgemeine Lehren und Arbeitsvertragsrecht, 1961.

Nübold, Peter; Die Methode der Anrechnung anderweitigen Verdienstes nach § 615 Satz 2 BGB; RdA 2004, S. 31.

Picker, Eduard; Arbeitsrecht als Privatrecht – Zur Leitidee der frühen Arbeitsrechtsdogmatik bei Philipp Lotmar und Erwin Jacobi, Festschrift Richardi, S. 141.

Pieper, Nicole; Altersdiskriminierung in Stellenausschreibungen; RdA 2018, S. 337.

Preis, Ulrich; Temming, Felipe; Arbeitsrecht – Individualarbeitsrecht, 6. Aufl. 2020.

Preis, Ulrich; Schwarz, Katharina; Reform des Teilzeitarbeitsrechts; NJW 2018, S. 3673.

Preis, Ulrich; § 611a BGB – Potenziale des Arbeitnehmerbegriffes; NZA 2018, S. 817.

Raab, Thomas; Der Abfindungsanspruch gemäß § KSCHG § 1a KSchG; RdA 2005, S. 1.

Ramm, Thilo; Die deutsche Arbeitsverfassung im „Vormärz" (1815–1848); Festgabe Söllner, S. 423.

Regenfus, Thomas; Die doppelte Analogie – Erscheinungsformen und Voraussetzungen; JA 2009, S. 579.

Reinartz, Oliver; Vom Sinn und Unsinn des Schleppnetzantrags; NZA 2020, S. 215.

Reinecke, Gerhard; Der „Grad der persönlichen Abhängigkeit" als Abgrenzungskriterium für den Arbeitnehmer; FS Dieterich, S. 463.

Reinfelder, Waldemar; Arbeitnehmer – Gesellschafter – Geschäftsführer; RdA 2016, S. 87.

Richardi, Reinhard; § 611a BGB als Restriktion des Arbeitsvertrags; NZA 2018, S. 974.

Richardi, Reinhard; BetrVG – Kommentar; 16. Aufl. 2018.

Roepert, Jan-Willem; Erstattung von Kosten im Rahmen von Vorstellungsgesprächen; NJW 2017, S. 2076.

Roloff, Sebastian; Vertragsänderungen und Schriftformklauseln; NZA 2004, S. 1191.

Rolfs, Christian; Giesen, Richard; Kreikebohm, Ralf; Meßling, Miriam; Udsching, Peter; BeckOK Arbeitsrecht, Stand: 60. Edition (Bearbeiter; in: BeckOK ArbR).

Rüthers, Bernd; Mehr Beschäftigung durch Entrümpelung des Arbeitsrechts? NJW 2003, S. 546.

Säcker, Franz-Jürgen; Rixecker, Roland; Oetker, Hartmut; Limperg, Bettina; Münchener Kommentar zum Bürgerlichen Gesetzbuch, Band 1, 8. Aufl. 2018; Band 2, 8. Aufl. 2019; Band 3, 8. Aufl. 2019 (zitiert: Bearbeiter, in: MüKoBGB).

Sagan, Adam; „Stimmt so!" – Die Anrechnung von Trinkgeld auf den gesetzlichen Mindestlohn; NJW 2019, S. 1977.

Seifert, Achim; Veränderungen der Regelungstechniken im Arbeitsrecht der EU: einige Überlegungen zum aktuellen Zustand des europäischen Arbeitsrechts, EuZA 2018, S. 51.

Seifert, Achim; Die Bedeutung von EMRK und EGRC für das deutsche kollektive Arbeitsrecht, EuZA 2013, S. 205.

Schäfer, Horst; Zur verzugsrechtlichen Bedeutung des Weiterbeschäftigungsangebots während des Kündigungsschutzprozesses; JuS 1988, S. 265.

Schäfers, Dominik; Einführung in die Methodik der Gesetzesauslegung; JuS 2015, S. 875.

Schaub, Günter; Arbeitsrechts-Handbuch, 18. Auflage 2019 (zitiert: Bearbeiter, in: Schaub).

Schaub, Günter; Koch, Ulrich: Arbeitsrecht von A – Z; 25. Aufl. 2021.

Schiefer, Bernd; Die Sozialauswahl bei der betriebsbedingten Kündigung; NZA-RR 2002, S. 169.

Schlachter, Monika; Heuschmid, Johannes; Ulber, Daniel; Arbeitsvölkerrecht, 2019.

Schmitt, Laura; Küfner-Schmitt, Irmgard; Entgeltfortzahlungsgesetz, 8. Aufl. 2018.

Schubert, Claudia; Der Urlaubsabgeltungsanspruch nach dem Abschied von der Surrogationsthese; RdA 2014, S. 9.

Schwarze, Roland; Der Missbrauchstatbestand bei der befristungsrechtlichen Missbrauchskontrolle; RdA 2017, S. 302.

Siebert, Jens; Pletke, Matthias; Mobile Arbeit/Homeoffice – Anspruch und Verpflichtung während der Pandemie und was kommt danach? öaT 2021, S. 96.

Sittard, Ulrich; Gilt das Mindestlohngesetz auch beim Kurzeinsatz in Deutschland? NZA 2015, S. 78.

Stöhr, Alexander; Vertragsbindung und Flexibilität im Arbeitsrecht – rechtshistorisch betrachtet; RdA 2014, S. 307.

Stöhr, Der arbeitsrechtliche Schutz von GmbH-Geschäftsführern am Beispiel der Kündigungsfrist; RdA 2021, S. 104.

Stück, Volker; Die Stellenausschreibung in Recht und Praxis; ArbRAktuell 2012, S. 363.

Temming, Felipe; Anerkennung und Grenzen eines konzerndimensionalen Kündigungsschutzes; RdA 2018, S. 84.

Temming, Felipe; Der arbeitsrechtliche Kündigungsschutz: Zwischen Bestandsschutzkonzeption und Abfindungsrealität, RdA 2019, S. 10.

Treichel, Stefan; Nochmals: Das Leistungsverweigerungsrecht nach § 275 Absatz III BGB im Spannungsfeld von Beruf und Familie; NZA 2016, S. 459.

Tschöpe, Ulrich; Arbeitsrecht Handbuch; 12. Aufl. 2021 (zitiert: Bearbeiter, in: Tschöpe).

Ulber, Daniel; Klocke, Kyra; Die Grundrechtsbindung der Tarifvertragsparteien in der Rechtsprechung des BAG, in: RdA 2021, S. 178.

Ulber, Daniel; Arbeitszeiterfassung als Pflicht des Arbeitgebers; NZA 2019, S. 677.

Ulber, Daniel; Whistleblowing und der EGMR, NZA 2011, S. 962.

Walker, Wolf-Dietrich; Haftungsprivilegierungen; JuS 2015, S. 865

Waltermann, Raimund; Haftungsfreistellung bei Personenschäden – Grenzfälle und neue Rechtsprechung; NJW 2004, S. 901.

Waltermann, Raimund; Die betriebliche Übung; RdA 2006, S. 257

Waltermann, Raimund; Besonderheiten der Haftung im Arbeitsverhältnis; JuS 2009, 193.

Wank, Rolf; Neues zum Arbeitnehmerbegriff des EuGH; EuZW 2018, S. 21.

Wichmann, Mira; Auswirkungen der Schutzfristen des Mutterschutzgesetzes auf die Bearbeitungszeiten von Studienarbeiten; NJW 2019, S. 1036.

Wiese, Günther; Kreutz, Peter; Oetker, Hartmut; Raab, Thomas; Weber, Christoph; Franzen, Martin; Gutzeit, Martin; Jacobs, Matthias; GK-BetrVG – Gemeinschaftskommentar zum Betriebsverfassungsgesetz, 11. Aufl. 2018 (zitiert: Bearbeiter, in: GK).

Wirtz, Andreas; Gestaltungsmöglichkeiten bei der Verlängerung der täglichen Arbeitszeit nach dem ArbZG; BB 2014, S. 1397.

Wisskirchen, Gerlind; Bissels, Alexander; Das Fragerecht des Arbeitgebers bei Einstellung unter Berücksichtigung des AGG; NZA 2007, S. 169.

Wenckebach, Johanna; Welti, Felix; Sanktionen gegen den Kreditgeber bei unterlassener Prüfung der Kreditwürdigkeit des Kreditnehmers; VuR 2015, S. 20.

Zachert, Ulrich; Hugo Sinzheimer: praktischer Wissenschaftler und Pionier des modernen Arbeitsrechts, RdA 2001, S. 104.

Stichwortverzeichnis

A

Abfindung 258, 261

Ablieferungspflicht 120

Abmahnung 238

Abschlussgebote 81

Abschlussverbote 82

Akkordlohn 130

Allgemeine Geschäftsbedingungen 29, 69

- Einbeziehungskontrolle 70
- Geltungserhaltende Reduktion 75
- Inhaltskontrolle 72
- Interpretation 71
- Transparenzgebot 72
- Überstunden 117

Allgemeines Gleichbehandlungsgesetz 83

- AGG-Hopping 102
- Anwendungsbereich 83
- Ausschlussfristen 100
- Belästigungen 91
- Benachteiligungsverbot 85
- Merkmale 85
- Positive Maßnahmen 97
- Rechtfertigungsgründe 92
- Schadensersatz und Entschädigung 98

Änderungskündigung 286

Änderungsschutzklage 289

Anfechtung 67

Annahmeverzug 154

- Kündigungsprozess 158

Arbeit auf Abruf 109

Arbeitgeber 47

Arbeitnehmer 35

- Abgrenzung 39
- Definition 36
- Neue Formen der Arbeit 42
- Persönliche Abhängigkeit 41
- Sekundäre Merkmale 43
- Typologische Methode 37
- Unternehmerisches Risiko 44
- Verbraucher 46

Arbeitnehmerähnliche Person 56

Arbeitnehmerhaftung 199

- Aufwendungsersatz 207
- Betriebliche Veranlassung 206
- Freistellungsanspruch 212
- Gestörte Gesamtschuld 213
- Grundsätze 202
- Haftungsausschluss 209
- Insolvenz 212
- Schadensersatz 210

Arbeitnehmerüberlassung 54

Arbeitsbescheinigung 312

Arbeitsgerichtsbarkeit 33

- Zuständigkeit 58

Arbeitsrecht der Europäischen Union 32

Arbeitsschutz 147

- Doppelwirkung 150

Arbeitstempo 112

Arbeitsverhältnis 54

- Beendigungsgründe 217
- Faktisches Arbeitsverhältnis 55

Arbeitsverhinderung, persönliche 166

Arbeitsvertrag 69

Arbeitsvölkerrecht 32

Arbeitszeit 108

- Arbeitsbereitschaft 111
- Bereitschaftsdienst 111
- Rufbereitschaft 111
- Ruhezeit und Pausen 111

Arbeitszeiterfassung 116

Arbeitszeitkonten 110

Arbeitszeitrecht 113

Aufhebungsvertrag 291

Auflösung 259

Aufrechnungs- und Pfändungsschutz 134

Ausgleichsquittung 313

Ausschlussfristen 75

Außerordentliche Kündigung 265

Auswahlrichtlinien 254

B

Bedingungen 310

Befristung 294

- Entfristungsklage 309

– Missbrauchskontrolle 302
– Sachgrund 295
– Sachgrundlose 303
– Schriftform 306
Berufsausbildungsverhältnis 56
Beschäftigungspflicht 141
Besonderer Kündigungsschutz 279
Betriebliche Bündnisse für Arbeit 25
Betriebliche Übung 26
– Definition 27
– Negative betriebliche Übung 31
– Voraussetzungen 27
Betriebsrisiko 162
– Sphärentheorie 163
Betriebsübergang 48
– Funktionsnachfolge 50
– Gesamtschuldnerische Haftung 53
– Informationsrecht 52
– Kündigungsverbot 52
– Widerspruchsrecht 52
– Wirtschaftliche Einheit 50
Betriebsvereinbarungen 24
Bewerbung 63
Blue-Pencil-Test 75
Boykottaufruf 20
Brückenteilzeit 197
Brutto- und Nettolohn 132

D
Datenschutz 64, 151
Druckkündigung 256

E
Einstellungsuntersuchung 68
Elterngeld 194
Elternzeit 193
– Kündigungsschutz 283
Entgelterwartung 131
Entgeltfortzahlung 170
– Dauer 176
– Krankheit 172
– Nachweis 173
– Verschulden 175
– Wartezeit 172
Entgeltzahlung 129
Erkrankung des Kindes 170

F
Familienpflegezeit 197
Feiertage 178
Fixschuld 104, 153
Formvorgaben 78
Fragerecht 64
– Schwerbehinderung 66
– Vorstrafe 66
Freiheit der Unternehmerentscheidung 246
Freiwilligkeitsvorbehalt 28
Fristlose Kündigung 265

G
Gehaltsabrechnung 132
Geschäftsführer 45
Geschäftsgeheimnis 121
Geschichte 19
Gesellen 20
Gesellschafter 45
Gleichbehandlungsgrundsatz 142
– Voraussetzungen 143
Gleitzeit 112
Grundrechte 26
Günstigkeitsprinzip 25

H
Höchstpersönlichkeit 103
Home-Office 194

I
Innerbetrieblicher Schadensausgleich 199
Internationales Arbeitsrecht 33

K
Kein Lohn ohne Arbeit 153
Kontrahierungszwang 102
Kündigung 217
– Beteiligung des Betriebsrats 274
Kündigungserklärung 218
– Bestimmtheit 219
– Form 220
– Kündigungsberechtigung 219

- Zugang 221
Kündigungsfristen 223
Kündigungsschutzgesetz 227
- Anwendungsbereich 227
- Betriebsbedingte Kündigung 246
- Personenbedingte Kündigung 240
- Prinzipien 234
- Sozialauswahl 251
- Verhaltensbedingte Kündigung 235
- Wartezeit 232
Kündigungsschutzklage 263
Kündigungsschutzrecht 218
Kurzarbeit 116

L
Leistungsort 132
Leistungsstörungen 153
Leistungsträger 253
Leitende Angestellte 44
lex posterior 24
lex specialis 24
Lohnausfallprinzip 161
Lohnsteuerbescheinigung 312

M
Mankoabreden 215
Mankohaftung 214
Massenentlassungen 284
Maßregelverbot 151
Mindestlohn 136
- Anwendungsbereich 137
- Berechnung 138
- Dogmatische Einordnung 136
- Erfüllung 139
Mutterschaftsgeld 191
Mutterschutz 189
- Kündigungsschutz 281
Mutterschutzlohn 192

N
Nachtarbeit 114
Nachweis der Arbeitsbedingungen 78
Nachweisgesetz 70, 79
Nachweispflicht 80
Namensliste 254
Nationalsozialismus 22
Nebentätigkeiten 126
Nichtleistung 199

O
Offenbarungspflicht 67

P
Personalplanung 61
Pflegezeit 197
Pflichtenkollision 153
Präklusion 222
Preisgefahr 153

R
Rangprinzip 24
Rechtsquellen 24
Referenzprinzip 184
Rücknahme der Kündigung 223
Ruhepausen 113
Ruhezeit 114

S
Sachbezüge 129
Schlechtleistung 199
Schwerbehindertenvertretung 280
Sonderkündigungsschutz 276
Sonn- und Feiertage 115
Stellenausschreibung 62, 92
Suspendierung 142

T
Tarifvertrag 21, 24
Teilzeit 195

U
Überstunden 117
unkündbare Arbeitnehmer 273
Urlaubsanspruch 179
- Abgeltung 186
- Teilurlaub 182
- Untergang 185
- Urlaubsgeld 185
- Wartezeit 180
Urlaubsbescheinigung 312

V
Verbraucher
- Verbraucherschutzrecht 47
Verdachtskündigung 270
Vereinbarkeit von Familie und Beruf 189
Verfassung 26
Vergütungserwartung 118
Verschwiegenheitspflicht 121
Vertrauensarbeitszeit 112
Verzugsschadenpauschale 133
Vollstreckung 104
Vorformulierte Arbeitsbedingungen 69

W
Wegerisiko 165
Wegezeiten 112
Weimarer Republik 21
Weisungsrecht 105
- Art der Arbeit 106
- Kontrolle 105
- Ort der Arbeitsleistung 107
- Zeit der Arbeitsleistung 108
Weiterbeschäftigungsanspruch 277
Weiterbildungen 134
Wettbewerbsverbote 122
- Nachvertragliches Wettbewerbsverbot 124
Whistleblowing 122
Widerrufsvorbehalt 28, 30
Wiedereinstellungsanspruch 234
Wirtschaftsrisiko 164

Z
Zeugnis 313
Zusatzvergütungen 130